中国政法大学青年教师学术创新团队支持计划（18CXTD04）资助

金融危机风险
的法律防范机制研究

JINRONG WEIJI FENGXIAN
DE FALÜ FANGFAN JIZHI YANJIU

朱晓娟 等◎著

中国政法大学出版社

2021·北京

图书在版编目（ＣＩＰ）数据

金融危机风险的法律防范机制研究/朱晓娟等著. —北京：中国政法大学出版社,2021.5
ISBN 978-7-5620-9947-5

Ⅰ.①金… Ⅱ.①朱… Ⅲ.①金融风险防范－金融法－研究－中国　Ⅳ.①D922.284

中国版本图书馆CIP数据核字(2021)第094013号

出　版　者	中国政法大学出版社
地　　　址	北京市海淀区西土城路 25 号
邮　　　箱	fadapress@163.com
网　　　址	http://www.cuplpress.com (网络实名：中国政法大学出版社)
电　　　话	010-58908435(第一编辑部) 58908334(邮购部)
承　　　印	北京九州迅驰传媒文化有限公司
开　　　本	720mm×960mm　1/16
印　　　张	25
字　　　数	448 千字
版　　　次	2021 年 5 月第 1 版
印　　　次	2021 年 5 月第 1 次印刷
定　　　价	98.00 元

一、撰写背景

党的十八大报告为我国金融体制改革的进一步深化指明了方向并确定了改革的基调，在中央政治局首次关于"金融安全"的集体学习中，习总书记指出"金融活，经济活；金融稳，经济稳"。在党的十九大报告中，习总书记又明确强调"增强驾驭风险本领"，体现了我们党对所面临的错综复杂的世情、国情、党情的清醒认识和着力防范化解重大风险的高度自觉。强化风险意识是防范化解风险的前提，只有强化风险意识，才能及时发现风险、积极防范风险、有效应对风险。我国形势总体上是好的，但国际金融危机的深层次影响继续显现，也要高度警惕"黑天鹅"事件、防范"灰犀牛"事件，做到未雨绸缪。风险防范不仅要有意识，更要运用必要的机制，着力提升风险化解能力，即透过复杂现象把握本质，综合运用法律、管理、经济等手段。在风险防范的各种机制中，法律机制无疑是最为核心的机制，扮演着举足轻重的作用。当金融业具有高度的、隐藏的、毁灭性强的市场风险时，应注重发挥法律的预期功能，除了立法层面的制度完善之外，也应注重明确金融法律规范的规范目的，正确适用法律，指引金融审判司法实践，实现金融危机防范立法的完善与司法的科学。

用于防范风险的法律机制包括公法与私法、实体法与程序法、组织法与行为法等，我们认为应将金融危机风险的法律防范机制聚焦于私法、实体法、组织法与行为法，这是底层基础。商法学在原则、概念与制度体系的构建中离不开金融与企业，其在产生发展的过程中经历了"交易法——企业法——企业法与金融法并重"的发展历程和重心转变。金融是我国现代经济发展的重要引擎，发展经济，金融是核心；完善现代服务业，金融是主力；推动中国特色社会主义市场经济建设，金融是重要支撑。金融业的稳定、安全、高效运行对我国经济发展至关重要。我国经济正处于转型的重要时期，我国金融更要注重转型次序与制度建设，尤其是法律规则的补充、完善和执行。故以金融危机风险的法律防范机制为主线对我国相关金融法律制度进行梳理与优化具有重大意义。

二、主要内容

本书在学科交叉的背景下，在对我国金融市场进行深入调研的基础上，提出金融危机法律防范机制的"四个维度"，即金融主体经营规制法律机制、金融市场准入退出法律机制、金融创新与金融监管法律机制以及金融消费者保护机制。立足于金融危机风险法律防范机制的构建与完善，梳理我国现有商法、金融法制度体系的规则现状，对其进行解释适用，总结其中存在的问题，结合最新金融领域的实践，在借鉴域外立法例先进经验的基础上，提出我国相关制度的完善建议。

第一，金融主体经营规制法律机制建设。本部分从内外两个层面展开。内部层面主要集中于对金融类公司治理问题的分析和研究，外部层面主要探讨多层次资本市场的建立与金融安全的维护，集中探讨金融机构合法合规经营和风险防范规则。同时，从利益相关者角度实现财富增值和合法权益保障的责任。因此，理论和实践需要一套与经济、社会以及金融主体自身最相适应的社会责任机制。

第二，金融市场准入退出法律机制建设。市场准入部分探讨改革信用机构评级机制，完善我国信用体系建设，建立健全信用管理体制。顺畅的金融主体退出机制，是维护金融稳定、防止金融危机的重要保障，退出机制建设主要围绕金融机构破产的相关立法问题展开，分析适合我国金融机构破产的立法模式及相关主体的权利保护规则。

第三，金融创新与金融监管法律机制建设。从理论层面梳理金融监管与金融创新的辩证关系，探讨有效的监管模式；结合国内外先进监管经验，分析研究从分业监管模式向功能监管模式转变的法律演进路径，探讨政府监管、机构内控、行业自律、社会监督四位一体的复合型金融监管体系建设。针对互联网金融平台的法律地位与运行模式，分析和研究互联网金融的特殊法律防范机制。

第四，金融消费者保护机制建设。在对金融消费者给予全面、适度倾斜性保护的基础上，针对我国金融消费者保护制度的不足，提出我国金融消费者权益保护的规则定位、权利内容与类型，并就金融消费者争议处理机制的构建进行了思考。

三、致谢

中国法学会商法学研究会会长赵旭东教授、常务副会长朱慈蕴教授、副会长赵万一教授、秘书长李建伟教授等在本书写作过程中给予了宝贵的支持与指点，在此对他们提携与关注商法青年学者学术发展的精神致以衷心的谢意！

中国政法大学青年教师学术创新团队支持项目对于本书给予的科研资金支

持，是激励我们将本书内容优化，使我们慎重思考与建议的强大动力。同时，本书的出版也得到了中国政法大学科研处、民商经济法学院及商法研究所的领导、前辈栗峥教授、李永军教授、于飞教授、王洪松教授、管晓峰教授、王涌教授、刘斌副教授等著名学者的一贯支持，在此一并致谢！

　　同时要感谢中国政法大学出版社的各位领导对于本书的顺利出版给予的可贵支持，感谢艾文婷副主任及各位编辑为此付出的心血与努力！感谢参引资料作者贡献的智慧！

　　《金融危机风险的法律防范机制研究》是由中国政法大学商法与金融法青年创新科研团队集体完成的，团队的主要成员是来自中国政法大学民商经济法学院、公司与投资者保护研究所的五位青年学者，他们是：朱晓娟、赵言荣、王军、张钦昱和杜远航。此外，研究生院的部分同学也深度参与了资料收集、数据整理与部分章节的撰写工作，他们是：崔文成、周婉嘉、曾海霞、石冬青（第一部分）；安晨曦、关海泓、宋璇、夏碧莹（第二部分）；林怡婷、戴文杰、徐颜、赵栩、青美良（第三部分）；李姣漪、朱燕燕、吴立兰、仲一冉、戴莉莉（第四部分）。本书的终稿由朱晓娟负责统稿。

　　尽管我们付出了极大努力，但由于力有不逮或学有不精等原因，挂一漏万甚至错误之处在所难免。欢迎各位读者的批评指正，以利于我们在今后的工作中做得更好！

朱晓娟等谨识

2020 年 12 月 30 日

Contents **目 录**

第三部分　金融创新与金融监管风险防范

第四部分　金融消费者保护中的风险防范

第一部分

金融主体经营中的风险防范

第一章　金融业公司金融危机防范的治理

第一节　金融业公司治理对金融危机的预防

一、金融业公司治理的特殊性

（一）金融业公司治理的特性

1. 金融体系特殊性。[1]金融体系就其结构而论，主要由金融中介、金融市场、金融监管方组成；究其内容来论，则包括融资模式及公司治理；金融体系就规模则有国内金融体系与国际金融体系之分。一国金融中介与金融市场所占份额大小决定了各国金融体系的差异。金融体系究其实质而论，狭义上是各国金融中介、金融市场和监管者三方的关系；广义上则是金融部门与经济各部门之普遍联系。

（1）金融体系与一国经济体联系的复杂性。金融体系的特殊性可以从功能上加以界定。相较于工业部门，金融部门并不直接创造社会价值，金融体系为经济体提供跨期融资、风险对冲和定价手段。金融市场能够分割各种类型的资本的所有权，这使得社会融资成为可能；股票市场能够实时地反映企业的经营状况，分散企业所有人经营风险，迅速发现市场价值；卓有成效的金融体系能够为前所未有的成果定价，迅速构建新兴产品市场。一国经济体中，各类工业部门对经济体的影响力，一般可以通过其产业份额占 GDP 比重加以度量，比如沙特的支柱产业为石油产业；一国非支柱产业的兴衰，对一国经济体影响力有限。然而，这种观点却不适用于金融部门，[2]金融体系对经济体的影响，不同步依赖于金融行业与 GDP 的占比，金融体系的动荡能够迅速传导至实体经济面（如东南亚金融危机、美国"次贷危机"）。

（2）金融体系的顺周期性与不稳定性。金融体系除了资源的跨期匹配功能外，还具有分散风险的功能。当金融体系的风险与担保资产不匹配时，金融体系

---

〔1〕　樊沛然："金融公司治理问题研究"，中国社会科学院 2012 年硕士学位论文。

〔2〕　马勇："金融结构、银行发展与经济增长"，载《财经科学》2010 年第 2 期。

就会在"金融加速器"效应的影响下，呈现出顺周期效应，造成金融体系失稳。具体而论：当一国经济低迷时，担保资产价值下降，借贷双方信息不对称，甚至市场上有价值的项目也难以融资；当经济恢复，担保价值攀升，金融体系融资能力恢复，通过信贷市场的放大，进而刺激经济的增长。由于金融"加速器效应"的存在，金融体系呈现出随经济周期运动的"顺周期性"。Borio，Furfine 和 Lowe（2001）研究发现，金融体系的"不稳定性"如何反馈到实体经济层面，金融加速器效应并不能充分解释。三位研究者认为，金融市场参与者的不当反应加剧了金融体系的不稳定性。

（3）"合成谬误"与金融监管的困境。金融部门对风险的识别，有助于金融体系发挥分散风险或对冲风险的功能。然而，当前金融体系中的金融机构，风险识别方法高度同质，这种同质性可能会引发金融体系的"合成谬误"。"合成谬误"反映了个体行为与系统行为间的不匹配。一方面，金融机构个体理性行为无法保证宏观系统之稳定性。"合成谬误"对金融体系的影响在于：所有的金融机构都使用同样的风险度量工具，同样的风险规避手段，金融体系的稳定性就可能会受到影响。另一方面，金融体系层面的理性监管，无法保证金融机构的成功。"合成谬误"反映到金融监管中则会导致监管失败。统一的银行内部评级法规定，"一刀切"式的指标管理策略，金融监管失败几乎是可以预料的。[1]

2. 金融机构特殊性。[2]金融公司的治理问题除具有一般公司治理（诸如制造业类企业）的共性，亦具有某些特殊性。商业银行这样的金融中介，承担着社会金融融通的作用。李维安认为：金融企业公司治理问题[3]并不是公司治理问题在金融企业的简单套用，必须充分考虑金融机构对宏观经济的重要影响。

（1）金融体系的系统性风险。金融机构治理的第一个特殊性，即金融机构的公司治理与金融行业的治理水平息息相关，与一国宏观经济的状况息息相关。大规模的金融机构，对一国金融体系安全至关重要，几乎可以左右金融体系的稳定性，个体风险与系统性风险界限趋于模糊。

（2）金融产品的特殊性。以保险行业为例，保险公司出售的保险单——便于消费者转嫁自身风险的一个契约，然而这项契约却与投保人的私人信息有关。这就引出了"道德风险"与"逆向选择"问题；此外，保险公司产品还有如下特殊

---

〔1〕 马勇、杨栋、陈雨露："信贷扩张、监管错配与金融危机：跨国实证"，载《经济研究》2009年第 12 期。

〔2〕 樊沛然："金融公司治理问题研究"，中国社会科学院 2012 年硕士学位论文。

〔3〕 李维安："商业银行公司治理——基于商业银行特殊性的研究"，载《南开学报（哲学社会科学版）》2005 年第 1 期。

性：对保单的价格评估涉及风险评估方法的差异，这使得保险越来越成为一个知识密集型的行业；再者，一般保险公司吸纳的保险金流向多样化，资金风险结构复杂化。保险公司会试图通过多种投资渠道，试图令保险金保值增值。保险企业投资渠道日益多样化，这令保险公司风险管理结构趋于复杂化；由于更大的、活跃的跨国再保险市场的存在，在经济动荡时期，个体风险更易于转化成市场风险。

银行业产品的特殊性则更为明显：银行的贷款利率由同业确定，外部存款者很难通过外部消息来了解银行的贷款质量，债权人的外部管理成本过高，根源在于贷款者并无类似于股票这样的二级市场自由交易。银行产品的特殊性结合行业的特殊性，个体银行就面临如下各类风险：信用风险、流动性风险、操作风险、声誉风险、市场风险，法律风险甚至国家风险等。由于商业银行间不存在风险清算平台（保险业中再保险市场充当的类似角色），这对商业银行风险的内部治理水平提出更高的要求。

（3）金融监管当局对金融公司治理的影响。以商业银行为例，早在 1999 年巴塞尔银行监管委员会颁布了《加强银行机构公司治理》，其中明确指出七项治理原则：①战略目标和价值准则的树立与贯彻；②岗位职责明晰并得到实施；③称职的董事会成员，能够恪尽职守，排除各方不当影响；④确保管理层被有效监督；⑤强调内部审计和外部审计的重要性；⑥无悖于道德准则；⑦战略目标以及外部环境限定的、合理的薪酬制度。监管当局更是通过立法，令金融机构各个业务拆分开来，在银行存贷业务与投资银行业务间设置"防火墙"以增加金融体系稳定性。伴随着金融创新的深化，金融监管的放松（相应的内控制度未跟上），商业银行大范围地开展各类投行业务。最终，"次贷危机"这样规模的行业灾难最终传染向实体经济层面。对照上述七项原则，可以发现若干治理问题：董事会成员薪酬激励失当（"两房"退市时，高管依然获得大笔薪金）、监管不透明（大量的表外业务未被有效监管）、未排除不当影响（商业银行不应当涉足风险结构不明的大量衍生物交易）、董事会的不作为（独立董事并未很好地履职、执行监督职能）。

（4）所有权结构的特殊性。各金融机构的资本构成中很大一部分是负债和"或有资本"。以银行为例，银行自有资本比例很低，大部分是从社会吸纳的各类存款，而从银行信息量掌握充裕度来看，代理人要多于银行股东，银行股东要优于存款人。这就导致银行的股东有牺牲债权人权益谋求超额利益的倾向，引入股权人——债权人代理问题，委托代理关系变得更加复杂。相较于非金融行业的公司治理问题，在强调注意保护小股东权益的情况下，银行治理要特别保护存款人利益。由于商业银行业务的特殊性，代理人能在较长时间内隐藏对存款人的侵害行为，并且可以迅速地转嫁风险（此次金融危机中，很多有毒资产正是通过银行理财项目，最终扩散向实体经济）；在国际上各类商业银行同时也是各类企业的大股东，这就意味着商业银行的公司治理效能也会传导到银行控股的其他企业（这在日本和德国较为突出），这种公司治理的多目标受制于各方利益的角力。

（5）大而不倒（Too Big to Fail）以及多而不倒（Too Many to Fail）。由于破产程序以及兼并的存在，行业充满竞争活力，系统更加健康。因此这两项机制在公司治理中相当重要。金融公司治理则有一个奇特的特性——破产机制与兼并机制并不能很好地被应用。政府在原则上可以随时关闭或接管一家经营失败的银行；但实际上，监管者对于问题越严重的银行，越不可能采取关闭策略。通常做法是，监管方会给银行一个期限限期整改，亦或要求银行采取特定的方法（在国内对于坏账比率较高的银行，中国监管者做法也如出一辙）。在危机中，政府首先想到的可能是将银行国有化，亦或提供市场流动性，促成银行间并购。各国当局拥有类似于英国的 Gold Share 制度，这迫使金融机构的兼并并不能完全遵照市场机制开展，因此兼并机制的发挥就大打折扣。Brown 和 Dinc 研究表明金融体系越脆弱，出问题的银行数量也会随之增多，而金融监管者或政府就越不愿意干涉或处理问题银行。[1] 两位研究人员的实证发现：银行并购似乎是银行破产的替代方案。必须注意的是（正如研究人员所指出的），"太多而不能倒"可能较为适用于发达国家的情况。监管者无法履行最后仲裁者职责，这使得金融企业的公司治理问题，又增添了更多的复杂性特点。

（二）金融业公司治理的制度内容

完善我国金融控股公司的内部治理机制十分重要，我们主要应从以下几个方面入手[2]：

1. 坚持公司治理的基本原则。公司治理中的一些基本职能的履行到位，是实现公司稳健发展的基本前提，这些基本职能包括：独立的风控部门、合规部门和稽核审计部门的监督，董事会的履职到位与监督以及不同业务领域的直接条线监督等。

2. 完善股权结构。在选择金融控股公司股东时，应当同时考量股东的自身经

---

〔1〕　Brown Craig. O. and Dinc I. Serdar, *Too Many to Fail? Evidence of Regulatory Forbearance When the Banking Sector Is Weak. Review of Financial Studies*, 2011, 24, pp. 1378 – 1405.

〔2〕　战美君："'后危机'时代金融控股公司监管法律问题研究"，对外经济贸易大学 2016 年硕士学位论文。

营情况以及入股目的，认真审核其是否干涉日常经营活动，是否发生违规关联交易。在设计股权机构时，应采取股份制形式促进股东的多样化以及股权的多元化，还要注意平等对待所有股东的权利，适当限制控股股东的权利，在一定情况下加重其责任。

3. 加强董事会建设。董事会在金融控股母公司治理中处于核心地位，其负责建立与各个金融业务子公司之间的组织架构以及与其风险状况相对应的治理政策与机制。并且，董事会也负责审核并监测公司的战略目标以及企业价值的实现情况，起到内部传导和执行的作用。所以，对董事会的建设应当从这三方面进行。其一，要合理地划分董事会与监事会以及高管层的职责界限，建立起决策、执行以及监督之间分工制衡的机制。其二，在诸如设计、风控、薪酬激励以及提名等重大事项方面，董事会应当成立专门的委员会来负责实施。此外，制定和监测金融控股公司内部潜在利益冲突的管理政策的相关职责也应当由董事会来行使。董事会是整个金融控股公司的决策中心，在事业型金融控股公司中也负责决策控股母公司经营的金融业务类型，所以要格外强调加强董事会建设，这样有利于提高整个集团掌控风险的能力。其三，董事会的构成在数量和人员结构方面也应该符合相关行业要求，特定的岗位也应当具备特定的行业知识。

4. 完善高管激励约束机制。高管层应当与董事会就其审核通过的与其经营战略相关的各项政策相互协调配合，建立起有效的内控体系以及风控部门，并对其地位、独立性以及资源保障作出明确界定，保障其向董事会的报告路径通畅。此外，董事会建立起的薪酬等激励机制，要以其实际业绩以及风险特征为基础，激发高管层的运营管理潜力，也同时约束高管层并使其行为与整个金融控股公司的战略发展目标一致。应当充分考虑高管层人员的能力、品格以及经验资格等方面的品质，并结合市场化的运作方式选拔聘任这类人员。

5. 增强监事会的监督职能。金融控股公司中的监事会的监督职能是不容忽视的，本书建议从以下几个方面入手来增强监事会的监督职能：其一，要强调监事会的事前与事中监督，一改以往机械定位于事后监督的状况；其二，要充分赋予监事会监督的权力，从而确保其对董事会和高管层的监督；其三，在监事会的人员构成以及能力要求等方面应当作出具体明细规定，从而完善监事会的能力；其四，针对金融控股公司的特殊新与复杂性，我们应当在一定程度上赋予监事会对子公司的监督职责，以便于在整个集团形成统一的监督体系。

二、金融业公司治理与金融危机间的关系

（一）金融业发展速度与公司治理结构不匹配[1]

金融控股公司模式是我国借鉴美国等发达金融市场经验的产物，其多层级的隶属关系、交叉持股的股权结构、适应不同行业的制度设计，导致其具有先天的结构复杂性和文化多元性特点。为了促进其有效地发挥控制风险的作用，我国金融控股公司治理结构必须作出相应的改革。目前，我国的金融控股公司发展呈现出产融结合逐步深化、地方金融控股公司崛起、金融科技公司利用技术优势新晋产融结合的态势，这顺应了我国经济发展新常态的要求，为促进我国经济发展、风险调控和金融市场开放发挥了重要作用。但是其在近几年崛起的速度过快，部分金融控股公司并没有达到缓解资本约束、支持地方经济发展和支持真实交易的初始目的，反而导致其过度依赖金融业务的扩张，业务规模和收入占比持续增长，暴露了资本"脱实向虚"的不良倾向。这与我国金融控股公司治理结构改革推进缓慢高度相关。

（二）公司治理失效是金融危机的原因之一[2]

金融危机之后，有大量研究探讨危机的原因，诸如扩张性货币政策、金融监管不力、全球经济失衡、国际货币体系缺陷、新自由主义泛滥和人性贪婪等被认为是产生危机的根源（比特纳，2008[3]；科茨，2008[4]；王自力，2008[5]；余永定，2009[6]；等等）。从微观层面来看，越来越多的研究表明，公司治理的失效是导致次贷危机和金融危机的重要原因之一。比如，经济合作与发展组织

---

〔1〕　张怡："金融控股公司治理结构改革"，载《中国金融》2019年第1期。

〔2〕　鲁桐、党印："金融危机后公司治理研究的最新进展"，载《产经评论》2014年第1期。

〔3〕　［美］理查德·比特纳：《贪婪、欺诈和无知：美国次贷危机真相》，覃杨眉、丁颖颖译，中信出版社2008年版，第87页。

〔4〕　［美］大卫·科茨："美国此次金融危机的根本原因是新自由主义的资本主义"，载《红旗文稿》2008年第13期。

〔5〕　王自力："道德风险与监管缺失：美国金融危机的深层原因"，载《中国金融》2008年第20期。

〔6〕　余永定："美国次贷危机：背景、原因与发展"，载《当代亚太》2008年第5期。

（OECD，2009a[1]，2009b[2]，2010）[3]指出，本轮金融危机暴露出公司治理在四个领域存在缺陷，分别是内部控制和风险管理失效、薪酬制度错位、董事会运作不佳及股东权利存在缺失。高明华、赵峰（2011）[4]认为，引发金融危机的原因主要在于金融机构内外部治理风险的累积。鲁桐（2012）[5]认为，过去20年中大多数国家已发布了用于指导最佳实践的公司治理准则，但是这些准则大多类似于外部的强制性规定，较少考虑公司治理演进变化的特点，僵化的治理模式导致在危机面前乏以应对，造成危机的蔓延和扩大。Essen等（2013）[6]考察了国家层面和企业层面的公司治理机制在欧洲金融危机中的作用。他们发现，在国家层面上，法律体系和债权人权利保护的质量与企业绩效正相关，但是股东权利保护质量与企业绩效之间却没有正相关关系。在企业层面，所有权与控制权的分离对企业绩效具有负面作用。Erkens等（2012）[7]考察了2007年~2008年金融危机中公司治理对金融企业的影响。他们选取30个处于危机中心的国家，以其296个金融企业的数据为基础，研究发现，董事会中独立董事比例较高的公司和机构投资者持股比例较高的公司，其股票收益在危机中较低。具体而言，董事会中独立董事比例越高，公司在危机中进行更多的股权融资，会使财富从现有股东转向债权人。机构投资者持股越多，会在危机中采取更多的风险行为，从而导致大股东更多的损失。

〔1〕　Grant Kirkpatrick，"The Corporate Governance Lessons from the Financial Crisis"，*OECD Financial Market Trends*，2009a.

〔2〕　OECD，"Corporate Governance and the Financial Crisis：Key Findings and Main Messages"，2009b，June.

〔3〕　OECD，"Corporate Governance and the Financial Crisis：Conclusions and Emerging Good Practices to Enhance Implementation of the Principles"，Feb. 24，2010.

〔4〕　高明华、赵峰："国际金融危机成因的新视角：治理风险的累积"，载《经济学家》2011年第3期。

〔5〕　鲁桐："金融危机后国际公司治理改革的动向及启示"，载《国际经济评论》2012年第4期。

〔6〕　Essen Marc van&Peter - Jan Engelen&Michael Carney，*Does "Good" Corporate Governance Help in a Crisis? The Impact of Country - and Firm - Level Governance Mechanisms in the European Financial Crisis*，Corporate Governance：an International Review，21（3）：201 - 224（2013）.

〔7〕　Erkens David H. &Mingyi Hung&Pedro Matos，*Corporate Governance in the* 2007 - 2008 *Financial Crisis：Evidence from Financial Institutions Worldwide*，Journal of Corporate Finance，18（2）：389 - 411（2012）.

第二节　金融业公司治理的三大风险

一、金融业公司治理的结构风险

（一）股东资格问题

股东资格问题是金融业公司治理的结构风险之一，主要包括股东资格确认纠纷。而现存的具体风险是部分金融控股公司不在法律监管范围内，其股东资格的确认缺乏法律层面的规定。而这些金融控股公司游离于监管之外，会产生道德风险和投机行为，使得高杠杆、高风险经营成为一种普遍的市场现象，从而加速了系统性风险的积累，为金融安全带来严峻的挑战。

本书进行的案例检索中并没有符合条件的股东资格问题的典型案件，大多是以股东资格确认纠纷为名，实则是股权代持协议案。现有法律的缺陷是部分金融控股公司不在监管范围内，对其股东资格的确认缺乏法律上的肯定，所以法律规定应当对符合金融控股公司股东资格的金融业公司进行监管，以便完善对金融控股公司股东资格监管模式。

（二）股东出资问题

股东出资问题是金融业公司治理的结构风险之一，金融控股公司股权结构复杂，[1]我国金融控股公司通过直接或间接控股、参股不同类型公司而形成了规模庞大、结构复杂的金融集团。在个案分析中，需要结合案件的实际情况，从实际出发，分析得出股东出资状况。

（三）违规持股现象

违规持股问题是金融业公司治理的结构风险之一，也即金融控股公司违反法律关于信息披露的规定，应当进行信息披露时不进行信息披露。在个案分析中，需要结合案件的实际情况，分析得出违规持股的原因。在综合分析违规持股问题时，全方面考虑，确定投资者股份持有情况，在符合法律规定的依法披露义务条件的情况下，必须进行依法披露，否则需要承担相应的法律后果。

---

〔1〕　郝臣、付金薇、王励翔："我国金融控股公司治理优化研究"，载《西南金融》2018 年第 10 期。

二、金融业公司治理的行为风险

(一) 股东会大股东控制现象严重

由于金融集团内部结构复杂，又大量存在交叉持股、资本重复使用、关联交易等现象，其风险程度难以准确判断。[1]故而存在股东会大股东严重控制的现象。因此，需要提升识别金融控股公司所有权结构的能力，包括识别最终控制人。

(二) 董事会独立性缺乏

近年来，监管部门要求上市公司提高董事会中外部董事的比例，Duchin 等 (2010)[2]考察了董事会独立性与企业绩效的关系，由于董事会中独立董事的比例在规定前后有明显变化，因此可以有效地回避内生性问题。研究发现，外部董事的有效性取决于获取信息的成本高低。当获取信息的成本很低时，企业绩效将随着外部董事比例的增大而提升；当获取信息的成本很高时，企业绩效随外部董事比例的增大而变差。这一研究再次说明，董事会独立性是重要的。有研究[3]总体表明，独立董事为股东提供了有价值的服务，尤其是在重要的董事会职能上。[4]

目前我国独立董事存在的三个问题：一是独立董事的任免权问题；二是发挥独立董事作用的激励机制缺位；三是独立董事的诚信勤勉义务可能受到影响的因素众多。

1. 关于独立董事的任免，有研究结果[5]发现 CEO 和独立董事的社会关系会影响独立董事的选择；CEO 倾向于任命与自己有社会关系的独立董事，且 CEO 权力越大该现象越明显；任命这些有社会关系的独立董事并没有增强董事会的建议功能。

---

[1]　郝臣、付金薇、王励翔："我国金融控股公司治理优化研究"，载《西南金融》2018 年第 10 期。

[2]　Duchin Ran&John G. Matsusaka&Oguzhan Ozbas, *"When are Outside Directors Effective ?"*, Journal of Financial Eco nomics, 2010, 96 (2), pp. 195 – 214.

[3]　Nguyen Bang Dang&Kasper Meisner Nielsen, "The Value of Independent Directors：Evidence from Sudden Deaths", *Journal of Financial Economics*, 2010, 98 (3), pp. 550 – 567.

[4]　鲁桐、党印："金融危机后公司治理研究的最新进展"，载《产经评论》2014 年第 1 期。

[5]　刘诚、杨继东、周斯洁："社会关系、独立董事任命与董事会独立性"，载《世界经济》2012 年第 12 期。

2. 发挥独立董事作用的激励机制缺位。有研究[1]发现，独立董事在独立意见中说"不"导致离任现职概率加大。因此，出于避免席位丢失或规避财富损失的动机，独立董事兼职的上市公司家数越少或从公司获得的报酬越高时，独立董事说"不"的可能性越低。与此同时，独立董事并不存在通过独立意见传递监督声誉的动机。

3. 独立董事的诚信勤勉义务可能受到影响的因素众多。有学者[2]对该问题产生了结论：四项因素会对独立董事监督的效果产生影响。其中，来自独立董事个人方面的因素有两项：独立董事与控股股东之间的私人关系，会对监督的诚信度与勤勉度都产生负向影响；独立董事付出努力的机会成本，会对监督的勤勉度产生负向影响。来自外部环境的因素有两项：外部的监管力度能够同时促进独立董事监督的诚信度和勤勉度；控股股东对董事会的信息隐瞒会降低独立董事的勤勉度。有研究[3]表明，独立董事对中国上市公司而言是有作用的，但对于那些具有关系型资源的独立董事来说，更可能扮演咨询者的角色，监督功能没有明确的体现。

检索法律对独立董事的规定，从《中华人民共和国公司法》（以下简称《公司法》，2005 年修订）第一次将独立董事写进法律中起，经过 2013 年和 2018 年的两次修订，相关法律条文依旧没有改变，仍是"上市公司设独立董事，具体办法由国务院规定"。而在《中华人民共和国证券法》（以下简称《证券法》，2019 年修订）中，在"投资者保护"章节，赋予独立董事"可以作为征集人，自行或者委托证券公司、证券服务机构，公开请求上市公司股东委托其代为出席股东大会，并代为行使提案权、表决权等股东权利"。而相关行政法规，涉及独立董事以及专业委员会的重要作用，但缺乏详细的规定。

对独立董事的详细规定存在于部门规章之中，《中国证券监督管理委员会关于发布〈关于在上市公司建立独立董事制度的指导意见〉的通知》（证监发〔2001〕102 号）《上市公司独立董事履职指引》《全国中小企业股份转让系统有限责任公司关于发布〈全国中小企业股份转让系统挂牌公司治理指引第 2 号——独立董事〉的公告》《上市公司定期报告工作备忘录第 5 号——独立董事年度报

---

〔1〕　唐雪松、申慧、杜军："独立董事监督中的动机——基于独立意见的经验证据"，载《管理世界》2010 年第 9 期。

〔2〕　宁向东、张颖："独立董事能够勤勉和诚信地进行监督吗"，载《中国工业经济》2012 年第 1 期。

〔3〕　刘浩、唐松、楼俊："独立董事：监督还是咨询?：银行背景独立董事对企业信贷融资影响研究"，载《管理世界》2012 年第 1 期。

告期间工作指引》（已失效）《银保监会关于印发〈保险机构独立董事管理办法〉的通知》（银保监发［2018］35 号）等都有涉及。其中涉及独立董事的定义、设置要求、任职条件、职责、权利和义务、管理、监督和处罚等。充分突出独立董事的独立性及其地位和作用，尤其是其对专业委员会的重要作用。其中有的规定强调了独立董事的职责、相关行政主体对其的监督和处罚与其他董事的同等知情权以及信息报送制度，尽可能地通过各种规定减少影响独立董事发挥作用的因素。

（三）专业委员会形同虚设

金融控股公司的董事会因其业务多元且风险特殊，应当设立承担不同董事会职能的专业委员会，以更好地为金融控股公司的决策提供支持。以美国摩根大通集团为例，其董事会下设 7 个专业委员会，分别为审计委员会、薪酬与管理发展委员会、公司治理与提名委员会、公共责任委员会、风险政策委员会、执行委员会和股票委员会。有学者[1]对我国样本企业进行统计发现，金融系金融控股公司专业委员会数量较多，其余类型的金融控股公司专门委员会平均数量为 4.5 个，且缺乏合规管理委员会、投资决策委员会和风险管理委员会等能体现金融控股公司治理特点的专业委员会，限制了董事会治理效率的有效提高。

（四）高管人员的道德风险

高管人员在公司治理过程中易产生道德风险的原因主要有以下两点：

1. 人员任免市场化程度不高。董事长和总经理等高管人员一般由国家直接任命，这造成股东大会对董事会影响力下降，对高管人员约束机制弱化，使得高管人员权力膨胀，制衡机制失效，减少了解决委托代理问题的有效工具。

2. 人员激励机制尚未健全。高管人员将金融控股公司的短期表现和自身利益作为工作目标，而不注重长期战略管理，即使采用股权激励等措施，在其总收入中占比也较小，这导致金融控股公司风险泛滥，甚至影响了其他金融控股公司的战略选择，形成了行业性风险。[2]

三、金融业公司治理的监管风险

（一）内部监管

1. 董事会内部监管。董事会在一定程度上可以监管股东（大）会的决议，

---

［1］ 郝臣、付金薇、王励翔："我国金融控股公司治理优化研究"，载《西南金融》2018 年第 10 期。

［2］ 张怡："金融控股公司治理结构改革"，载《中国金融》2019 年第 1 期。

另外公司治理的相当一部分问题需要董事会决策，因此，董事会在一些方面可以起到内部监管的作用。但是，在案例四中，当董事会失灵，不能发挥其应有的作用，不能对公司内部进行监管时，只能坐等公司进入僵局。

2. 监事会内部监管。考察我国上市公司治理的实践，不论是国有控股上市公司，还是民营资本控股公司，监事会普遍存在不能有效履行监督职责的问题，发挥不了监督作用。不仅国有公司监事会相对于董事会的独立性不强，民营资本控股公司监事会的独立性也不强，其监事会主席是控制股东的关系人。当前我国的监事制度，不仅缺乏对监事会成员独立性的要求，而且对监事会的职、权、责规定不明确，监事会成员业务能力不足，很难履行监督职责、发挥监督作用。案例检索结果也缺乏与监事会相关的案例，监事会在公司治理体系中就像鸡肋一样，因为公司法的规定不得不存在，同时也不能发挥制度构建时对其的期待。

（二）外部监管

1. 法律缺失。[1]创新和监管发展的螺旋上升现象已经得到了普遍的认可，法律法规是确保公司治理结构有效的根本保证。金融控股公司发展较为完备的美国、日本等国家和地区均与时俱进地颁布和更新相关法律法规。而我国针对金融控股公司的法律法规仍处于空白状态；同时金融控股公司的部分业务范式已经规避了《中华人民共和国商业银行法》（以下简称《商业银行法》）《证券法》和《中华人民共和国保险法》（以下简称《保险法》）等相关法律法规的限制，导致其法律约束效用下降。同时，我国仍处于分业监管的模式之下，各监管机构遵从的法规不尽相同，监管目标亦有所差别，进而导致统一监管标准和尺度的缺失，为监管真空和监管套利创造了条件。

2. 媒体监督。[2]近年来，媒体对公司治理的促进作用引起了越来越多的讨论，涉及公司运行的多个方面。

李培功和沈艺峰[3]分析了中国媒体的公司治理作用，证实了媒体在完善公司治理水平、保护投资者权益方面具有积极作用。通过对媒体不同特征的分类，研究发现，相对于政策导向性媒体，市场导向性媒体具有更加积极的治理作用，深度报道以及曝光内容涉及对投资者构成严重侵害的报道也表现出显著的治理效果。进一步的研究表明，中国媒体公司治理作用的发挥，是通过引起相关行政机

---

〔1〕 张怡："金融控股公司治理结构改革"，载《中国金融》2019 年第 1 期。

〔2〕 鲁桐、党印："金融危机后公司治理研究的最新进展"，载《产经评论》2014 年第 1 期。

〔3〕 李培功、沈艺峰："媒体的公司治理作用：中国的经验证据"，载《经济研究》2010 年第 4 期。

构的介入实现的。

3. 自律组织监管。实践中，有法院在审判过程中充分肯定了上海证券交易所、中国金融期货交易所股份有限公司作为证券、期货交易市场自律管理组织的地位，其除了依照章程行使自律管理职责外，还具有为集中交易提供保障、发布信息的法定义务，并被赋予在法定条件下对特定市场主体采取单方、强制性、不利益措施的权力。

在肯定其地位的同时，也明确了其权力行使的界限，也即上交所、中金所应否对光大证券公司的错单交易采取临时停市、限制交易等措施，应由其结合当时市场具体状况，以合理合法为原则，以维护市场整体秩序及交易公平为目的自行决定，并非在市场出现异常时必然立即行使，如否定上交所、中金所行使该种权力时的自主决定权，则证券市场的稳定及交易结果将因个别主体的违规行为而始终处于不确定状态，实质将对市场秩序及交易公平构成更大伤害，故交易所行使前述职权时的自主决定权系其履行监管职责的基础。据此应当认为，无论交易所在行使其监管职权过程中作为或不作为，只要其行为的程序正当、目的合法，且不具有主观恶意，则交易所不应因其自主决定的监管行为而承担民事法律责任，否则其监管职能的行使将无从谈起。

4. 绿色治理。[1]从绿色治理与公司绩效的实证回归结果来看，绿色治理虽然不能带来短期利润，但却有助于提升企业的长期价值；绿色治理水平高的公司获得了更高的成长能力、更低的风险承担水平、更为宽松的融资约束以及更高的长期价值。

第三节　金融业公司治理的法律路径

一、应对金融业公司结构风险之法律路径

（一）强化责任[2]

应对金融业公司结构风险需要提升识别金融控股公司所有权结构的能力，包括识别最终控制人。明晰的股权结构能够有效协调集团内各成员间的利益，增强集团的协同效应。同时，只有股权结构和实际控制人足够透明和相对简单才能实现有效监管。其一，从纵向维度，要明确控股公司和子公司、子公司与孙公司间

---

〔1〕　李维安等："中国上市公司绿色治理及其评价研究"，载《管理世界》2019 年第 5 期。
〔2〕　郝臣、付金薇、王励翔："我国金融控股公司治理优化研究"，载《西南金融》2018 年第 10 期。

的控制与被控制关系，防止交叉控股、隔层控股现象的产生，减少控股层级的数量；其二，从横向维度，风险管控措施要和控股、参股金融类子公司的规模相适应，尤其是具有数量庞大金融类子公司的金融控股公司更要加强风险隔离机制的建设；其三，需要金融控股公司在官网以及相关的披露报告中披露包括最终控制人的公司股权结构链条。

通过识别最终控制人，确定其身份，在金融业公司出现结构风险时，强化金融机构控股股东责任，保护中小股东及债权人利益。

（二）分散股权

降低母公司股权结构的集中度。[1]我国应该建立健全党对金融控股公司的领导机制，在保证现有控股的条件下，构建多元化的股权层次，适当引入国有企业、民营企业和外资等多种资金来源，保持金融控股公司理念多元化的先天特征，对管理层形成一定的经营压力，减少管理层与少数股东的利益冲突问题，起到分散风险的重要作用。

二、防范金融业公司行为风险之法律路径

（一）建立以董事会为中心的管理层结构

1. 借鉴欧盟经验。[2]

（1）2010 年金融机构公司治理与薪酬政策绿皮书：①董事会的注意义务，实施一个有利于存款人新的责任构成要件；②董事会成员妇女保障名额，确保董事会组成的多样性，以作为危机预防的手段；③监事的专业要求，特别是针对日益复杂的金融商品，董监事的专业化与不断的进修新知已经成为重要的要件。

（2）2010 年审计绿皮书：会计事务所的寡占市场与其对公司财务稳定的影响、对于审计的监督、思考建立一个欧洲审计监理结构、改善有价证券监理机关与会计事务所间的沟通、改善对中小企业的审计、扩大审计范围、提高会计事务所的独立性等。

（3）2011 年欧洲公司治理框架绿皮书：①监事会组成的多样化，监事会成员的来源与专业应更多元，也就是成员的国籍与区域背景、性别、专业的经历等有助于团队思考与规划。②加强股东的参与，改善股东对经营管理的兴趣。③应落实遵循或说明的制度，也就是股份有限公司必须说明遵循公司治理规约或阐明不遵循的理由。④董监事的薪酬政策，在德国，薪酬结构与详细的薪酬确定仍是监

---

〔1〕 张怡："金融控股公司治理结构改革"，载《中国金融》2019 年第 1 期。

〔2〕 陈丽娟："金融风暴后欧盟金融业公司治理改革之探讨"，载《法令月刊》2015 年第 7 期。

事会主要的任务，依据董事短期、中期与长期的经营绩效决定董事的薪酬额度，才符合现代的薪酬制度。⑤风险管理，董事会就其追求的策略特定组织的风险组合应负主要的责任，以及应以适当的监督确保发挥有效率的作用。⑥加强股东的角色，一方面，个人散户型的小股东往往因信息的不对称或仅对股利多寡有兴趣而漠视股东大会的召开与运作，因而更欠缺充分的信息以作为投资决策的依据；而机构投资人（例如保险公司或退休金基金）主要由一群特别的专业人士管理投资的资产，非专业投资人由银行担任其投资顾问，在这种小股东、机构投资人、资产管理人彼此间形成了一个利益冲突的复杂关系。另一方面，利害关系人（例如员工）利益的保护亦逐渐成为关注的焦点，尤其是员工持股的情形，员工同时是公司的股东，员工既是公司的受雇人又是公司的所有人，在公司业务经营不善时，持有双重特性员工股的股东面临双重风险，即有失业的损失与储蓄血本无归的风险。

从欧盟的三个绿皮书可以归纳出其以董事会为中心的管理层结构，包括但不限于：①董事会注意义务和风险管理的加强；②董事、监事的专业化和多样性要求以及薪酬激励；③会计、审计的独立性保障和监督；④加强股东的参与，保障中小股东的利益；⑤公司治理规约的运作。这五部分对我国以董事会为中心的管理层结构的建立也有着重要的参考价值。

2. 有序推进董事会建设。[1]

（1）规范董事会议事规则，增强董事会的独立性和权威性。董事会严格实行集体审议、独立表决、个人负责的决策制度。增强董事会的独立性和权威性，落实董事会年度工作报告制度。改进董事会和董事评价办法，完善年度和任期考核制度。

（2）加强董事队伍建设，推动人员选任机制的合理性。开展董事任前和任期培训，严格资格认定和考试考察程序，拓宽外部董事来源渠道，充分发挥外部董事在财务、管理方面的专业知识和经验优势，提高决策准确性。

（3）优化董事会组成结构，促进人员结构安排的合理性。建立健全外部董事制度，减少董事会成员与经理人员重叠，实现企业决策权与执行权分开，保障股东利益不受侵害。促进董事会成员的来源与专业多元化，也就是成员的国籍与区域背景、性别、专业经历的多样性有助于使董事会组成结构更为合理。

（二）强化独立董事的中立地位

要完善董事会结构，核心是提高董事会独立董事的比例，充分发挥独立董事

---

〔1〕 张林广："加强国有金融企业公司治理"，载《中国党政干部论坛》2017年第6期。

在公司治理中的重要作用，提升金融控股公司董事会治理水平[1]。

独立董事在公司治理中的重要作用是由于独立董事所具有的独立性，也就是因为其独立性所以具有的中立地位。独立董事的中立地位使其在履行职责的过程中能够凭自己的专业知识和经验对公司的董事和经理以及有关问题中立地做出判断和发表不偏颇、有价值的意见。

（三）建立员工激励制度

目前的情况是员工激励机制尚未健全，需要建立员工激励制度。[2]高管人员将金融控股公司的短期表现和自身利益作为工作目标的同时，还需要注重长期战略管理，采用能够对其积极性进行激励的措施，降低因股权激励等在其总收入中占比也较小，导致金融控股公司风险泛滥，甚至影响了其他金融控股公司的战略选择，形成了行业性风险的现象。

（四）建立以风险防范为核心的风险控制体系

从共性层面来说，金融控股公司业务多元、内部决策层次多、股权结构复杂、子公司之间交叉持股、管理层人员交叉兼职等众多因素使得母子公司实际关系复杂化，以及必然存在的内部交易等均可能带来更大的风险，如风险的传导扩散、不当内部交易风险、资本重复计算风险、风险集中爆发等。但不同治理模式下的金融控股公司除面临各项金融业务本身所易形成的一般性风险之外，还要面对不同治理结构的特殊内源性风险。

金融系统运行中的主要矛盾在于提高运行效率与降低系统风险两大目标之间的对立统一。[3]系统运行效率表现在业务协调成本、信息优势、规模经济和范围经济等方面；系统运行风险表现在竞争限制、风险传递和利益冲突等方面。金融控股公司模式是金融系统运行中矛盾转化的结果。

鉴于金融控股公司的大体量、综合化及其对宏观经济和金融业的巨大影响，当下金融控股公司治理的重心应是完善有效的内部控制和风险管理机制，实现在风险可控的前提下高效运营，达到公司内部间集权与分权的平衡。

（五）明确经营管理层法律责任

对于我国金融控股公司来说：其一，监管层面，除了金融控股公司子公司的经营管理层外，还应将金融控股公司的经营管理层纳入监管的范围；其二，设立

---

[1]　郝臣、付金薇、王励翔："我国金融控股公司治理优化研究"，载《西南金融》2018年第10期。
[2]　张怡："金融控股公司治理结构改革"，载《中国金融》2019年第1期。
[3]　张怡："金融控股公司治理结构改革"，载《中国金融》2019年第1期。

管理人员履职清单，明确各级管理人员的权利和职责，金融控股公司和子公司间管理人员的委派和交流要接受严格的限制和监督；其三，要建立和完善经营管理层考核评价体系。

三、规制金融业公司监管风险之法律路径

（一）完善内外审计制度

2010年审计绿皮书主要讨论审计人员的角色，以期针对特定的审计议题形成共识，以进而草拟规章或指令的审计法规草案。[1]规制金融业公司监管风险要强化审计的重要性，从内部和外部两个方面着手，外部审计要强调其独立性并加以监督，内部审计要从公司内部治理的角度推动其监管，双管齐下，以外部审计为主，内部审计为辅。

（二）完善三会一层追责机制

金融业公司治理结构需要股东大会、董事会、监事会和管理层，三会一层缺一不可，四者相互监督，相互制约，互为屏障，维护各自的职权，承担各自的责任。三会一层需要确认各自的职责，明晰责任承担，完善追责机制，反向推动三会一层各尽其职。

（三）建立内部风险预警管控机制

搭建金融控股公司的全方位防火墙与所有金融业一样，作为混业经营载体的金融控股公司同样面临分业经营下的一般金融风险，例如市场风险、信用风险、流动性风险、操作风险、利率风险等，同时还要面临混业经营下的一些特定的风险。这些风险包括关联交易风险、内部利益冲突风险、外部利益冲突风险等。因此金融控股公司应当建立和完善防火墙，对金融控股公司母公司与金融控股公司、金融控股公司与子公司、子公司与子公司间在信息流通、人事安排、业务渠道、资金融通等方面的交流设立有效的"防火墙"，任何人不得违规操纵资源在整个公司或集团内的流动，减少风险外溢和风险渗透。具体来说：其一，应建立法人防火墙，在控股公司内部建立健全的工作制度，明确各个金融类子公司的业务流程和工作规范，明确公司内部各层次授权与相应责任，确保子公司的独立法人地位；其二，应建立资源防火墙，设立金融控股公司和子公司之间，以及子公司与子公司之间的交易原则，确保资金、人员、信息等资源是在一般市场条件下进行交流和传递，防止利益输送行为的产生；其三，应建立信息防火墙，规范金

---

〔1〕　陈丽娟："金融风暴后欧盟金融业公司治理改革之探讨"，载《法令月刊》2015年第7期。

融控股公司信息披露行为，并对信息的传递加以严格的限制。[1]

（四）完善公司治理评估机制

完善公司治理监督评价体系和问责机制。[2]一是建立健全分层次的履职评价和多维度的后评估体系。履职评价和后评估体系要包括金融机构公司治理主体间的监督评价和外部监督评价，也应包括监管机构为防范系统性金融风险开展的监督评价。要充分合理地运用评价结果，将其与股东的准入和董事、监事以及高管人员的个人发展与利益紧密挂钩。二是进一步细化公司治理各主体及个人的法律责任，依法建立具有可操作性的问责机制。要严格责任追究，促进股东、董事、监事和高级管理人员履职尽责，有效防范道德风险。对于违规违法以及给金融机构造成重大损失的主体及个人，应加以严厉问责和惩处。三是加强监管指导与干预。监管机构要定期对金融机构整体公司治理政策和运行情况进行全面评估，并在必要时对问题机构实施干预，要求其针对存在的问题和缺陷采取有效的整改和补救措施。要进一步推进监管协作，促进相关监管机构在金融机构公司治理措施和行为方面开展有效合作和统一行动。

（五）畅通债权人参与金融业公司治理的通道

金融机构因其特殊的资产负债结构，而有特殊的公司治理特色。[3]相较于非金融机构，金融机构的资产反而主要是由债权人之债权而非股东的权益所支持，于此资本结构下，金融机构的主要资金提供者是债权人而非股东。因此，这样的特殊结构在相当程度上提升了债权人利益在金融机构治理中的重要性，需要畅通债权人参与金融业公司治理的通道。比如，优化监事会的人员组成，建议监事会的人员组成包含债权人代表等。

第四节　金融控股公司的公司治理

一、金融控股公司的特点——公司组织结构带来高度系统风险

（一）混业与分业经营交织

搭建金融控股公司的全方位防火墙与所有金融业一样，作为混业经营载体的

---

〔1〕　郝臣、付金薇、王励翔："我国金融控股公司治理优化研究"，载《西南金融》2018 年第 10 期。

〔2〕　肖璞："后危机时代中国有效金融监管问题研究"，湖南大学 2013 年博士学位论文。

〔3〕　杨乐平："论金融控股公司治理的改革方向：以独立董事与提名委员会为中心"，载《台大法学论丛》2019 年第 2 期。

金融控股公司同样面临分业经营下的一般金融风险，例如市场风险、信用风险、流动性风险、操作风险、利率风险等，同时还要面临混业经营下的一些特定的风险。这些风险包括关联交易风险、内部利益冲突风险、外部利益冲突风险等。[1]

（二）母子公司间高度依存

无论是纯粹型还是事业型金融控股公司，都会面临母公司对子公司的控制权大小的问题，母公司对子公司的控制权大小主要由子公司的股权结构来决定。[2]按照母公司对子公司的持股比例高低，可分为全资控股、绝对控股、相对控股和参股四种类型，不同的持股比例分别对应大小不同的控制权。在全资控股的情况下，控股公司对子公司拥有全面、绝对的控制权，子公司和母公司的一家分支机构几乎没有区别。在绝对控股的情形中，由于控股公司对子公司的持股比例超过50%，控股公司也基本上拥有对子公司的全面控制权，但要通过董事席位、高管任命等法定程序和公司章程来行使权利，控制权较全资控股的情形稍弱。在相对控股的情况下，控股公司是子公司的第一大股东，但持股比例低于50%，若子公司持股比例非常分散、其他股东的持股比例远低于控股公司，则作为第一大股东的控股公司也基本拥有子公司的控制权；若子公司持股比例较为集中、其他几个大股东持股比例仅比第一大股东略低，则控股公司仅拥有对子公司的部分控制权，因为存在其他股东联合起来否决第一大股东提案的可能性。在最后一种情形中，控股公司仅是参股，因而基本不具有对子公司的控制权，控股公司仅是参与公司的经营管理或仅作为财务投资者。

从更好地制定集团统一战略、发挥协同效应和控制风险的角度看，母公司通过对子公司行使绝对控制权来贯彻集团总体战略、搭建综合经营平台、促进协同效应发挥和全面管控风险，有效避免各子公司独立行事、各自为政，从而实现规模经济和范围经济，这种情况需要母公司对子公司全资控股或绝对控股，二者存在高度的依存关系。

（三）委托代理关系复杂

金融控股公司股权结构复杂，我国金融控股公司通过直接或间接控股、参股不同类型公司而形成了规模庞大、结构复杂的金融集团。数量众多的子公司、孙公司以及参股公司之间的股权关系相互纵横，形成了庞大的股权结构体系。金融

---

[1]　郝臣、付金薇、王励翔："我国金融控股公司治理优化研究"，载《西南金融》2018年第10期。

[2]　战美君："'后危机'时代金融控股公司监管法律问题研究"，对外经济贸易大学2016年硕士学位论文。

控股公司股权结构的复杂化和代理层级的增多，造成控股股东的控制权超过其现金流权，为控股股东利用控制权获取私利提供了便利（LaPorta 等，1999）。此外，由于股权结构庞大，公司的重要利益相关者，特别是投资人、管理层，难以清楚了解公司内部各个成员之间的授权关系和管理责任，难以判断和衡量公司的整体风险，最终导致监管的困难以及代理成本的增加。[1]

（四）公司内部关联交易常态化

金融控股公司内的关联交易内容包括相互授信、担保、抵押以及转移利润等行为：按照业务发生主体不同，既有金融控股公司与各子公司之间的，也有各子公司之间的；按照业务范畴不同，有金融控股公司内部的金融业务之间的，也有金融与非金融业务之间的。一定比例、公开化的关联交易有利于实现规模经济与范围经济，会大大节省集团的交易成本和生产成本，提高效率，但是比例失调的、非公开化的、甚至别有用心的关联交易则可能带来一系列风险。虽然各个金融控股公司在信息披露中对关联交易合法性和公允性做了保证，但无法从根源上排除关联交易为集团带来的利益冲突风险以及合规性风险等，而且金融集团股权结构的复杂性会显著增强关联交易的隐蔽性，增加监管的难度。[2]

（五）公司利益相关者范围更广

金融业的公司治理问题与一般的公司治理问题强调股东保护不同，金融业的公司治理还涉及存款人与投资人的保护，以及因而产生的骨牌效应和体系相关效应的金融系统风险，也就是金融业的公司治理是非常复杂的议题，股东、存款人、投资人、国民经济等不同利益错综复杂交织在一起。[3]也就是金融业的公司治理中利益相关者范围更广，对金融业的公司治理需要考量的因素也就愈加复杂，不同主体之间的利益交织，需要综合考量不同主体之间的利益平衡与分配的问题，如果不加以综合考量，则会出现难以预估的监管风险。

二、我国金融控股公司治理的规则与实践

（一）我国金融控股公司治理的实践概述

基于我国的特殊国情，按照控制主体视角可将我国的金融控股公司分为六类[4]：

---

〔1〕 郝臣、付金薇、王励翔："我国金融控股公司治理优化研究"，载《西南金融》2018 年第 10 期。

〔2〕 郝臣、付金薇、王励翔："我国金融控股公司治理优化研究"，载《西南金融》2018 年第 10 期。

〔3〕 陈丽娟："金融风暴后欧盟金融业公司治理改革之探讨"，载《法令月刊》2015 年第 7 期。

〔4〕 范云朋："金融控股公司的发展演变与监管研究——基于国际比较的视角"，载《金融监管研究》2019 年第 12 期。

其一，银行类金融控股公司，主要是指国内大型商业银行依托银行平台，通过参股、控股其他非银行类金融机构，以子公司分业经营方式实现涵盖银行、证券、保险、基金、信托等多个金融子行业的金融控股公司。工、农、中、建四大行以及国开行、交行均属此类。其二，非银行类金融控股公司，主要是指以非银行类金融机构作为母公司，逐步向银行等其他类别的金融机构实现参股、控股，进而搭建形成的综合性金融集团。中国平安、光大集团以及四大资产管理公司均属此类。其三，大型央企、国企类金融控股公司，主要是指大型央企或者国企通过产融结合方式涉足金融业务，以期推动产业和投融资的双轮驱动，在此过程中形成的金融控股集团。招商局集团、国家电网、五矿集团均属此类。其四，地方政府主导类金融控股公司，主要是指以地方政府为大股东设立的综合性金融运营公司，对所在地方政府区域内的金融机构进行参股控股。上海国际、北京金控、天津泰达等均属此类。其五，民营系金融控股公司，主要指从事传统行业的大型民营企业通过收购金融牌照等方式逐步控制多类型金融机构，进而形成的综合性企业集团。中植系、明天系、泛海系等均属此类。其六，互联网金融集团类控股公司，主要是指现在的互联网科技巨头通过兼并收购等方式获得多种金融牌照，进而形成的为广大客户提供综合性金融服务的金融控股公司。蚂蚁金服、京东数科、度小满金融均属此类。

（二）我国现有金融控股公司政策的问题分析

1. 金融控股公司法律规范缺乏。金融控股公司立法滞后，对其法律地位不明确，难以进行依法监管。我国目前金融业实行分业经营和分业监管，我国法律也没有明确金融控股公司的法律地位。当然也没有明文禁止，法律灰色地带的存在为它们的发展提供了空间。金融控股公司在我国金融分业体制下的存在，实际上是打法律的"擦边球"。然而不规范的形式和缺乏外部的有效约束，既难以充分发挥跨业经营的优势，又潜伏着大量风险。

虽然金融控股公司本身不直接从事银行、证券和保险等金融业务，但是由于其主要资本或大部分资本投资于金融企业，其经营决策行为直接对金融市场产生影响，因此，必须把金融控股公司列入金融监管部门的监管范围。

因为我国尚未建立起关于金融控股公司经营的法律法规，所以，有关它们的模式如何选择、母公司能否直接经营金融业务、能否对非金融机构控股、下属子公司之间可否间接持股、如何预防集团内部的不良关联交易、怎样避免集团与子公司之间的资本金重复计算等都缺乏统一的法律依据。

2. 不正当内部交易问题。在现实中已经存在着模式各异的金融控股公司，多数控股公司并没有在银行、证券和保险业务之间以及金融与实业之间建立有效的"防火墙"，这些公司内部存在着大量内部交易风险：有些控股公司下属子公司间的相互投资并没有受到相关监管，有些集团母公司以负债形式筹资入股子公司，以子公司为工具从银行融通大量的资金，或通过各种手段炒作股票，最终引发股市泡沫风险。内部交易导致信息不真实。集团内部交易往往会夸大一个集团成员的报告利润和资本水平，因而集团的净利润可能大大低于各成员的利润总和，加上集团股权结构复杂，监管机构无法了解其经营状况，无法判断集团面临的真实风险。集团不良内部交易加大了集团的整体风险。典型的例子是中国光大国际信托投资公司的支付危机导致整个光大集团的负债。

3. 产业资本控股金融机构的风险严重。产业资本组建的金融控股公司，不仅直接违反国际通行之"金融业与工商业相分离"的基本原则，由于产业机构不接受严格的金融监管，这类金融控股机构蕴含着相当大的风险。实业资本控股的金融公司的风险主要是，利用上市公司、证券公司和商业银行之间的关联交易在股票一级市场"圈钱"或打新股，在股票二级市场上操纵价格获取暴利，充分利用证券公司的交易通道便利和账户便利以及银行的资金实力和担保手段融资构造庞大的资金链条，从关联交易及股票二级市场获利形成"银行融资—并购—上市—购并—银行融资"的循环。由于起点和终点都是银行融资，一旦资金链断裂，银行将遭受巨额损失。[1]

4. 金融子公司的独立性受到影响。金融控股公司的金融子公司虽然都依法具有法人资格、独立承担民事责任，但由于母子公司之间控制关系的存在，子公司实际上已沦为服务于母公司利益的工具。这导致子公司法律人格的独立性和经济现实中的非独立性之间的矛盾。

经济现实中，为母公司或者集团利益的最大化决定着子公司经营活动的方向，追求母公司或者集团整体利益最大化的结果，必然会损害子公司的利益。一方面，子公司的经营活动必须遵循母公司的指示，服从母公司的指挥，另一方面，子公司的经营活动在很大程度上是为了实现母公司或者集团的整体利益。金融子公司丧失独立性的结果是，金融子公司的董事会和管理层在经营决策方面受到母公司很多限制，不能够按照法律和监管当局要求实施有效的管理。由于不受金融监管，产业资本控股的金融子公司的独立性将更难得到保证。

5. 监管体制不完善。现阶段中国金融体系的监管体制还不够完善。我国分业监管体制的一大弊端即不能从整体上对金融机构的经营状况和风险程度进行总体

---

[1] 谢平：《金融控股公司的发展与监管》，中信出版社 2004 年版，第 168 页。

监控和系统性评估，这显然与金融控股公司的风险特性不相适应。在金融政策上，中国人民银行仅仅起到国务院金融决策执行者的作用，缺乏决策的独立性。在金融监管上，仍然采用机构监管，银监会、证监会、保监会分别监管银行、证券和保险机构，三足鼎立难以适应对金融控股公司的监管需求。

在现行金融监管体制下，各个监管机构的监管对象主要是金融控股公司的子公司，而对其集团公司监管将面临复杂的控股关系和混乱的内部交易，使得监管机构和投资人、债权人都难以了解集团内部各成员之间的授权关系和管理责任，无法准确判断和区分一个集团成员所面对的真实风险，使得对金融控股公司（主要是集团公司）监管弱化，甚至处于零监管状态。这样，金融控股公司利用控股关系进行关联交易就使得原有经济体系中独立的行业风险转化为系统风险，并通过金融控股公司使其扩大为数倍于原独立行业的风险[1]。

三家监管部门尽管已召开了联席会议，确立了金融控股公司监管的主监管制度，并明确各监管机构的职能分工以及信息共享等框架，但总的来说，这些共识还仅仅处在原则性框架层面，具体的协调监管制度并没有完全确立，在面对不同金融机构开展相同业务的问题上，监管措施还存在不协调的地方。从金融体系稳定机制建设角度讲，在金融控股公司问题上，三大监管部门与央行组建何种关系架构，各自的职责是什么，监管信息如何沟通等这一系列疑问，仍然找不到答案。

监管的规章制度缺乏系统性与协调性。目前有关金融控股集团多个金融领域业务的各种规章，是相关部门从部门情况出发制定的，金融交叉领域考虑较少。为保障金融宏观运行规范有序，监管部门必须尽快出台有关金融控股公司的法律、法规。

三、金融控股公司治理的特殊要求

（一）注重公司治理体系的协调共生

金融本质上是以信用为基础的融资契约，契约设计是公司治理结构的核心内容。然而，金融控股公司的组织架构没有发挥资源整合的优势。国内绝大部分的金融控股集团只是具备了金融控股公司的形式架构，其因追求发展速度而导致忽视内部组织结构的建设，未能对所控股的金融机构实现有效整合和一体化管理，导致其名不符实。[2]因此，需要注重公司治理体系的整体性和衔接性，形成治理

---

〔1〕 常健："我国金融控股公司立法：一个分析框架"，载《上海财经大学学报》2004 年第 4 期。
〔2〕 张怡："金融控股公司治理结构改革"，载《中国金融》2019 年第 1 期。

体系的协调共生。

（二）构建三会一层的权力制衡机制

除了要考虑母子公司的治理机制以外，还需关注母子公司之间、子公司之间的管理关系、业务往来关系以及它们之间存在的合作与冲突等博弈行为。母公司不仅应从子公司不同的治理结构实际出发，合理有效地行使控制权和管理权，还应考虑逐步完善其自身以及子公司的治理结构。故而，对于涉足多种金融业务的大型金融控股公司而言，其治理结构理应不同于一般的企业集团或单一金融机构。

（三）母子公司他治性规范侧重点之差异化

金融控股公司作为母公司如何治理具有独立法人地位的子公司，目前已经有不少经验。美国、英国的金融控股公司在治理上给予子公司更大的自主权，不参与子公司的经营决策，只对子公司财务指标的完成情况进行考核和审计；而日本的金融控股公司治理更强调在母公司统一指挥下各子公司协调行动。我国金融控股公司多通过直接部署工作和下达指令的方式操纵子公司甚至孙公司的日常经营活动（邹福阳和岳意定，2006），而非依据持有的股份进行意愿的表达，这使得对子公司和孙公司的治理同对控股公司下设职能部门的管理一般无二。控股公司通过直接任命总经理、制定经营和投资决策等方式过度干预子公司或孙公司的日常经营活动，降低了子公司在人员、组织、业务、资产、财务等方面的独立性，使子公司的董事会形同虚设，并弱化了监事会的监督职能，造成更多的决策失误和风险累积问题，影响子公司的未来发展。[1]

因此，母公司要侧重对子公司控制权形式的途径和限度，对子公司利益补偿及在母子公司同时任职的限制等。子公司应侧重对母公司提名董事的义务约束、少数股东及利益相关者的保护。

（四）对母子公司关联交易管控的重点不同

于母公司而言，关联交易管控应从表决权限制入手实现程序上的公平；于子公司而言，关联交易管控应从实质审查着手，兼顾效率与公平，并建立追责路径。

于母公司而言，所谓表决权限制，即无利害关系股东批准制度。在股东会批准制度方面，在公司法层面，明确重大关联交易的股东会批准制度，改变目前股东会批准制度规范层级较低，难以成为法院裁判依据的现状。在表决权排除制度

---

[1] 郝臣、付金薇、王励翔：" 我国金融控股公司治理优化研究"，载《西南金融》2018 年第 10 期。

方面，一方面，在公司法层面，明确重大关联交易股东会批准制度的同时，明确关联股东回避表决制度；另一方面，改进违反表决权排除制度的救济机制，即完善《公司法》第 22 条〔1〕的规定。明确关联交易表决权行使的程序，通过程序公平推进实质公平。

于子公司而言，加强实质审查，与母公司的管控逻辑相反，从实际入手，推动公平。母公司对子公司的控制权，使得子公司通过表决权限制关联交易很是困难，所以，要通过实质审查，探究关联交易是否存在不正当性，是否存在利益输送等，对其进行管控。

四、治理金融控股公司内部组织架构的法律路径

（一）完善股东及股东权治理机制

明晰整个金融集团的股权结构〔2〕：由于金融集团内部结构复杂，又大量存在交叉持股、资本重复使用、关联交易等现象，其风险程度难以准确判断。因此，需要提升识别金融控股公司所有权结构的能力，包括识别最终控制人。明晰的股权结构能够有效协调集团内各成员间的利益，增强集团的协同效应。同时，只有股权结构和实际控制人足够透明和相对简单才能实现有效监管。

1. 以持股比例对股东及其权责分级规制。

（1）控股股东、实际控制人的持股比例上限、资格限制、可控金融控股公司数量上限、控股股东特殊义务。我国现有法律规定对金融控股公司股东缺乏详细的规定，《金融控股公司监督管理试行办法》对其有进一步的规定。第 3 条通过两种方式规定了实质控制权的定义：一是投资方直接或者间接取得被投资方过半数有表决权股份，二是相当于形成实质控制的情形，进而对实际控制人的确定提供法律支持。第 9 条规定了成为控股股东和实际控制人的积极条件，而第 10 条则规定了负面清单，也即禁止条件。通过禁止条件，可以看出立法对抽逃出资、虚假出资及代持股行为的否定态度。

第 19 条规定了参控股金融控股公司数量，也即可控金融控股公司数量上限，同一投资人及其关联方、一致行动人，分为两种身份，作为主要股东参股金融控股公司的数量不得超过两家，作为控股股东和实际控制人控股金融控股公司的数

---

〔1〕《公司法》第 22 条第 1、2 款规定："公司股东会或者股东大会、董事会的决议内容违反法律、行政法规的无效。股东会或者股东大会、董事会的会议召集程序、表决方式违反法律、行政法规或者公司章程，或决议内容违反公司章程的，股东可以自决议作出之日起 60 日内，请求人民法院撤销。"

〔2〕郝臣、付金薇、王励翔："我国金融控股公司治理优化研究"，载《西南金融》2018 年第 10 期。

量不得超过一家。

第 11 条规定了金融控股公司控股股东的禁止行为，也即反向规定了控股股东的特殊义务，其不得通过特定目的载体或者委托他人持股等方式规避金融控股公司监管；不得关联方众多，股权关系复杂、不透明或者存在权属纠纷，恶意开展关联交易，恶意使用关联关系；不得滥用市场垄断地位或者技术优势开展不正当竞争；不得操纵市场、扰乱金融秩序；不得 5 年内转让所持有的金融控股公司股份；不得无实质性经营活动等。

《金融控股公司监督管理试行办法》对控股股东、实际控制人的资格限制、可控金融控股公司数量上限、控股股东特殊义务进行了规定，对金融控股公司的监管提供了法律依据，但是其缺乏对控股股东、实际控制人的持股比例上限的限制，需要在之后的法律法规中结合我国金融控股公司的实际情况进行规定。

（2）明确大股东的持股比例上限及资格限制。《金融控股公司监督管理试行办法》第 9 条规定了成为主要股东的积极条件，而第 10 条则规定了负面清单，也即禁止条件。第 9 条和第 10 条成功对大股东的资格限制进行了正反两方面的规定，但是缺乏对大股东的持股比例上限的限制，需要在之后的法律法规中结合我国金融控股公司的实际情况进行规定。

（3）完善中小股东的利益保护机制。《公司法》的相关规定，赋予了中小股东利益保护机制。第 22 条第 2 款规定了股东代表诉讼的权利，第 33 条第 2 款规定了股东的查阅请求权，第 74 条规定了异议股东股份回购请求权，赋予中小股东运用诉讼的方式保护自己的权利。第 40 条第 3 款和第 101 条第 2 款规定了当董事会或者执行董事、监事会或者监事不履行职责时，代表 1/10 以上表决权的股东或者连续 90 日以上单独或者合计持有公司 10% 以上股份的股东可以自行召集和主持股东大会会议；第 100 条规定了单独或者合计持有公司 10% 以上股份的股东有请求在 2 个月内召开临时股东大会的权利；第 102 条第 2 款规定了单独或者合计持有公司 3% 以上股份的股东的临时提案权；第 105 条规定了累积投票权，赋予了中小股东对股东大会、董事会以及监事会的相关权利。

《公司法》的规定完善股东代表大会制度，为中小股东权利的有效行使提供保障。[1]确保股东大会的及时召集，赋予少数股东以股东大会召集权；确保有表决权的股东能够享有按照自身意愿行使表决权的机会；赋予中小股东提案权、通信投票权，完善表决权的委托书劝诱制度和书面表决制度，保护股东建议权和质询权；规定股东在股东大会选举董事和监事时享有采用累计投票权；应建立股东

---

〔1〕 贺庆平：“中国金融控股集团权利关系研究”，中央民族大学 2011 年博士学位论文。

表决权排除制度，当某一股东与股东大会讨论的决议事项有特别的利害关系时，该股东不得就该事项行使表决权，有利于防止多数股东滥用表决权与公司进行关联交易损害公司利益，从而为少数股东的权益提供保护。另外，还建议建立类别股东大会制度，对于公司作出的涉及种类股份的股东利益的决议，不仅要符合股东大会的决议要件，而且要由该种类股份的股东所组成的种类股东大会予以通过才能生效〔1〕。

　　建立健全股东诉讼制度。〔2〕现有股东诉讼制度包括：对公司、董事、经理及股东大会、董事会决议提起的诉讼；股东代表诉讼。还缺乏对相关会计师事务所、律师事务所、证券承销商等中介机构提起的诉讼。股东诉讼制度是加强股东对公司经营的监督，促使经营管理者勤谨忠诚，防止内部人滥用权力侵害公司或股东合法权益的有效法律机制。

　　2. 明确股东出资相关规定。《金融控股公司监督管理试行办法》第12条对股东的资本金来源进行了规定，金融控股公司股东应当以合法自有资金投资金融控股公司，确保投资控股金融控股公司资金来源真实、可靠，不得以委托资金、债务资金等非自有资金以及投资基金等方式投资金融控股公司。同时规定不得委托他人或者接受他人委托持有金融控股公司的股权，不得对金融机构进行虚假注资、循环注资，不得抽逃金融机构资金。另行规定了中国人民银行对金融控股公司的资本合规性实施穿透管理的权力，核查资金来源。

　　该办法对股东的资本金来源规定、抽逃出资及虚假出资责任、禁止代持股行为进行了明确的规定，并在后文对相关主体的法律责任进行了明确规定，是对金融控股公司公司治理和监管的一大进步。

　　（二）董监高的治理

　　1. 完善董监高任职资格限制。对于董监高任职资格限制，我国《金融控股公司监督管理试行办法》第21条规定了董事、监事、高级管理人员任职资格和兼岗限制，金融控股公司的董事、监事和高级管理人员的任职条件由中国人民银行另行规定，其任职要向中国人民银行备案。而金融控股公司的高级管理人员原则上可以兼任所控股机构的董事或监事，但不能兼任所控股机构的高级管理人员。所控股机构的高级管理人员不得相互兼任。

　　该规定在一定程度上对董事、高级管理人员的兼职限制做出一定规定，但其关于金融控股公司的董事、监事和高级管理人员任职资格标准的规定是转引条

---

〔1〕　刘俊海：《股份有限公司股东权的保护》，法律出版社2004年版，第278~293页。

〔2〕　贺庆平：“中国金融控股集团权利关系研究”，中央民族大学2011年博士学位论文。

款，目前还未有直接规定，需要进一步完善。

其一，要考虑金融控股公司决策事项及面临的风险，因此金融控股公司董事会要有一定规模；其二，董事会成员要有良好的声誉和诚信记录，同时具有相关的从业背景，体现董事会的专业性；其三，要完善董事会结构，核心是提高董事会独立董事的比例，充分发挥独立董事在公司治理中的重要作用；其四，要完善专业委员会结构，设立金融控股公司发展迫切需要的合规管理委员会、投资决策委员会、风险管理委员会、薪酬与提名委员会、审计委员会等，并由独立董事出任专业委员会主席；其五，要对于金融控股公司董事在子公司的任职做出一定的限制性规定。[1]

2. 完善董监高信义义务法律规定。我国目前法律缺乏对董监高信义义务的规定，需要进一步探寻其规制。

信义义务进入公司法领域，并成为公司治理制度的基石，不仅是公司内外关系中存在各种不对等的关系符合信义关系形成的条件，更重要的是信义义务规则在衡平当事人利益失衡方面，明显地优于合同和侵权法的调整机制。

（1）信义义务特点是对董事、高级管理人员，有时包括控制股东施加了高标准的法定义。公司法中的信义义务并非根据认股协议、公司章程或董事、经理与公司签订的服务合同而产生，而是根据公司法的强制规范而产生的法定义务。虽然相关合同可能重申或具体化这些义务，但是不得排除这些义务的履行。与合同当事人双方地位平等，权利义务具有对等性的假设不同。公司法着眼于公司运行的实践中，存在着董事、高级管理人员享有公司的经营控制权，或控制股东操纵公司经营，拥有寻租的机会或空间的事实。为此，只有加重董事、高级管理人员或控制股东对公司的义务，对处于弱势地位的公司或小股东利益实行倾斜保护，才能实现衡平正义的法律价值。因此，公司法中的信义义务要求董事和高级管理人员为公司利益，不得谋取个人私利的标准显然高于合同当事人的义务标准。此外，公司法中的注意义务也不同于合同当事人的消极注意义务，而是积极的注意义务，并要求董事运用自己的知识和技能，谨慎地履行义务。

（2）信义义务具有抑制董事机会主义行为的功能。在股权十分分散的公众公司中，股东对公司的所有权与公司经营管理权或控制权完全分离，公司的巨额财产由董事或 CEO 等内部人控制，而众多分散的小股东却无法对内部控制人实行有效的监督。于是，公司治理出现了严重的代理成本问题。公众公司"两权分离"

---

〔1〕 郝臣、付金薇、王励翔："我国金融控股公司治理优化研究"，载《西南金融》2018 年第 10 期。

的格局，必然形成公司权力配置的"董事会中心主义"甚至"经理中心主义"模式。缺乏监督的内部人控制必定产生董事机会主义行为的激励，致使公司和股东的利益遭受损害。封闭公司的控制股东往往自任董事亲自管理公司，或者隐藏于幕后操纵董事控制公司。控制股东为了自身利益最大化往往利用其控制公司的地位，压迫、排挤和盘剥小股东。为了抑制董事、高级管理人员和控制股东滥用公司控制权损害公司和中小股东的利益，必须对他们施加高标准、严要求的忠实义务。根据忠实义务规则，董事在从事经营管理事务时，必须把公司的利益放在首位，不得将自身置于与公司利益相冲突的境地，不得在履行公司职责的过程为自己或第三人谋取不正当利益。董事违反忠实义务侵害公司利益的，必须承担损害赔偿责任。另外，公司作为营利性法人实体，仅要求董事负有不损害公司利益的消极义务，显然不能实现公司设立的目的。因此，还必须要求董事和高级管理人员为最大限度地增加公司的利益而承担谨慎、勤勉义务。

（3）公司或股东对违反信义义务的行为可以实施有效的事后救济。由于董事履职期限长、内容复杂，无论是法律还是相关合约均难以事先规定细致的问责条款，并对履约实施专职监督；控制股东与公司其他股东的信义关系则是特定场合的偶发现象。因此，信义原则是替代公司合同细致规定和额外监督的低成本的解决方案。在公司的信义法律关系里，对作为受托人的董事、经理等当事人履职行为的适当性，以及是否违反信义义务的判断，只能是一种事后规制模式，即以其行为的后果对公司、股东利益的影响，反过来评价先前的行为。就违反义务而言，合同法中当事人一方可以通过"合理违约"而获利并保留该利益；而信义法则要求董事在自利交易中取得的利益归于公司。在篡夺公司机会的情形下，将董事或经理所获得的机会、财产或利益推定为以公司为收益人的信托，强制董事或经理返还不当得利；当这些不当利益被移转或权利形态发生转化时，则采用物权保护的方法，赋予公司或股东向不当得利持有人追及的权利。如果这些不当的财产已经灭失，公司还可以请求董事或经理承担个人赔偿责任。这种具有惩罚性、扩张性的救济方式能够有力地抑制董事违反信义义务，强化了对公司、中小股东利益的保护力度。

3. 引入外部董事或外部监事制度。

（1）引入外部董事制度。拓宽外部董事来源渠道，充分发挥外部董事在财务、管理方面的专业知识和经验优势，提高决策准确性。[1]

我国目前法律缺乏对金融控股公司董事责任的细化规定，但是我国山东省的

---

〔1〕　张林广："加强国有金融企业公司治理"，载《中国党政干部论坛》2017 年第 6 期。

地方法规《山东省地方金融控股公司规范发展指引（暂行）》（鲁金监字〔2016〕8号），对董事的责任进行了一定规制。其第19条规定，金控公司董事会应当对全面风险管理承担最终责任，并向股东负责，董事会应下设风险管理委员会和审计委员会，根据董事会授权履行相应职责。监事会应当对董事会及高级管理层在全面风险管理中的履职情况进行监督。虽然这规定是笼统的概括，需要进一步细化，但规定本身确定了董事的相关责任。

为确保董事会对公司和股东负责，董事会成员应基于充分获得信息，恪尽忠诚地为公司和股东的最大利益行事。法律和公司章程应对董事的利益冲突进行规制，当发生重大或持续失职时，董事应根据法律和公司章程的规定承担相应责任。此外为了确保董事会对管理人员的有效监督，董事会应下设专业委员会，如审计委员会、薪酬委员会、提名委员会、投资决策委员会等，专业委员会应主要由独立董事组成，并由独立董事担任主席，使金融控股公司母、子公司董事会具有一整套核心能力，包括会计和财务处理能力、商业判断能力、管理才能、危机反应处理能力、行业知识、国际市场运筹能力、领导才能和战略眼光等。[1]

（2）建立外部监事公司制度，[2]监督上市公司。建立监事公司制度明显具有以下优势：其一，从根本上解决监督的权威问题。其二，从根本上解决监事缺乏专业知识、没有监督能力问题。其三，从根本上解决监督责任问题。

五、治理金融控股公司外部组织架构的法律路径

（一）完善内部控制体系

1. 规定对被控机构持股比例。规定对被控机构持股比例，需要借鉴其他国家和地区的相关立法，吸取其中宝贵的经验。

根据台湾"金融控股公司法"第37条第4项和第5项的规定，其一，金融控股公司对其他业务的持股比率，不得超过该被投资事业已发行有表决权股份总数的5%。其二，对金融控股公司及其子公司有关其他事业的持股合计，原则上不得超过该被投资事业已发行有表决权股份总数的15%。也即，对被控机构持股比例，我国台湾地区的立法从金融控股公司持股比例和金融控股公司及其子公司的持股合计两方面进行规制，控制持股比例，分散金融控股集团的投资风险。

所以，对于我国而言，需要根据我国的实际情况，确定金融控股公司对被控

---

〔1〕 贺庆平："中国金融控股集团权利关系研究"，中央民族大学2011年博士学位论文。
〔2〕 郭德香、陈昱州："公司治理法律体系优化探索——基于上市公司治理现状的思考"，载《财会通讯》2019年第14期。

机构持股比例，可以参考台湾地区的立法，规定为 15%。

2. 规定各被控机构的资金、业务占控股公司的比例限制。规定各被控机构的资金、业务占控股公司的比例限制，需要借鉴其他国家和地区的相关立法，吸取其中宝贵的经验。

以我国台湾地区立法为例，根据台湾"金融控股公司法"第 37 条第 1 项，控股公司对各被控机构的资金、业务的投资不得超过金融控股公司净值的 15%。也即，各被控机构的资金、业务占控股公司的比例不得超过公司净值的 15%。考虑到净值较能反映公司实际经营状况，2009 年 1 月台湾"金融控股公司法"将"实收资本总额"改为"净值"，进一步规制各被控机构的资金、业务占控股公司的比例。[1]

所以，对于我国而言，需要根据我国的实际情况，确定各被控机构的资金、业务占控股公司的比例，可以参考台湾地区的立法，规定为金融控股公司净值的 15%。

（二）限制控股公司干涉行为

对股董监高的相互交叉任职进行限制，主要从以下方面展开：

1. 强化分权制衡机制。其一，董事长与经理分开任职，以确保董事会对经理人员的有效监督，改变中国金融控股母、子公司董事会成员与高级经理人员互兼职务的局面，明确规定不能互兼的职位，限制兼职的人数，并且还要禁止金融控股公司母、子公司用总经理办公会代替董事会。其二，清楚界定董事会与董事长的职责，强化董事会内部董事对董事长的约束和监督，如通过制定董事规则等，避免"一长管一会"的现象。

2. 完善和改革以行政方式选任我国国有金融控股集团母、子公司经营者的机制。[2] 纠正金融控股公司母、子公司董事长、总经理一人兼任的做法，明确董事长是金融控股公司母、子公司的法定代表人，董事会是金融控股公司母、子公司的决策机关，以总经理为代表的高级经理层是金融控股公司母、子公司的执行机关，它由董事会任命并对董事会负责。目前，行政任命还是我国国有金融控股集团经营者选任的主要方式。这种行政任命的选拔机制使得经营者任职缺乏稳定的制度保障和有效的契约保护，容易受到上级领导主观因素的干扰，任职期限和稳定程度存在较大不确定性和波动性，相应的，经营者拥有的控制权收益具有不确

---

〔1〕　田静婷："我国金融控股公司法律机制的构建和完善——以台湾《金融控股'公司法'》为视角"，载《河北法学》2013 年第 4 期。

〔2〕　张涵：《国有控股公司控制权配置研究》，经济科学出版社 2008 年版，第 122 页。

定性，不利于形成有效的激励。因此，应该建立起以董事会为主体、通过内外部经理市场的公开选拔招聘经营者的制度，以规范化的聘用合同清楚地界定经营者享有的权力、责任和义务，约束经营者的机会主义行为，实现有效的控制权激励。[1]此外，实现董事会独立地选拔经营者，有利于建立经营者对董事会负责的制度，实现董事会对经理的制衡。此外，增加高层管理人员的持股数量，使公司的利益目标与他们自己的利益目标趋同，进而构成有效的激励机制。[2]

3. 完善中国金融控股公司高级经理人员责任制度。其一，是探索建立董事、股东对金融控股公司母、子公司高级经理人员的问询制度。董事和符合一定条件的股东相应地对金融控股公司母、子公司的财务收支、经营情况、发展战略有适当的咨询权，金融控股公司母、子公司高级经理人员必须提交完善的资料和说明。其二，完善高级经理人员决策层面的制衡机制，防止金融控股公司母、子公司高级经理人员个人随意性和非理性行为对集团公司重大决策的影响。金融控股公司母、子公司每一级机构都要坚持分工负责制、民主集中制基础上的总经理负责制。其三，根据金融监管当局的有关授权授信规章和金融控股公司的特点，建立健全授权授信制度，明确金融控股公司母、子公司高级经理人员，特别是各级总经理的权限。其四，建立健全中国金融控股公司母、子公司高级经理人员年审制度。每年年终由金融控股公司母公司监事会组织对母、子公司高级经理人员在本年度的经营管理情况、重大决策情况、执行制度情况等进行稽核、检查评价，并与其奖惩直接挂钩。[3]

（三）规制交叉持股及相互担保

1. 交叉持股行为之禁止。交叉持股将虚增金融控股公司的总资本，导致其杠杆率的飙升，在规避管制的同时净增了风险；扭曲公司的治理结构，导致内部持股信息透明度的降低，难以识别关联交易的风险；降低资本的流动性，减弱抵御危机的能力，导致风险的积聚；诱发市场垄断，[4]通过相互投资持股排除或者减少了交叉持股公司间实际竞争的可能性，形成的公司联盟通常都具有抬高行业壁垒的雄厚实力，增加了市场新进入者进入该领域的成本和难度。[5]故而需要对交

---

〔1〕 李维安、王辉："企业家创新精神培育：一个公司治理的视角"，载《南开经济研究》2003年第2期。

〔2〕 刘红娟："基于控制权机制的公司治理研究"，华中科技大学2004年博士学位论文。

〔3〕 孔令学："中国金融控股公司制度研究"，中央党校2004年博士学位论文。

〔4〕 日本的经济学家依据本国交叉持股的具体实践，将企业集中的动因归为追求独占分红利润、谋求降低成本和垄断市场。

〔5〕 张怡："金融控股公司治理结构改革"，载《中国金融》2019年第1期。

叉持股行为进行禁止性规定。

而《金融控股公司监督管理试行办法》第 18 条第 2 款对禁止交叉持股进行了原则上的规定，也即金融控股公司所控股金融机构不得反向持有母公司股权。金融控股公司所控股金融机构之间不得交叉持股。

在禁止交叉持股行为的原则下，金融控股公司对公司治理结构的透明化、关联交易的识别度、抵御危机的能力、市场竞争的规范性有了显著的增加，增强了对其风险的掌控和管制。

2. 相互担保行为之限制。相互担保行为将造成[1]上市公司内部人掏空公司，套取贷款；逐年上升的诉讼事项和诉讼损失严重影响了企业的正常经营活动，阻碍了企业的正常发展，使企业财务运作处于高风险之中；连环担保把诸多的公司连在一起，形成了证券市场的系统风险，一旦"担保圈"某个环节断裂，势必造成"多米诺骨牌"效应，对整个证券市场的稳定形成很大的冲击；泛滥的担保和恶意的担保将产生巨大的金融风险，最终将动摇区域性金融安全。故而需要对相互担保行为进行限制。

《金融控股公司财务管理若干规定》第 22 条对相互担保行为进行限制性规定，原则上金融控股公司本公司与子公司之间可以进行相互担保行为，但是应该严格控制交叉信用风险和或有负债。

限制相互担保行为对降低企业财务风险、证券市场系统风险、稳定金融风险和金融安全起到了重要作用。然而，《金融控股公司财务管理若干规定》中"交叉信用风险"和"或有负债"概念的不确定性，对相互担保行为的限制缺乏进一步明确，仍需通过相关规范进一步确定。

（四）规范关联交易行为

应当严格金融集团内关联交易的监管。[2]金融控股公司是否有必要接受监管，关键在于它是否增加了额外的风险（刘志平，2001）。金融控股公司确实增加了额外风险，而不正当关联交易是金融控股公司特有风险的源头，且这种风险传染性比较强。从我国金融控股公司的具体实践来看：其一，应明确对关联交易的界定，不仅要对关联双方的身份、背景等信息进行核实，还要对交易活动展开调查，根据调查结果出具关联交易审核报告；其二，明确关联交易规制原则，在

---

〔1〕　张默："上市公司关联担保交易与公司价值的实证研究"，西安理工大学 2010 年硕士学位论文。

〔2〕　郝臣、付金薇、王励翔："我国金融控股公司治理优化研究"，载《西南金融》2018 年第 10 期。

原则上对关联交易的规制进行控制；其三，完善关联交易信息的披露制度，定期向统一监管机构报告关联交易状况，包括金额、原因、定价方式，以及关联双方的关系、交易类型、对公司财务状况会产生怎样的影响等信息；其四，确定关联交易获利方的适当补偿义务，控制公司应当补偿从属公司所受的利益损失，没有补偿的，应当承担损害赔偿责任；其五，禁止不正当关联交易行为，避免控股股东通过公司从公众股东中提取财富，使得公众投资者的利益受损。

1. 关联关系人的范围界定。关联方，亦称"关联者""关联人（个人或组织）"。[1]《国际会计准则 24 – 关联方披露》（以下简称 ISA24），将关联方定义为"在制订财务和经营决策中，如果一方有能力控制另一方，或对另一方施加重大影响，则认为他们是关联方"。鉴此，我们可以看出，关联关系一方面体现为一方对另一方的控制与被控制、影响与被影响之间的关系，另一方面体现为这种控制或影响背后的利益。

有学者[2]认为，控制与影响的区分主要在于，"控制"强调控制主体通过拥有被控主体的利益而直接或间接决定企业管理方向和企业决策。而"重大影响"强调的是基于身份关系对被影响主体产生对影响主体利益倾斜。如同一控股股东的兄弟公司、董事高管的亲属等，虽其对被影响主体无经济利益控制关系，但由于其与被影响主体特殊的关系而建立的特殊的利益，此利益包括经济利益也包括精神层面的利益与好处，因而可产生被影响主体的利益倾斜。但重大影响和控制的实质目的均是利益倾斜。基于对重大影响的理解，可以把关联方的关联性沿着所有权关系横向、纵向延伸。

就自然人而言，控股股东等直接控制主体的亲属应被视为与其具有关联性。监管者需要考虑家庭关系的几个层次。第一层次，配偶、兄弟姐妹、父母子女或其他同地位的人；第二层次，表亲、姻亲、父母的兄弟姐妹等或其他同地位的人；第三层次，祖父母、孙子女等或其他同地位的人。[3]

就法人或其他组织而言，当控股股东是控股公司，关联方可能包括控股公

---

〔1〕 美国法律研究院：《公司治理原则：分析与建议》（上卷），楼建波等译，法律出版社 2006 年版，第 39 页。"人"是指：①个人；②任何形式的组织，包括公司、合伙或其他形式的联合体，任何形式的信托或财团，政府组织或任何政治团体，或者政府派出机构或执行部门；③任何其他法律或商业组合。

〔2〕 李文莉："非公允关联交易的监管制度研究：以上市公司并购为中心"，华东政法大学 2012 年博士学位论文。

〔3〕 美国法律研究院：《公司治理原则：分析与建议》（上卷），楼建波等译，法律出版社 2006 年版，第 10 页。

司、拥有同一控股股东的姊妹公司以及有一些其他共同连接的关联公司。此外，非全资子公司（包括由上市公司和控股公司共同拥有的子公司）应该被列入关联方名单。非公司委员会的成员（例如一个监管委员会的政党）、法定代表人或与公司保持某些联系的前董事均可被考虑。在区分这些不同层级亲戚关系时，监管者需要灵活把握相关性和关联性。

鉴此，监管者在确定关联方的规则时，可基于本国的国情和民族特性确定适用例外，如基于我国国有企业的所有者的特性可以不把基于同一控股股东（国家）的姊妹公司作为关联方，因为所有的央企均受国家控制，并不能把所有央企作为受同一控股股东控制下的兄弟、姊妹公司来看待。但该主体的法定代表人、总经理或者半数以上的董事兼任上市公司董事、监事或者高级管理人员的除外（因其是基于身份关系构成关联性）。

此外还包括关联方的外延，也就是包括公司内部人及与内部人有利益关系的第三人两部分组成，后者在关联交易中施加控制与重大影响是通过内部人实现的。[1]内部人是指掌握了公司控制权的董事高管和控股股东。《公司法》一般把公司事务的经营管理大权授予主要由股东们定期选举组成的董事会，在商事公司治理结构中，除了公司根本事项以外的公司决策权由董事会行使，在股权高度分散的公司中，所有者对公司经营管理层高度依赖，这种依赖有助于形成内部人控制。在我国股权高度集中的公司结构中，由于国有股东"一股独大"现象突出，国有股权所有者虚位现象明显，内部人控制仍然严重。控股股东作为董事背后的"影子"，有些国家均把其看作"影子董事"作为内部人来看待，内部人与公司之间的利益冲突的关联交易，难免会出现内部人的机会主义风险，因此内部人应被作为关联人予以监管。

与内部人有利益关系的第三人，由于与内部人有着特殊的利益关系，如内部人的近亲属、持有上市公司5%以上股份的法人或其他组织、持有对上市公司具有重要影响的控股子公司10%以上股份的法人或其他组织、内部人或与其关系密切的家庭成员控制、共同控制或施加重大影响的其他企业等，这种外部人对公司发挥作用需通过内部人来实现，但由于其与内部人有着利益关系，能够对公司交易进行控制或产生重大影响，因此，也应纳入关联方范畴予以规制。

综上所述，金融控股公司的关联方认定标准应包括以下要件：①控制着金融控股公司的实体；②是该金融控股公司的董事高管、控股股东、实际控制人或控

---

〔1〕　柳经纬、黄伟、鄢青：《上市公司关联交易的法律问题研究》，厦门大学出版社2001年版，第9页。

制该金融控股公司的实体的实际控制人，以及这些实际控制人的配偶；③第 2 项中实际控制人及其配偶的父母和儿女；④前三项中所包括的各方所控制的实体；⑤如果一个实体在前 12 个月中曾经是金融控股公司的关联方或者有合理理由相信该实体将会成为金融控股公司的关联方，那么，这个实体也被视为关联方；⑥如果一个实体与金融控股公司的关联方在以下基础上一致行动，即金融控股公司给予这个实体一个财务利益而这个实体又给予金融控股公司的关联方一个财务利益，那么，该实体也被视为金融控股公司的关联方。因此，金融控股公司不能通过一个中间的媒介进行间接的关联交易。

2. 关联交易规制原则[1]。

（1）控股股东诚信义务原则。诚信义务的概念中两个核心关键词：一为"控制"。控制并不能仅仅依据现有的占有公司股份的比例（表决权）或抽象的影响的概念，应该界定为"拥有足够的且不依赖表决权的影响力决定着特定公司的决议"。二为"利益冲突"。即我国的控股股东诚信义务的触发取决于两个条件：一是控制的概念扩展为拥有足够的且不依赖表决权的影响力决定着特定公司的决议；二是实施了仅为一个或多个股东提供了实质的、而不与其他股东分享的个人经济利益的任何利益冲突的交易。

（2）披露加批准双重监管原则。鉴于我国受特有的上市机制以及控股股东控制等因素影响，控股股东控制下的非公允关联交易泛滥，董事大多作为控股股东的"影子"，其独立性难以保证，因而董事会的批准并不能有效监督控股股东的机会主义。鉴此，本书认为披露加股东会批准的监管策略是非常有利于我国的关联交易监管。然而，股东批准程序的设定需要考虑效率问题，对正在形成中的连续交易或数目较小且要求多个批准的连续交易来说，要求所有交易都须经批准是不经济的。如何使数目较小的交易免于批准，同时又可防止关联人拆分交易以规避披露与股东批准现象，制度设计是关键。披露与门槛的科学设计，既可节约监管成本，也可节约上市公司守法成本。

如何确保披露质量并保证信息披露公正、可靠、卓有成效，如何确定信息披露的责任，如何提供恰当的激励与约束，如何监管和执法，包括如何防止市场参与者滥用信息披露机制，防止信息披露过程中通过扭曲、虚假或选择性的信息披露谋取不正当利益的各种不当行为，我们必须努力的是，完善资本市场竞争环境，培育积极健康的信息披露文化，完善信息披露的责任机制，完善公司治理，

---

[1] 李文莉："非公允关联交易的监管制度研究：以上市公司并购为中心"，华东政法大学 2012 年博士学位论文。

以及构建强有力的私力与公力救济机制等。

在实践中，面临诚信文化缺失、控股股东压制规避、小股东理性冷漠、机构投资者往往被大股东利诱而骑墙倒戈，小股东批准制度的移植后的实际功效有待考证。但在制度层面，需要完善和改进的包括：其一，在股东会批准制度方面，在公司法层面，增加明确重大关联交易的股东会批准制度，改变目前股东会批准制度规范层级较低，难以成为法院裁判依据的现状。其二，在表决权排除制度方面，一方面，在公司法层面，明确重大关联交易股东会批准制度的同时，明确关联股东回避表决制度；另一方面，改进违反表决权排除制度的救济机制，即完善《公司法》第22条的规定。《公司法》第22条规定了股东对股东（大）会、董事会决议违法的救济是股东可请求法院撤销，但并未就原告的诉讼主体资格及决议撤销之后的结果有所规定，即是重新表决抑或是重新计算表决权？因此，我国《公司法》所规定表决权排除制度欠缺救济措施，尚须进一步细化、完善。

3. 关联交易的信息披露要求。完善金融控股公司的信息披露：[1] 信息披露是金融监管的生命线，金融控股公司监管必须建立一套完善的信息披露制度。日本金融厅（Financial Services Agency）要求银行控股公司定期提交业务报告，并随时按要求提供必要的报表等材料。其一，金融控股公司要制定符合公司实际需要的《信息披露办法》，指定董秘或其他相关人员负责金融控股公司及其子公司的信息披露，建立责任追究制度；其二，要根据业务特点和监管要求及时将业务信息和治理信息向监管机构做出真实、准确、完整的披露，披露的内容包括但不仅限于相互持股和交叉持股情况，金融控股公司及其子公司的财务状况，关联交易的内容、定价与交易金额，金融控股公司及其子公司的公司治理概况等，特别是股权结构链条和高管人员任职情况等信息；其三，要保证披露信息的及时性和有效性，尤其是对于重大事项、关联交易等事项要进行事前及事中披露，使信息使用者能够及时获取相关信息；其四，要在金融控股公司官网醒目位置设置格式统一、内容完整的信息披露板块，便于信息使用者的查询，这也是金融消费权益保护的需要。

完善关联交易信息的披露制度，定期向统一监管机构报告关联交易状况，包括金额、原因、定价方式，以及关联双方的关系、交易类型、对公司财务状况会产生怎样的影响等信息。

---

〔1〕　郝臣、付金薇、王励翔："我国金融控股公司治理优化研究"，载《西南金融》2018年第10期。

4. 关联交易获利方的适当补偿义务。[1]关联公司的董事、经理在经营时，可以全面考虑整个关联公司或者企业集团的利益，发挥关联公司结构上的功能和效率，以取得更好的经营效果。但是，如果控制公司操纵从属公司，直接或者间接地使其进行不合营业常规或者其他不利于从属公司的经营活动，进而损害从属公司及其中小股东和债权人的利益。因此，控制公司应当补偿从属公司所受的利益损失；没有补偿的，应当承担损害赔偿责任。从属公司享有利益补偿请求权。在从属公司破产时，从属公司对控制公司的赔偿请求权将构成破产财产一部分，由从属公司的债权人公平受偿。

德国股份公司法规定了控制公司对从属公司的损失进行年度补偿的制度，这种年度补偿，虽然不是针对债权人的，但是从属公司债权人可以要求控制公司对从属公司进行年度补偿，间接地满足其债权的实现。我国台湾地区"公司法"第369条之4第1项规定："控制公司直接或间接使从属公司为不合营业常规或其他不利益之经营，而未于会计年度终了时适当补偿，致从属公司受有损害者，应负赔偿责任。"

关联公司的关联交易中，控制公司并不一定使自己成为直接受益者。如果控制公司强迫从属公司从事不合营业常规或者其他不利益的经营或者交易，致使控制公司的其他从属公司受益的，除课以控制公司赔偿责任外，为避免控制公司本身无财产可供清偿而使受害的从属公司的股东和债权人遭受损害，控制公司的管理层、因不当控制而受益的其他从属公司，应当与控制公司承担连带赔偿责任。同时为了保护受益的其他从属公司及其股东和债权人的利益，其赔偿范围应限于所受利益，则应限制在受益范围之内。由此可见，这种赔偿性质类似于不当得利返还，仅于其所受利益限度内负责，并非赔偿受害从属公司的损害。

当控制公司直接或者间接使从属公司实施不合营业常规或者其他不利的经营或者交易，致使其他从属公司受益，而受益从属公司又因此对该从属公司享有债权时，也应当适用抵销禁止规则和债权居次规则。因为如果不适用抵销禁止规则和债权居次规则，则控制公司可以利用法律的漏洞，不通过控制公司与从属公司进行交易，而改由从属公司之间进行交易，以免受抵销禁止和债权居次的不利法律后果，从而达到规避法律的目的。

5. 不正当关联交易行为之禁止。不正当关联交易是金融控股公司特有风险的

---

[1] 金剑锋："关联公司法律制度研究"，中国政法大学2005年博士学位论文。

源头，且这种风险传染性比较强。[1]禁止不正当关联交易是因为其存在严重危
害。[2]不正当的关联交易发生在一个协议允许一方个人受益并以牺牲公众投资者
或少数股东利益为代价。不论何种不正当的关联交易，其共性是控股股东通过
公司从公众股东中提取财富，使得公众投资者的利益受损。公司是由多个股东共
同投资设立的法人组织，其经营所产生的盈亏要由全体股东共同分享，共同承
担。公司与关联股东发生关联交易，可能导致公司机会或公司利润及其他收益流
向其关联股东，造成其他股东所分利润的减少，这就直接损害了其他股东的利
益。而在我国不正当的关联交易一般是控股股东利用控股地位所发生的不公平的
交易，其具体体现在控股股东及其关联方受益而以中小股东的利益为代价，其关
联交易的实质是为了获取超额的控股股东私人收益，而不是共享利益。因此，在
控股股东掏空公司时，公司的整体利益受到损害时，公司整体利益恒定的前提
下，控股股东受益，中小股东利益必然受损。与此同时，在公司整体价值遭到不
正当关联交易的贬损时，直接威胁到一般债权人的债务偿还，债权人的利益得不
到保障。与此同时，公司的职工、顾客等利益相关者的利益也会受到损害。

（五）构建内部稽核制度

我国金融控股公司稳健发展的基础即构建与完善其内部控制法律制度，完备
的内部监控体系是防范其风险发生的关键所在。[3]内部控制和内部稽核共同构成
了金融控股公司的内部监控体系，建立健全该体系有助于确保公司战略目标的更
好实现。内部控制与内部稽核是金融控股公司的一体两面，通常情况下是先有内
部控制体系的建立，然后辅以内部稽核的实施，方可确保公司的良好运营。

1. 完善金融控股公司内部监控。1998 年由巴塞尔 19 银行监督委员会发布的
《银行组织内部控制系统框架》为内部控制规定了如下几个标准：其一，使用资
产以及其他资源从而保护其自身免受损失的效果和效率，即操作性目标；其二，
明确规定财务以及管理信息的可靠性、完整性以及及时性，即信息目标；其三，
遵守现行法律和规章的合规目标。

金融控股公司的内部稽核则是指利用其内部独立的组织和人员，连续性调
查、研究、建议与评估公司全部运营活动的管控制度。金融控股公司通过内部稽

---

〔1〕 郝臣、付金薇、王励翔："我国金融控股公司治理优化研究"，载《西南金融》2018 年第 10
期。

〔2〕 李文莉："非公允关联交易的监管制度研究：以上市公司并购为中心"，华东政法大学 2012
年博士学位论文。

〔3〕 战美君："'后危机'时代金融控股公司监管法律问题研究"，对外经济贸易大学 2016 年硕士
学位论文。

核制度来评估其内部控制制度是否得到了有效且持续的实施，并基于此及时提出改进意见。有关内部稽核制度的原则、程序以及稽核重点，在巴塞尔银行监管委员会于 2000 年发布的《银行内部稽核及监管机构与内部稽核、外部稽核的关系》等相关文件中有所体现。我国则于 1997 年，由中国人民银行发布了《加强金融机构内部控制的指导原则》来指导各类金融机构的内部控制与稽核办法。

综合上述原则与办法，内部监控制度在我国金融控股公司当中的建立，应当在以下几个方面重点开展工作：

（1）金融控股公司的高层要重视和建立起其自身的内控文化，董事会应定期审查整个集团的经营战略与决策，设立可接受范围内的风险上限，并且要保证高级管理层能够及时有效地识别、度量以及监督和控制这些风险。高级管理层则主要负责制定适当的内部控制制度，以设置薪资奖罚等形式的机制，保证由具备合格经验与技能的工作人员来保证公司业务的经营。整个集团的内控文化应当由董事会和高级管理层共同营造。

（2）金融控股公司的内部监控制度应当能够有效地针对风险进行识别和评估，从而针对公司的业绩目标、信息目标以及合规性目标的影响因素进行持续性监控；再者，各个金融控股公司有效的内部监控制度要求其建立合理的控制结构，把控制行为作为其日常经营活动必不可少的组成部分，同时也要求在公司的各个利害相关的职位实行适当的职责分离，禁止对同一个工作人员授权负责具有利益冲突的岗位。

（3）公司内部的信息沟通也是金融控股公司建立有效内部控制制度的关键节点，这样有利于整个集团内部针对经营、财务、合规以及市场信息在可获得性、及时性、可靠性以及信息格式上具备一致性。

（4）要确保我国金融控股公司内部稽核审计的独立性以及权威性，注重提高公司稽核审计人员队伍的素质和技能。

2. 健全金融控股公司"防火墙"制度。金融控股公司是一种具有"集团混业、法人分业"特征的经济组织，其内部结构以及股权关系的复杂性使其具有特殊的风险传递性。为了防范此种风险传递性在控股母公司控制下的各类金融业务子公司以及其业务之间蔓延扩散，就必须建立健全我国金融控股公司的"防火墙"制度：[1]

（1）机构"防火墙"，当前我国金融控股公司的稳健发展所面临的最大风险

---

〔1〕 战美君："'后危机'时代金融控股公司监管法律问题研究"，对外经济贸易大学 2016 年硕士学位论文。

便是银行业与证券业之间的风险传递，所以要尽快建立起"机构"防火墙，将非存款类子公司向银行子公司的风险传递路径切断。

（2）业务"防火墙"，金融控股母公司与其所控制的子公司以及各类金融业务的子公司之间的共同业务推广、共用营业设备与场所等形式的联合经营应当是被严格禁止与限制的。

（3）资金"防火墙"，以区分授信交易和授信以外交易的规制方式，针对不同金融业务类型关联机构之间的非常规交易予以明令禁止与限制。

（4）人事"防火墙"，在金融控股母公司以及其所控制的各个子公司之中，董事及高级管理人员不得兼任不同金融业务经营的关联机构中的相关职位。

（5）信息"防火墙"，在从事不同金融业务类型的关联机构之间不得传递不当信息。

第二章　金融业公司经营活动的法律风险与规制

第一节　银行业信贷资产业务风险的法律规制

一、银行信贷资产四大困境

（一）不良贷款大量存在

银行不良贷款，又称有问题贷款或非正常贷款，是指借款人无法按原定的贷款协议按时定期偿还商业银行的贷款本金和利息，或者已有证据或迹象表明借款人不可能按原定贷款协议按时偿还商业银行的贷款本息而形成的银行贷款。[1]国外的商业银行通过风险监控等方式得到系列指标，对已发放的贷款按照其还款的可能性分为五类，即正常、关注、次级、可疑和损失，后三类被称为不良贷款。在 1998 年以前，我国按照还款是否超期的标准简单地将贷款划分为四类，即正常、逾期、呆滞和呆账，后三类（即一逾两呆）成为不良贷款，该划分标准简单易行、便于操作，但部分贷款的事后评价以及风险预警不能被及时发现，不利于贷款风险管理。[2]1998 年 5 月，中国人民银行参照国际惯例，结合中国国情，制定了《贷款风险分类指导原则》，要求商业银行依据借款人的实际还款能力进行贷款质量五级分类，划分为正常、关注、次级、可疑、损失，后三种即为不良贷款，与国际相接轨。自 2002 年 1 月 1 日起，为更有效地追踪企业贷款情况、降低银行损失，我国全面实行贷款五级分类制度。

工、农、中、建四家商业银行是我国大型商业银行的主体，拥有中国最雄厚的资本力量。由于银行业务的特殊性，存贷业务集中了中国大部分的资本，银行的运作体系简单来说是将存款人的资金借贷给有借款需求的人，银行的大部分资

---

[1]　廖亮：《公共投资增长与贷款风险防范》，经济科学出版社 2007 年版，第 5 ~ 6 页。

[2]　谢冰："商业银行不良贷款的宏观经济影响因素分析"，载《财经理论与实践》2009 年第 6 期。

金来源于客户，将客户的资金再借给其他客户使用，因此银行负有监督和管理其借款贷款安全性的责任和义务。

然而，银行业的整体不良贷款率却难言乐观，在经济下行压力以及贸易摩擦的影响下，银行业面临的不良资产压力巨大。[1]在相当长的一段时间内，银行不良贷款规模和不良贷款率都是"双升"的局面。尽管 2018 年以来商业银行的不良贷款率有下降的趋势，但不良贷款规模仍在增长，整个银行业面临的不良资产压力依然存在，加上 2020 年新冠肺炎疫情的冲击，预计未来不良贷款处置的任务依旧繁重，金融风险防控的压力仍然很大。

（二）信贷结构不尽合理

据央行统计，2020 年第三季度末，金融机构人民币各项贷款余额 169.37 万亿元，同比增长 13%。[2]在信贷总量稳中向好的情况下，我国的信贷结构仍存在一定的不合理，信贷资金在投放上高度集中于部分地区、部分领域，这也是中国经济结构、经济发展驱动力、金融机构经营选择等多种因素的镜像反映。

从贷款主体看，住户贷款占比持续上升，企业贷款占比持续下降，当前住户贷款占各项贷款余额的 30% 左右，2016 年以来保持持续上升势头，企业贷款约占各项贷款余额的 70%，近年来持续下降。从贷款区域看，贷款不断向东部核心区域集聚，截至 2018 年年末，东部 10 省市本外币各项贷款余额占全国比重为 55.3%。从贷款期限看，当前企业中长期贷款占全部企业贷款余额 50% 左右，占比上升较快，而企业短期贷款余额占比则呈回落态势，票据融资对短期贷款起到了明显替代作用。[3]

从投向看，贷款仍主要投向房地产和基建领域，且呈现持续攀升趋势，房地产贷款余额占全部贷款比重接近 30%，基建类贷款余额占全部贷款比重逾 20%，单这两类贷款就超过了各项贷款存量的一半，而制造业贷款余额占各项贷款比重仅为 10% 左右，显著低于制造业增加值占 GDP 比重（30% 左右）。从企业规模看，大型企业贷款占比较高，小微企业贷款占比下降。大型企业贷款占全部企业贷款余额在 40% 左右，总体保持缓慢上升态势；中型、小微企业贷款余额分别占企业贷款余额的 30% 左右，中型企业贷款占比变化不大，小微企业贷款余额占比

---

〔1〕 李霞、朱荣："四大商业银行不良贷款现状、影响与对策分析"，载《广西质量监督导报》2019 年第 2 期。

〔2〕 "2020 年三季度金融机构贷款投向统计报告"，载中国人民银行网站，http://www.pbc.gov.cn/goutongjiaoliu/113456/113469/4118234/2020103014103321482.pdf，最后访问日期：2020 年 11 月 20 日。

〔3〕 苏伟："供给侧改革背景下商业银行信贷风险研究"，载《时代金融》2020 年第 7 期。

缓慢下滑，但值得注意的是，"普惠标准"的小微贷款余额在中央支持民营小微系列政策引导和支持下，有了较快增长。[1]

2019 年 12 月中央经济工作会议提出："我国经济运行的主要矛盾仍然是供给侧结构性的。"信贷结构是宏观经济战略、经济结构、制度环境等的反映，但也会对经济结构形成一定的反作用。比如，金融机构盲目把大量信贷资金投入大企业，会助长大企业的盲目投资行为，短期内可能形成金融、经济的互动繁荣，但长此以往必将给经济结构带来破坏性后果。未来推动金融体系健康发展，银行信贷结构调整优化是其中重要一环。

（三）违规放贷问题频发

法院判决书和银保监会披露的银行罚单均显示，银行内控在过去两三年频频失守，银行员工通过伪造假存单、违规放贷、挪用等方式动用的资金从几十万元到亿元不等，银行员工私售理财、勾结外部人员骗贷的情形也屡禁不止。恒丰银行研究院商业银行研究中心主任吴琦表示："应该说与员工道德、操作风险有关，同时与部分银行内控合规制度不健全有关，很多时间可能不太容易自查。内控合规不完善或者执行落实不严格，内部就存在团伙作案的空间。"[2]

2020 年上半年，银保监会共计开出 3272 张罚单，罚没总金额高达 6.09 亿元，涉及 728 家银行（包含分行）与 637 家保险、信托等机构，共处罚 1673 名金融从业人员，从罚单数量看，银行从业人员的罚单略多于银行机构。自 2017 年以来，银保监会坚决贯彻以习近平同志为核心的党中央关于防范和化解金融风险的总体要求，抓住金融信贷等重点领域，采取一系列有力措施，严厉整治银行业市场乱象，依法查处大案要案，典型的有浦发银行成都分行违规放贷案。银监会在某次现场检查中发现浦发银行成都分行存在重大违规问题，立即要求浦发银行总行派出工作组对成都分行相关问题进行全面核查。经过监管检查和内部核查，浦发银行成都分行为掩盖不良贷款，通过编造虚假用途、分拆授信、越权审批等手法，违规办理信贷、同业、理财、信用证和保理等业务，向 1493 个空壳企业授信 775 亿元，换取相关企业出资承担浦发银行成都分行不良贷款。为此，银保监会于 2018 年 1 月 19 日公告对浦发成都分行罚款 4.62 亿元，同时对该分行原行长、2 名副行长、1 名部门负责人和 1 名支行行长分别给予禁止终生从事银行业

---

[1] 方荣慧："对当前中国银行业信贷结构的几点认识"，载《现代管理科学》2019 年第 11 期。

[2] 王涵："伪造存单、违规放贷骗贷、挪用资金，银行内控频曝失守"，载经济观察网，http://www.eeo.com.cn/2019/0112/345369.shtml，最后访问日期：2019 年 1 月 12 日。

工作、取消高级管理人员任职资格、警告及罚款的处罚。[1]这起浦发银行成都分行主导的有组织的造假案件，涉案金额大、手段隐蔽、性质恶劣，反映出部分银行存在着内控严重失效、片面追求业务规模超高速发展、合规意识淡薄等问题。另一起重大案件则是 79 亿元票据造假案，邮储银行某支行原行长以邮储银行武威市分行名义，违法违规套取票据资金，涉案票据票面金额 79 亿元，实际非法套取挪用理财资金 30 亿元，该案系银行内部员工与外部不法分子内外勾结，非法套取和挪用银行资金。最终，银监会对涉案 12 家银行机构罚款 2.95 亿元，多名银行高管被处以取消任职资格、终身禁业、给予警告等不同程度的行政处罚。[2]

针对这些乱象，原银监会于 2018 年 3 月下发了《银行业金融机构从业人员行为管理指引》，但银行内部监管不到位、违规办理业务的情况仍屡禁不止。统计显示，截至 2018 年年末，至少有 52 人被终身禁业，而对银行违规行为负主要责任的被处罚员工更不在少数。禁止终身从业的银行员工包括高管及普通职员，主要原因大致分为参与非法集资、违反审慎经营规则、签虚假合同、内控失效、挪用资金、搞假按揭、私用印章内外勾结、销售飞单、审查不严等。[3]除了政府部门开出的罚单之外，中国裁判文书网公布的银行员工刑事案件量亦连年攀升，近年来出现的多起银行员工刑事案件都涉及挪用客户资金、违规放贷。

近些年来，国内不少银行因违规销售理财，引发客户损失，而最终都由银行"买单"，给银行带来了直接的经济损失和信誉扫地的不利后果，有效的内控合规管理势在必行，在规避风险的同时也能有效避免相关损失。

（四）流动性风险日益凸显

在宏观经济情况下行、利率市场化等背景下，我国商业银行的杠杆率不断提高，各类企业负债量激增，商业银行不良贷款率上升。同时在金融去杠杆政策下，我国的金融管制不断加强，商业银行应适度降低杠杆，流动性风险凸现。

流动性风险系指商业银行无法以合理成本及时获得充足资金，用于偿付到期

---

〔1〕 "银监会依法查处浦发银行成都分行违规发放贷款案件"，载中国银行保险监督管理委员会网站，http：//www. cbirc. gov. cn/cn/view/pages/ItemDetail. html？docId = 169055&itemId = 915&generaltype = 0，最后访问日期：2018 年 1 月 19 日。

〔2〕 张末冬："79 亿元票据旧案曝光 12 家金融机构被罚 2.95 亿元"，载中国银行保险监督管理委员会网站，http：//www. cbirc. gov. cn/cn/view/pages/ItemDetail_ gdsj. html？docId = 24072&docType = 0，最后访问日期：2018 年 1 月 29 日。

〔3〕 王涵："伪造存单、违规放贷骗贷、挪用资金，银行内控频曝失守"，载经济观察网，http：//www. eeo. com. cn/2019/0112/345369. shtml，最后访问日期：2019 年 1 月 12 日。

债务、履行其他支付义务和满足正常业务开展的其他资金需求的风险，形成机理主要是银行资产与负债期限错配、质量结构不合理等。银行的流动性主要体现在资产流动性和负债流动性两方面。资产流动性是指银行能够充分满足资金需求方的资金融通需求，并能够随时以合理价格变现所持有的资产；负债流动性是指银行能够方便地以较低成本随时获得足额所需资金，充分满足债权人提取存款、收回资金的需求。资产端与负债端的流动性管理是流动性风险管理的重要内容。[1]

流动性风险具有不确定性，破坏性巨大，在相当长的一段时间内，对流动性风险的管理都是监管部门高度关注的重点内容。全球银行业流动性管理总体上经历了资产流动性管理、负债流动性管理、资产负债流动性平衡管理、表内外流动性统一管理等一系列复杂化、多元化的演变过程。而我国商业银行则是在职能正式确立后历经多年演变才逐步有了真正的银行流动性管理，并开启了与国际接轨的流动性管理实践过程。[2]1995 年颁布的《商业银行法》首次明确商业银行经营的安全性、流动性、盈利性原则，规定了我国商业银行的资本充足率、存贷款比率和流动性比率，为商业银行流动性管理提供了法定标准；2003 年原中国银监会成立后逐步确立了现代银行流动性风险监管理念；2018 年，新版的《商业银行流动性风险管理办法》正式实施，设立了流动性比例、流动性覆盖率、净稳定资金比例、流动性匹配率和优质流动性资产充足率五大流动性风险监管指标（后三个为新引入的指标），并以资产规模 2000 亿元为界对商业银行流动性风险进行差异化分层监管。[3]

自 2016 年起，在金融去杠杆、削减同业套利的严监管环境下，银行业整体同业资产和同业负债呈现两头收缩。大型商业银行更注重回笼同业资产，存放同业与买入返售两项指标均创历史新低，中小型商业银行则侧重同业负债的收缩。在去杠杆政策不断落实之后，经济下行压力不断增加，融资环境愈加恶劣，影子银行规模面临严重收缩压力，资管新规从需求端钳制，委托贷款新规、银信合作新规则从供给端压缩，使得非标业务不断萎缩。据统计，截至 2019 年年底，银行业境内各项贷款总额为 140.6 万亿元，同比增长 12.6%；商业银行不良贷款余额达到 2 万亿元，不良贷款率达到 1.89%。[4]近两年，盛运环保、中安消等多家上市公司纷纷出现债务违约，信贷资产一旦大规模难以收回，银行势必会出现流

---

〔1〕 丘斌："中小银行流动性风险成因及对策"，载《中国银行业》2019 年第 12 期。

〔2〕 丘斌："中小银行流动性风险成因及对策"，载《中国银行业》2019 年第 12 期。

〔3〕 王波："我国中小商业银行流动性风险管理现状与对策"，载《财政监督》2010 年第 20 期。

〔4〕 范苏清、周燕齐："金融去杠杆背景下我国商业银行流动性风险管理研究"，载《时代金融》2020 年第 3 期。

动性危机。

商业银行的盈利性、负债经营性以及受市场风险影响大等特点，决定了商业银行与流动性风险是相伴相生的。在利率市场化、宏观经济下行以及金融去杠杆的背景下，我国商业银行寻求经营模式的转变，积极开展以同业、理财、委托投资为核心的金融市场业务，但为了防止经济过度发展，我国金融监管逐步发展到强监管阶段，从 2016 年起资管新规、"三违反"、"三套利"、"四不当"、理财新规等政策陆续出台，金融去杠杆力度不断加大。在信用违约事件频发、商业银行同业业务因强监管逐步收敛的形势下，银行的流动性风险问题变得尤为突出，给银行的信贷业务带来了较大的不良影响。

二、银行信贷资产业务的法律现状分析

（一）银行信贷资产法律体系梳理

调整信贷法律关系的法律法规统称为贷款法，贷款法主要规定贷款主体的资格和条件、权利和义务，贷款种类、期限、利率，贷款发放程序，贷款债权的保全与清偿，贷款管理制度等内容。当前我国的信贷法律体系以民事法律为主体，以行政法规和中国银行业监督管理委员会和中国人民银行发布颁行的一系列有关信贷业务授信、信贷担保以及信贷债权清偿的部门规章性质的指引、暂行办法、指导意见、批复等为配套。[1]

具体来说，当前我国银行信贷法律体系可以分为三个层次。第一层次是现行规范信贷业务的法律，主要有《中华人民共和国担保法》（以下简称《担保法》，已失效）、《中华人民共和国合同法》（以下简称《合同法》，已失效）、《中华人民共和国物权法》（以下简称《物权法》，已失效）、《中华人民共和国企业破产法》（以下简称《企业破产法》）、《商业银行法》、《中华人民共和国中国人民银行法》（以下简称《中国人民银行法》）、《中华人民共和国银行业监督管理法》（以下简称《银行业监督管理法》）以及相关的司法解释，其中，《中国人民银行法》《银行业监督管理法》赋予中国人民银行、中国银行保险监督管理委员会对商业银行的监管权，且地方政府下设金融服务办公室也负有协助上级政府和监管机构对本地金融机构的管理或监管的职责。第二层次是行政法规，主要有《储蓄管理条例》《金融违法行为处罚办法》等。第三层次主要是相关的部门规章，包括中国人民银行以及中国银行业监督管理委员会（现为中国银行保险监督管理委

---

〔1〕　岳世忠："对完善我国商业银行监管体系的法律思考"，载《甘肃政法学院学报》2005 年第 1 期。

员会）发布颁行的《贷款通则》《商业银行授信、授权管理暂行办法》《银团贷款业务指引》《中国农业发展银行固定资产贷款管理办法》《凭证式国债质押贷款办法》《汽车贷款管理办法》《个人定期存单质押贷款办法》《商业银行集团客户授信业务风险管理指引》《商业银行不良资产监测和考核暂行办法》《中国银监会关于银行业风险防控工作的指导意见》《关于进一步深化整治银行业市场乱象的通知》《关于开展"巩固治乱象成果　促进合规建设"工作的通知》等。

《商业银行法》（2015 年）第 7 条规定："商业银行开展信贷业务，应当严格审查借款人的资信，实行担保，保障按期收回贷款。商业银行依法向借款人收回到期贷款的本金和利息，受法律保护。"这是关于商业银行开展信贷业务的总体性规定，对商业银行在进行信贷业务时的基本工作要求予以了明确。

信贷业务是商业银行三大传统业务之一，在商业银行盈利模式不变的情形下，当下信贷业务仍是最主流的业务产品，是利润结构中最核心的部分。2011 年以来，随着全球经济增速放缓、经济进入下滑期，商业银行的不良贷款持续上升，各家金融机构风险防控压力增大。除了经济下行的影响，大量不良贷款产生的原因还包括信贷业务操作过程中存在着薄弱环节和瑕疵。由此，近年来银监会出台了大量政策文件，对银行业存在的信贷乱象进行规范整治。

《中国银监会关于银行业风险防控工作的指导意见》（银监发〔2017〕6 号）指出，要加强信用风险管控，维护资产质量总体稳定。银行业金融机构要严格落实信贷及类信贷资产的分类标准和操作流程，真实、准确和动态地反映资产风险状况；建立健全信用风险预警体系，密切监测分析重点领域信用风险的生成和迁徙变化情况，定期开展信用风险压力测试。各级监管机构要重点关注逾期 90 天以上贷款与不良贷款比例超过 100%、关注类贷款占比较高或增长较快、类信贷及表外资产增长过快的银行业金融机构，重点治理资产风险分类不准确、通过各种手段隐匿或转移不良贷款的行为。银监会有关负责人就该指导意见答记者问时明确指出，该指导意见重点防控的风险之一便是信用风险管控，要求银行业金融机构摸清风险底数，落实信贷及类信贷资产的分类标准和操作流程，真实、准确和动态地反应资产风险状况，加强统一授信、统一管理，加强新增授信客户风险评估。

2018 年 1 月 12 日，银监会发布《关于进一步深化整治银行业市场乱象的通知》（银监发〔2018〕4 号文），要求继续推进整治银行业市场乱象，文件明确后期整治乱象工作的具体工作安排和要求、整治乱象的相关工作意见及整治乱象的工作要点。为加强政策执行，突出工作重点，银监会同时印发《进一步深化整治银行业市场乱象的意见》和《2018 年整治银行业市场乱象工作要点》。《进一步深化整治银行业市场乱象的意见》重点突出四个工作目标以及五个突出整治重点，五大突出整治重点从支持实体经济、规范股东及股权管理、影子银行及交叉金融产品风险、合规经营、消费者权益五个方面展开，该意见共 10 条，对深化整治银行业市场乱象提出了方向性、原则性和指导性的工作要求。《2018 年整治银行业市场乱象工作要点》在违反宏观调控政策方面，重点强调了房地产等领域，其要点包括违反信贷政策与违反房地产行业政策，具体包括：表内外资金违规向失去清偿能力的"僵尸企业"放贷；违规为地方政府提供债务融资，放大政府性债务；直接或变相为房企提供各类表内外土地配资资金等。2017 年以来，房地产调控政策逐步加码，虽然有效遏制了住房贷款增速过猛的趋势，但银行资金违规流入楼市的现象依旧屡禁不止。该要点明确指出，直接或变相为房地产企业支付土地购置费用提供各类表内外融资，或以自身信用提供支持或通道等，均为违规做法。

2019 年 5 月 17 日，中国银保监会发布《关于开展"巩固治乱象成果　促进合规建设"工作的通知》（银保监发〔2019〕23 号），在所附《2019 年银行机构"巩固治乱象成果　促进合规建设"工作要点》中就信贷管理进行了专门规定。在授信管理上，应当严查：贷款"三查"不尽职，接受重复抵质押、虚假抵质押；贷款资金长期滞留账户；集团客户统一授信管理和联合授信管理不力，大额风险暴露指标突破监管要求；向从事转贷或投资套利活动为主业的客户提供融资；票据业务贸易背景尽职调查不到位，保证金来源不实等行为。在不良资产管理上，重点关注违规通过以贷还贷、以贷收息、贷款重组等方式延缓风险暴露，掩盖不良贷款；人为操纵风险分类结果，隐匿资产质量等。在信贷资产转让上，开展信贷资产转让、信贷资产收益权转让、以信贷资产为基础资产的信托受益权转让业务，要避免存在资产不真实、不洁净转让，转出方安排显性或隐性回购，转入方未准确计算风险资产并计提必要的风险拨备，风险承担落空等问题。

（二）银行信贷资产法律体系的问题分析

经过梳理可以看到，我国现行的信贷法律法规无论在立法层次上还是在体系完备上都未能为信贷业务的依法安全开展提供完善的法律支持，信贷法律体系整体有待完善。当前，我国的信贷法律体系主要存在以下几个问题：

1. 宏观立法体系散乱。目前我国信贷法律体系主要由法律和部门规章组成，但缺乏专门的信贷法律，相应的信贷法律体系也只是各类法律法规中有关信贷业务的规定的简单累加，并没有满足信贷业务专业性、系统性以及复杂性要求。作为信贷业务的核心准则的《贷款通则》只是部门规章，无法作为核心法规发挥统筹其他法律法规的作用。散乱的规范在对银行信贷业务的总体指导和规制方面难以实现法律体系的融贯，缺乏上位法律的指引。

2. 信贷立法滞后。当前信贷立法严重滞后，一定程度上已成为制约商业银行金融创新的一大瓶颈。以《贷款通则》为例，该法自 1996 年 8 月 1 日起施行以来，历经多年未修订，已明显无法满足现行信贷业务的需要，与现实严重脱节。当下对银行的存贷款业务进行规范的主要是银保监会（及原银监会）出台的通知等部门规章，就一些专门问题进行的专门规范与指引，但这些规范性文件难以涵盖银行信贷资产的方方面面，更多的是在信贷业务爆发出问题后，已经严重影响信贷业务的正常开展以及银行业务的正常运行的情况下，银保监会再进行事后的管控与规范，在风险的事前防范上存在较大不足。此外，由于这些文件的效力层级不高，极少进行制度上的改革，尽管在现有制度的基础上加强了监管与整治，却无法从根源上解决银行业的信贷资产乱象。[1]

3. 微观法律制度不健全。对于信贷业务中涉及的某些重要法律制度，我国的当前信贷法律中缺乏较为完善的规定。如信贷资产的投放、票据贴现等实践问题的有关规范，要么散见于部门法中，要么毫无规定，在整个信贷法律体系中似乎没有其应有的"一席之地"。对于关系人贷款问题，《商业银行法》因其条文简单，对"管理人员""信贷业务人员""近亲属"等关系人的基本概念缺乏界定，使得监管机构在执法实践中面临不少难题，缺乏执法依据。[2]相关司法解释、法律修订等也未进一步进行补充规定，信贷业务实践由此产生了不少难题。随着信贷业务不断发展，信贷法律滞后带来的后果逐渐显现。

总的来说，当前我国信贷规范领域尚存在法律法规缺位、信贷业务操作法律规范性不强等不利因素。从宏观上看，目前尚缺乏一部专门的《信贷法》来统摄整个信贷法领域，《信贷法》作为金融法体系重要组成部分，对于整体规范信贷领域具有关键作用；从微观上看，在信贷法律体系框架内，各类法律制度尚未建立健全，且由于没有专门的信贷立法，各个部门的相关规范在信贷业务中适用时产生了一定的冲突。

三、银行信贷风险防范的制度建议

（一）落实中央金融风险防范的指导思想

在信贷资产整治上，应当坚持以习近平新时代中国特色社会主义思想为指

---

〔1〕 周杰普："论我国绿色信贷制度的完善"，载《东方法学》2017 年第 2 期。

〔2〕 韩龙：《金融法》，清华大学出版社 2008 年版，第 67 ~ 78 页。

导，全面贯彻党的十九大和十九届四中、五中全会精神，落实中央经济工作会议和全国金融工作会议要求，坚持稳中求进工作总基调，精准有效处置重点领域风险，推动银行保险机构厚植合规文化，坚决守住不发生系统性风险的底线。必须充分落实中央金融风险防范指导思想，坚持做到：夯实乱象整治工作的思想根基；巩固乱象整治工作成果；持续推动重点领域问题整治；开展强内控促合规建设。

（二）建立问题银行的早期干预制度

我国可以在借鉴其他国家的有效经验的基础上，通过相应法律法规，建立起符合我国发展现状的问题银行早期干预制度。一是强化监管的全流程管理，提高早期预警能力；二是强化境内各机构间的监管协调；三是及早采取督促性整改措施。[1]

（三）加快完善不良资产处置法律体系

提升法律效力层级、减少碎片化趋势是解决我国现阶段商业银行不良资产监管法律困境的关键，但更深层次的问题还在于未形成商业银行不良资产从发现到处置过程的制度体系。商业银行不良资产监测和处置的法律规定应当明确监测合理性原则、处置正当性原则等基本原则，还要明确具体条款的法律适用，在不良资产价值评估、程序规则以及协议处置、催收等方面细化规则。

1. 制定我国商业银行不良资产监管的行政法规。其一，从位阶层级较高的法规开始，制定《商业银行不良资产监测处置管理条例》，整合现有法律碎片，将现行政策整编提升为行政法规，在实体和程序上均予以明确规定。从我国商业银行不良资产监测和处置的实践看，为了提高监管有效性，监测规则中应当明确现场监管基于非现场监管的结果之上进行。其二，在监管的职能部门设计上，根据不良资产的分类设置不同的监管分支，明确纵向监管体系的权责分配。其三，提升监管人员的执业水平，提高不良资产监测和处置的效率。[2]

2. 增加商业银行不良资产监测与处置的配套规则。配套规则的制定从两个方面着手：一是商业银行不良资产的监测核查，二是商业银行不良资产的处置。监测和核查是商业银行不良资产处置的前置阶段，现有的政策结构组成为"基本情况—区域结构分析—综合分析—趋势预测"，须制定必要的配套规则。在不良资产的处置上，应对呆账处置的税收征收和会计处理制定统一政策，对核销的条

---

〔1〕　高硕等："问题银行处置与危机应对的国际监管经验借鉴"，载《华北金融》2018 年第 4 期。

〔2〕　梁洪基、何超："我国商业银行不良资产监测和处置的制度框架"，载《银行家》2019 年第 5期。

件、标准进行整合，统一关于不良资产的标准、期限、追索权的规定。[1]通过配套规则和政策的双重效果实现商业银行不良资产监测、处置的基本目标。

3. 建立商业银行不良资产处置的司法保障机制。商业银行不良资产处置的司法保障机制的建立主要是为了提升司法审判和执行的效率，一方面，通过设立商业银行不良资产司法审查机构，以独立机构和职能来负责协调法院、商业银行等金融机构、评估鉴定部门和资产处理部门之间的各项工作，对司法流程进行革新，防止债务人躲避责任的现象发生，提升执法效率。另一方面，制定信息公开的司法程序，对不良资产处置的信息予以披露，建立信用核查平台来解决跨区域不良资产处置问题，加速不良资产司法处置进程。[2]

第二节　银行业理财业务风险的法律规制

银行理财作为一种推广广泛的理财方式，其收益平稳，风险可控，被普通大众所普遍接受，逐渐成为除储蓄外大众最常采用的存款增值方式之一。然而，由于管理存在诸多不规范之处，在银行向客户推介理财产品、办理理财业务的过程中乱象频发。

一、银行理财业务的主要风险

（一）刚性兑付现象存在

刚性兑付最初产生于信托行业。商业银行的刚性兑付问题，简而言之就是银行在出售理财产品的时候承诺预期收益，为了获得更多的利润，忽略投资者的风险承受能力，将客户资金投资于高风险高收益项目，一旦出现亏损，商业银行为了维护其自身声誉，以自有资金兑付承诺的理财产品本金和收益。刚性兑付现象的存在主要有如下原因。

1. 相关法律法规缺失。由于没有成文法律的规范，金融机构为了提升客户对理财产品的信任度，树立正面形象，赢得投资者的信任从而达到吸收资金、占据市场份额的目的，利用相关法律缺失的漏洞，承诺保本收益从而逐渐形成刚性兑付。《关于规范金融机构资产管理业务的指导意见》（银发〔2018〕106号，以下简称资管新规）明确提出要打破刚性兑付，但行业的监管机构独立，缺乏一个统一标准，加大了监管的难度，也使得监管效果大大下降。各金融机构在实际运作

---

〔1〕 唐姣娇："不良资产处置的政策建议"，载《中国市场》2006年第25期。

〔2〕 刘青："当前商业银行不良贷款的处置与化解"，载《审计与理财》2015年第9期。

中仍然存在着刚性兑付的现象，只不过是采用了更加隐蔽的方式而已。[1]

2. 投资者理财意识薄弱。在理财业务发展的初级阶段，人民的生活水平不高，风险承受能力差，更加喜欢资金储蓄，追求保本保息。由于储蓄几乎无风险，长此以往人们渐渐忽略了风险的存在。而当理财产品出现，金融机构为了促进理财业务的发展就不得不采取刚性兑付方式，因为即使有风险评测、理财知识科普和产品收益与风险的介绍，大多数投资者的理财意识还是很薄弱，如果他们发现自己的资金存在不增反减的可能，就会变得异常敏感，失去对理财业务的信任，进而影响到理财行业的稳健发展。[2]

3. 我国银行理财制度尚不完善。信托行业在其诞生初期发展困难，政府为帮助其生存，维护其声誉，提出若发生兑付困难，则实行强制兑付，由此延伸到理财行业的刚性兑付。在理财行业进入快速发展阶段后，由于相关规范尚未跟进，投资者利益常常受到损害，刚性兑付有助于维护弱势群体的利益，得以延续。在整顿之后，相关规定对信托产品予以规范，设置了转让条件，导致其流通性受到严重影响，而刚性兑付因恰好弥补了流通性差的不足在一定程度上得到默许。[3]直到 2017 年对银行业进行乱象整治，并于 2018 年正式出台资管新规和《商业银行理财业务监督管理办法》（以下简称理财新规）后，才对银行理财乱象进行了一定程度的规范，但由于出台时间较短，规定尚未落到实处，当前我国对银行理财的法律规制还存在着问题。

（二）监管套利催生通道业务和嵌套业务

银行理财业务蓬勃发展以来，在服务实体经济、利率市场化、商业银行转型发展及促进中国资产管理市场发展方面都起到了重要作用。在快速发展的同时却也积累了诸多矛盾，核心问题是金融抑制诱发银行监管套利，导致银行理财脱离了资产管理业务的本源，理财投资的风险并未真正由投资者承担，而是积聚在银行体系内，理财业务演变成一种没有资本管理和风险拨备的类信贷业务。[4]

在通道类业务中，担任通道方的信托、证券、基金等公司不实际参与管理资

〔1〕 李智凌："大资管时代下我国商业银行应对刚性兑付问题的研究"，载《全国流通经济》2019 年第 19 期。

〔2〕 李智凌："大资管时代下我国商业银行应对刚性兑付问题的研究"，载《全国流通经济》2019 年第 19 期。

〔3〕 李将军、范文祥："金融理财产品'刚性兑付'困局的成因及其化解"，载《现代经济探讨》2014 年第 11 期。

〔4〕 罗金辉、刘小腊："资管新实施路径探讨与银行理财转型展望"，载《清华金融评论》2019 年第 7 期。

金投向，仅按资金规模收取一定的通道费用，作为资金提供方的银行则掌握资金和资产两端，并承担全部的投资风险。[1]资管行业通道业务盛行，其中银行理财资金的通道和嵌套业务占据大多数。由于投资标的的限制，银行理财产品不得投资信贷类资产、票据资产、股权资产[2]，面向特定客户发行理财产品也须符合一定的条件[3]。因此，为了规避监管限制，商业银行通常会通过基金子公司或者证券公司的结构化资管计划等通道，作为优先级委托人对接二级市场进行股票投资。通道业务通常会嵌套多层通道来规避合格投资者制度、投资范围、监管指标以及隐蔽资金来源，由此伴随着较大的风险。通道业务的交易结构复杂、链条长、信息不透明，表面上看可能没有明显违规之处，但是若从资金来源和最终投向看，则明显突破了市场准入、投资范围、资本约束、杠杆限制、投资者适当性等监管要求，容易引发一系列的风险传递。而且大量嵌入分级产品，使得每层嵌套时都有可能增加杠杆，以至于整个链条叠加后杠杆水平极高。[4]

尽管各监管部门都出台了资产管理业务规范，但分业监管体制下不同类型机构开展同类业务的行为规则和监管标准不一致，信息共享和协调不畅，难以实现对通道业务的全流程监控和全覆盖监管，向上无法识别最终投资者，向下无法识别投资的底层资产，最终导致监管失灵。为了有效防控通道业务风险，必须转变

---

〔1〕　中国银行业监督管理委员会于 2014 年 12 月发布的《商业银行并表管理与监管指引》规定，跨业通道业务是指商业银行或银行集团内各附属机构作为委托人，以理财、委托贷款等代理资金或者利用自有资金，借助证券公司、信托公司、保险公司等银行集团内部或者外部第三方受托人作为通道，设立一层或多层资产管理计划、信托产品等投资产品，从而为委托人的目标客户进行融资或对其他资产进行投资的交易安排。

〔2〕　2018 年 12 月银监会发布的《商业银行理财业务监督管理办法》第 36 条第 1、2 款规定："商业银行理财产品不得直接投资于信贷资产，不得直接或间接投资于本行信贷资产，不得直接或间接投资于本行或其他银行业金融机构发行的理财产品，不得直接或间接投资于本行发行的次级档信贷资产支持证券。商业银行面向非机构投资者发行的理财产品不得直接或间接投资于不良资产、不良资产支持证券，国务院银行业监督管理机构另有规定的除外。"2009 年银监会《关于进一步规范商业银行个人理财业务投资管理有关问题的通知》（已失效）第 18 条规定："理财资金不得投资于境内二级市场公开交易的股票或与其相关的证券投资基金。理财资金参与新股申购，应符合国家法律法规和监管规定。"第 20 条规定："对于具有相关投资经验，风险承受能力较强的高资产净值客户，商业银行可以通过私人银行服务满足其投资需求，不受本通知第 18 条和第 19 条限制。"

〔3〕　私人银行客户是指金融净资产达到 600 万元人民币及以上的商业银行客户；商业银行在提供服务时，应当由客户提供相关证明并签字确认。高资产净值客户是指符合下列条件之一的商业银行客户：①单笔认购理财产品不少于 100 万元人民币的自然人；②认购理财产品时，个人或家庭金融净资产总计超过 100 万元人民币，且能提供相关证明的自然人；③个人收入在最近 3 年每年超过 20 万元人民币或者家庭合计收入在最近 3 年内每年超过 30 万元人民币，且能提供相关证明的自然人。

〔4〕　杨宏芹、焦芙蓉："资管行业通道业务的穿透式监管研究——以宝能系杠杆收购万科为视角"，载《中国证券期货》2018 年第 3 期。

监管理念，按业务属性确定行为规则和监管主体，强化监管的统筹协调，实施全流程穿透式监管。[1]

（三）资管新规下理财业务的重新定位与转型

2018 年 4 月 27 日，中国人民银行、中国银行保险监督管理委员会、中国证券监督管理委员会、国家外汇管理局联合发布《关于规范金融机构资产管理业务的指导意见》，拉开了中国资产管理行业转型升级的序幕。资管新规旨在防止系统性金融风险，统一资管行业监管标准，改变中国资管行业发展模式并使资管回归本源。银行理财在中国资管行业占比最高，对基金信托等其他资管子行业具有派生影响，资管新规的实施对于银行理财转型具有重要意义。[2]

对银行资管而言，资管新规实质要求银行理财回归资产管理的本源，理财产品的投资者在获得投资收益的同时要承担投资风险，理财产品的投资管理机构在履职尽责的前提下收取管理佣金，但不承担保本保息的责任。通过重建理财业务的商业模式，让理财投资的风险真正由产品投资者承担，而不再积聚于银行内部，从而消除传统理财业务的系统性风险隐患，同时使银行理财业务朝着更规范和可持续的方向发展。[3]

资管新规对未来的资管产品提出了明确的要求。例如，新产品（指完全符合资管新规的产品）在产品型态上不能是预期收益型产品，不能具有隐性刚兑的特征，必须是净值型产品，投资的风险以产品净值波动的形式反映在产品净值上由投资者承担；产品估值主要采用公允价值法，对过去银行理财广泛使用的摊余成本法的运用范围做了严格限制；在投资上禁止非标资产的期限错配和资金池运作等。新规对理财业务产品型态、估值方法、投资运作、资产托管和信息披露等方面作出明确规定，从根本上改变传统银行理财的内在业务逻辑，使其真正回归资产管理本源。在对待历史遗留问题上，新规留出了两年多的过渡期，在过渡期内对理财业务进行整改，对老产品（指不符合资管新规的产品）逐步整改或压缩；对老产品的存量资产，通过资产自然到期、资产回表及出售等方式清理；过渡期后要求银行资产管理业务从银行体系剥离出来，以独立子公司的方式开展，进一步隔离理财业务与银行体系的风险。这些都对银行的理财业务及新型商业模式提

---

[1]　苟文均："穿透式监管与资产管理"，载《中国金融》2017 年第 8 期。

[2]　罗金辉、刘小腊："资管新规实施路径探讨与银行理财转型展望"，载《清华金融评论》2019 年第 7 期。

[3]　罗金辉、刘小腊："资管新规实施一年多，这里有个银行理财整改的新办法"，载微信公众号"中国金融四十人论坛"，最后访问日期：2021 年 4 月 20 日。

出了更高要求，银行理财业务势必要重新进行定位，并不断转型。

二、银行理财业务的立法现状

过去几年资产管理行业经历了高速发展的"大时代"，但是，混业经营模式和分业监管体系的制度性错配，成为影响宏观经济稳定性的重要变量。随着 2018年 4 月 27 日资管新规出台、2019 年 9 月 26 日理财新规发布以及行业监管者资管配套细则的颁布，中国资产管理行业和商业银行理财业务进入统一监管和功能监管的"新时代"。统一监管标准是资产管理新规的核心依托，基于功能监管目标的资管新规致力于构建统一的资产管理监管框架，缓释混业经营模式和分业监管体系的制度性错配，防范化解潜在的系统性金融风险。[1]

（一）推动资管产品净值化管理

金融改革的核心之一就是打破刚性兑付。理财产品取消刚兑是大势所趋，这是一个长期的过程。一方面，银行金融机构要坚决推动发行净值型理财产品；另一方面，银行和市场要引导投资者逐渐接受净值型产品，使理财产品逐渐回归"受人之托、代人理财"的业务本源。[2]

在打破刚性兑付上，资管新规规定，金融机构对资产管理产品应当实行净值化管理，净值生成应当符合公允价值原则，及时反映基础资产的收益和风险。资产管理产品的发行人或者管理人不得违反公允价值确定净值原则对产品进行保本保收益；资产管理产品不能如期兑付或者兑付困难时，发行或者管理该产品的金融机构不得自行筹集资金偿付或者委托其他金融机构代为偿付。资管新规致力于明确刚性兑付的标准和刚性兑付的处罚规范，同时推进资管产品净值化管理来降低刚性兑付的"生存空间"。刚性兑付的三种普遍情形为：一是资产管理产品的发行人或者管理人违反真实公允确定净值原则，对产品进行保本保收益。二是采取滚动发行等方式，使得资产管理产品的本金、收益、风险在不同投资者之间发生转移，实现产品保本保收益。三是资产管理产品不能如期兑付或者兑付困难时，发行或者管理该产品的金融机构自行筹集资金偿付或者委托其他机构代为偿付。

当然，考虑到业务实践的现实要求，资管新规给净值化管理留出一定的弹性空间，在特定条件下仍可适用摊余成本法。在过渡期内，银行现金管理类产品可暂参照货币市场基金的"摊余成本+影子定价"方法进行估值。

---

〔1〕 郑联盛："'资管新规'下银行理财的走向"，载《银行家》2018 年第 12 期。
〔2〕 宋贺："我国商业银行理财业务的发展现状与展望"，载《产业与科技论坛》2019 年第 20 期。

（二）建立统一的合格投资者制度

"合格投资者"标准的制定是一项非常复杂的工作，其资格的认定对于资管行业而言具有重要意义，体现在可以基于普通投资者与合格投资者的划分，在投资标的等约束方面采取差异化政策，按照承受的风险能力匹配相应的资产配置形态。

通常情况下，合格投资者由于单笔投资金额较高、风险承受能力较强，在投资端约束往往较小。对于普通投资者而言，应避免标准过低将风险识别能力和承受能力较低的公众投资者纳入合格投资者，否则将引发非法集资的风险，这是合格投资者认定的最基本考量因素。在资管新规之前，整个资管行业对于投资者的认定是自成体系的，银行、信托、券商、基金等均有自己的规定，并且不同银行还有自己的分类标准。例如，在证监体系下被称为合格投资者，在银监体系下，则往往被称为私人银行客户、高资产净值客户等。在合格投资者认定这方面，不同的行业存在明显差异，同一行业内部也存在明显差异。[1]

资管新规之后，合格投资者的定义已经统一，即具备相应风险识别能力和风险承担能力，投资于单只资产管理产品不低于一定金额且符合下列条件的自然人和法人或者其他组织。两个认定标准也基本明确，根据资产规模或收入水平的标准，统一为：①具有2年以上投资经历，且满足以下条件之一：家庭金融净资产不低于300万元，家庭金融资产不低于500万元，或者近3年本人年均收入不低于40万元。②最近1年年末净资产不低于1000万元的法人单位。③国务院银行业监督管理机构规定的其他情形。资管新规对最低认购金额标准也做了一定的规定，商业银行发行私募理财产品的，合格投资者投资于单只固定收益类理财产品的金额不得低于30万元人民币；投资于单只混合类理财产品的金额不得低于40万元人民币；投资于单只权益类理财产品、单只商品及金融衍生品类理财产品的金额不得低于100万元人民币。相比之前，统一的合格投资者制度基本建立。[2]

资管新规明确投资者不得使用非自有资金投资资产管理产品。《证券期货经营机构私募资产管理计划运作管理规定》（证监会公告〔2018〕31号）指出，资产管理计划接受其他资产管理产品参与的，不合并计算其他资产管理产品的投资者人数。资产管理计划接受其他私募资产管理产品参与的，证券期货经营机构应当有效识别资产管理计划的实际投资者与最终资金来源。而商业银行理财细则中

〔1〕　陈颖健："私募资管产品募集规则法律问题研究"，载《上海金融》2019年第9期。

〔2〕　赵昕："对我国银行理财业务合格投资者的分析与建议"，载《金融监管研究》2016年第6期。

除了两个量化标准外，其余并未提及。可以看到，目前在投资者人数是否穿透、资产管理产品嵌套等方面还没有形成统一规则。[1]

（三）规范资金池，强化第三方托管

资产管理产品中的资金池业务，一直都是监管部门监管的重点对象。尤其是最近几年，监管部门几乎每年都会正式发文。虽然近几年资金池业务的规模有所缩水，但资金池业务的开展依然屡禁不止，诸多金融机构也因违规开展资金池业务而先后被罚。[2]鉴于此，资管新规重申严打资金池业务的强硬态度。

监管文件中，有的尝试以行为结果为出发点来界定资金池业务，如《中国银行业监督管理委员会办公厅关于信托公司风险监管的指导意见》（银监办发〔2014〕99号）的细则规定，资金池是投资非标资产，导致资金来源和资金运用不能一一对应、资金来源和资金运用的期限不匹配（短期资金长期运用，期限错配）的业务。有的直接以禁止性操作细节为视角，明确何等行为可能构成资金池业务，如《证券期货经营机构私募资产管理业务运作管理暂行规定》（证监会公告〔2016〕13号）。当然，更多的监管文件是从运作模式出发，力求准确抓住资金池业务的本质特征，如《中国银监会关于印发王华庆纪委书记在商业银行理财业务监管座谈会上讲话的通知》（银监发〔2011〕76号）、《中国银监会关于银行业风险防控工作的指导意见》（银监发〔2017〕6号）认为资金池业务采取的是"滚动发售、集合运作、期限错配、分离定价"的运作模式；《中国保监会关于加强组合类保险资产管理产品业务监管的通知》（保监资金〔2016〕104号，已失效）提到，投资于非公开市场投资品种、具有滚动募集、混合运作、期限错配、分离定价、未单独建账或未独立核算等特征的产品属于资金池业务；《私募基金备案须知》规定，资金池业务具有短募长投、期限错配、分离定价、滚动发行、集合运作等操作特征。

本次资管新规的颁布，称得上是对之前资管业务监管口径不一致、监管套利的一种规范化整顿，对于部分金融机构而言，因其习惯了传统的信贷思维，故在短期内必然会引起诸多传统业务模式的不适应，监管部门也考虑到这一点特别给予了两年半有余的过渡期。在过渡期内，金融机构可结合实际情况逐步压缩资金规模及逐步收回投资，亦可整改为规范的开放式运作业务，但其不得继续新增资

---

〔1〕 任涛："资管行业合格投资者的认定有点重要"，载微信公众号"博瞻智库"，最后访问日期：2018年7月22日。

〔2〕 王光宇："银行理财对于资产管理新规的理解及应对"，载《银行家》2017年第12期。

金规模或继续滚动投资。[1]

商业银行资产托管业务是与大资管所有子行业联系最为密切的业务，在新环境下，资产托管集创造中间收入和沉淀存款于一身，成为多数商业银行重点发展的核心业务之一。在我国托管业务20年的发展历程中，托管主体由国有大银行逐步扩展至全国性股份制银行、证券公司和中国证券登记结算有限责任公司等。随着资管新规推出，作为伴生发展的业务，商业银行资产托管业务不可避免地面临规模和收入下滑的压力，但新规提高了托管人的独立第三方地位，优化了资管行业中的三方治理结构，对长期稳健发展提出了建设性框架，"全托管"和"强托管"意味着后新规时代资产托管业务将迎来新的黄金时代。[2]资管新规对托管业务发展的促进作用主要体现在如下几方面：

强监管理念与托管人职能高度契合。资管新规是2016年以来强监管政策的延续、强化和统一，改革的逻辑与托管人的职能内在一致，体现为：监管标准统一，要求托管标准统一；托管人对资金来源和投向、交易对手、交易结构等进行实质性审核，有助于协助监管机构进行穿透式监管；托管人从产品募集、运作、除权、兑付、终止等完整生命周期的参与，可以协助监管机构实现全流程实时监管。

托管地位上升，三方治理结构优化。托管机制脱胎于信托法理，通过在投资者、管理人、托管人之间形成所有权、使用权、保管权三权分立的治理结构，能对管理人实现监督制衡，有效降低委托—代理关系中的道德风险，起到保护投资者权益的作用。资管新规规范了资产管理业务中三方主体的权、责、利，要求资管产品"应当由具有托管资质的第三方机构独立托管"，商业银行托管子公司发行资管产品时，"应当实现实质性的独立托管，独立托管有名无实的，由金融监督管理部门进行纠正和处罚"；在净值化管理的要求中，规定"净值……由托管机构进行核算并提供报告"，突出了托管人估值核算的重要性；此外，新规提出了更严格的信息披露和投资监督要求，托管人则担负监督、复核职责。大大提升了托管业务的市场地位，突出了托管人作为第三方监督的独立性、专业性、客观性作用。[3]

存量整改，规模面临下行冲击。新规倒逼管理人对通道、资金池和嵌套业务

---

[1] 梁秀秀："资管新规系列解读｜资管新规下资金池业务判断与解析"，载微信公众号"君泽君律师"，最后访问日期：2018年5月10日。

[2] 王强："资管新规助推银行托管业务进入新时代"，载《中国银行业》2018年第10期。

[3] 刘燕、楼建波："资管计划与企业并购"，载《清华金融评论》2016年第A1期。

进行压降、整改、转型，并形成新的核心竞争力，在转型过程中，必对托管规模和收入造成下行冲击。其一，打破刚兑，管理人净值化转型和主动能力的培育是系统性工程，需要人才、系统、投研等全方位改革，过渡期较长。其二，"去通道"，新规要求"金融机构不得为其他金融机构的资产管理产品提供规避投资范围、杠杆约束等监管要求的通道服务"，这对通道业务占比较高的基金专户、券商定向资管计划和事务管理类信托影响较大，彻底地去通道势必冲击托管规模。其三，新规统一了负债杠杆要求，规定资管产品可以再投资一层资管产品，但所投资的资管产品不得再投资公募证券投资基金以外的资管产品，并且实行上下穿透式监管，向上识别产品的最终投资者，向下识别产品的底层资产（公募证券投资基金除外），消除多层嵌套并统一杠杆，也会导致托管规模的下降。

回归本源，结构调整正式开展。新规要求资管业务回归本源，即"受人之托，代客理财"，并服务于实体经济。由于刚兑的存在，长期以来，各类资管机构在产品设计、投资策略、风险收益等方面高度同质化，且大量资金用于监管套利，在金融体系中空转，导致资金脱实向虚。回归本源的要求会逐步引导我国资管行业的管理人结构、产品结构、客户结构、收入结构调整，大资管版图将在各子行业的竞合关系中重新划分，托管业务也将随之变动消长。[1]

（四）鼓励建立独立理财子公司

2018 年，监管机构陆续颁布了资管新规、理财新规与《商业银行理财子公司管理办法》。理财新规鼓励商业银行设立独立的理财子公司开展资产管理业务。2018 年 12 月 2 日发布的《商业银行理财子公司管理办法》在承接资管新规和理财新规的基础上，根据理财子公司特点对部分规定进行适当调整。如果未来理财子公司成为商业理财的主导业务模式，理财子公司管理办法的适用性将强于理财新规。

在"控非标、破刚兑、降杠杆、去通道、去嵌套、净值化"的大背景下，银行理财子公司作为资管行业的新的生力军，具有重要作用：①探索直接融资渠道拓展；②引导资管行业良性竞争；③探索具有中国特色的理财发展道路。[2]《商业银行理财子公司管理办法》在银行理财业务监管上具有四个显著变化，从整体上来说监管要求比理财新规更具"包容性"。其一，非标投资与母行"脱钩"。理财子公司投资非标无需参照自营贷款管理要求实施投前尽职调查、风险审查和投后风险管理并纳入全行统一的信用风险管理体系，同时，也无需满足"全部理财

〔1〕　王强："资管新规助推银行托管业务进入新时代"，载《中国银行业》2018 年第 10 期。
〔2〕　赵越："我国银行理财子公司对多层次资本市场的作用初探"，载《商讯》2012 年第 12 期。

产品投资于非标准化债权类资产的余额在任何时点均不得超过理财产品净资产的35%，也不得超过本行上一年度审计报告披露总资产的4%"。无需比照自营贷款管理。其二，理财子公司公募产品"基金化"。理财子公司公募产品不再设置销售起点金额，与公募基金一致，而商业银行理财业务的起售金额为1万元。理财子公司公募产品首次购买无需临柜面签，而商业银行理财业务首次购买仍需要临柜进行风险测评及面签。允许理财子公司公募理财产品进行公开宣传，与公募基金的标准保持一致。其三，扩大合作机构范围。理财子公司的理财产品允许第三方机构代销。私募理财产品的合作机构、公募理财产品的投资顾问可以为持牌金融机构，也可以为依法合规、符合条件的私募投资基金管理人。其四，允许发行分级产品。理财新规要求商业银行不得发行分级理财产品，而理财子公司可以发行分级产品，但要求同级份额享有同等权益、承担同等风险。[1]

但是，对理财子公司的监管仍存在着两个不确定性。一个是资本金要求，理财子公司管理办法要求理财子公司遵守净资本相关要求，具体规则另行制定，这意味着资本金要求存在不确定性，可能是目前国有大银行没有积极推进设立理财子公司的重要原因。另一个则是关联交易，理财子公司管理办法要求加强关联交易管理，但关联交易的界定可能存在不确定性。

三、银行理财业务风险防范的制度建议

（一）推动对影子银行的有效监管

影子银行被广泛认为是导致2008年全球金融危机的一个重要因素。其概念最早由美国太平洋投资管理公司执行董事McCulley于2007年提出。[2]由于研究视角的差异，目前学者和机构尚未形成对影子银行的统一定义。

国外学术界对影子银行的定义标准主要从参与的实体和从事的活动两方面进行界定。从参与实体的角度看，影子银行可定义为从事期限、信用和流动性转换，但无法从中央银行或公共部门获得支持的金融中介机构。以从事的活动角度看，与银行业务类似但缺少有效监管的信用中介业务，构成影子银行的主体。[3]我国影子银行的发展路径与国外有所不同，中国人民银行调查统计司与成都分行调查统计处联合课题组将中国影子银行定义为"从事金融中介活动，具有与传统银行类似的信用、期限或流动性转换功能，但未受《巴塞尔协议Ⅲ》或等同监管

---

[1] 郑联盛："'资管新规'下银行理财的走向"，载《银行家》2018年第12期。

[2] McCulley, P. A., "Teton Reflections", *PIMCO Global Central Bank Focus*, Report, 2007.

[3] 廖儒凯、任啸辰："中国影子银行的风险与监管研究"，载《金融监管研究》2019年第11期。

程度的实体或准实体"。总结来说，中国影子银行是指与商业银行相似的资金融通功能，却游离在金融监管体系之外，具有监管套利特征，且不能得到公共部门流动性支持，由此可能引发系统性风险的信用中介体系。影子银行有三大特点：其一，作为融资中介，具有流动性转换、期限转换、信用转换等功能，且需要承担相应的风险。其二，由于金融创新及金融监管的相对滞后性，影子银行接受的监管很少甚至完全缺失。其三，由于资金来源和投向缺乏透明度，以及高杠杆等因素，影子银行风险底数难以确定，政府救助乏力。这些特征共同导致影子银行经营具有高风险与脆弱性。[1]

为做好中国影子银行的风险管理，推动其未来实现转型和良性健康发展，提出以下建议：

1. 逐步将影子银行纳入有效监管。在现有金融体系统计数据和系统的基础上，建立起影子银行数据统计机制，实现金融行业统计全覆盖，做到风险心中有数。[2] 监管要及时跟进影子银行发展情况，加快补齐制度短板，制定合理的行业标准，明确监管要求，推动影子银行阳光化发展，实现金融业的公平竞争。

2. 多措并举控制影子银行风险。严格落实资管新规要求，稳步推进银行理财子公司、信托、证券、基金、金融资产投资公司等机构建设及合法合规业务开展，通过充分的正规金融供给挤出不合规影子银行。就存量业务而言，对于风险约束基础较好的影子银行，可推动其转型，实现审慎合规经营；对恶意隐匿风险、流动性严重错配、以监管套利为目的人为拉长融资链条的，要坚决打击取缔。[3]

3. 继续有序大力整治通道业务。尽管目前的治理已经取得初步成效，但存量业务规模依然很大，且存在复杂程度高、隐蔽性和欺骗性强等特征，逐利本性使其很容易反弹回潮。要保持"强监管、严监管"的政策取向，向市场传递出明确信号，与此同时，也要掌握好节奏和力度，防止对所有业务"一刀切"而引起市场误解和恐慌。

4. 加强政策统筹，发挥合力。加大金融监管部门间的协调力度，建立行业信息和统计数据联通共享机制。严格落实各影子银行业务的监管责任，明确职责分工，建立分工合作、职责明晰、权责匹配、运转高效的全覆盖监管体系。此外，

---

〔1〕 马奔腾、张长全："影子银行监管的国际改革及对我国的启示"，载《湖北经济学院学报（人文社会科学版）》2019 年第 11 期。

〔2〕 巴曙松："加强对影子银行系统的监管"，载《中国金融》2009 年第 14 期。

〔3〕 张远："加强我国影子银行监管 防范系统性风险"，载《西部金融》2012 年第 2 期。

还要加强与其他宏观管理部门的配合协调，防止发生政策冲突，确保治理效果。[1]

（二）构建对资产管理业务的全面风险管理体系

中国经济新常态必将带动中国金融也走向新常态，突出表现在中国金融结构发生历史性转变。在中国金融结构转变的过程中，资产管理行业逐渐成为金融体系的支柱。中国金融结构的变化将导致商业银行传统盈利模式不再可持续，面临着巨大的经营压力和转型挑战。一方面，在银行业利润增速大幅放缓的趋势下，商业银行资本金补充困难，信贷资产规模无法持续扩张；另一方面，利率市场化加速推进不断挤压银行信贷业务的利润空间，经济下行导致的不良贷款上升也严重影响了银行信贷业务的收益。

资产管理行业的良性发展为间接融资向直接融资转换提供支持。然而现实中，刚性兑付的存在导致风险转移中断，资产管理机构也被视为影子银行，其风险特征主要体现在：其一，根据资产管理业务的商业模式，银行在尽职履责的前提下，不对客户资产价值的减损承担责任。而在刚性兑付、市场成熟度不够的环境下，资产管理业务要面对非标资产可能引发的信用风险。其二，从风险管理理念角度，资产管理业务尚未形成分散风险、配置风险的思路，尚未从以信用风险管理为主向综合风险管理转变。银行资管业务与传统信贷业务存在本质区别，作为典型的投资型业务，只有用投资理念取代信贷理念，用分散风险、配置风险取代管理风险，银行资管才会有广阔的发展空间。其三，传统流动性管理方案几近失效。随着利率市场化改革基本完成，静态流动性管理已无法适应瞬息万变的市场环境，须实现从静态流动性管理向动态流动性管理的转变。其四，市场风险、流动性风险、操作风险等多重风险相互交织、相互传染的复杂局面将成为银行资管面临的巨大挑战。单家银行的风险会通过市场活动传导至整个金融系统，并最终影响金融稳定。因此，建立动态、全面的资产管理业务风险管理体系是当前银行的首要任务。[2]

银行资管业务的风险传导路径包括两种：一种是通过与债权人、对手方、投资者以及其他市场参与者之间的互动活动，另一种则是由抛售引起的市场扰动。银行、保险公司、基金、证券机构之间密切关联，托管、定价机构、证券借贷经纪之间也存在着密切联系，在大规模市场扰动发生时，没有任何机构可以独善其身。而抛售在一定程度上反映了市场参与者的消极态度，隐含了不断攀升的流动

〔1〕　廖儒凯、任啸辰："中国影子银行的风险与监管研究"，载《金融监管研究》2019 年第 11 期。
〔2〕　孙冉、邱牧远："商业银行资产管理业务的风险管理"，载《清华金融评论》2016 年第 9 期。

性溢价，其发生会直接导致市场信心坍塌。与商业银行传统的信贷业务相比较，资产管理业务具有独特的风险特征及管理模式。[1]因此，应围绕资产管理业务特有的风险特征和监管要求，建立涵盖资管业务条线的全面风险管理体系。

构建动态全面的全面风险管理体系。在具体风控实践中，应加强对资产管理业务中市场风险、流动性风险、信用风险、操作风险、合规风险等的识别、监测和控制，强化信息披露和投后管理，建立不同于信贷业务的全流程、全覆盖、系统化的风控体系，确保业务合规稳健发展。

建立统一的风险管理监测流程。根据资管业务的特点，切实按照客户的风险特征，对普通大众客户的风险管理实施统一标准，对风险承受能力较高的客户，尝试将其资金进行高风险投资，不受表内投资标准限制，如低评级债券投资、股权投资等。明确各类风险的牵头管理部门并设立合理限额进行统一监测。优化项目审批及投后管理机制。表内贷款与表外项目的风险处置方式应当有所区分，表外项目缺乏风险拨备、处置手段有限，应设立专门的牵头部门，建立差异化的审批流程，把握实质性风险，同时，对表外项目应实施分级分类管理，探索形成有效的表外项目投后管理机制，在准确识别客户风险收益偏好和防范声誉风险的基础上，根据产品特点制订不同的风险项目处置方案。[2]

完善托管业务内控制度与风险管理。实现托管业务内控合规的四个转变，即风险监控由事后监督向事中监测、事前预防的全过程风险管理转变，风险管理由集团总部向各托管分部延伸的转变，风险评估由定性分析向定量分析转变，风险控制由人工监控向计算机自动化监控转变。实行目标量化管理，根据资产托管业务特点，科学设定风险管理目标，明确各业务环节、各产品类型和各运营机构的评价指标体系。进一步完善托管业务风险监控系统，不断扩展监控系统的覆盖范围，实现全机构、全产品、全流程、自动化的系统监控。

拓宽差异化的投资品种选择空间。从客户需求角度出发，积极挖掘信贷资产证券化、重组并购、国企改革、优先股等领域的优质项目，破解表内外项目来源高度同质化、优质投资项目供给不足的困难。稳步推进资产管理产品由预期收益型向净值型转变，真正实现"买者自负，卖者尽责"，在此基础上，逐步构建以管理费用和业绩报酬为主要收入来源的盈利模式。[3]

探索推动业务组织体系改革。严格落实监管部门提出的"独立核算、风险隔

---

〔1〕 李金泽："银行信托贷款类理财业务的主要风险及防范"，载《银行家》2008 年第 7 期。

〔2〕 何海鹰："信托贷款类理财业务的主要风险及防范"，载《银行家》2014 年第 10 期。

〔3〕 孙冉、邱牧远："商业银行资产管理业务的风险管理"，载《清华金融评论》2016 年第 9 期。

离、行为规范、归口管理"要求，进一步理顺资管业务在产品设计、发行、投资、风险管理等各环节的运作机制，推动业务可持续健康发展。研究在资产管理相关业务线推行团队化建设等新型组织管理模式，探索提高集团运行效率的新路径。

第三节　典型证券业违法交易的法律规制

一、国内证券市场违法交易的立法与实践

（一）证券违法相关立法体系分析

我国证券法制始于20世纪80年代，以经济体制改革为契机。经过30多年的发展，我国建立了多层次的证券法制体系，形成了以《证券法》为核心，以国务院行政法规、证监会部门规章和规范性文件为基础，以上海、深圳交易所业务规则为重要参考、以行业协会自律规范为补充的证券法制体系。

为了规制证券违法行为，我国已经颁布了一系列有关证券违法行为的法律、法规和规章，如《证券法》《公司法》《中华人民共和国刑法》（以下简称《刑法》）《禁止证券欺诈行为暂行办法》（已失效）等及全国人大常委会的相关决定和最高人民法院《关于受理证券市场因虚假陈述引发的民事侵权纠纷案件有关问题的通知》《关于审理证券市场因虚假陈述引发的民事赔偿案件的若干规定》的司法解释。这些证券违法行为的立法构成了我国相对完整的证券违法行为和法律责任的法律体系。

（二）证券市场违法交易的实践现状

中国证监会官网公布的行政处罚决定书，具有权威性和公信度，可以以此作为样本来梳理国内证券市场违法交易的实践现状。根据在中国证监会官网的检索结果，2014年~2019年公开的行政处罚决定书的数量分别为：2019年145份，2018年131份，2017年108份，2016年139份，2015年95份，2014年103份。可以看出，从2014年至今，行政处罚决定书的数量总体上是呈上升趋势的，这说明在国内证券市场蓬勃发展的过程中，涌现出更多的证券违法交易行为，同时，证监会对于证券违法交易行为的打击也更加严厉。

根据证监会披露数据，证监会于2018年共作出行政处罚决定310件，其中，信息披露违法类案件处罚56起，操纵市场类案件处罚38起，内幕交易类案件处罚87起，中介机构违法类案件处罚13起，私募基金领域违法案件处罚10起，短线交易案件处罚13起，从业人员违法违规案件处罚24起，此外还有编造传播虚

假信息、超比例持股未披露、法人非法利用他人账户、期货市场违法等 50 余起其他类型案件。而在其他年份，根据证监会发布的典型违法案例情况，内幕交易、虚假陈述、操纵市场等三大类传统违法案件仍是主要违法类型。

二、内幕交易的法律规制

（一）内幕交易的立法规制

1. 内幕交易行为的认定。内幕交易，是指知悉证券交易内幕信息的知情人和非法获取内幕信息的人，以获取利益或减少经济损失为目的，买卖或者建议他人买卖与该内幕信息相关的证券，或者向他人泄露该内幕信息的行为。

内幕交易行为需要具备以下构成要件：①内幕交易的主体是知悉证券交易内幕信息的知情人和非法获取内幕信息的人；②内幕交易所利用的信息是禁止使用的尚未公开的重大信息；③在主观上，内幕人故意利用内幕信息进行内幕交易；④在客观上出现内幕人追求的获取利益和减少损失的状态；⑤内幕人的行为方式表现为两种形式，即直接交易和间接交易，前者是指内幕人自己利用内幕信息买入或者卖出证券，后者则是内幕人泄露内幕信息或者建议他人买卖证券。[1]

2. 内幕信息的认定标准。内幕信息是指在证券交易活动中，涉及发行人的经营、财务或者对该发行人证券的市场价格有重大影响的尚未公开的信息。理论界一般认为内幕信息具有三个要件：①只有内幕人知悉；②尚未公开；③信息具有重要性。[2]其中，尚未公开和重要性是认定内幕信息的最重要的两个标准。

尚未公开是构成内幕信息的首要条件，而衡量信息是否公开应综合考虑信息本身的内容和性质、发行公司的规模及知名度、交易证券的活跃程度、通信手段的技术水平及信息抵达普通投资者的速度及交易方式、证券市场对信息的反应等因素，采取个案处理的方式。[3]

尚未公开的信息并非全都是内幕信息，只有那些重要的、可能对公司证券市场价格有重大影响的尚未公开的信息才属于内幕信息。我国《证券法》对衡量信息重要性采取了概括性规定与列举式规定相结合的立法体例，即在第 52 条对信息重要性标准予以概括规定，并在第 80 条第 2 款、第 81 条第 2 款列举"重大事件"的情形。

---

〔1〕　赵旭东主编：《商法学》，高等教育出版社 2015 年版，第 293 页。

〔2〕　陈晓文、楼晓主编：《中华人民共和国证券法释义》，中国方正出版社 1999 年版，第 93 页。

〔3〕　冯果："内幕交易与私权救济"，载《法学研究》2000 年第 2 期。

（二）内幕交易的监管

内幕交易行为严重影响证券市场的稳定发展，是证券市场监管中极为重要的一环。2007 年 3 月 27 日，证监会颁布施行了《证券市场内幕交易行为认定指引（试行）》（已失效），以规范证券市场内幕交易行为的认定工作。对内幕交易的监管通常从内幕交易三个要素出发，分别是内幕交易人、内幕信息和内幕交易行为：其一，强调按照公平原则进行信息披露，督促上市公司、控股股东等信息披露义务人及时进行真实、准确、完整的披露，将内幕信息转化为公开信息。其二，强调知情人员的信息保密义务，建立内幕信息知情人登记制度，要求内幕信息知情人按规定实施登记，落实相关人员的保密责任和义务。其三，控制内幕信息敏感期内的交易以及完善停复牌制度。

（三）内幕交易的法律责任

1. 民事责任认定。多年来，除了定性争议巨大的"光大证券案"外，最终进入司法流程的内幕交易民事案件寥寥无几，且多未成功。其主要原因在于内幕交易行为往往较为复杂，传统民事责任制度的构成要件很难对其直接适用。《证券法》第 54 条第 2 款虽规定："利用未公开信息进行交易给投资者造成损失的，应当依法承担赔偿责任。"但该规定仅仅对内幕交易民事责任问题作了原则性规范，而就如何认定内幕交易行为与投资者损害之间的因果关系、如何确定适格投资者的范围、同时反向交易的认定、举证责任的分配、投资者损害的认定及计算等具体操作问题未有明确说明，需在以后立法中进一步完善。

（1）主观过错。在我国目前司法实践内幕交易诉讼中，仍需由控方证明内幕交易人的主观故意性认定。内幕交易行为的行为模式具有较强的隐蔽性，但是最高人民法院 2019 年修改《关于民事诉讼证据的若干规定》时删去了第 7 条"人民法院可以根据公平原则和诚实信用原则，综合当事人举证能力等因素确定举证责任的承担"的规定，因此，在相关立法未明确规定内幕交易纠纷适用"举证责任倒置"的情形下，仍应由起诉方证明主观过错。

（2）因果关系。内幕交易者通过故意实施欺诈性交易的行为令他人受损，故可应用特殊侵权理论分析其应承担的法律责任。要内幕交易者向其他受损害的交易者承担民事责任，需要证明的因果关系有两重。其一，定性层面的必要条件关系，即侵权行为是否与损害结果相关；其二，定量层面的损失因果关系，即侵权行为与其实际导致的损害的相当性关系，用以确定民事责任范围。[1]

---

〔1〕 缪因知："内幕交易民事责任制度的知易行难"，载《清华法学》2018 年第 1 期。

我国目前法律法规或者司法解释并未对内幕交易与投资者损失的因果关系方面作出具体明确规定，对此，可参考最高人民法院《关于审理证券市场因虚假陈述引发的民事赔偿案件的若干规定》第18条："投资人具有以下情形的，人民法院应当认定虚假陈述与损害结果之间存在因果关系：①投资人所投资的是与虚假陈述直接关联的证券；②投资人在虚假陈述实施日及以后，至揭露日或者更正日之前买入该证券；③投资人在虚假陈述揭露日或者更正日及以后，因卖出该证券发生亏损，或者因持续持有该证券而产生亏损。"结合上述情形，法院在认定内幕交易与投资者损失的因果关系方面，可采用推定因果关系的做法。

（3）民事赔偿。内幕交易民事诉讼大多存在原告数量众多、损害赔偿额难以认定等问题，以往司法实践中民事赔偿执行较难。《证券法》在2019年修订后增设"投资者保护"专章，确立了"先行赔付制度"（《证券法》第93条）和"代表人诉讼制度"（《证券法》第95条），为内幕交易民事赔偿迎来新契机。

根据2012年3月29日最高法、最高检《关于办理内幕交易、泄露内幕信息刑事案件具体应用法律若干问题的解释》第6条、第7条的规定，该罪的认定标准分别是"情节严重"和"情节特别严重"，"情节严重"是指：①证券交易成交额在50万元以上的；②期货交易占用保证金数额在30万元以上的；③获利或者避免损失数额在15万元以上的；④3次以上的；⑤具有其他严重情节的。"情节特别严重"是指：①证券交易成交额在250万元以上的；②期货交易占用保证金数额在150万元以上的；③获利或者避免损失数额在75万元以上的；④具有其他特别严重情节的。

2. 行政责任设定。内幕交易的行政责任，即证券监督管理委员会对内幕交易人进行的行政处罚。《证券法》在修订中显著提高了对内幕交易行为的处罚力度。

司法实践中责任承担与违法违规行为严重程度成正比。市场受信息支撑并由信息左右，信息对交易品种价格的变化具有决定性的影响。内幕交易行为人因提前拥有可靠信息，可以使自己摆脱交易的风险，而一般投资者则要面对巨大风险，相当于内幕交易行为人将其获益转嫁为投资者的损失，这将使得相关市场失去公平、公正性和失去效率，并使得投资者失去对市场的信心和投资的愿望，从根本上腐蚀市场的正常机制，影响市场的健康发展。《证券法》加大对内幕交易行为的处罚力度以提升违法违规成本，有助于更好地保障证券交易市场的秩序和稳定。

3. 刑事责任设定。我国《刑法》第180条明确规定了内幕交易、泄露内幕信息罪，即"证券、期货交易内幕信息的知情人员或者非法获取证券、期货交易内幕信息的人员，在涉及证券的发行，证券、期货交易或者其他对证券、期货交易价格有重大影响的信息尚未公开前，买入或者卖出该证券，或者从事与该内幕信息有关的期货交易，或者泄露该信息，或者明示、暗示他人从事上述交易活动，情节严重的，处 5 年以下有期徒刑或者拘役，并处或者单处违法所得 1 倍以上 5 倍以下罚金；情节特别严重的，处 5 年以上 10 年以下有期徒刑，并处违法所得 1 倍以上 5 倍以下罚金。单位犯前款罪的，对单位判处罚金，并对其直接负责的主管人员和其他直接责任人员，处 5 年以下有期徒刑或者拘役。内幕信息、知情人员的范围，依照法律、行政法规的规定确定"。

（四）内幕交易的实践分析

证券内幕交易的法律规制中存在诸多疑难问题长期悬而未决，以下分别对主体要件与因果关系两个争议较大的问题进行探讨。

1. 内幕交易的主体界定问题。在我国证券法律制度中，对于证券内幕交易主体的规范用语有"知情人和非法获取内幕信息的人"与"任何知情人（机构和个人）"，不同的用语反映了立法对内幕交易主体范围的认知差异，并可能进一步引起文义混乱和逻辑冲突，亦可能导致实践中的任意解释。[1]

（1）内幕交易主体的立法规制。"知情人和非法获取内幕信息的人"出现在 2019 年修订的《证券法》第 50 条，具体规定为"禁止证券交易内幕信息的知情人和非法获取内幕信息的人利用内幕信息从事证券交易活动"，并在第 51 条列举了 8 项"知情人"类型以及第 9 项兜底条款"国务院证券监督管理机构规定的可以获取内幕信息的其他人员"。从法条逻辑关系看，第 51 条系针对第 50 条中"知情人"进行的类型化规定，而不涉及"非法获取内幕信息的人"。[2]《刑法》也将"内幕交易、泄露内幕信息罪"的主体规定为"证券、期货交易内幕信息的知情人员或者非法获取证券、期货交易内幕信息的人员"。可见，现有立法层面对内幕交易主体的表达已经基本达成一致，即"知情人和非法获取内幕信息的人"。

证监会出台的两项文件在实质上将内幕交易主体扩大至"任何人"。一是《上市公司信息披露管理办法》（以下简称《信披办法》，2012 年修订）和第 56 条，[3]二是《中国证券监督管理委员会关于印发证券市场内幕交易行为认定指引

---

〔1〕曾洋："证券内幕交易主体识别的理论基础及逻辑展开"，载《中国法学（文摘）》2014 年第 2 期。

〔2〕曾洋："证券内幕交易主体识别的理论基础及逻辑展开"，载《中国法学（文摘）》2014 年第 2 期。

〔3〕《信披办法》（2021 年修订）第 56 条规定："任何单位和个人泄露上市公司内幕信息，或者利用内幕信息买卖证券的，中国证监会按照《证券法》第 191 条处罚。"

（试行）》（以下简称《内幕交易行为认定指引》，已失效）第二章。[1]《信披办法》采用的规范用语是"任何单位和个人"，《内幕交易行为认定指引》则引入了一个词语"内幕人"并将其划分为五类，其中第5项规定为"通过其他途径获取内幕信息的人"，这样的兜底规定，在法律没有明确指明例外情形时，显然涵盖了知悉内幕信息的"任何人"。这两个文件反映了证监会在内幕交易规制中将内幕交易主体扩大为"知悉内幕信息的任何人"的价值取向。

最高法院和最高检察院于2012年发布了《关于办理内幕交易、泄露内幕信息刑事案件具体应用法律若干问题的解释》。该解释规定的"非法获取证券、期货交易内幕信息人员"包括"在内幕信息敏感期内，与内幕信息知情人员联络、接触，从事或者明示、暗示他人从事，或者泄露内幕信息导致他人从事与该内幕信息有关的证券、期货交易，相关交易行为明显异常，且无正当理由或者正当信息来源的"，意味着"任何人"都将可能构成内幕交易，同样具有强烈的认同内幕交易主体涵盖获悉内幕信息的"任何人"的解读倾向。

（2）内幕交易主体的实践问题。上述内在逻辑上的混乱反映到实践中，表现为将内幕交易主体作扩张解释至"任何人"。例如在"杭萧钢构内幕交易案"中，陈玉兴和杭萧钢构公司的一位工作人员吃饭时获悉了内幕信息，其后进行的交易被法院认定属于"内幕交易"。问题在于，陈玉兴不属于《证券法》列举的"知情人"，只能以"非法获取内幕信息的人"认定其主体身份，但吃饭间无意获悉杭萧钢构工作人员提及的内幕信息，常理看这一行为又不包含任何非法手段，如何认定其"非法"？最终法院对此给出的解释是：对"非法获取"内幕信息中"非法"的理解，并非是指获取内幕信息的手段"非法"，而是任何所列举的"内幕信息的知情人"之外的主体，都被禁止知悉内幕信息，无论是主动还是被动知悉内幕信息。[2]按照这种解释方式，《证券法》只要规定任何知悉内幕信息的人都不得交易就界定了内幕交易的主体范围，类型化列举就没有必要了。

2. 内幕交易侵权责任的因果关系认定。

（1）内幕交易侵权责任因果关系的认定困境。因果关系认定是当前内幕交易侵权司法实践面临的突出难题。根据我国民商法学界通说，内幕交易属于证券侵权行为，由此产生的民事责任即属于侵权责任，所以以内幕交易民事赔偿案件因果

---

〔1〕《内幕交易行为认定指引》第二章"内幕人的认定"第5、6条，进一步把"内幕人"划分成：法定知情人、规定知情人、法定知情人与规定知情人的亲属、非法获取者、其他获取者五类。

〔2〕陈海鹰、朱卫明、叶建平："泄露内幕信息罪、内幕交易罪的若干问题探析——由'杭萧钢构案'展开"，载《法治研究》2008年第3期。

关系即指内幕交易侵权责任因果关系。[1]那么，何谓内幕交易侵权责任因果关系？为何其能够决定投资者能否获得损害赔偿？究竟内幕交易与投资者损失之间是否存在因果关系？如果存在，又应当如何予以具体证明？对于这些涉及内幕交易侵权责任的根本性问题，我国《证券法》均未作出明确规定，从而导致学理观点的严重分歧甚至完全对立：有学者提出内幕交易与投资者损失之间通常没有因果关系，后者系由市场风险所致；[2]但多数学者认为二者之间存在因果关系，只是证明困难，对此可以通过法律推定方式解决。[3]两派观点相持不下势必会对内幕交易司法实践带来负面影响，甚至妨碍投资者成功索赔。

（2）内幕交易侵权责任因果关系的实践梳理。2009年10月，我国首起正式判决的内幕交易民事赔偿案件——陈祖灵诉潘海深证券内幕交易赔偿纠纷案（［2009］一中民初字第8217号），以原告的败诉而告终。该判决指出：被告潘海深与原告陈祖灵在本案诉讼前并不相识，更没有对后者进行与内幕信息有关大唐电信股票的交易作过任何明示或暗示的指导或提示、建议；同时，被告内幕交易行为并未对股价产生影响，因此，原告买入大唐电信股票并非受到被告的引导，其投资损失与被告的内幕交易行为不存在因果关系。2012年12月，轰动一时的投资者诉黄光裕内幕交易民事赔偿案，在历经2年3次开庭之后作出一审判决，法院认定原告吴屹峰、李岩的投资损失与被告内幕交易之间不存在因果关系，故此驳回其全部诉讼请求。2014年8月5日，备受关注的投资者诉光大证券内幕交易民事赔偿案正式开庭审理，其中因果关系问题仍然是当事人双方争议的焦点：原告主张，光大证券的内幕交易与大盘下跌具有直接因果关系，所有的投资者都有权起诉。而光大证券认为，造成大盘下跌的原因是其他投资者的跟风追涨，与光大证券没有关系。

可见，在我国法院审理的为数不多的几起内幕交易民事赔偿案件中，因果关系均是决定投资者能否追偿成功的关键因素。但内幕交易侵权因果关系的认定困难及合理性质疑，无疑给司法实践带来巨大挑战，更对投资者索赔构成严重障碍。

（五）规制内幕交易的制度建议

1. 内幕交易主体的修正建议。我国现行内幕交易主体类型化立法反映在《证券法》第51条，是以"信义关系理论"下的"身份识别主义"作为类型化依据，

---

〔1〕　王利明："我国证券法中民事责任制度的完善"，载《法学研究》2001年第4期。

〔2〕　耿利航："证券内幕交易民事责任功能质疑"，载《法学研究》2010年第6期。

〔3〕　郭锋："内幕交易民事责任构成要件探讨"，载《法律适用》2008年第4期。

即以"信义关系人"之身份作为识别内幕交易主体的前提，基本上是各种"内部人"的分类描述。但是，其一，这样列举的识别标准和理论基础存在缺陷；其二，这些主体并不能涵盖所有内幕交易人，尽管所列举者是实践中主要的内幕交易实施者，但并非全部；其三，这样的列举易产生逻辑上的误导，似乎身份识别主义是内幕交易主体认定的实证依据，其兜底条款也应顺着身份识别的逻辑延伸。

从内幕交易证明的角度观察，我国司法、执法机构在认定内幕交易主体时很少考虑信义关系是否存在及信义义务是否违反之证明，放弃了行为人出于私利之目的的考量，而是纯粹地证明行为人是否"知悉"内幕信息，而这正是"市场平等理论"支持下的行为识别主义的核心含义。

因此，内幕交易主体类型化依据应转向"信息平等理论"支持下的"行为识别主义"，即仅需证明行为人"知悉"内幕信息即符合主体要件要求。[1]内幕交易主体的具体类型可规定为两类：一类为"直接知情人"，指参与内幕信息形成和发展，在此过程中基于监督管理职权、持股及履行雇佣、专业服务或其他约定义务而接触或知悉内幕信息的人；另一类为"间接知情人"，指因直接知情人故意或过失泄露而知悉内幕信息的人，以及采用非法手段或不恰当方式获取内幕信息的人。

2. 内幕交易因果关系的理论建议。因果关系的认定具有法政策上的考量，乃在判断具体案件上的公平合理。考虑的因素主要包括加害人的故意或过失，加害行为出于故意的，原则上应就所生损害负责。因果关系究竟成立与否，理论界和司法实务界长期以来存在严重的分歧。基于证券交易的特殊性导致传统因果关系理论直接适用的困难，学界对此问题虽然早有涉及，提出了因果关系推定说、公平交易法益侵害论、公平交易权侵害论等代表性学说。

因果关系推定说是指原告只要证明损害事实与内幕交易行为的客观存在，即可推定两者之间的因果关系成立。[2]从因果关系理论逻辑评价，该学说并没有对责任成立因果关系和责任范围因果关系做细致区分，一概以"推定因果关系"方式解决，缺乏精细、严谨的证明过程。

公平交易法益侵害论认为内幕交易不是侵害投资者的"知情法益"，而是侵害交易对手的"以信息对称为核心的公平交易法益"，进而以此为权益侵害的依据寻找责任成立因果关系的分析进路。接着从"内幕交易行为导致损害有高度合

---

〔1〕 曾洋："证券内幕交易主体识别的理论基础及逻辑展开"，载《中国法学（文摘）》2014 年第 2 期。

〔2〕 冯果："内幕交易与私权救济"，载《法学研究》2000 年第 2 期。

理的可能性"和"内幕交易行为介入提高了投资者亏损发生的客观可能性"两个角度出发，得出事实因果关系（责任成立因果关系）成立的结论。其中，因果关系的判断究竟是严格遵从逻辑学上的必然性标准还是达到合理高度可能性即可，理论界对此还有争议。该学说最大的特点是，将可能性标准引入因果关系判断，模糊了逻辑清晰度，企图用概率的方法为因果关系的认定提供可靠的依据。[1]

公平交易权侵害论认为，内幕交易是通过侵害与其进行反向交易投资者的公平交易权来获得非法收益，如果投资者知道反向交易人中存在内幕人，就必然不会作出导致其受损的交易决策。在因果关系认定问题上，从"内幕交易根本不属于正常市场风险"和"内幕交易必然影响投资者的交易决策"两个角度，判定因果关系的成立。[2]

三、虚假陈述的法律规制

（一）虚假陈述的主体范围

证券市场虚假陈述，也称不实陈述，是指信息披露义务人违反证券法律规定，在证券发行或者交易过程中，对重大事件作出违背事实真相的虚假记载、误导性陈述，或者在披露信息时发生重大遗漏、不正当披露信息的行为。[3] 关于"重大事件"，应结合《证券法》有关重大事件的相关规定认定。

虚假陈述行为人为证券信息披露义务人，包括：①发起人、控股股东等实际控制人；②发行人或者上市公司；③证券承销商；④证券上市推荐人；⑤会计师事务所、律师事务所、资产评估机构等专业中介服务机构；⑥上述第2、3、4项所涉单位中负有责任的董事、监事和经理等高级管理人员以及第5项中直接责任人；⑦其他作出虚假陈述的机构或者自然人[4]。

（二）虚假陈述的行为认定

根据《最高人民法院关于审理证券市场因虚假陈述引发的民事赔偿案件的若干规定》第17条第3~6款的规定，虚假陈述包含以下四种具体形态：

1. 虚假记载。虚假记载是指信息披露义务人在披露信息时，将不存在的事实在信息披露文件中予以记载的行为，即在信息披露文件中，将客观上未发生或无

---

〔1〕 曾洋："内幕交易侵权责任的因果关系"，载《法学研究》2014年第6期。

〔2〕 王林清："内幕交易侵权责任因果关系的司法观察"，载《中外法学》2015年第3期。

〔3〕《最高人民法院关于审理证券市场因虚假陈述引发的民事赔偿案件的若干规定》（法释〔2003〕2号）第17条第1款。

〔4〕《最高人民法院关于审理证券市场因虚假陈述引发的民事赔偿案件的若干规定》（法释〔2003〕2号）第7条。

合理基础的事项加以杜撰或未予剔除。虚假记载是各国证券市场中经常出现的一种虚假陈述行为，在财务报表中出现尤为普遍。虚假记载属于积极行为方式，但主观上既可能出于故意，也可能出于过失。信息披露义务人在信息披露文件中进行虚假记载的方式很多，财务报表中主要有以下四类：①虚增资产负债比例，虚构公司偿债能力；②虚构投资者权益，夸大公司实力；③虚报盈利，虚构资产价值；④虚构成本费用率，夸大公司效益。[1]

2. 误导性陈述。误导性陈述是指虚假陈述行为人在信息披露文件中或者通过媒体，作出使投资人对其投资行为发生错误判断并产生重大影响的陈述。误导性陈述有以下三种类型：①语义模糊歧义型，即语义模糊不清，具有歧义，易使公众产生不同理解；②语义难以理解型，即语句艰涩难懂，虽从文义上看是准确的，但一般投资者则无法理解；③半真陈述型，又称部分遗漏型，即未对事实全部情况予以表述，遗漏了相关条件，误导投资者。误导性陈述既可表现为积极作为的方式，也可表现为消极不作为的方式。对是否构成误导之判断，不应仅注意文件或其构成部分之字面含义，而更应注重该文件之表示对公众可能造成的印象。

3. 重大遗漏。重大遗漏，是指信息披露义务人在信息披露文件中，未将应当记载的事项完全或者部分予以记载。根据信息披露制度的要求，凡对投资者判断证券投资价值有影响的信息应全部公开。公开文件中应当披露的内容不以法定表格所列举的事项为限，证券发行人尤其要注意法定表格以外的信息，因为对法定表格以外的信息可能被投资者期待、信赖，并依此作出投资决策，而信息披露义务人往往最容易在这方面造成遗漏。重大遗漏是一种消极的不实陈述，是以不作为的方式进行的。

4. 不正当披露。不正当披露，是指信息披露义务人未在适当期限内或者未以法定方式公开披露应当披露的信息。不正当披露包括以下两种类型：①不及时披露，即信息披露义务人未在适当期限内公开披露应当披露的信息，包括提前披露与延迟披露；②方式不当的披露，即没有依照法定方式进行信息披露。不正当披露，因其将导致信息不对称，也构成虚假陈述。[2]

（三）因果关系的认定

《关于审理证券市场因虚假陈述引发的民事赔偿案件的若干规定》第 18 条对

---

[1]　范健、王建文：《证券法》，法律出版社 2007 年版，第 454 页。

[2]　李国光、贾纬编著：《证券市场虚假陈述民事赔偿制度》，法律出版社 2003 年版，第 171 ~ 173 页。

虚假陈述行为与投资者损失之间的因果关系认定作出了明确的规定，投资人具有以下情形的，人民法院应当认定虚假陈述与损害结果之间存在因果关系：①投资人所投资的是与虚假陈述直接关联的证券；②投资人在虚假陈述实施日及以后，至揭露日或者更正日之前买入该证券；③投资人在虚假陈述揭露日或者更正日及以后，因卖出该证券发生亏损，或者因持续持有该证券而产生亏损。该规定第 19 条规定了被告举证证明存在以下情形的，则不存在因果关系：①在虚假陈述揭露日或者更正日之前已经卖出证券；②在虚假陈述揭露日或者更正日及以后进行的投资；③明知虚假陈述存在而进行的投资；④损失或者部分损失是由证券市场系统风险等其他因素所导致；⑤属于恶意投资、操纵证券价格的。

根据上述规定，证券虚假陈述民事赔偿纠纷适用的是因果关系推定原则，且因果关系的例外情形由被告负举证责任。若投资者买入的股票为被行政处罚对应的股票，买入股票的时间在实施日及以后至揭露日或者更正日之前的期间内，在揭露日或者更正日及以后卖出或者仍持有但产生亏损的，则属于损失与虚假陈述行为之间存在因果关系的情况，除非被告能够举证证明存在系统风险等因果关系的例外情形。

（四）民事责任的承担

我国《证券法》对不同的虚假陈述行为人的民事责任归责原则与责任承担方式作了不同规定。依据《证券法》第 85 条之规定："信息披露义务人未按照规定披露信息，或者公告的证券发行文件、定期报告、临时报告及其他信息披露资料存在虚假记载、误导性陈述或者重大遗漏，致使投资者在证券交易中遭受损失的，信息披露义务人应当承担赔偿责任；发行人的控股股东、实际控制人、董事、监事、高级管理人员和其他直接责任人员以及保荐人、承销的证券公司及其直接责任人员，应当与发行人承担连带赔偿责任，但是能够证明自己没有过错的除外。"因此，信息披露义务人对虚假陈述民事责任承担无过错责任，而发行人的控股股东、实际控制人、董事、监事、高级管理人员和其他直接责任人员以及保荐人、承销的证券公司及其直接责任人员承担过错推定责任下的连带责任。

（五）大额持股披露制度

大额持股披露制度是各国证券法中的一项基础性制度，其要求投资者在持有上市公司股份达一定比例时向证券监管机构申报并向市场披露，对实现证券市场公开公平，保护投资者的知情权，防止内幕交易和操纵市场等有着积极意义。我国《证券法》第 63 条设有两项规则：一为披露规则，持股达到 5% 以及之后每增减 5% 的投资者应在 3 日内向证券监管机构、证券交易所作出书面报告，通知该上市公司，并予公告；二为慢走规则，（持股达到5%时）在披露期限内或者是（持股5%后每增减5%时）披露后3日内，投资者不得再行买卖该上市公司股票。

四、证券市场操纵之法律规制

（一）操纵市场的行为认定及类型化分析

1. 操纵市场行为的认定。操纵市场，是指行为人利用其资金、信息等优势或滥用职权，操纵市场，影响证券市场价格，制造证券市场假象，诱导或致使投资者在不了解事实真相的情况下作出证券投资，扰乱证券市场秩序的行为。[1]我国《证券法》未对操纵市场的概念作明确界定，仅1993年《禁止证券欺诈行为暂行办法》第7条作了定义。《证券法》采用不完全列举方式，规定了操纵市场的主要形态。

2. 操纵市场行为的类型化分析。操纵市场行为的表现形式复杂多样，我国法律对操纵市场的行为分类，长期处于不稳定状态。立法分类更多地依赖于经验法则，即根据已有行为形态，对操纵市场行为进行归类。根据《证券法》第55条，操纵市场行为主要包括：①单独或者通过合谋，集中资金优势、持股优势或者利用信息优势联合或者连续买卖；②与他人串通，以事先约定的时间、价格和方式相互进行证券交易；③在自己实际控制的账户之间进行证券交易；④不以成交为目的，频繁或者大量申报并撤销申报；⑤利用虚假或者不确定的重大信息，诱导投资者进行证券交易；⑥对证券、发行人公开作出评价、预测或者投资建议，并进行反向证券交易；⑦利用在其他相关市场的活动操纵证券市场；⑧操纵证券市场的其他手段。其中，第4~7项为《证券法》修订中新增的行为模式，这些模式在司法解释以及证监会过往的处罚案件中均有例可循，所以相关条文的增补也不会对相关的执法实践产生质的影响。

（二）操纵市场的民事赔偿制度

1. 民事赔偿的责任主体。《证券法》第55条第2款规定："操纵证券市场行为给投资者造成损失的，应当依法承担赔偿责任。"实践中，操纵行为人往往利用自己实际控制的公司证券账户或借用其他单位和个人的证券账户操纵证券交易价格或成交量，但在追究刑事责任或行政责任时，往往不处罚出借证券账户的单位和个人，如中核钛白被操纵案，从而引发了出借证券账户给行为人是否应当承担赔偿责任的争议。因此，操纵证券市场民事赔偿责任人应包括间接实施操纵证

---

〔1〕 1993年《禁止证券欺诈行为暂行办法》第7条。援引该定义时删除了"以获取利益或者减少损失为目的"这一主观要素。

券市场行为或为操纵证券市场行为提供帮助或便利的人,比如明知他人实施操纵行为而仍为之提供资金、协助散布虚假信息、透露内幕信息、提供证券账户、出借营业执照等人。这些人虽然没有直接实施操纵证券行为,但生效刑事判决书或行政处罚决定书所认定的事实均已证实他们在操纵证券市场过程中起到帮助作用,故也应承担赔偿责任。

2. 民事赔偿的权利主体。操纵市场民事赔偿权利主体是指在证券发行或者交易过程中,因操纵证券市场行为而遭受投资损失的善意投资者。所谓善意投资者是指在不明知证券将被操纵或已被操纵的情况下因买入或者卖出该证券或者操纵行为实施前买入被操纵证券且持有到操纵行为被揭露后并遭受损失的证券投资人。如果明知某证券已经被操纵,仍然跟风买进或者卖出的,即使投资遭受了损失,也不能成为操纵证券市场民事赔偿的权利主体。

3. 民事责任承担构成要件。我国操纵证券行为民事责任构成要件包括:①被告实施了操纵行为,且主观上具有影响证券交易价格或者交易量的目的。如果不强调操纵行为的主观目的,仅从股票价格或成交量变化上很难将操纵市场行为与正当交易行为分开。②原告投资被操纵证券且遭受了损失。③原告投资损失与被告操纵行为之间具有因果关系。这里的因果关系原告只需要证明其投资损失与被告操纵行为之间具有关联性,而无需证明两者之间的必然性。除非被告举证证明原告的投资损失系操纵行为之外的原因所致,否则法院应当推定投资损失与操纵行为之间存在因果关系。

(三)操纵市场违法所得的处置

操纵市场违法所得在通过民事诉讼程序赔偿投资者损失之后,还可用于投资者保护和"实惠"赋予机制。多国已经开始探索通过公权力引导的专项基金的分配来弥补投资者损失。如美国公平基金会在受欺诈的证券投资者之间分配被吐出的违法所得和民事罚款。美国法院判例亦强调违法所得的吐出并不以赔偿受损投资者为目的。英国也有向证券投资者返还违法证券所得的丰富制度和实践。发达的行政补偿机制降低了民事责任制度的相对价值。[1]

所以,一方面宜通过加大行政和刑事责任追究力度来打击操纵市场的行为,推进操纵市场民事责任立法,另一方面,同时也要建立健全证券行政罚款/刑事罚金暂缓入库和回拨制度,[2]或直接规定将证券欺诈的行政、刑事罚没金交付到投资者保护基金。

---

〔1〕 缪因知:"操纵证券市场民事责任的适用疑难与制度缓进",载《当代法学》2020 年第 4 期。

〔2〕 陈洁:"证券民事赔偿责任优先原则的实现机制",载《证券市场导报》2017 年第 6 期。

第四节 金融信托业行业风险的法律规制

一、金融信托业的立法与实践

（一）金融信托业的立法实证分析

1. 立法政策梳理。

（1）以"一法三规"为核心的法律体系。我国信托法规体系一般被概括为"一法三规"，"一法"为《中华人民共和国信托法》（以下简称《信托法》），"三规"分别为《信托公司管理办法》、《信托公司净资本管理办法》（以下简称《净资本办法》）和《信托公司集合资金计划管理办法》（以下简称《集合信托办法》）。另外，国务院、银保监会等监管机构的其他规范性文件中也包含信托监管的大量细节性、补充性操作规则，还有数量众多的国务院规范性文件和部门规范性文件（如通知、公告、指导性意见、批复等），对信托业务也同样具有重要的指导意义。

2020 年 5 月 8 日，银保监会发布《信托公司资金信托管理暂行办法（征求意见稿）》（以下简称《资金信托新规》）并向社会公开征求意见。《资金信托新规》的目的及内容与资管新规保持了基本一致。从目前《资金信托新规》征求意见稿来看，一些原有规范银信合作等文件将被废止，但"三规"并不会被取代，因此，在《资金信托新规》正式稿出台后，我国信托法规体系将正式迎来"一法四规"的新时代。

《信托法》为全国人大常委会制定并通过的国家法律，自 2001 年出台后，至今未做修订。信托法主要是对信托业基本法律框架的搭建，从信托的设立、信托财产、信托当事人、信托的变更与终止、公益信托等几个方面展开。作为我国信托行业第一部也是至今为止的唯一一部法律，比起对具体业务的规范与指导，更多起到的是我国启动对信托业管理的象征性意义。

2007 年 3 月，银监会同时颁布了《信托公司管理办法》《集合信托办法》，并提出"推动信托投资公司从'融资平台'真正转变为'受人之托、代人理财'的专业化机构"。2010 年 8 月，银监会颁布《净资本办法》，以加强对信托公司的风险监管。

《信托公司管理办法》侧重从业机构管理，正式变更"信托投资公司"为"信托公司"，并对从业机构的资质、设立以及从事信托业务的经营范围、经营规则，均作出了规制，如：禁止回购、限制拆借、限制担保、禁止向关联方融出资金或转移财产、为关联方提供担保、以股东持有的本公司股权作为质押进行融资。

《集合信托办法》规范集合信托计划，按照委托人数量，将信托分为单一信托、集合信托，以集合信托计划的设立、财产保管、运营与风控、变更、终止与清算的生命周期为主线，并结合信托文件内容、信息披露、受益人大会等相关内容，对集合信托计划作出了较为详尽的规定，可操作性强。

《净资本办法》旨在通过指标加强风险监管。其一，明确信托公司净资本、风险资本的具体核算方式。其二，在此基础上，规定了各项风险控制指标，如净资本不得低于各项风险资本之和的100%、净资本不得低于净资产的40%等。其三，制定详细的监督细则和整改措施，来确保《净资本办法》的严格执行。

（2）规范性文件的补充。除"一法三规"外，关于信托监管的大量细节性、补充性操作规则还散见于国务院及银保监会等监管机构的其他规范性文件中。有的效力层级低于"一法三规"，如通知、公告、指导性意见、批复等；有的并非仅针对信托业务，如《银行业监督管理法》、资管新规等。这些文件也是我国信托监管体系的一部分。

（3）《资金信托新规》（征求意见稿）的出台。2018年4月，资管新规横空出世，给资管行业带来了一场大规模的震动。随后，《商业银行理财子公司管理办法》《金融资产投资公司管理办法（试行）》《保险资产管理产品管理暂行办法（征求意见稿）》等新规纷纷出台，延续资管新规的总体要求，对不同类型资管产品的管理进行了明确。

2020年5月，《资金信托新规》面向社会征求意见，大资管的最后一个板块终于补齐。《资金信托新规》重申资管新规的原则性要求，如：禁止投资商业银行信贷资产、禁止多层嵌套、禁止资金池、穿透式监管、净值化管理等。同时，也再一次强调并落实信托公司"从'融资平台'真正转变为'受人之托、代人理财'的专业化机构"这一变革方向。目前《资金信托新规》仍处于征求意见阶段，最终会如何，还有待于正式稿的落地。

2. 立法问题分析。金融信托创设了不同类型的交易模式，其法律结构与交易实质以及金融创新的法律边界，引发诸多争议，亦体现了金融与法律的不同视角。信托中主要的法律问题如下：

（1）信托财产登记的主要困境。《信托法》第10条规定："设立信托，对于信托财产，有关法律、行政法规规定应当办理登记手续的，应当依法办理信托登记。未依照前款规定办理信托登记的，应当补办登记手续；不补办的，该信托不产生效力。"但由于信托登记相关条例的缺位，导致信托财产登记长期以来一直缺乏具体的法律指引。2017 年 8 月公布的《信托登记管理办法》以及信托登记有限公司，并非《信托法》第 10 条所指的"登记"，而更偏向于监管层面上的信息披露平台，它们无法解决不动产、公司股权、知识产权等财产设立信托所必需的程序。

目前信托登记的主要困境表现为生效主义的立法规定不合理、登记范围被泛化理解、登记类型定位不清、无法与财产登记对接等。[1]关于信托财产登记范围，根据《信托法》第 10 条的规定，以法律、行政法规规定应当办理登记的财产设立信托时，应办理信托财产登记。但是现实情况中，不动产物权，飞机、船舶及飞行器等特殊动产，知识产权等权利客体，信托法并未考虑以这些财产类型设立信托时的财产登记问题，没有考虑信托财产这一特殊财产类型，哪些财产应进行信托财产登记也没有明确。

关于信托财产登记机构主体，目前对于由什么机构负责信托财产登记、如何登记都没有明确规定，这就使得登记陷入无法操作的境地。2016 年，在银监会的推动下，全国统一的信托登记平台——中国信托登记有限责任公司也正式成立。但是，中国信托登记有限责任公司主要承担的是信托产品及其受益权信息的登记职能，而不是信托财产登记。

（2）受托人义务不明导致约束不足。信义义务可分为忠实义务与注意义务。忠实义务主要指受托人在管理处分信托财产时应当避免侵占等与委托人产生利益冲突的行为。在宏源证券公司胡强案中就发生了公司高管涉嫌利用职务便利在自营项目和受托的资管项目之间进行利益输送的问题。在 20 世纪末至 21 世纪初，美国基金业亦爆发了许多内幕交易丑闻，比如盘后交易与择时交易，为此美国于2004 年出台《共同基金改革法案》遏制此种乱象。私募基金中最著名的受托人违反忠实义务的案例就是麦道夫的"庞氏骗局"案[2]。

信托计划执行过程中，委托人基于合同条款及现行法律法规，产生合同目的实现的预期。委托人预期的明确性与受托人合同执行情况具有正相关性。英美信托的基本理念为：信托具有衡平性质。信托赋予受益人享有衡平所有权，信托将义务施加于受托人，信托施加的义务在本质上是信义义务。因此，信托的本质也集中体现于受托人的信托义务，即信义义务。一般认为，信义义务包括注意义务

---

〔1〕 季奎明："中国式信托登记的困境与出路——以私法功能为中心"，载《政治与法律》2019年第 5 期。

〔2〕 中国证券投资基金业协会法律部："信托法与大资管行业发展——以信托法律关系治理资管乱象"，载微信公众号"中国基金业协会"，https://mp.weixin.qq.com/s/EcT4xEGDMBV1cQm6HO3_kA，最后访问日期：2021 年 4 月 20 日。

和忠实义务。由该重要规则衍生出信托责任的有限性，即受托人对受益人一般只承担有限责任，即以信托财产为限向受益人分配信托利益，除非受托人故意或重大过失，不需要以受托人的个人财产承担管理信托中产生的任何责任。我国《信托法》对受托人义务做出原则性规定，要求受托人履行受益人的最大利益，恪尽职守，履行诚实、信用、谨慎、有效管理等义务。但现行《信托法》的有关规定过于抽象简单，可操作性和针对性不强。新颁布的《信托公司受托责任尽职指引》存在层级不高、没有完全解决净值化管理的实操问题等缺陷。受托人义务不明确，引发委托人对于信托财产管理的可预期性下降。伴随着信托合同不确定性的增强，委托人只能通过约定保本或约定预期收益率的形式，来确保委托人妥善管理自己的信托财产，即以损害受托人的有限责任弥补受托人义务不明确所带来的不安，这也导致"刚性兑付"成为委托人反向激励受托人履行信义义务的方式。

（二）金融信托业的实践

1. 综合经营格局的形成。近年来我国金融业综合经营步伐明显加快，允许金融业开展综合经营是尊重市场的现实选择。目前，金融业综合经营已成为我国金融体系的客观存在。在绝大多数大中型银行、证券公司和主要保险公司跨行业跨市场开展综合经营的同时，金融控股公司也在快速发展。互联网技术迅速发展使得银行、证券、保险等行业的相互交叉和融合更加深化，部分互联网企业已构建了涵盖银行、证券、保险的综合化金融平台。

实践中，部分金融机构也已通过综合开展银行、信托、金融租赁、投资银行、保险等业务，在拓展战略性新兴产业、促进保障房建设、扶持中小企业、支持县域经济与"三农"等方面改进了金融服务。实践表明，金融业综合经营增加了金融产品、服务供给的多样性和竞争性，使企业和消费者有了更多选择，促进了社会经济发展，也助推了金融业自身的改革开放，提升了我国金融业的国际竞争能力。虽然其间也还存在一些问题，尤其是监管体制与其不相适应的矛盾日趋严重，但总体来说，继续发展综合经营符合金融业风险和收益平衡需要。

受制于创新能力不足和现行监管约束，我国金融机构开展综合经营总体上还停留在追求金融全牌照的层面，不同金融业务的相互补充和联动仍然有限，母公司与子公司之间、子公司之间的协同效应还没有充分发挥，储蓄资金向股权投资的转化十分不足。金融业通过综合经营服务实体经济的效能还需要大幅提升。

2. 信托业与其他金融业务交叉融合。"大信托"背景下，信托作为一种法律关系和制度安排已经不再是信托公司的专利，而是可以被广泛运用于各类资管财机构，所以今后信托业将不再等同于信托公司业，信托公司也不等于信托业更不等于信托。当前我国各金融机构所经营的类信托业务，如商业银行综合理财、证券公司集合资金管理计划、保险公司投资连接险等，在产品结构及功能上几乎完全等同于信托，信托业已与其他金融业务开始交叉融合。同时，随着各类资产管理计划投资范围的放宽和产品投资的连通，信托业务逐渐延伸到了银行、证券、保险、基金等更为广阔的市场。

具体来讲，自2006年我国第一款银信合作产品问世以来，银信合作理财业务迅猛发展。由于银行与信托业在监管规则上存在差异，借助银信合作规避监管的现象愈演愈烈，银信合作开始受到监管层的严格管控。此后，银证、银证信合作以创新形式顺势而起。银行、证券、信托的合作模式使各自独立的经营主体相连接，促进了彼此的业务融合。各种类信托产品之间互为投资对象，资金在各经营主体间有序流动，扩大了综合经营市场。

3. 金融信托的交易模式。金融信托基本运作结构为：信托公司发行集合资金信托计划，投资者作为委托人（亦为受益人）认购信托计划，信托公司将募集的资金，以债权、股权或资产收益权等方式，投资融资方。融资方通常并不在信托法律关系中，而是隐藏在信托结构之外。实际的交易流程则通常是反向的：信托公司根据融资方的需求，设计相应的信托产品，通过发行集合资金信托计划，为融资方募集资金。以交易模式为划分标准，金融信托主要可分为债权融资、股权融资、资产收益权融资和信托受益权融资。

（1）债权融资。债权融资信托基本模式为：信托公司发行集合资金信托计划，投资者作为委托人（亦为受益人）认购信托计划，信托公司将募集的资金向融资方发放信托贷款。为规避信贷限制与监管，银信合作的最初模式为：银行以理财资金设立单一资金信托，通过"信托公司"通道，得以向客户发放贷款。

尽管信托公司一直以来被称为"实业投行"，但实际上长期依赖基于监管套利的通道业务。由于信托产品"刚性兑付"等问题的存在，信托公司很大程度上扮演着金融信用中介的角色，异化和模糊了信托公司的发展定位。因其跨市场的"全牌照"制度优势和承接银行出表资金的特殊需求，信托契入中国金融市场融资困境的解决，长期以来形成的基本模式是类银行的"低层次实业投行＋通道业务"商业模式。即便是股权融资信托与资产收益权信托，其交易实质亦多为债权融资，不过通常出于规避监管或监管套利的考量，创设了新的交易模式与法律结构。

（2）股权融资。信托公司开展股权融资信托，源于新"两规"的出台。2007年3月，银监会出台《信托公司管理办法》和《集合信托办法》，明确提出银监会将优先支持信托公司开展私募股权融资信托、资产证券化等创新类业务。由于债权融资信托存在的弊端：投资收益率受制于债权融资借贷利率的法律限制，列为财务报表"负债"的考量，以及监管政策的限制，股权融资信托不失为一种规避方法。

股权融资信托主要包括规避型股权信托、代持型股权信托和投资型股权信托三种类型。

第一，规避型股权信托。规避型股权信托并非真正的股权投资，而是变相的固定收益类产品。如房地产股权融资信托，以股权而非债权形式，投资于房地产企业，是为规避房地产调控政策的限制，因而通常设计股权投资附加回购承诺，但最终仍被银监会认定为，间接发放房地产贷款。

第二，代持股型股权信托。代持股型股权信托通常是指，实际股东因不便持有公司股权等原因，通过信托持有目标公司股权。交易结构大致分为两种：一是委托人以资金认购信托单位，受托人以信托资金认购目标公司股权；二是委托人将公司股权委托给受托人，认购信托单位，受托人对公司股权进行管理运用、处分，成为目标公司股东。前者为资金信托，后者为财产权信托。

第三，投资型股权信托。以股权投资为目的的投资型股权信托，其交易模式分为三种：一是契约式，即信托公司直接以信托资金，投资目标公司股权（增资扩股或股权受让），从而持有目标公司股权。二是公司制，即信托公司以信托资金设立公司，再以该公司的名义，投资目标公司股权，从而持有目标公司股权。三是有限合伙制，即信托公司以信托资金，认购有限合伙企业的有限合伙人份额，再以有限合伙企业的名义，投资目标公司股权，从而持有目标公司股权。

（3）资产收益权融资。资产收益权信托主要有两种交易模式：一是投资者认购信托公司发行的信托计划，信托公司用信托计划募集的资金，受让融资方的资产收益权。二是融资方将资产收益权作为基础资产，设立财产权信托，初始信托受益人为委托人，而后信托公司将信托受益权分割后，转让给投资者，投资者成为信托受益人。前者为资金信托，后者为财产权信托。

在第一种交易模式中，投资者作为委托人，认购信托公司（受托人）发行的信托计划，信托公司用信托计划募集的资金，受让融资方的资产收益权。信托当事人仅有投资者（委托人与受益人）与信托公司（受托人）。融资方为整个金融交易结构当事人，但并非信托法律关系当事人。确切讲，投资者与信托公司之间形成信托法律关系，信托公司与融资方之间形成其他法律关系。

在第二种交易模式中，融资方为委托人，将资产收益权作为基础资产，成立财产权信托，信托公司（受托人）将信托受益权等额分割后，转让给投资者。作为受让信托受益权的对价，投资者以货币方式支付转让价款，该转让价款由信托公司转交融资方（融资方为信托受益权的实际转让方）。投资者出资购买的是信托受益权份额，受让信托受益权。这一模式实际为类资产证券化运作。

两种交易模式虽然都是以融资方转让资产收益权方式获得信托融资，但分别属于资金信托与财产权信托，其法律结构是不一样的：资金信托模式中，投资者为委托人与受益人，信托财产是投资者交付的信托计划认购资金，融资方并非信托法律关系当事人。而在财产权信托模式中，融资方为委托人与初始受益人，信托财产是融资方的财产收益权。投资者交付认购资金，从而获得信托公司代为转让的信托受益权，成为最终受益人。

（4）信托受益权融资。信托受益权转让的交易模式主要包括：通过信托受益权转让，规避监管与监管套利；信托受益权转让的资产证券化。

银行受让信托受益权，是为规避日趋严厉的银信合作监管以及不得开展通道类业务的限制，银行以受让信托受益权模式取代最初的银信合作模式，借助信托受益权转让规避监管或监管套利。这种模式可细分为银行直接通过信托公司受让信托受益权和银行通过过桥机构（银行、证券公司等）受让信托受益权。

信托受益权资产证券化，是以信托受益权为基础资产，以其所产生的稳定现金流为偿付支持，通过结构化的方式进行信用增级，发行资产支持证券。信托受益权资产证券化的基本交易结构，主要有两种：资金信托受益权证券化，以及财产权信托受益权证券化。资金信托受益权证券化是指，信托公司发行资金信托计划，投资者作为委托人（亦为受益人）认购信托计划，信托公司将募集的资金以债权、股权或其他方式投资融资方，原始权益人（信托委托人与受益人）将持有的信托受益权，设立信托受益权专项资产管理计划，受托管理人为证券公司（或基金子公司），资产支持证券投资者，认购专项计划，成为资产支持证券持有人。而财产权信托受益权证券化是指，融资方作为委托人（亦为受益人），将财产权交付给信托公司，设立财产权信托。证券公司作为受托管理人，设立信托受益权专项资产管理计划，募集资金购买原始权益人（信托委托人与受益人）持有的信托受益权，资产支持证券投资者，认购专项计划成为资产支持证券持有人。

4. 金融信托刚性兑付的风险。

（1）刚性兑付的含义与溯源。从整个金融领域来看，"刚性兑付"是指理财产品发生亏损或达不到预期收益时，金融机构利用自有资金或其他资金进行垫付的合同履行方式。金融信托"刚性兑付"是信托机构采用隐性担保的方式对投资人承诺到期兑付的经济现象。从2008年开始，信托业在我国呈现高速发展态势，违约事件开始频频呈现。在解决违约事件的过程中，以2008年10月28日中国银监会《关于加强信托公司房地产、证券业务监管有关问题的通知》为标志，通过明确规定信托公司在集合产品到期不能够兑付时，可以"风险管理失当"为由对信托公司进行行政处罚，从而引导信托业形成了刚性兑付这样一项不成文的规则和相应的业务模式。但任何投资都具有一定风险，为权衡"刚性兑付"的成本与收益，信托公司将风险成本涵盖在产品估值、手续费收取，甚至通过"资金池"实现"刚性兑付"。[1]

（2）刚性兑付的潜在风险。《信托法》第34条明确规定了受托人的义务范围仅以信托财产为限。该条款中已经明确对兑付范围做出了界定。信托财产独立于信托公司的固有财产，也不属于信托公司对受益人的负债，信托公司并不负有"刚性兑付"的义务。"刚性兑付"是信托公司利用固有财产参与交易的行为，已经涉及财产混同，信托法律关系在此时转化成借贷法律关系，打破了信托财产独立性理论。"刚性兑付"将损失责任强加于受托人身上，受托人完全承担了信托财产可能造成的损失，这不仅与信托财产独立性的理论相冲突，还将会破坏交易安全，阻碍信托业的可持续发展。

（3）打破刚兑的发展趋势。近年来金融监管环境的显著变化给信托业带来新一轮的机遇与挑战，以2018年发布的资管新规和相应信托细则为代表，标志着信托行业已进入了"打破刚兑"的新规则体系。2019年11月《全国法院民商事审判工作会议纪要》（以下简称《九民纪要》）从司法裁判的角度对资管新规所确定的部分规则进行进一步确认，肯定了金融产品买卖中"卖者尽责、买者自负"的原则，同时也对信托行业乃至整个资管行业的经营发展产生影响。

二、金融信托业的主要监管困境

（一）类信托资产管理业务法律属性模糊

类信托指的是在我国金融分业经营格局下，分布于金融行业内银行部门、证券部门、保险部门的各类资产管理业务，这些分布于不同金融部门的资产管理业务具有信托的交易结构，也具有和信托一样的各方当事人的权责分配关系，这些资产管理业务没有经过我国法律层面的明确定义，不符合信托法律规定的只有法定信托公司才能够经营信托业务的规定，但这些资产管理业务又具备实质性的信托特点，所以把这些分布于不同金融部门的资产管理业务统称为类信托资产管理业务，其范围包括银行理财、券商资管、公募基金、私募基金、基金子公司资管、保险资管等。

---

〔1〕 陈苗苗："金融信托'刚性兑付'监管方式的反思"，载《甘肃金融》2019年第2期。

类信托资产管理业务法律属性模糊，主要在于委托代理关系与信托关系的混淆。其一，我国相关法律规范中均未明示资产管理业务的法律属性，多将其表述为"接受客户委托"，刻意避开"信托"二字。我国《信托法》第 2 条以委托人"将其财产权委托给受托人"来表述信托法定含义，使信托与委托之间的界限更加模糊。[1]其二，受托人是否以自己的名义管理受托财产是信托关系区别于委托代理关系的主要依据，但类信托资产管理类业务的相关规定对此表述不一。其三，受托人接受委托人指示是委托代理关系的重要特征，如我国《中华人民共和国民法典》（以下简称《民法典》）第 922 条规定受托人不仅应完全按照委托人的指示处理委托事务，特殊情况下无法得到委托人指示时，在妥善处理委托事务之后仍应向委托人报告。相比之下，信托则是限制委托人对具体的资产管理事务的干预。如《信托法》第 20 条规定，委托人的权利仅限于了解信托财产的管理运用、处分及收支情况，要求受托人作出说明，查阅、抄录或者复制相关文件。根据《信托法》第 21～23 条的规定，关于委托人权利的其他规定也仅是委托人权益受到损害时的救济性权利。但在定向资产管理与集合资产管理业务中是否接受委托人指示有较大差异，使资产管理业务属性变得模糊。[2]

（二）多头监管导致缺乏协调性

在分业监管中，多主体经营信托类业务导致金融信托业多头监管。银行和信托公司属银监会监管；证券公司、证券投资基金管理公司、期货资产管理公司、基金管理公司属证监会监管；保险资产管理公司归保监会监管，对于银信、银证、银保合作业务，三大监管部门发布的规范性文件在不同层面上也有所涉及。信托类业务实际上受到银监会、证监会、保监会的多方监管。由于银行、证券、保险及信托的行业特点不同，各监管主体基于特定的监管目的，监管内容也有很大差异。如银行以资本充足率为核心，证券以信息披露为核心，保险以偿付能力为监管重点，而信托业则是以受托人谨慎义务为中心。因此，以银监会、证监会、保监会所制定的监管规则来调整信托法律关系存在缺陷。例如，关于受托人的义务，我国《信托法》第 25～33 条和《信托公司管理办法》第 24～28 条的规定，不仅要求受托人恪尽职守、履行信义义务，还具体规定了受托人的保密义务、说明义务及保存处理信托事务的完整记录等义务。而《证券公司客户资产管理业务管理办法》第 33、34 条和《证券公司集合资产管理业务实施细则》第 58

---

〔1〕 朱圆："论信托的性质与我国信托法的属性定位"，载《中外法学》2015 年第 5 期。

〔2〕 陈星宇："金融信托业的监管困境与对策"，载《内蒙古社会科学（汉文版）》2017 年第 6 期。

条规定，对集合资产管理计划仅笼统地规定了受托人应履行相应义务，列举了一些禁止性行为。

（三）监管规则不够统一

在机构监管模式下，不同金融机构开展的同一类型业务由不同金融监管机构监管，而不同监管机构的监管力度及监管理念可能不尽相同，甚至可能为了维护本行业利益而出现"监管竞赛"倾向，这就容易导致同一类型业务却面临不同标准的监管规则。各个监管机构自成系统，仅对本行业的金融机构加以关注，而对于跨行业、跨市场金融产品和金融机构的监管，缺乏监管责任的明确界定，往往出现相互推诿或者相互争权的情形，这既提高了监管成本，又降低了监管效率。资管业务、同业及表外业务的无序扩张及诸多金融乱象的形成，很大程度上便是由监管规则不统一驱使下的监管套利行为所导致的。

三、金融信托业监管困境的破解对策

（一）完善信托基本法律制度

1. 扩大《信托法》适用范围，明确类信托资管业务的信托属性。鉴于资管新规对于"大资管"的定位是"受人之托、代人理财"的金融服务，从本质来看，资管业务的基础法律关系理应为信托关系，这一点在理论界与实务界已基本达成共识。但基于分业监管、机构监管的背景，我国金融语境下的"信托"，仅狭义地指银保监会监管下的信托公司发行的资管产品，真正依据《信托法》开展资产管理业务的只有信托公司的信托业务以及证券投资基金业务（含公募与私募）。因为缺乏明确法律依据，金融实务和司法操作中只能依据合同法原理将其他机构开展的资产管理业务界定为委托合同关系，这也是银行、保险、期货、证券等金融机构在实践中以"委托合同"之名开展资产管理业务，"行信托之实，否信托之名，逃信托之法"的根源。[1]

银行、保险、期货、证券等金融机构的资管业务法律构造与信托别无二致，其基础法律关系同样也是信托关系，但却游离于信托法的监管之外。从信托立法的角度，造成这种乱象的原因有二：一是缺乏规范的营业信托基本法；二是我国《信托法》基本内容缺失，对于结果信托与拟定信托等基本信托类型没有明确规定。有鉴于此，为了完善信托基本法律制度，应从《信托法》层面明确资产管理业务的信托法律关系：在宏观上，扩大并明确界定营业信托的范围，统一规范当

---

[1]　王涌："让资产管理行业回归大信托的格局"，载《清华金融评论》2018年第1期。

前以委托之名行信托之实的各类资管产品；微观上，完善信托双方的权利义务体系，统一各类资产管理人的受托义务要求，强化受托人的信义义务及相关法律责任。[1]

明确类信托资产管理业务的法律属性，厘清信托业监管实施对象，是应对信托业监管困境首先应解决的问题。许多学者依据《信托法》中对信托的定义分析资产管理类业务的法律性质，但这一方式有一定的局限性。一方面，信托定义本身极具争议。我国的信托制度是舶来品，与衡平法国家基于物权转移而创设的信托有实质区别。英美法系中，信托成立以财产权转移为前提，受托人取得普通法上的所有权，受益人享有衡平法上的所有权。而我国法律不承认财产的"双重所有权"，信托法理与我国法系存在矛盾冲突，这也是我国信托法中的信托定义一直备受争议的根源。另一方面，在我国特定的法律制度及金融环境下，信托制度的内涵和外延都发生了很大变化，信托产品的结构、特征、法律关系更加复杂，机械套用信托定义难以准确把握资产管理类业务的法律属性。虽然信托类产品具有易变性，但是其所具备的功能是相对稳定的，应以具备信托核心功能为标准判断资产管理业务的法律属性。

2. 完善信托财产公示登记制度。信托财产是信托关系的核心，《信托法》中关于信托成立的要件要求设立信托必须有确定的信托财产且该财产为委托人合法拥有的财产。根据《信托法》的要求，不动产，知识产权（专利权及商标权），机动车辆、船舶、航空飞行器等特殊动产应在信托财产登记的范围内，对于股权是否需要登记，则需要区分是有限责任公司还是股份有限公司。

目前，对于信托财产登记方式和登记机构的选择，主要有两种方案：一是建立专门的信托财产登记平台，进行集中统一登记；二是依托现有的物权权属登记机关，分别进行信托财产登记。基于我国的现状，第二种方案更具现实可行性。

明确信托财产登记的内容要求。信托财产登记的内容有以下几点：一是信托设立时的信托财产登记。在信托设立时，委托人向受托人转移信托财产的同时，将该财产登记为信托财产。二是信托存续期间的变更登记。变更登记包括信托财产权利变更登记和受托人变更登记、信托内容变更登记。三是信托终止时的信托财产登记。信托终止时，信托财产需按照信托合同约定进行处置，如果将信托财产直接转移给受益人，那么该财产就不再是信托财产，而变为受益人的一般财产。此时，主要是做信托财产的注销登记，表明该财产已经不再是信托财产。

3. 完善受托人义务范围与认定标准。其一，通过明确、可衡量、可操作的方

---

〔1〕 张妍："'大资管'时代的行业监管困境与出路"，载《中国法律评论》2019 年第 2 期。

式来确保受托人义务内容的确定性，可以借鉴美国谨慎投资者规则的立法模式，即在原则性规定受托人谨慎投资义务的基础上，结合信托目的、信托条款等因素，将受托人义务的标准客观化；其二，对受托人是否符合谨慎义务应当从受托人行为而非结果来判断，而对其行为的判断应以其做出行动时的事实为依据；其三，应当明确受托人违反谨慎义务的责任，责任内容包括对信托财产的责任与对受益人的责任，前者指受托人因未履行谨慎义务造成信托财产损失时应当恢复信托财产，而后者则为受托人未将信托收益交付受益人时应承担的补偿责任。

4. 完善受托人的责任承担机制。法律层面明确受托人义务是受托人责任认定的前提，《信托法》对受托人应当履行的义务作出了规定，其中既包括受托人应当履行的恪尽职守、诚实信用、谨慎尽责等原则性义务，又有分别管理、分别记账、亲自处理、保存记录、接受检查、依法保密、支付利益等具体性义务。[1]但是，《信托法》在受托人义务方面规定略显笼统和抽象，尤其欠缺营业信托受托人义务和责任的特殊性规定。这导致信托公司的营业信托活动经常面临潜在法律风险的困扰，制约了实践中的业务创新；同时，由于受益人在主张权利或要求受托人承担责任时有时不得不需要援引其他民事法律作为参考，也给司法裁判机关在认定信托法律关系层面造成一定程度的困惑。

当前关于信托公司受托责任的规定主要见于金融管理部门制定的规章或规范性文件中，但相关规定较为分散。《信托公司受托责任尽职指引》较为系统和详细地对受托人责任进行了梳理和归纳，为明确受托人义务和责任提供了具备一定操作性和体系性的指引。但该指引与前述规章和规范性文件都面临法律位阶层次较低，上位法支持性不足的问题。司法实践中，尽管该指引可能作为司法裁判相关案件的重要参考，但尚无法成为直接的裁判法律依据，是否能成为信托公司尽职免责的充分依据尚有待司法实践的检验。[2]借鉴境外相关规定经验，修改现行法律或制定与营业信托相关的法律或行政法规，进一步细化和优化营业信托受托人义务和责任对于整个信托行业的发展具有重要意义。这一方面可以为受托人履职尽责提供明确指引，另一方面又可以为受益人权益保障提供明确依据，激励投资者主动运用信托制度，带动信托理念和文化的普及推广，从而形成信托业的良性循环。

---

〔1〕　赵磊："信托受托人的角色定位及其制度实现"，载《中国法学》2013 年第 4 期。

〔2〕　"2018 年信托业专题研究报告"，载中国信托业协会网站，http：//www. xtxh. net/xtxh/reports/45793. htm，最后访问日期：2021 年 4 月 20 日。

（二）发挥金融稳定委员会的协调主体作用

近年来，我国的金融监管体系逐步完善，在防范和化解我国金融风险，促进金融机构合规经营等方面取得长足发展，但随着我国金融机构综合化经营趋势加剧，跨界交叉性金融风险产生的可能性加大，金融监管协调机制亟须进一步升级。设立国务院金融稳定发展委员会，能够强化人民银行宏观审慎管理和系统性风险防范职责。

与原有的金融监管协调部际联席会议相比，委员会的职能完整，层级更高，金融监管协调将会是其重要的工作之一。同时，中国人民银行在宏观审慎管理和系统性风险防范方面的职责得到强化。通过金融监管协调机制的加强和提升，深化金融监管体制改革，优化金融风险监管覆盖方式，以更好地应对金融机构在综合化经营过程中可能会产生的流动性风险、信用风险、操作风险，防范引发全面影响经济和社会发展的系统性风险。有了统一的协调机构，可以有效防止九龙治水、各自为战的局面，防止监管不足或监管过度，有力有效有序地引导资本服务实体经济。

（三）加强信托监管体系建设

1. 从行政监管转向服务型监管。从防范金融风险、保护投资者权益的目的出发，银监会对信托公司和信托业的适度审慎监管是必要的。但是，就当下我国的信托业监管实践而言，银监会采取的监管政策带有强烈的"管制主义"色彩，对商事信托的发展采取了严格的限制措施，并已在一定程度上影响了信托制度经济功能的有效发挥。具体表现在：银监会对于信托公司的设立加以严格的管制，新设信托公司已经变得非常困难；银监会对于信托公司的业务加以严格的控制；银监会严格控制信托产品特别是集合资金信托计划的成立。可见，监管机构试图通过严格的"管制"措施限制信托业风险的发生，并且特别重视"事前审批"或"事前管制"在风险防范中的作用，但是这种监管制度并未充分重视"事中事后监管"的重要性，缺乏强有力的监管执法机制，对于信托公司一些违法违规的经营行为反倒欠缺有效的规制。

为了更好地维护信托业发展秩序和促进信托金融创新，需要信托监管部门转变监管模式，从行政监管转向服务型监管。服务型监管方式，具有以下鲜明特点：其一，监管更重过程，是一种"预防式"监管方式，凸显了"以人为本"特质；其二，监管主体多元，形成政府主导，企业主体、行业和人民群众及媒体等多元参与的以技术和法制服务为主、强制为辅的大监管体系；其三，监管重在服务，着眼于全面服务经济社会发展。[1]在服务型监管模式下，信托监管机构应当以积极的服务态度，实现事前预防、事中警示、事后处理，逐步建立规范有序、科学有效、公开透明、便民高效的监管体系。

2. 从静态监管走向动态监管，强化信托风险的监测和控制。加强信托监管体系建设，需要改变传统的静态监管模式，建立一种新型的动态监管体系，建立健全信托风险预警体系和信息披露制度。动态监管模式下，有利于信托监管机构对信托业务实行穿透式监管，向上识别产品的最终投资者，向下识别产品的底层资产，并对产品运作管理实行全面动态监管。同时，根据信托公司的系统重要性、风险状况和管理水平等指标，建立分类动态监管机制，改进监管方式，逐步实现从以业务规模为基础的静态监管向以风险为基础的动态监管转变。

3. 改善信托公司融资能力和自主管理能力。为了改善信托公司融资能力，监管机构进一步收紧了信托公司融资类业务，其原因在于信托公司过度膨胀的贷款融资类业务模式混淆了直接融资与间接融资的界限，异化了信托理财性质，产生了"刚性兑付"，扰乱了市场氛围，形成了"声誉风险悖论"。[2]同时，为了引导信托公司以受人之托、代人理财为本发展自主管理类信托业务，实现内涵式增长，信托公司在开展信托业务中应坚持自主管理原则，提高核心资产管理能力，打造专属产品品牌。自主管理是指信托公司作为受托人，在信托资产管理中拥有主导地位，承担产品设计、项目筛选、投资决策及实施等实质管理和决策职责。

第五节　资产管理业务风险的法律规制

一、我国资产管理业务给传统监管方式带来的挑战

在金融创新不断的现代社会，之前为了防止金融业过度冒险而设立的金融分业经营分业监管体系正在受到巨大的考验。

（一）混业运作与分业监管的冲突

我国分业监管模式于 2003 年建立，契合了当时金融业发展的需要。但随着金融业的混业发展，分业监管的弊端逐渐暴露。银行业、保险业和证券业由三个职能部门分别监管且互不隶属，出于各业发展的现实和利益诉求，各业监管的规

---

〔1〕 刘新庚、杨荣涛："论服务型监管方式"，载《山西财经大学学报》2012 年第 A1 期。

〔2〕 邢成、张琳："信托融资类业务的现状与困境"，载中国银行保险报网，http://tz. sinoins. com/ 2020 – 04/16/content_ 339258. htm，最后访问日期：2021 年 4 月 20 日。

则和标准并不一致，为满足差异化的监管要求并获取加杠杆的收益，各类型机构积极利用监管差异进行监管套利，留下了监管缝隙。例如，监管对于各细分行业资管产品的资本和风险准备金要求存在较大差异：银行实行资本监管，按照理财业务收入计提一定比例的操作风险资本，证券公司资管计划、公募基金、基金子公司特定客户资管计划、部分保险资管计划则按照管理费收入计提风险准备金，但具体计提比例并不一致，信托公司则按照税后利润的5%计提信托赔偿准备金。

分业监管模式下，金融市场和信息被各监管机构分割，金融机构为了规避日趋严格的监管政策，跨行业、跨市场的多层嵌套产品应运而生，风险底数难以测量，信息分割导致监管无力。分业监管模式下，各金融监管部门重发展而轻监管，宏观审慎监管不足，致使在正规金融体系之外形成规模庞大的影子银行体系，积累了巨大的金融风险。

由于资管计划的融资活动涉及多个行业、多个领域和多个监管机构，在分业监管下一方面各个监管机构的监管并不相同且不相通，难免存在监管冲突与缝隙；另一方面实践中的资管计划千姿百态，令监管者辨认困难，使一些已有的监管规则大打折扣。[1]

（二）规模扩张与抵补风险能力的冲突

如果按照"穿透"和"实质重于形式"原则分析，那么不难发现资产管理业务大体经营与传统金融机构类似业务。而传统金融机构均要面临严格资本约束，限制其业务规模盲目扩张。而当前各类资产管理业务基本没有资本约束，也无杠杆率限制，使得经营"类传统"金融业务的资产管理业务存在明显的监管不足。在现行监管规则下，资产管理机构很少的资本就可以将资产管理规模扩张到千倍以上。

（三）"信托"本质与"刚兑"事实的冲突

资产管理本质上是信托业务，理论上只要在信托约定范围内严格履行业务，资产管理人就无须为资产组合风险承担责任。在实践中，我国资产管理业务却存在事实上的"刚性兑付"。此外，我国资产管理业务规范不足，不同行业资产管理业务投资者门槛差异较大，信息披露制度不规范，对资产管理人监督不足，多从事"资产池"运作。

（四）风险隐性与风险显性的冲突

当前我国资产管理业务运行风险隐性化。为规避金融分业限制，商业银行理

---

〔1〕　朱慈蕴："中国影子银行：兴起、本质、治理与监管创新"，载《清华法学》2017年第6期。

财资金运作需要借助提供通道服务的第三方金融机构，作为名义上的受托资产管理人，但受托机构并不掌握持续充分的业务信息，也缺乏管理业务风险的主动性。且资产管理业务交易结构设计日趋复杂，主要表现在参与金融机构地域分布的分散性和参与机构行业分布的广泛性，主要是为增加业务隐蔽性，来逃避分业监管和属地监管。但同时金融市场风险运行显性化，主要表现为我国不良贷款余额连续上升，资本市场巨幅波动，资产管理产品兑付风险加快暴露。

二、运用资管新规确立的宏观审慎监管框架

2018 年 4 月 27 日，央行、银保监会、证监会和外管会联合发布了《资管新规》，意在通过按照资管产品类型制定统一的监管标准、对于同一类资管业务做出一致性规定，实现公平的市场准入标准与监管环境，以求最大限度消除此前因分业监管所滋生的监管套利空间。

党的十九大报告明确提出，健全货币政策和宏观审慎政策"双支柱"调控框架成为今后指导我国金融工作的主要方略。同时，在第五次全国金融工作会议上提出并设立的国务院金融稳定发展委员会也将成为贯彻落实宏观审慎管理的主要执行机构。打破资产管理行业存在的"五龙治水"和"各管一段"的监管困境，急需构建具有宏观审慎管理视角的监管框架体系，对防范系统性金融风险，维护金融市场稳定，具有重要的现实意义。

资管新规在监管方面确立了宏观审慎监管框架，即以防范系统性金融风险为目标，主要采用审慎工具，且以必要的治理架构为支撑的相关政策，建立长效发展机制，促使行业走上可持续发展之路。在监管原则方面，人民银行负责宏观审慎监管，其他监管部门负责微观监管，同时，按照统一监管标准，实行机构监管和功能监管相结合，避免出现监管漏洞。[1]

（一）加强监管机构间协调

宏观审慎监管主要解决系统性风险，防范危机的扩大，宏观审慎监管机构做出的决策，需要相应的政府机构实施或执行。这些监管工具的实施者具有多元化的特征，实施者不仅包括中央银行在内的所有金融监管当局，还包括财政部等参与部门，同时我国新成立的金融稳定发展委员会还将中纪委、中组部、中宣部、网信办、公安部、司法部、最高院等设为协调部门，旨在补齐监管短板，加强监管协调。

---

〔1〕　卜振兴："资管新规的要点分析与影响前瞻"，载《南方金融》2018 年第 6 期。

　　宏观审慎监管框架要求在新成立的国务院金融稳定发展委员会的统一管理和协调下，形成一个由央行负责政策制定、信息归集和风险预警等宏观审慎管理职责，由银监会、证监会、保监会及外汇局负责业务链条中的微观行为监管的"宏观审慎管理与微观审慎监管"相结合的资产管理行业监管框架，这既有利于监管标准的统一，也有利于具体监管措施的落地。[1]中央银行的主要职责是维护结构稳定，它也在宏观经济和金融体系总体风险监测中发挥重要作用，央行可以实施的宏观审慎工具包括存款准备金率等少数工具。大部分的宏观审慎工具是由微观审慎监管机构行使的，应明确监管机构的职能范围，使之高效协调运作。

　　（二）确立适当的监管范围

　　我国目前还处于宏观审慎框架初步形成的阶段，纳入宏观审慎框架范围的金融机构和金融活动有限，有些金融风险隐患暂时还没有被列入系统性风险监管范围。

　　资管新规第3条定义了资管产品的范围，即"资产管理产品包括但不限于人民币或外币形式的银行非保本理财产品，资金信托，证券公司、证券公司子公司、基金管理公司、基金管理子公司、期货公司、期货公司子公司、保险资产管理机构、金融资产投资公司发行的资产管理产品等。依据金融管理部门颁布规则开展的资产证券化业务，依据人力资源社会保障部门颁布规则发行的养老金产品，不适用本意见。"因此，资管业务监管的产品范围包括但不限于外币产品形式的银行非保本理财产品、资金信托和金融机构的其他资产管理产品，但不包括资产证券化产品、养老金产品、财产权信托、创业投资基金和政府出资产业投资基金。

　　对于资管新规是否适用于私募基金，存在争议。资管新规第2条第3款规定："私募投资基金适用私募投资基金专门法律、行政法规，私募投资基金专门法律、行政法规中没有明确规定的适用本意见，创业投资基金、政府出资产业投资基金的相关规定另行制定。"在现行的法律体系下，与私募基金相关的法律法规只有《中华人民共和国证券投资基金法》（以下简称《证券投资基金法》）。此外，证监会于2014年8月21日发布的《私募投资基金监督管理暂行办法》以及基金业协会现行的一系列自律规则可能并不能符合资管新规中"私募投资基金专门法律、行政法规"的法律效力要求。《私募投资基金募集行为管理办法》仅适用于私募证券投资基金，但对于私募股权、创投基金等并没有直接的监管文件。从目

前的情况来看，预计私募基金相关监管空白领域可能仍应当以资管新规为准。

（三）明确监管原则

1. 分类监管原则。资管新规按照募集方式和投资标的两个维度，对产品进行划分。

资产管理产品按照募集方式的不同，分为公募产品和私募产品。公募产品面向不特定社会公众公开发行。公开发行的认定标准依照《证券法》执行。私募产品面向合格投资者通过非公开方式发行。

资产管理产品按照投资性质的不同，分为固定收益类产品、权益类产品、商品及金融衍生品类产品和混合类产品。固定收益类产品投资于存款、债券等债权类资产的比例不低于80%，权益类产品投资于股票、未上市企业股权等权益类资产的比例不低于80%，商品及金融衍生品类产品投资于商品及金融衍生品的比例不低于80%，混合类产品投资于债权类资产、权益类资产、商品及金融衍生品类资产且任一资产的投资比例未达到前三类产品标准。非因金融机构主观因素导致突破前述比例限制的，金融机构应当在流动性受限资产可出售、可转让或者恢复交易的15个交易日内调整至符合要求。

金融机构在发行资产管理产品时，应当按照上述分类标准向投资者明示资产管理产品的类型，并按照确定的产品性质进行投资。在产品成立后至到期日前，不得擅自改变产品类型。混合类产品投资债权类资产、权益类资产和商品及金融衍生品类资产的比例范围应当在发行产品时予以确定并向投资者明示，在产品成立后至到期日前不得擅自改变。产品的实际投向不得违反合同约定，如有改变，除高风险类型的产品超出比例范围投资较低风险资产外，应当先行取得投资者书面同意，并履行登记备案等法律法规以及金融监督管理部门规定的程序。

2. 穿透式监管原则。穿透式监管有两层含义：一是产品方向往底层资产穿透识别最终的资产类别是否符合特定资产管理的监管规定，其风险是否经过适当评估；二是往最终客户方向穿透识别最终风险收益承担者，防止风险承担和资产类别错配或防止私募产品公众化。

资管新规发布后，在规则层面明确了资管产品强化穿透的监管思路，即向上穿透最终投资者，向下穿透底层资产，可以说是不折不扣地在顶层设计上提出了全部资管产品的穿透的要求，也对监管套利行为进行了原则安排。

穿透监管所对应的现状是金融行业的分业监管，银监、证监和保监体系对资管产品的规定和监管要求各不相同，监管机构之间存在监管割裂，资产管理机构则利用这一现状，通过跨监管层层嵌套的方式，以实现产品表面合规或者规避监管的目的。

目前穿透式监管的立法规定有：2016 年 7 月 14 日，证监会发布《证券期货经营机构私募资产管理业务运作管理暂行规定》，明确要求穿透核查，诸如通过穿透核查结构化资管计划的投资标的，严禁结构化资管计划嵌套投资其他结构化金融产品劣后级份额；通过穿透核查，资产管理计划最终投向是否符合国家规定的要求。2018 年 4 月 27 日，"一行三会"联合发布资管新规，该指导意见禁止资管产品间多层嵌套，即资产管理产品不得投资其他资产管理产品，但可以通过 FOF 或者委外的名义进行一层嵌套；另外还要求资管产品的信息统一报送央行。

实行穿透式监管的目的，主要是防止高风险产品向低风险承受能力客户错误销售，同时防止金融机构通过结构设计规避监管，然而从宏观审慎角度防止因为监管盲区发生系统性危机。

（四）具体监管规则

1. 投资者适当性制度。资管新规规定了投资者适当性管理要求，即金融机构发行和销售资产管理产品，应当坚持"了解产品"和"了解客户"的经营理念，加强投资者适当性管理，向投资者销售与其风险识别能力和风险承担能力相适应的资产管理产品。禁止欺诈或者误导投资者购买与其风险承担能力不匹配的资产管理产品。金融机构不得通过对资产管理产品进行拆分等方式，向风险识别能力和风险承担能力低于产品风险等级的投资者销售资产管理产品。

2. 信息披露制度。资管新规规定金融机构应当向投资者主动、真实、准确、完整、及时披露资产管理产品募集信息、资金投向、杠杆水平、收益分配、托管安排、投资账户信息和主要投资风险等内容。国家法律法规另有规定的，从其规定。

金融机构应当建立严格的公募产品信息披露管理制度，明确定期报告、临时报告、重大事项公告、投资风险披露要求以及具体内容、格式。在本机构官方网站或者通过投资者便于获取的方式，按照规定或者开放频率披露开放式产品净值，每周披露封闭式产品净值，定期披露其他重要信息。

私募产品的信息披露方式、内容、频率由产品合同约定，但金融机构应当至少每季度向投资者披露产品净值和其他重要信息。

除资产管理产品通行的信息披露要求外，金融机构还应当在显要位置向投资者充分披露和提示固定收益类产品的投资风险，包括但不限于产品投资债券面临的利率、汇率变化等市场风险以及债券价格波动情况，产品投资每笔非标准化债权类资产的融资客户、项目名称、剩余融资期限、到期收益分配、交易结构、风险状况等。

除资产管理产品通行的信息披露要求外，金融机构还应当在显要位置向投资者充分披露和提示权益类产品的投资风险，包括但不限于产品投资股票面临的风险以及股票价格波动情况等。

除资产管理产品通行的信息披露要求外，金融机构还应当在显要位置向投资者充分披露商品及金融衍生品类产品的挂钩资产、持仓风险、控制措施以及衍生品公允价值变化等。

除资产管理产品通行的信息披露要求外，金融机构还应当向投资者清晰披露混合类产品的投资资产组合情况，并根据固定收益类、权益类、商品及金融衍生品类资产投资比例充分披露和提示相应的投资风险。

3. 资产管理产品统一报告制度。建立资产管理产品统一报告制度。人民银行负责统筹资产管理产品的数据编码和综合统计工作，会同金融监督管理部门拟定资产管理产品统计制度，建立资产管理产品信息系统，规范和统一产品标准、信息分类、代码、数据格式，逐只产品统计基本信息、募集信息、资产负债信息和终止信息。人民银行和金融监督管理部门加强资产管理产品的统计信息共享。

金融机构于每只资产管理产品成立后 5 个工作日内，向人民银行和金融监督管理部门同时报送产品基本信息和起始募集信息；于每月 10 日前报送存续期募集信息、资产负债信息，于产品终止后 5 个工作日内报送终止信息。

中央国债登记结算有限责任公司、中国证券登记结算有限公司、银行间市场清算所股份有限公司、上海票据交易所股份有限公司、上海黄金交易所、上海保险交易所股份有限公司、中保保险资产登记交易系统有限公司于每月 10 日前向人民银行和金融监督管理部门同时报送资产管理产品持有其登记托管的金融工具的信息。

在资产管理产品信息系统正式运行前，人民银行会同金融监督管理部门依据统计制度拟定统一的过渡期数据报送模板；各金融监督管理部门对本行业金融机构发行的资产管理产品，于每月 10 日前按照数据报送模板向人民银行提供数据，及时沟通跨行业、跨市场的重大风险信息和事项。

人民银行对金融机构资产管理产品统计工作进行监督检查。资产管理产品统计的具体制度由人民银行会同相关部门另行制定。

第三章　金融业企业社会责任有助于风险化解

　　企业社会责任从最初的企业经营理念到企业行为，再到现今社会责任国际标准，为各国学者、企业经营者热切关注。

　　金融企业不同于其他行业，其有着强烈的社会性，承担着维持金融稳定的职责，在社会资源的配置和调控中起着重要作用，这种行业特性决定了金融行业应当承担社会责任。在我国，金融行业具有强烈的行政色彩，政府严格把控，所以我国金融企业社会责任更为重大。

　　本章分为两小节，第一节内容为金融企业社会责任的基础理论，首先回顾和总结了一般企业社会责任的起源发展、基础理论，在此基础上分析金融企业承担社会责任的特殊之处进而对金融企业社会责任概念予以界定，随后分析我国金融企业社会责任法律规制现状，最后为金融企业社会责任的系统体系构建提出建议。第二节的内容侧重于银行业金融机构社会责任的研究，从商业银行社会责任的特殊性出发，对银行业金融机构社会责任予以界定，在此基础上分析和总结国内银行践行社会责任的现状和不足之处，进而为未来银行践行社会责任的机制构建提出建议。

第一节　金融业企业社会责任理论的特殊性

一、金融企业社会责任的界定

　　随着人们对企业社会责任认识的逐步加深，金融企业社会责任概念被提出并逐渐被政府、企业和社会所接受。金融机构作为一种特殊的企业组织，其利益相关者主要包括股东、员工、金融消费者、资源和环境、员工、社区以及弱势群体等。

　　相比于一般生产型企业，金融业具有调控和配置社会资源的功能，处于国民经济的枢纽和核心，这种产业特征决定了金融机构承担社会责任的必然性和重要性，决定了金融行业除了承担着一般企业所要承担的责任之外，还要承担着与众不同的更为重要的其他社会责任。

（一）金融企业社会责任的一般内涵

金融企业社会责任的一般内涵可以概括为，金融机构在经营过程中，所应当承担的对股东、员工、金融消费者、资源和环境、员工、社区等利益相关者的社会责任。[1]

1. 对股东和员工的社会责任。金融企业的股东是企业的所有者，其与金融机构管理者信息的不对称性决定了其应当对金融机构股东合法权益进行特殊的保护。金融企业对股东的社会责任体现在对股东合法权益的维护：金融企业的首要责任便是降低经营成本、提升企业价值、保持其营利性，以确保股东投资可以获得回报；此外，金融企业应当尊重股东合法权利，保障股东的知情权、表决权以及分红权，积极向股东披露真实的经营和投资方面的信息，保证股东合法权益不受损害。

金融企业与员工之间存在合同法律关系，员工为金融企业提供劳动并从中获得报酬。金融企业对员工的社会责任主要体现在以下方面：为员工提供安全和健康的工作环境，保障员工身心健康、人身安全；为所有员工提供平等的就业机会、培训机会和晋升机会；尊重员工正当的法律权利。

2. 对金融消费者的社会责任。金融企业通过其先进的服务设施、专业的金融知识以及灵敏准确的信息优势为消费者提供多样的金融服务。由于金融知识的专业性，金融消费者处于明显劣势地位，其合法权益极易受到金融企业的侵害，因此金融企业应当建立完善的风险管理体系，维持资金的保管和投向安全，在客户中建立良好的信誉；另外，金融企业还应当积极完善服务方式和手段，提高服务质量，改善用户体验。

3. 对环境和资源的社会责任。金融企业对环境和资源的社会责任主要包括直接责任和间接责任两个方面。直接履行责任，主要是指金融企业应当建立起绿色运营的理念，积极制定资源节约、环境保护计划，在办公方式上多采用无纸化办公、网上银行等方式；间接承担责任，主要体现在金融企业可以通过绿色信贷引导企业的经营活动，加大对企业环保项目的资金支持，并且限制资源破坏性企业的贷款规模。另外，可以按照一定标准对客户进行分类管理以保证资金流向符合社会责任和可持续发展标准的客户。

4. 对社区的社会责任。在当今社会，金融业已经成为经济发展的重要支撑，

---

〔1〕　赵传涛：“中国金融企业社会责任法律化研究”，复旦大学 2013 年硕士学位论文。

金融机构应该注重传播金融的价值，如包括铁路、电力等科技的变革都离不开金融机构的支持，社会保险、养老金的管理和运作也都离不开金融机构，一些农产品、资源等大宗商品也常常利用远期、期货、期权等金融套期的方法实施锁定成本，保值增值等操作策略。金融机构应该主动承担起这些方面的责任，遵守国际相关准则，关注并实施国家关于市场安全和稳定的政策和策略。接受社会舆论和各界的监督，在社区乃至全社会开展金融教育，普及金融知识，拓展更多的包括互联网金融在内的融资和投资渠道。响应国家号召，关注民生问题、关注"三农"问题等，帮助"穷人"摆脱贫穷，帮助弱势群体建立风险防控系统。积极参与社会公益事业，为受灾害的地区提供资金或物质援助，树立起自身的良好的企业形象。

（二）我国金融业企业社会责任的独有内涵

1. 全面防范金融风险，确保金融安全。我国金融企业社会责任首先是金融安全。金融企业的经营对象不同于一般的工商企业。一般工商企业的经营好坏只影响到一个企业的股东和这一企业相关的当事人，而金融企业的经营好坏可能影响到千家万户，影响到整个社会的稳定，全面防范金融风险，确保金融安全因而尤其重要。

对于国家利益和国家安全来说，金融企业首先要做得好，要务实、高效、安全。金融机构防范金融风险，维护国家金融安全，保护好存款人、投资人的利益，这是金融企业的最根本责任，也是金融企业必须牢牢把握的最基本社会责任的底线。[1]

防范风险，杜绝或减少坏账，就是保护存款人和投资人的利益，政府对于金融企业不能干预，但要支持、引导金融企业所在的地区发展，为消费者提供可靠安全的产品，关注环境和社会公益事业等。当全社会金融各个企业都认识到这一点，有利于促进企业竞争力的增强和效益的提高，造福于社会；而社会发展了，企业的发展也一定会水涨船高。同时金融企业通过与其他群体和组织、地方团体、社会和政府部门进行密切合作，有助于提高金融企业的诚信水平、丰富企业的经营资源，进而提升金融企业的业绩，提高企业长期竞争力。

2. 有效配置金融资源，推动社会经济的可持续发展。在现代社会中，货币资金是沟通整个社会经济生活的命脉和媒介，一切经济活动几乎都离不开货币资金运动，市场经济从本质上讲就是一种发达的货币信用经济。金融企业将社会零

---

〔1〕 陈耀先："金融企业的社会责任"，载《经济研究参考》2009 年第 10 期。

星、分散、闲置的资金积聚起来，变成高效、稳定、长期的资金来源，通过借贷、投资的方式，配置到社会急需的领域和部门。金融企业作为资金融通的媒介，是有效资源配置的核心。通过调整货币供应的流向和具体数量，调整生产要素在不同领域配置的具体格局，可以有效鼓励节能环保型企业发展，抑制污染型高能耗型企业的发展，可以促进经济资源的优化配置和产业结构的合理化，推动社会经济的可持续发展。金融企业运行的顺畅，社会资源的配置合理，国民经济也就更易形成良性循环。

3. 配合国家宏观调控，为政策推进提供金融支持。金融是宏观调控的重要杠杆。金融企业要紧紧围绕国家宏观调控的目标、任务和重点，认真贯彻国家货币信贷政策。这既是金融企业必须承担的社会责任，也是金融企业获得长期利益的内在要求。特别是对于金融业主体部分的银行业机构而言，既要服从国家对货币信贷总量的调控政策，又要着力优化信贷结构，支持国家产业政策，促进区域、城乡协调发展。[1]

我国农业基础薄弱、农村发展滞后的局面，决定了积极发展农村新型金融企业的必要性。农村新型金融机构社会责任的履行具有很强的外部性，即通过新型金融机构不仅可以实现农村金融交易行为，优化农业资源分配，还可以激活农村金融市场，带来新的活力、新的商机，使金融机构自身的福利向整个农村甚至全社会扩散。[2]

4. 提供高效的金融服务，进行有序的金融创新。目前，我国的金融企业仍然具有较强的垄断性质，设立门槛较高，设立手续也很严格。与金融企业的垄断地位相比，广大金融消费者虽然名为"上帝"，但实际上明显处于劣势地位。从权责统一的角度，金融企业只有承担起对消费者的社会责任，将部分垄断利益反哺社会，才能实现市场经济的基本要求——公平。金融企业的利润从根本上讲是来源于服务，为消费者提供优质的金融产品和服务，有效满足金融消费者的需求，维护金融消费者的合法权益，公平对待金融消费者既是金融企业本质职能之一，也是金融企业应承担的基本社会责任。同时，金融企业还应与时俱进，围绕消费者的最新需求，进行金融产品和服务的有序创新，提高金融供给能力和服务品质，满足多层次客户的多样化需求。

---

〔1〕 李文森、高爱武、谢宁："论金融企业的社会责任"，载《金融纵横》2007 年第 11 期。

〔2〕 邓建军："论新型农村金融机构的社会责任"，载《金融与经济》2010 年第 6 期。

二、金融企业社会责任的立法例检视

(一)域外金融企业社会责任的立法模式研究

在发达国家和地区,企业社会责任的履行更加成熟,已经形成完整的执行体系,其中国际知名的跨国金融集团对于企业社会责任的贡献,更是形成了对于全球整个金融行业的辐射作用,这些都会给我国金融机构研究和履行企业社会责任提供宝贵的借鉴经验。

1. 美国。美国是最早确立公司社会责任的国家,在20世纪后期欧美国家兴起社会责任的相关立法活动中,出现了将利益相关者概念作为立法基础的理论,以宾夕法尼亚州为代表,美国大陆上有29个州都进行了公司法的改革,明确指出公司在经营中要在为股东利益服务的同时,兼顾为利益相关者提供服务。

在1936年《国内税收法典》的修订中,美国国会做出企业在社会责任方面的捐赠可以进行税收扣减的决定,通过税收的相关政策鼓励企业履行社会责任。在经历了21世纪初的金融危机后,美国更加重视金融机构的社会责任问题,通过立法加强金融秩序的维护以保护金融消费者的利益不被侵害。

美国众议院于2009年通过了《多德—弗兰克华尔街改革和消费者保护法案》,该法案通过金融保护署的建立,监管金融行业的行为,金融保护署有权对金融机构制订的与消费者之间的不公平条款和交易进行制止,并有权对违反该法案的金融机构进行处罚。减少金融消费领域中出现不公平的金融产品和服务,使金融消费者的利益得到有效保护。这种通过立法建立独立的金融秩序管理机构的做法,从根本上促进了美国金融机构对于社会责任的承担,更有利于保护利益相关者。

2. 英国。英国政府于1973年发布了《公司法改革白皮书》,其中涉及有关公司社会责任的内容。在初期,该白皮书只强调了公司要对利害关系人的利益承担社会责任,并明确要求公司要在进行决策的过程中将社会责任作为重要的决策内容。在此后的发展过程中,英国政府在立法中不断扩大企业履行社会责任所涉及的领域,使公司在追求经济利益的同时要同社会的可持续发展相适应,社会责任从慈善事业发展到了保护企业员工利益、环境保护以及为社会公众提供服务等方面。2005年3月,英国政府新发布的《公司法改革白皮书》中提出要对现有的公司制度进行大幅度地修订,强制规定了公司要提高运营过程中的信息透明度,对于有关社会影响、道德层面以及环境保护等事务进行报告,以此推进企业对社会责任的履行。

3. 日本。日本在企业社会责任履行方面注重企业家责任和慈善责任。日本在立法中首次提及社会责任是在 1974 年的《商业法修正案》中，当时的社会责任概念还局限于遵纪守法和风险管理两方面。在此后的立法发展过程中，通过制定《有关能源使用合理化的法律》《节能法》等法律法规，从资源以及环境保护等方面进一步明确了企业履行社会责任所要重视的内容，随着日本社会经济的不断发展，日本国内对于企业社会责任概念的认识也在不断地进步，慈善援助和环保活动都得到了有效开展。

还有很多其他国家对企业社会责任问题进行了规定，如在印度尼西亚议会通过的有限责任公司法规定了企业在保护环境方面的社会责任问题。加拿大联邦政府、省和地方政府各个层面都有有关企业社会责任的规定，包括消费者等利益相关者、健康与安全、环保、反贪污受贿、公司管理等各个方面。

4. 国际标准。除了各国的立法之外，一些国际组织也纷纷通过制定一系列的公约和标准来推进企业社会责任。

国际商会于 1991 年制定了可持续发展宪章，该宪章旨在推动企业在追逐经济利益的同时提高对环境绩效的关注，并制定了一系列有关于可持续发展的原则。联合国环境规划署于 1992 年设立了金融行动机构，该机构的责任是在全球范围内推广和普及可持续金融理念，以促进可持续发展的绿色金融。美国的社会责任国际组织于 1997 年制定了 SA8000 社会责任管理体系，成为世界上第一个用于规范社会道德责任的标准，SA8000 更加侧重于企业在员工责任履行方面的社会责任，促进企业切实保障员工的正当利益。英国社会和伦理责任研究院于 1996 年成立了非营利性的机构，并制定了完整的 AA1000 系列标准，作为有效的社会责任管理工具和审计标准，用以提高企业的社会责任意识，促进全球经济的可持续发展。荷兰银行、巴克莱银行、西德意志州立银行和花旗银行于 2003 年共同起草了赤道原则，采用了世界银行有关于环境保护的标准以及国际金融公司有关于社会责任的方针，对项目融资中有关环境与社会风险的内容提出了一系列的指南，将贷款进行差异化管理，根据项目将会对环境和社会产生的影响进行分类管理。

在众多关于社会责任的国际标准中，赤道原则在金融行业领域的影响力最为深远，加入成员众多，分布范围最为广泛，不仅包括发达国家和地区的金融机构，还包括发展中国家和地区的金融机构，如中国、巴西、智利、阿根廷、哥伦比亚等国家。

（二）我国金融业企业社会责任的法律规制现状

我国关于企业社会责任方面法制建设虽然起步比较晚，但是经过政府多年的努力也取得了突出的成绩。

表 1-3-1　我国金融业企业社会责任相关法律规定一览表

发布机关	时间	文件名称
全国人民代表大会	2018 年 3 月 11 日实施	《中华人民共和国宪法》
	2021 年 3 月 1 日实施	《中华人民共和国刑法》
全国人大常委会	2018 年 10 月 26 日实施	《中华人民共和国公司法》
	2014 年 3 月 15 日实施	《中华人民共和国消费者权益保护法》
	2010 年 7 月 1 日实施	《中华人民共和国侵权责任法》
	2019 年 4 月 23 日实施	《中华人民共和国反不正当竞争法》
	2008 年 8 月 1 日实施	《中华人民共和国反垄断法》
	2018 年 12 月 29 日实施	《中华人民共和国产品质量法》
	2017 年 11 月 5 日实施	《中华人民共和国环境保护法》
国家工商行政管理总局	2013 年 10 月 22 日生效	《直销企业履行社会责任指引》
中国银行业协会	2009 年 1 月 12 日生效	《中国银行业金融机构企业社会责任指引》

1. 原则性规定。我国公司法对于企业履行社会责任进行了原则性规定。《公司法》第 5 条明确规定，"公司从事经营活动，必须遵守法律、行政法规，遵守社会公德、商业道德，诚实守信，接受政府和社会公众的监督，承担社会责任"。该条规定了我国公司应当承担的部分社会责任即遵守法律法规的责任，遵守商业和社会道德的责任和接受监督的责任，标志着企业社会责任开始受到我国政府的关注，为我国企业社会责任的法律化创造了良好的开端。

2. 经济责任方面。在经济责任方面，涉及保护商业秘密、促进公平竞争、禁止商业贿赂、保护劳动者等利益相关者等方面的规定。

（1）在产品质量方面，《中华人民共和国产品质量法》（以下简称《产品质量法》）规定了企业的产品责任，相关企业应该生产符合标准的产品，保证消费者的安全，保护环境，反对浪费资源。如该法第三章规定了生产者、销售者的相关责任和义务。

（2）在保护消费者权利方面，《中华人民共和国消费者权益保护法》（以下简称《消费者权益保护法》）确定了对消费者的保护，规定了消费者的知情权、公平选择权、结社权等 13 项权利，明确了经营者有提供安全产品、不得强买强卖等方面的义务及违反义务的惩罚措施。《中华人民共和国侵权责任法》第五章规定了生产者、销售者的产品致人损害的赔偿责任，保护消费者或者第三人的利益。第八章规定了环境污染造成的侵权责任，对环境污染受害者进行保护。

（3）在公司经营方面，《中华人民共和国反不正当竞争法》和《中华人民共和国反垄断法》及刑法的部分条文对反垄断、保护商业秘密、禁止商业贿赂、禁止不正当竞争等方面作了较为完善的规定。如反垄断法第三、四、五章对垄断的三大类行为进行系统的规定，并规定了反垄断的管理机构等。

（4）在保护债权人、股东和劳动者等利益相关者权益方面，《公司法》规定了一人公司人格否认制度为保护债权人提供依据；规定了股东代表诉讼制度、股东退出制度、公司经营困难的解散等制度，为保护股东利益，特别是中小股东权益提供法律依据。《公司法》第 17 条也通过对劳动合同、参加社会保险、劳动保护等方面的规定，要求公司必须保护职工的合法权益。《中华人民共和国宪法》《中华人民共和国教育法》规定了劳动者的公平受教育权，劳动者有获得休息休假等方面的权利。《中华人民共和国劳动法》《中华人民共和国劳动合同法》《中华人民共和国就业促进法》等法律规定了劳动者的平等就业、自愿择业、职业培训、休息休假等方面的各种权利。《中华人民共和国社会保险法》系统规定了劳动者的养老、失业、工伤、生育等方面的社会保险制度。

3. 社会公益方面。社会公益方面集中体现在对捐赠的规定，《中华人民共和国公益事业捐赠法》对企业事业单位、社会团体或个人向公益事业捐赠做了系统的规定，赋予了企业捐赠财产的权利，鼓励企业做慈善事业，为企业进行捐赠、做慈善提供了法律依据。《合同法》（已失效）也赋予了企业和公民捐赠的自由和权利，只是进行公益捐赠进行了限制，第 186 条规定具有救灾、扶贫等社会公益、道德义务性质的赠与合同或者经过公证的赠与合同，不能撤销。

4. 生态责任方面。生态责任主要体现在对环境的保护及对可持续发展的关注，我国的环境保护方面的法律涉及清洁生产、节能、污染物防治等各个方面。《中华人民共和国环境保护法》对企业的环境保护方面的责任作了系统的规定。具体主要涉及企业生产要符合国家标准或行业标准，建立标准化生产制度，规定了三个同时制度、排污收费制度、超额排放制度等。此外，国家还通过各种政策扶持新能源企业，鼓励新能源开发，对于污染进行集中整治。

5. 社区建设及社会发展方面。关于社区建设及社会发展方面，很多法律都有规定，例如《中华人民共和国大气污染防治法》规定在人口密集的地方必须防止空气受到燃烧废物等方面的污染。《中华人民共和国环境噪声污染防治法》规定，项目工程建设必须考虑当地社区和居民的正常生活需要，避免干扰居民正常休息和生活。

就目前看，我国企业社会责任的立法还是比较分散，没有系统地对社会责任进行界定，缺乏关于文化保护方面的责任，而且公司法的规定也是原则性的规定，与欧美国家相比还是存在一定差距。

三、金融业企业社会责任的体系构成

（一）明确金融企业社会责任目标

金融企业要加强企业文化建设，金融企业最重要的是要讲诚信，守规矩，讲责任，树立企业社会责任理念和意识，接受社会监督。[1]

江燕认为，现阶段部分金融企业社会责任目标尚未明确，有关信息披露机制有待完善。我国金融企业大多未充分在企业管理目标当中建设社会责任履行规划，也不存在每年度的社会责任相应报告供职工监督与参阅。[2]

金融企业的发展目标要与我国社会经济和环境发展的整体目标相适应，从企业发展的方向上就要与社会经济和环境保护联系起来，实现多元目标的和谐统一。金融企业首先要做好自己的服务，要保障金融服务使用者的金融安全。这是最基本的社会责任，有许多方面已经成为法律法规所规定的责任。在这些最低的要求之上，金融企业还要加强内部管理，完善风险内控，在实现自身业务的持续健康发展的同时，为股东创造长期稳定的回报，为客户提供诚信优质的服务，为社会和谐发展和环境保护发挥作用，实现企业发展和社会责任的和谐共赢。[3]

（二）建立以法律为主体的社会责任规则体系

加大对赤道原则的宣传力度，根据我国实际国情，以法律为基础逐步推进赤道原则。在法律高度上确定银行业金融机构社会责任，提出绿色信贷制度，保证其权威性和执行性。逐步提出银行业金融机构相关社会责任法律法规，将金融问题与环境保护有机地结合起来，明确银行业金融机构社会责任的概念、内涵、执行与监督，详细规定银行业金融机构的权利与义务。制定统一的行业标准，统一银行业金融机构绿色信贷审核标准和环境风险监控标准，便于对银行履行社会责

---

〔1〕 田瑞云："法律视角下的金融企业社会责任"，载《重庆科技学院学报（社会科学版）》2010年第 5 期。

〔2〕 江燕："新形势下金融企业的社会责任研究"，载《现代经济信息》2019 年第 36 期。

〔3〕 陈耀先："金融企业的社会责任"，载《经济研究参考》2009 年第 10 期。

任情况进行监管。

　　加快和重视法律体系建设，加强执法力度，这既是构建和谐社会的关键内容之一，也是企业履行社会责任的约束性制度建设。[1]应逐步制定金融机构相关社会责任法律法规，明确金融机构社会责任的概念、内涵、执行与监督，详细规定金融机构的权利与义务，将社会责任提到"法"的高度，以保证其权威性和执行性。[2]政府和监管部门要引导与支持金融企业建立有效的社会责任体系。在建立金融企业社会责任体系道路上，政府和金融监管部门应发挥重要的支持与引导作用。[3]

　　（三）　制定统一的企业社会责任报告指南框架

　　目前，虽然各大金融机构都会定期公布社会责任报告，但选择性披露动机强烈，立法中缺乏有效的引导和监督。[4]针对我国金融机构披露的信息质量不高、披露格式不统一、披露时间不定等问题，提出以下建议：应当将金融机构披露社会责任信息纳入法制化轨道，尽快完善企业自愿披露社会责任信息的立法体系；规范金融机构社会责任披露的内容和形式以及时间；金融机构的社会责任报告应该逐步趋同于财务报告，内容应该定量化；建立与国际接轨的社会责任评价体系。[5]

　　（四）　发挥金融行业协会与非政府组织的自律作用

　　加强金融企业社会责任，需要强化非政府组织的作用，卢婉婷通过分析西方国家的企业社会责任发展历史可以了解到，实现企业主动地承担社会责任需要一个较长的时间，而在这一时间段内充分运用非政府组织的优势具有重要的意义。[6]例如，2006 年北京成立了中国企业社会责任联盟，即民间 NGO 先驱者，其标志中国已经在企业社会责任领域建立起第一个规范化组织机构。该机构联合社会力量，与企业一同推进中国企业有组织地开展企业社会责任事业，并从理论方面为中国企业落实企业社会责任提供指导以及支持。

---

　　[1]　田瑞云："法律视角下的金融企业社会责任"，载《重庆科技学院学报（社会科学版）》2010年第 5 期。

　　[2]　睢立军、李婷："我国金融机构履行社会责任存在的问题及对策"，载《经济纵横》2016 年第 10 期。

　　[3]　陈耀先："金融企业的社会责任"，载《经济研究参考》2009 年第 10 期。

　　[4]　刘志云："商业银行社会责任的兴起及其督促机制的完善"，载《法律科学（西北政法大学学报）》2010 年第 1 期。

　　[5]　黄苏华："谈银行业金融机构社会责任信息披露"，载《财会月刊》2009 年第 6 期。

　　[6]　卢婉婷："法律视域下金融企业社会责任缺失问题分析"，载《经贸实践》2018 年第 19 期。

（五）构建独立的第三方鉴证机制

完善银行内部监管机制，及时监控风险。同时明确监管部门，制订相应的银行业金融机构社会责任目标和考核体系，从体制上保证银行履行社会责任的可行性。建立激励惩罚机制，从目前我国实际情况来看，只有让企业或银行从绿色金融中获得利益，才能激励其主动遵守绿色信贷制度，建立长期的银行践行社会责任有效机制。

企业社会责任的落实应当设立专门的监管机构，监督社会责任的信息披露确保企业公布的社会责任信息的连续性、一致性和真实性。[1]黄苏华认为应该加强企业社会责任报告的第三方审计，建立社会责任审计制度，监督企业社会责任信息的披露。[2]

我国的金融机构还要建立企业内部有关于履行社会责任的问责机制，在公司制订战略目标的同时将履行社会责任的目标一同具体化。充分发挥监事会独立的监督权以及独立社会责任部门的执行力度，对于公司内部出现的违背社会责任的问题，要及时发现，依照公司的相关规定严格查处。同时形成良好的激励机制，使银行的管理层和员工从自身出发树立社会责任意识，努力为社会多做贡献。

第二节　银行业金融机构的社会责任

一、银行业金融机构社会责任的表现

世界银行将企业社会责任定义为企业与关键利益相关者的关系，以及尊重人、社区和环境等有关政策和实践的集合。依据《中国银行业金融机构企业社会责任指引》，商业银行社会责任是商业银行对其股东、员工、储户、借款人、商业伙伴、政府和社区等利益相关者及社会与环境的可持续发展所应承担的经济责任、法律责任、道德责任及慈善责任等。王清刚等学者认为我国商业银行应当承担的社会责任包括：维护股东合法权益、公平对待全体股东；以人为本，重视和保护员工的合法权益；诚信经营，维护消费者的合法权益；遵纪守法，坚持社会公德和商业道德；节约资源，保护和改善自然生态环境；改善社区金融服务，促

---

〔1〕王本锡、徐冰怡："从次贷危机看金融企业社会责任"，载《求索》2009年第6期。

〔2〕黄苏华："谈银行业金融机构社会责任信息披露"，载《财会月刊》2009年第6期。

进社区发展；关心社会发展，支持社会公益事业。[1]

（一）对股东的社会责任

银行业金融机构对股东的社会责任体现在股东价值最大化。古典经济学理论认为，企业是股东的代理人，它的首要职责是股东利益的最大化。商业银行是一个特殊的企业，对股东的责任同样是商业银行最重要的责任。在市场经济条件下，商业银行与股东的关系实际上是商业银行与投资者的关系。股东希望商业银行的长远发展为其提供稳定的投资机会，同时获得高额的利润回报。因此，商业银行对股东的责任表现在以股东价值最大化为目标，不断提高公司价值，提高盈利能力与核心竞争力，保证商业银行可持续发展，以确保股东的投资能获得回报。商业银行有责任向股东提供真实的经营和投资方面的信息，以便股东了解银行的经营范围和经营业绩等情况，同时还要保证股东资金的安全。商业银行要努力提高经营业绩，创造更多的利润，以确保股东的投资能获得回报。

（二）对债权人的社会责任

银行业金融机构对债权人的社会责任体现在构建全面的风险控制体系、保证资金安全。由于商业银行是高负债经营的企业，自有资本所占比重较小，其资金主要来源于负债，因此负债业务是商业银行业务的基本内容。而吸收存款是其最主要的负债业务，所以"商业银行最有意义的业务是存款"。在负债业务中，商业银行是债务人，各类存款人是债权人。由于债权人主要的目的是通过事先签订的契约获取固定的收益，所以商业银行对债权人的社会责任主要表现为确保对存款本息的清偿力。这就要求商业银行从资金安全性的角度出发，树立风险控制理念。安全性原则是商业银行首要的、基本的经营原则。这一原则主要是通过对各种风险的防范和控制来实现的。商业银行通过强化稳健经营行为，保证资金运营安全，能够保证存款人的存款到期支取，并获取一定的收益。因此，商业银行对债权人的社会责任主要是指商业银行通过制定明确而审慎的风险管理战略和经营战略来构建全面的风险管理体系，以保持足够的资本抵御风险，建立完善的风险管理流程，实现业务发展和风险管理的同步，运用科学的风险管理技术，提高风险管理水平，从而达到保证债权人资金安全的目的。[2]

---

[1] 王清刚、沈继锋、张杰芳："商业银行社会责任风险的分析及应对"，载《上海金融》2015年第6期。

[2] 吴炜："基于利益相关者的中国商业银行社会责任研究"，中央财经大学2012年博士学位论文。

（三）对贷款人的社会责任

商业银行的根本利润来源是服务。商业银行作为以营利为目的的企业，其生存和发展都离不开贷款人客户的支持。中国银行业协会发布的《中国银行金融机构企业社会责任指引》指出，商业银行应诚信经营，提供优质的金融产品和服务，有效满足金融消费者的需求，维护金融消费者的合法权益，公平对待金融消费者，包括充分提示金融产品和服务的风险，披露相关信息，加强客户投诉管理和客户信息保密制度，有效维护银行业机构和金融消费者之间的互信。作为社会资金的主要供给方，商业银行对资金需求方贷款人负有社会责任。这一社会责任主要体现为在满足社会资金需求的基础上，使资金使用的效用最大化。商业银行应在保证资金安全和效率的同时，将贷款公平地分配给借款人。同时，为了达到社会效用的最大化，商业银行对资金需求者的社会责任要求银行必须关注各经济主体对银行服务的要求，加大对资金稀缺部门的信贷支持力度。即商业银行应该肩负有效率地配置资金的企业社会责任。此外，商业银行在发放贷款时，要认真研究分析国家产业政策，采取有效措施，停止对严重污染环境、质量不符合国家标准、能耗高等项目的投资控制或减少对生产技术落后、资源浪费严重和破坏生态环境等项目的贷款，实现社会经济的全面可持续发展。[1]

（四）对员工的社会责任

商业银行的组成是多元化的，不仅仅只有股东的出资，它还包括员工提供的劳动等主体性资源。商业银行与员工之间最基本的关系是建立在契约基础上的经济关系，此外还包括一定的法律关系和伦理关系。具体包括商业银行应努力为员工提供安全和健康的工作环境为员工创造良好的教育环境，促进员工的自我进步和发展，提供富有竞争力的薪酬福利待遇，建立长期激励机制，尊重员工民主参与管理银行的权利，重视员工的意见和要求。同时，员工也会因直接参与行为而得到激励，进而有利于优化商业银行的治理结构。

（五）对社区的社会责任

与社区建立和谐的关系对商业银行的生存发展和社区的进步繁荣具有重要意义。商业银行对社区的责任主要体现在积极主动参与社区的建设和社区公益活动、利用自身优势扶持社区的文化教育事业、改善社区的经济状况、完善社区金融网点服务，普及金融知识，保护社区环境，促进社区的和谐与繁荣。此外，商

---

〔1〕 刘志云："商业银行社会责任的兴起及其督促机制的完善"，载《法律科学（西北政法大学学报）》2010 年第 1 期。

业银行还应该在救助弱势群体、资助贫困学生、援助受灾地区、赞助其他公共事业等方面发挥积极作用。[1]

(六) 对环境的社会责任

坚持绿色信贷,控制信贷投放方向。商业银行对环境和资源的责任体现在以下两方面:其一,商业银行应制定资源节约与环境保护计划,推行无纸化办公,尽可能减少自身日常运营对环境的负面影响。其二,商业银行应有效发挥其在社会资源配置中的枢纽作用和影响力,通过信贷等金融工具支持客户节约使用资源、保护环境。目前,赤道原则已成为国际项目融资的行业标准和全球金融机构的企业社会责任基准,我国其他商业银行也不能置身事外。目前,国内也相应地制定了"绿色信贷"政策,以遏制高耗能高污染产业盲目扩张。商业银行在项目融资中应加强对项目的环境和社会影响评价,实施"绿色信贷",促进社会的可持续发展。

综上所述,对商业银行企业社会责任按内容进行分类,则商业银行企业社会责任可分为对股东的责任、对债权人的责任、对客户金融消费者的责任、对贷款人资金需求者的责任、对员工的责任、对政府的责任、对社区的责任以及对环境的责任。这八部分内容同时存在于商业银行的活动中。其中,商业银行对股东的责任是商业银行最重要的责任,同时,商业银行也必须对股东以外的其他利益相关者负责。这是因为,商业银行对其他利益相关者负责,能够优化银行的治理结构、提高银行的竞争力和信誉,从而为商业银行带来更多的长期利润,实现股东利润最大化的目标。

二、国内银行践行社会责任的现状与不足

(一) 国内银行践行社会责任的现状

1. 银行业社会责任的发展。我国银行业的社会责任意识从 2000 年开始逐步显现出来。浦发银行在 2000 年发布了国内银行业第一份社会责任报告。2007 年 4 月,原上海银监局印发了《上海银行业金融机构企业社会责任指引》,指出银行业金融机构应主动践行市场主体应尽的社会责任,维护股东、员工、金融消费者等利益相关者的合法权益,促进经济、社会与环境的可持续发展。[2]这也是国内银行业的首个社会责任指引。

---

〔1〕 王姝:"中国商业银行社会责任影响因素及经济后果研究——基于利益相关者理论",南京财经大学 2013 年硕士学位论文。

〔2〕 郑良芳:"绿色金融是绿色经济发展的推动力",载《上海金融学报》2008 年第 2 期。

原上海银监局的指引指出，银行业机构的企业社会责任至少应包括 7 个方面，分别是：维护股东合法权益，公平对待所有股东；以人为本，重视和保护员工的合法权益；诚信经营，维护金融消费者合法权益；反不正当竞争，反商业贿赂，反洗钱，营造良好市场竞争秩序；节约资源，保护和改善自然生态环境；改善社区金融服务，促进社区发展；关心社会发展，支持社会公益事业。

原中国银监会也在 2007 年底发布了关于加强银行业金融机构社会责任的意见。意见指出，银行业金融机构履行社会责任是构建和谐社会的必然要求，同时也是提升银行业金融机构竞争力的重要途径。

2008 年 1 月，中国银行业协会在北京组织召开了银行业企业社会责任问题座谈会。会议交流了各行积极履行企业社会责任的经验，对银行业履行企业社会责任中的问题进行了深入研讨，并达成了基本共识。与会人员表示，非常赞成和支持行业协会制定并推出"银行业企业社会责任指引"，以促进银行业金融机构正确、积极地承担企业社会责任，为构建和谐社会积极主动做出更大的贡献。

2009 年 1 月，《中国银行业金融机构企业社会责任指引》正式发布。指引明确，银行业金融机构的企业社会责任至少应包括经济责任、社会责任、环境责任。经济责任具体包括提高经营效益，保障金融安全，积极支持政府经济政策；加强合规管理，维护良好市场竞争秩序；完善公司治理结构，为股东创造价值；构建合理的激励约束机制，保障员工各项权益；重视消费者权益保障，为客户创造价值。

社会责任具体包括，银行业金融机构应承担消费者教育的责任；主动承担信用体系建设的责任；提倡以人为本，重视员工健康和安全，创建健康发展、积极和谐的职业环境；支持社区经济发展，为社区金融服务提供便利；关心社会发展，热心慈善捐赠、志愿者活动。[1]

环境责任具体包括，依据国家产业政策及环保政策的要求，参照国际条约、国际惯例和行业准则制订经营战略、政策和操作规程，优化资源配置，支持社会、经济和环境的可持续发展；积极参考借鉴赤道原则中适用于我国经济金融发展的相关内容；组建专门机构或者指定有关部门负责环境保护；指定资源节约与环境保护计划，对员工进行环保培训；通过信贷等金融工具支持客户节约资源、保护环境，倡导独立对融资项目的环境影响进行现场调查、审核；积极主动地参

---

〔1〕 侯秉乾："我国银行的社会责任及其实现"，载《中国金融》2005 年第 23 期。

与环境保护的实践和宣传活动。[1]

2. 银行践行社会责任的形式。

（1）服务实体经济。为实体经济服务是银行业的天职和宗旨。据央行统计数据，2018 年对实体经济发放的人民币货款增加 15.67 万亿元，同比多增 1.83 万亿元。从结构上看，2018 年对实体经济发放的人民币货款占同期社会融资规模的81.4%，同比增高 19.6 个百分点。2017 年，银行业金融机构紧紧围绕服务实体经济这一重点任务，对实体经济发放的人民币货款余额为 119.03 万亿元，同比增长 132%，为实体经济健康发展提供资金支持。

中国银保监会副主席王兆星、曹宇撰文指出，改革开放以来，银行业立足实体经济需求，不断优化信贷结构，对国民经济发展起到了重要支持作用。一是着力满足国家重点领域融资需求。一大批高铁、公路、港口、机场等基础设施建设得到有力信贷支持。二是积极支持经济结构优化升级。制造业、战略性新兴产业贷款持续增长，科技金融、绿色金融逐步发展壮大。三是大力发展普惠金融。四是积极助力供给侧结构性改革。五是金融产品和服务日益丰富。

以邮储银行为例，2017 年，其积极发挥资金优势，致力于对"一带一路"倡议、京津冀协同发展、长江经济带发展、"中国制造 2025"等战略提供金融支持，认真落实供给侧结构性改革要求，深入推进"三去一降一补"，创新运用"信贷 +非信贷""股权 + 债权""商行 + 投行"等方式，服务企业多元化金融需求，支持实体经济稳健发展。

越来越多的银行资金流向以制造业为代表的实体经济，对重点领域和薄弱环节支持力度显著增强。银保监会督促银行业金融机构优化贷款结构，增加对战略性新兴产业的信贷支持，同时降低实体经济融资成本，压缩通道业务，缩短融资链条。推动银行加大不良货款处置力度，腾出信贷空间更好助力经济发展。

（2）践行普惠金融。银行业持续加大普惠金融薄弱领域支持力度，缓解小微、三农领域融资难、融资贵的问题。数据显示，2018 年 11 月末，单户授信1000 万元及以下的小微企业贷款余额 9.13 万亿元，比年初增长 18.77%，比各项贷款增速高 6.89 个百分点。2018 年第三季度末，银行业金融机构涉农贷款（不含票据融资）余额 33 万亿元，同比增长 6.6%。用于小微企业的贷款中单户授信总额 1000 万元及以下的普惠型小微企业贷款同比增长 19.8%。用于信用卡消费、保障性安居工程等领域贷款同比增长分别为 27.2% 和 39.8%，比各项贷款平均增

---

〔1〕　单国俊："我国绿色金融的发展：执行标准、市场状况与政策演进"，载《商业经济》2018年第 10 期。

速高出 14.9 和 27.5 个百分点。

当前,我国的普惠金融服务向基层、县城、乡村和社区不断延伸。截至 2017 年年末,我国银行业金融机构共有营业性网点 22.70 万个,较 2013 年年末增长 8.5%,银行业网点乡镇覆盖率达到 95.99%,25 个省、区、市、计划单列市实现"乡乡有机构",全国基础金融服务已覆盖 53.13 万个行政村,行政村基础金融服务覆盖率为 95.44%,较 2013 年年末上升 13.5 个百分点。

(3)推进绿色发展。根据《中国银行业金融机构企业社会责任指引》,环境责任是银行业社会责任中非常重要的一部分,银行业金融机构在发展过程中必须要注重经济效益和环境效益的平衡。当前,发展绿色金融已经成为中国新时代一项重要的国家战略,银行业在其中承担着重要的使命和职责。[1]

与传统金融相比,绿色金融最突出的特点就是,更强调人类社会的生存环境利益,将对环境保护和对资源的有效利用程度作为计量其活动成效的标准之一,通过自身活动引导各经济主体注重自然生态平衡。它讲求金融活动与环境保护、生态平衡的协调发展,最终实现经济社会的可持续发展。

2013 年,29 家主要银行签署了《银行业绿色信贷共同承诺》,表示将加大对绿色信贷的投入。经过多年耕耘,截至 2017 年年底,中国 21 家主要银行业金融机构绿色信贷余额共计 8.53 万亿元人民币。

(4)助力脱贫攻坚。《中国银行业社会责任报告 2017》指出,银行业金融机构作为扶贫重要力量,始终以"精准扶贫,精准脱贫"基本方略为指导,进一步完善扶贫工作机制,充分发挥开发性、政策性、商业性和合作性金融的多元化优势和互补作用,深入实施东西部扶贫协作,聚焦"三区三州"等深度贫困地区内生发展动力,因地制宜创新扶贫授信服务和融资模式,注重提升脱贫培育贫困地区"造血"功能,为实现到 2020 年打赢脱贫攻坚战、全面建成小康社会目标提供有力有效的金融支撑。

作为金融扶贫的国家队、主力军,2018 年,农业银行积极探索创新措施更精准、结构更优化、业态更合理的"十大"扶贫模式,因地制宜地延伸金融服务触角,支持解决贫困农户分散、贫困地域偏远、物理网点不足等问题,以点带面从"输血式"转向"造血式"扶贫,增强精准扶贫可持续性。截至 2018 年年底,农业银行向 832 个扶贫重点县累计投放各项贷款 3739 亿元,832 个扶贫重点县贷款余额较上年末增加 13.3%,达到 9239 亿元,全年累计支持和带动建档立卡人口 271 万人。

---

〔1〕 袁康:"绿色金融发展及其法律制度保障",载《证券市场导报》2017 年第 1 期。

助力脱贫攻坚不仅是银行业应当履行的社会责任，更是一项艰巨的战略任务，未来，银行业金融机构必须发挥自身优势，实现扶贫工作的可持续发展，全力支持贫困地区打赢脱贫攻坚战。

（二）国内银行践行社会责任的不足

随着全社会社会责任意识的逐步增强，银行业监管机构对商业银行履行社会责任的指导不断加强，商业银行履行社会责任的行为日趋活跃。各商业银行也积极推进"绿色信贷"，以国家产业政策和环保政策为基础，严格信贷市场准入，推进可持续金融发展。同时我们也要看到，随着大型商业银行的陆续股改上市，这些上市银行更加强调自身的营利性，以股东利益和利润最大化为主要经营目标，而社会主义市场经济的发展又促使社会各界对商业银行履行社会责任提出了更高的要求。与这些要求相比，我国商业银行还有许多不尽人意的地方，主要表现在：

1. 商业银行社会责任基本理念不明确。和域外商业银行相比，我国商业银行发展的历史较短，接触商业银行社会责任的时间较晚，对企业社会责任没有清晰的认识，造成了对社会责任这一理念只有片面错误的理解，导致了社会责任理念在我国实施效果较差。随着经济全球化进程的推进，国外的一些先进理念传入我国，我国商业银行得以首次全面地接触并了解社会责任。

我国加入WTO后，金融机构进入我国的门槛降低，多家域外金融机构在我国设立分支机构，其将社会责任与追求经济利益最大化相融合所形成的新型战略目标和企业文化为我国商业银行陈旧的固有经营理念注入了新鲜血液。域外金融机构在我设立分支机构后，对于环境的保护、自然资源的可持续发展、保护员工权益、公益事业等方面的杰出贡献让我国商业银行开拓了眼界，同时也对我国商业银行造成了巨大的市场冲击力，令我国商业银行面临着艰巨的市场竞争力挑战。我国商业银行开始意识到应该将履行社会责任与追求经济利益最大化相融合，抛弃以前单纯为了最大限度实现经济利益最大化的目标，取而代之的是一种将追求经济利益最大化和履行社会责任同时实行的新型行为准则。

2. 专门法律法规未建立。法律范畴内的公司社会责任，是指一种违反法定义务的行为，可以由法律强制予以执行。目前，我国银行业金融机构社会责任立法层次较低，还没有专门的法律法规，大多是监管机构或行业协会发布的规范性文件或指引性文件，没有从法律层面明确银行业金融机构社会责任的重要性，使其履行社会责任时缺乏法律和制度约束，更多依赖自律和道德约束。我国在商业银行社会责任方面没有相关立法，导致了我国商业银行在履行社会责任时没有依据可以遵循，虽然有赤道原则等一系列的关于商业银行履行社会责任的国际准则，但是没有上升到法律的高度，仍然难以对我国商业银行履行社会责任加以控制。

另外，对金融机构的绿色信贷缺乏明确界定，也没有明确界定银行业金融机构的社会责任。而且，中国银行业协会印发的《中国银行业金融机构企业社会责任指引》中也只是对银行业金融机构的社会责任进行了概念原则性的描述，缺乏具体操作性。虽然国家相关监管部门发布了银行业金融机构社会责任指导意见和信贷指引，但仍然缺乏统一标准，一般是各银行自主制定绿色信贷审核标准，缺乏全国统一的绿色信贷指导标准和环境风险评级标准。[1]

由于商业银行获取的违规收益远远大于违规成本，使得违规银行变本加厉，同时导致恶性循环，即其他银行要么选择继续承担相对高额的社会责任履行成本，从而丧失竞争优势，要么模仿违规银行，拒绝承担社会责任。

3. 社会责任管理机制不健全。一方面，虽然我国也有一些与社会责任相关的法规，如最低工资制度、银行收费制度、信贷制度等，但是由于行业垄断、管理者腐败、地方保护主义等，这些规章制度的执行力度不够，有些法规条例经常遭到轻视，也有一些地方政府管理部门只注重税收，而对银行等企业守法行为的查处力度不够。另一方面，一些政府主管部门或行业协会过去在宣传商业银行等企业绩效排名或评比时，片面强调资产规模化和利润最大化，过于注重经济效益而时常忽视或很少关注社会效益。在很多时候，似乎利润水平高、纳税数额大，该商业银行就被视为优秀。由于企业社会贡献方面的表现无法科学衡量，也没有真正纳入评价企业好坏经营的考核体系中，商业银行弱化企业社会责任的承担便成为自然而然的事情了。

我国商业银行在公司治理结构方面还存在诸如职工等利益相关者参与治理不足、外部董事占比重小、有效监督机制不健全等缺陷。公司治理结构不够健全，这种局面既可能导致我国商业银行经营管理委托代理成本的增加，又可能导致对社会责任目标的弱化，从而危及未来的可持续发展与国际竞争力。在缺乏有效监督机制的情况下，我国商业银行管理者可能不可避免地倾向于忽视除自身利益以外的其他社会责任。

4. 社会责任监督机制缺失。我国现行的《公司法》和《商业银行法》对商业银行履行社会责任都没有十分完整、详细、清晰、明确的法律规范。立法不完善，使得商业银行在履行社会责任的过程中无法可依，没有操作性强的法律法规

---

[1] 睢立军、李婷：“我国金融机构履行社会责任存在的问题及对策”，载《经济纵横》2016 年第 10 期。

和制度可以遵循，得不到具有指导性的意见，也无法获得正确的价值观导向的指引。没有法律的强制约束，商业银行应该如何正确、严格、规范、行之有效地履行社会责任？商业银行履行社会责任的监管可以采取外包的方式，由学习相关专业知识的人员组成的权威中立监管公司或机构，作为社会责任事务代理，代理监管商业银行履行社会责任，收集、总结信息数据等，最后协助商业银行制定并公开社会责任年度报告。由与商业银行没有利害关系的第三方来对商业银行履行社会责任进行监管，社会责任年度报告所展示的内容、信息和数据肯定也会更加透明、客观、真实。

5. 社会责任主观意识薄弱。我国商业银行履行社会责任投入不够，经常敷衍了事，有时还带有明确的功利性。在企业的日常经营活动中，被用于维持正常经营和预期可带来经济收益的投入被称为费用，投入各种费用的目的是换取经济利益上的回报。商业银行对于社会责任的投入无法从直观上为商业银行带来经济利益上的回报，是不计产出的投入。商业银行作为负债较高的金融行业，对经济收益的追求更高于一般的企业，对社会责任的投入越多，就会被认为是对利润越大程度上的压缩。我国商业银行在对履行社会责任的投入上往往瞻前顾后，过分考虑投入与收益的关系，始终无法加大对履行社会责任的投入。

我国商业银行履行社会责任时避重就轻，具有选择性，对于难度较大的社会责任有退缩现象。我国商业银行在履行社会责任时会挑选一些所需各类投入较少，难度较小，容易完成的社会责任来履行。商业银行作为国家经济的支柱，经济实力都比较雄厚，远超一般企业，在履行社会责任时更应该解决一般企业无力承担、力不能及的难题。比如对于一些扶贫问题较突出、贫困人数较多的地区，一般企业能力有限无法承担，商业银行应该挺身而出，主动承担。再比如一些对教育、医疗事业的支持，在改善基础设施建设、师资力量、医疗器械购买等方面是一个长远的计划，需要源源不断、持续地进行资金或人力投入，商业银行规模较大，利润可以保持稳步增长，面对这种难题，商业银行解决起来压力相对较小，应该主动承担。

三、我国银行社会责任的实现机制

结合国外商业银行的实践经验，针对我国商业银行在社会责任方面存在的诸多问题，在现阶段强化银行的企业社会责任的意义就显得格外重大。而商业银行社会责任体系的构建是一项复杂的系统工程，需要银行、政府、司法机关及全社会的内外合力才能实现。

（一）完善立法，循规而行

商业银行在重视自身经济效益的同时亦不能忽略社会效益、生态效益，应当在经济利益与社会价值当中找到一个平衡点，不能将自身的企业价值或股东的利益最大化凌驾于社会价值之上。纠正舆论环境导向，正确引导评价竞争力的标准。这就需要相关的政府机构完善社会责任的相关法律法规，使商业银行履行社会责任具有强制性。在西方国家社会责任早已经明确把企业社会责任添加进相关的法律法规中，不仅有具体的法律定义，还有细化的条文规定，这些在劳动法、公司法、银行法、税法等中都可找到。

反观我国的法律条文，只在《公司法》《中国银行业金融机构企业社会责任指引》等中出现了"商业银行应当承担社会责任"这样具有指导意义的语句，并没有出现强制性的法律条文规范。目前我国的各家商业银行对于履行社会责任还无法"按章而循"，监管机关对于银行的鞭策手段也基本停留在检查、监督这样的表层上，其实从监管效率上来讲，明确相关的法律法规，既能使商业银行有的放矢，又可把监督手段变为法律规制，无论是履行责任还是监督监管，效率都会更高。

出台更加明确的法律法规，通过立法将商业银行履行社会责任变得更规范而具体，会使我国商业银行在履行社会责任中有更高效的执行力。另外要奖惩结合，在法律意义上，商业银行的社会责任实际上应当是一种法律义务，法律存在的意义之一便是对违法行为进行惩戒，商业银行有履行的义务，也应当承担没有履行义务所带来的法律惩戒措施。

（二）加强监管，强化沟通

在我国现今侧供给改革的大环境下，商业银行需要配合国家加大对新兴产业鼓励和支持，优化产业结构，淘汰落后产业链，扩大高端产业链。这对我国的商业银行来讲，无疑又是一次机遇与挑战。

1. 加强银行业与其他部门的信息合作。以绿色信贷为例，商业银行推行绿色信贷就需要和环保部门建立紧密的联系，因为银行自主去搜集跨行业的专业信息不仅难度大，而且投资成本高，这是不利于绿色信贷相关业务发展的。不过商业银行得到了环保部门的合作，情况就完全不同了，环保部门可以与银行进行绿色信贷方面的信息共享，建立企业环保信贷信息库。环保部门向信息库提供企业环保评测信息，使银行方的信贷部门能及时查询到目标企业的环保评测优劣程度，进行贷款项目的评估。商业银行对于目标企业的影响力，也可以让环保部门借以加强监督管理，提高企业的环保水平。达到真正的强强联合，信息共享。

2. 培育银行社会责任文化价值观。商业银行履行社会责任要落到实处首先就是要让银行从业人员自身对社会责任产生认同，抛去过去"利为先"的思想，增强社会责任感。这对于不论是基层员工还是高层管理人员都是非常必要而且重要的。因此，商业银行就需要在员工基础培训中加入对于道德责任感的培训，在培训中，提升员工自身的道德主动性，使员工能自觉地进行自身管理，提升责任意识，正确认识到身为一个银行人员应当保有的职业道德感和职业责任感，淡化重利轻义的惯性思路，更好地作为一个银行人员去履行身上肩负的社会责任。重视社会各层次的金融需求。这些需求会是多方面的，不仅仅包括金融设施、金融产品、金融安全、金融服务，还会包括金融的各阶层适用性、金融的环保度、金强服务的可用性等方面。拓展金融产品开发思路，能带动投资的企业一同关注、履行社会责任。

郝向华提到，我国银行应该改进商业银行的内部公司治理结构，构建重视社会责任的文化价值观。建立合理的董事会结构，有效监督商业银行运行，确保决策顾及更加广泛的相关利益者的根本利益。实现经济效益、社会效益和环境表现的均衡发展。建立商业银行经理人激励约束机制，促使其自觉关注经济利益以外的社会责任。建立有效的外部监督机制。确保监督效率、防止权力滥用，保护员工和债权人的合法利益。建立信息披露制度，及时公布银行的重大决策信息，巩固强化商业银行社会责任观。[1]

（三）建立商业银行的社会责任信息披露制度

根据中国银行业监督管理委员会 2007 年 12 月 5 日发布的《中国银监会办公厅关于加强银行业金融机构社会责任的意见》，银行金融机构要根据经营规模、业务复杂程度和发展战略，明确参与社会公益事业；参照国内外企业社会责任的良好做法，在授信及业务流程和管理秩序中体现企业社会责任的管理要求；要采取适当方式发布社会责任报告。

商业银行社会责任年度报告是商业银行社会责任信息披露制度的主要形式，将商业银行在一年中履行社会责任的信息数据等经过整理，编撰成社会责任年度报告，向公众公开，从实质上来讲，公开社会责任年度报告属于商业银行社会责任的监督层面的内容。随着经济和社会生活的发展，人们对企业的道德衡量要求越来越高。

商业银行社会责任报告源于企业社会责任报告，企业社会责任报告诞生的目

---

〔1〕　郝向华："金融企业社会责任的国际比较"，载《山西财经大学学报》2010 年第 A1 期。

的在于，企业追求经济利益最大化的战略目标所引发的环境污染、食品安全等问题越来越引起公众的关注，由此带来的压力迫使企业不再仅仅对股东负责，还要对广大利益相关者负责，企业社会责任报告在企业与广大利益相关者的沟通交流上起到了重要的作用。商业银行不属于生产制造行业，不会直接造成环境污染、食品安全等危害，但是可以间接控制这些危害的发生，而商业银行的利益相关者范围较广，一般来说，整个社会公众都可以作为商业银行的利益相关者。

从作用上讲，早期的商业银行社会责任报告更像是一个公关宣传工具，商业银行在社会责任报告上将其在一段时间内所做的各种社会责任列出，加以美化，营造该商业银行的光辉形象，这种社会责任报告的真实度和可信度往往不高。真实、透明、公开作为商业银行社会责任报告最重要的三个因素，必须要得到保证，否则这份社会责任报告将失去其存在的价值和意义。很多商业银行为了向公众保证其社会责任报告的真实性，和第三方合作，由第三方对其社会责任报告的真实度和可信度进行公证。

经过发展，到了今天，商业银行社会责任报告不仅仅会罗列在过去一年内该商业银行在履行社会责任上所取得的成绩，还会将一些负面消息也加入其中，比如某些方面做得不到位，因为银行方面的工作疏忽或失误间接造成了对社会、人民或环境的危害等。再比如在履行社会责任过程中，在某些方面遇到什么样的困难。这样的社会责任报告更加客观，也显示出了商业银行的诚意。商业银行社会责任报告不仅在内容上，在表现形式上也发生了改变，从初期的纯文字形式到现在的结合各种图形、表格，更为鲜明生动地把信息和数据展现在公众面前。多家国际商业银行还商定将社会责任报告制作成统一形式，便于公众了解信息，也便于自身通过比较取长补短，在履行社会责任的道路上更进一步。

(四) 加强第三方机构监督、建立统一标准

与此同时，还可以在社会中建立非政府性质的组织，或者直接在银监会中加设一个部门专门负责研究调查、统计分析、测评各商业银行在履行社会责任时的表现，是否积极主动地去履行社会责任，是否勇于承担各种错综复杂的社会关系，通过分析研究检验其履行社会责任所采取的方式方法是否科学妥当，是否能起到积极的作用，是否能为其他商业银行起到带头模范作用。

为了便于监管，政府或者相关的政府组织比如银监会，还有非政府金融组织，应该经过联合分析研究后制定一个统一的规定、标准，我国所有商业银行都必须以此规定或标准来开展社会责任活动，一旦统一的模式得到广泛使用，那将为管理者提供极大的便利。

商业银行履行社会责任不会是一项短期内就会结束或者取得良好成绩的行为，商业银行社会责任的意义决定了履行社会责任将是商业银行实现社会价值，回馈社会，造福人民，改善环境的主要途径，而商业银行也必将在履行社会责任的道路上一直走下去。所以商业银行履行社会责任必将是一个旷日持久的长期战争。而对于商业银行履行社会责任的监管也必将形成一个独立的产业，就比如如今商业银行聘请安永、毕马威等世界知名会计事务所为其核算一样，在未来对于商业银行履行社会责任的监管可以像现在商业银行聘请会计师事务所一样，聘请权威的中立监督机构进行监督。

前文说过商业银行履行社会责任应该在行业内形成一套统一的、完善的、详细的标准，这样不仅方便管理和监督，更为日后将监督管理商业银行履行社会责任的工作外包做了铺垫。管理监督商业银行履行社会责任是一项比较单调，相对来说比较机械，技术含量较低的熟练工种。在商业银行的日常经营活动中履行社会责任虽然也十分重要，但是却始终无法取代追求经济利益最大化的核心目标。而无论是在追求经济利益最大化的商业活动中还是履行社会责任中，监管商业银行履行社会责任的监管人员必定无法参与其中，而履行社会责任又不会十分频繁，不需要监管人员天天跟在身旁，为了节约成本，节约资源，也为了营造便利，采取外包的形式是比较合理的。

商业银行一方面自行制作商业银行社会责任年度报告，而中立监督机构也可以将自己收集获取的信息数据等汇总为该商业银行制定商业银行社会责任年度报告，第三方与商业银行之间除雇佣关系外并无其他利害关系，所制定的社会责任报告的真实性和可信度就可以得到保证。而且第三方本身就必须本着公平、公正、公开的工作态度进行监督工作，这一点可以在其公司或机构性质上得到保证。

（五）贯彻可持续发展理念，大力发展绿色信贷

我国循环和绿色发展面临很大的投资缺口，虽然未来中央政府一定会加大财政投资推动绿色发展，但单靠政府投入推动绿色发展是不现实的，还需要发展绿色金融、拓宽融资渠道、创新金融工具，包括发展绿色信贷、绿色债券，支持绿色股权资本和绿色基金等。

在现行的金融分业监管体制下，绿色金融评估采取了分业内部评估的机制。虽然中国人民银行、银监会和环保会出台了多种政策文件加以规范，但目前，银行业履行环保社会责任的监管部门不明确，对绿色金融工具的发行缺乏有效的社

会评估机制。[1]2012 年 1 月，银监会发布《绿色信贷指引》，强调银行业金融机构应当从战略高度推进绿色信贷，加大对绿色经济、低碳经济、循环经济的支持，防范环境和社会风险；要求银行业金融机构有效识别、计量、监测、控制信贷业务活动中的环境和社会风险，建立环境和社会风险管理体系，完善相关信贷政策制度和流程管理。

21 世纪初赤道原则的出现使金融机构环境与社会责任得以确立，并已发展成为全球金融业遵守的行业惯例。通过对我国金融机构环境与社会责任立法的考察和反思，我国现行的绿色信贷制度与赤道原则相比在环保理念和法律制度设计方面存在巨大差距，[2]应当从适用范围、协调各监管部门关系、明确融资程序、协调赤道原则与绿色信贷的关系等方面重构我国金融机构的环境与社会责任，使赤道原则成为我国金融机构环境与社会责任的战略选择和发展方向。[3]

接受赤道原则是金融行业发展趋势，保护生态和环境是人类社会不容推迟的责任。接受赤道原则才可能在国际市场占有一席之地，赤道原则作为行业准则，虽然没有法律规定的影响，但是已经发展成为国际项目融资中环境和社会方面的行业惯例。可以用它去约束商业银行与目标企业，最大限度地规避环境风险和社会风险，接受国际市场的运行规则，我国的商业银行才能在国际金融市场上享有话语权。

---

〔1〕 睢立军、李婷：“我国金融机构履行社会责任存在的问题及对策”，载《经济纵横》2016 年第 10 期。

〔2〕 樊明太：“建立绿色金融评估机制”，载《中国金融》2016 年第 24 期。

〔3〕 胡珀、强晓捷：“基于赤道原则对我国金融机构环境与社会责任的反思”，载《江西财经大学学报》2016 年第 5 期。

第二部分
金融市场准入退出中的风险防范

第一章　金融机构市场准入中的风险防范

第一节　金融机构市场准入的立法与实践

一、金融机构市场准入的意义与特殊性

当今世界经济的主流，始终在政府与市场之间寻找平衡，而这一平衡点突出体现在主体进入市场的自由问题之上。由于经济全球化的不断扩张，市场自由化的动力也不断加强，针对特定领域的市场准入限制显得更为重要。金融机构具有庞大的体量，在全球范围内大型金融机构基本以跨国公司的形式存在，其掌控的资本甚至能够可以与一个国家相匹敌；在一国境内，金融机构同样是重要的经济支柱。对于金融机构的政府管制以及相关的市场准入要求，也逐渐形成了更强的必要性，因此有必要对其设置特殊的规则，从而区别于一般的市场准入以及其他领域的特别市场准入。

（一）金融机构市场准入制度的必要性

金融资本主义在全球范围内的发展，为金融机构在市场中地位的提升奠定了经济基础。我国的金融机构最初均为国有企业，如四大商业银行、重要保险公司等，民营企业与国外资本长期处于金融机构的市场之外，不被允许进入。但是随着中国市场与世界市场融合的加深，金融业也需要更进一步的发展。因此，随着改革开放程度的加深，开放金融市场是一个必然且必要的选择。

金融并非万能，体量越大、风险越大。我国必须要在利用金融发展经济，与保护国家实体经济免受金融侵蚀之间做好平衡，否则结果必然是弊大于利。因此，对于金融机构市场准入的限制，正是国家审慎的金融战略的"桥头堡"。必须控制好市场主体进入的源头，实现市场运行中的有效监管。

（二）与普通企业市场准入的异同点

与普通企业相比，金融机构具有特殊性，因此其市场准入应当作出更为特殊的安排。

1. 因为金融机构的经济体量较大，因此应当要求新进入或者新成立的市场主

体具有充足的资金，作为开展业务与承担风险的预备。尽管我国已普遍采取认缴制的资本形成方式，但对于金融机构而言，必须完成实缴，而且需要有净资产额度以及资产负债率的限制，以保证其经济实力。除此之外，还有必要要求金融机构向国家监管机构缴纳一定比例的保证金，作为风险预备。

2. 由于金融机构事关国家经济命脉，因此不应当过度地开放竞争，避免竞争所带来的市场失序，相反还要保证政府的管控的有效性。[1]目前市场相对较为饱和，已无需引入新的金融机构，通过竞争激发总体市场活力。在此种限制下的准入环节，可以考虑采取核准制乃至审批制，甚至可以考虑名额限制。当然，这只是对金融市场的总体限制，如果涉及区域的金融市场或特殊领域，则应当相应地降低标准，但同时应当限制其经营的业务范围与地域范围，并通过报告、监督、中介机构等多种手段，保证其履行进入市场时所接受的限制性条件。

3. 由于金融业总体上具有民族性，在资本构成方面仍需坚持内资的控制性。目前，我国对金融机构资本构成的要求的底线是国内资本达到51%，亦即可以放弃绝对控制，但不能放弃对于金融机构的控制。但仍然存在外国资本可能通过复杂的交易架构，将其包装为国内资本而进行出资的可能性。面对此种可能性，政府应当加强准入申请阶段的报告的担保力度，一旦出现资本来源的问题，即课以高额罚款，与此同时也应增强中介机构的审查职能，并加强自身的实质审查规范。

二、以金融机构为重点的市场准入的实证分析

金融机构的市场准入受到宏观政策和具体制度的影响。自从 2001 年我国加入世界贸易组织以来，全面的市场准入标准逐渐清晰，外资领域采取"正面清单"制度，市场自由度仍有不足。2015 年我国开启市场准入负面清单试点，由此跨入了对外开放的新时代。

---

〔1〕　周小川："金融政策对金融危机的响应——宏观审慎政策框架的形成背景、内在逻辑和主要内容"，载《金融研究》2011 年第 1 期。

（一）宏观政策的变化

表 2-1-1　宏观政策变化一览表

日期[1]	名称	内　　容
2001 年	中华人民共和国国民经济和社会发展第十个五年计划纲要	要转变观念，突破体制障碍，打破垄断，放宽市场准入。
2008 年	第十一届全国人民代表大会第一次会议关于 2007 年国民经济和社会发展计划执行情况与 2008 年国民经济和社会发展计划的决议	继续严把土地、信贷闸门，严格市场准入条件；深化中国农业银行、农村合作金融机构和国家开发银行改革，在全国放宽农村地区银行业金融机构市场准入。
2009 年	全国人民代表大会财政经济委员会关于第十一届全国人民代表大会第二次会议主席团交付审议的代表提出的议案审议结果的报告	1995 年颁布的商业银行法很多条款已不适应实际需要，阻碍了金融服务的创新和发展，有必要进行修改，如放开市场准入制度。
2011 年	中华人民共和国国民经济和社会发展第十二个五年规划纲要	建立公平、规范、透明的市场准入标准；推进非基本公共服务市场化改革，放宽市场准入；深化垄断行业改革，进一步放宽市场准入；鼓励和引导民间资本进入法律法规未明文禁止准入的行业和领域，市场准入标准和优惠扶持政策要公开透明。
2014 年	关于 2014 年深化经济体制改革重点任务的意见	有序放宽金融机构市场准入，在加强监管前提下，允许具备条件的民间资本依法发起设立中小银行等金融机构，引导民间资本参股、投资金融机构和融资中介服务机构。通过完善制度、规范秩序、加强监管、坚守底线，切实防范系统性和区域性金融风险。

---

[1]　所有日期均为该文件最新修订版本的生效年份。

日期	名称	内　容
2016 年	国务院关于在市场体系建设中建立公平竞争审查制度的意见	市场准入和退出标准：①不得设置不合理和歧视性的准入和退出条件；②公布特许经营权目录清单，且未经公平竞争，不得授予经营者特许经营权；③不得限定经营、购买、使用特定经营者提供的商品和服务；④不得设置没有法律法规依据的审批或者事前备案程序；⑤不得对市场准入负面清单以外的行业、领域、业务等设置审批程序。
2016 年	中华人民共和国国民经济和社会发展第十三个五年规划纲要	放宽市场准入，健全市场退出机制；进一步放宽基础设施、公用事业等领域的市场准入限制，采取特许经营、政府购买服务等政府和社会合作模式；面向社会资本扩大市场准入，加快开放电力、民航、铁路、石油、天然气、邮政、市政公用等行业的竞争性业务，扩大金融、教育、医疗、文化、互联网、商贸物流等领域开放，开展服务业扩大开放综合试点；推动互联网医疗、互联网教育、线上线下结合等新兴业态快速发展，放宽融合性产品和服务的市场准入限制；放开育幼、建筑设计、会计审计等服务领域外资准入限制，扩大银行、保险、证券、养老等市场准入。
2017 年	国家发展改革委关于 2017 年深化经济体制改革重点工作意见	加快扩大市场准入负面清单试点，为 2018 年全面实施市场准入负面清单制度创造条件。
2017 年	全面深化中国（上海）自由贸易试验区改革开放方案	建立更加开放透明的市场准入管理模式。实施市场准入负面清单和外商投资负面清单制度。在完善市场准入负面清单的基础上，对各类市场主体实行一致管理，进一步优化、简化办事环节和流程，对业务牌照和资质申请统一审核标准和时限，促进公平竞争。进一步提高外商投资负面清单的透明度和市场准入的可预期性；把涉及市场准入的许可审批事项适时纳入改革试点，能取消的全部取消，需要保留审批的，按照告知承诺和加强市场准入管理等方式进一步优化调整，在改革许可管理方式、完善风险防范措施的基础上，进一步扩大实行告知承诺的领域。
2018 年	中华人民共和国中小企业促进法	国家完善市场体系，实行统一的市场准入和市场监管制度，反对垄断和不正当竞争，营造中小企业公平参与竞争的市场环境。

续表

日期	名称	内　　容
2018 年	国务院关于在全国推开"证照分离"改革的通知	在全国有序推开"证照分离"改革，对所有涉及市场准入的行政审批事项按照"证照分离"改革模式进行分类管理，实现全覆盖，为企业进入市场提供便利。
2018 年	国务院办公厅关于聚焦企业关切进一步推动优化营商环境政策落实的通知	要按照涉企许可证全覆盖的要求，抓紧梳理形成中央设定的涉及市场准入的行政审批事项清单，并组织各地区梳理地方设定的各类审批事项，在自贸试验区率先实现"证照分离"改革全覆盖，条件成熟后在全国推广。
2018 年	进一步深化中国（福建）自由贸易试验区改革开放方案	进一步完善外商投资准入前国民待遇加负面清单管理制度，大幅度放宽市场准入，扩大服务业对外开放，提高自贸试验区外商投资负面清单的开放度和透明度，着力构建与负面清单管理方式相适应的事中事后监管制度。清理和取消资质资格获取、招投标、权益保护等方面存在的差别化待遇，实现各类市场主体依法平等准入相关行业、领域和业务。配合做好国家安全审查、反垄断审查等相关工作。
2018 年	进一步深化中国（天津）自由贸易试验区改革开放方案	鼓励符合条件的银行机构在依法合规和有效控制风险的前提下继续发展离岸金融业务。发布银行业市场准入报告类事项监管清单，统一规范中外资银行报告类事项监管要求。在依法合规条件下，允许外资金融机构在自贸试验区设立外资银行，允许民营资本与外资金融机构在自贸试验区共同设立中外合资银行。支持自贸试验区内符合互认条件的基金产品参与内地与香港基金产品互认。支持私募股权投资基金开展跨境投融资业务。
2018 年	国务院关于开展 2018 年国务院大督查的通知	有序开放银行卡清算等市场，放开外资保险经纪公司经营范围限制，放宽或取消银行、证券、基金管理、期货、金融资产管理公司等外资股比限制，统一中外资银行市场准入标准情况。
2019 年	中华人民共和国行政许可法	有限自然资源开发利用、公共资源配置以及直接关系公共利益的特定行业的市场准入，需要行政许可
2019 年	国务院办公厅关于促进平台经济规范健康发展的指导意见	涉及金融领域的互联网平台，其金融业务的市场准入管理和事中事后监管，按照法律法规和有关规定执行。设立金融机构、从事金融活动、提供金融信息中介和交易撮合服务，必须依法接受准入管理。

日期	名称	内容
2020 年	优化营商环境条例	国家持续放宽市场准入，并实行全国统一的市场准入负面清单制度。市场准入负面清单以外的领域，各类市场主体均可以依法平等进入。各地区、各部门不得另行制定市场准入性质的负面清单；没有法律、法规或者国务院决定和命令依据的，行政规范性文件不得减损市场主体合法权益或者增加其义务，不得设置市场准入和退出条件，不得干预市场主体正常生产经营活动。

我国自加入世界贸易组织伊始便开始着手推进国内市场的自由与开放，2014年以后，对于市场整体的自由化与开放化的关注程度愈发上升，对于农村以及小微企业融资的关注，成为金融机构放松市场准入的核心要点。[1]随着 2017 年中国自由贸易区建设试点的开启，国内市场的对外开放又上升到了一个新的台阶，国家有关放松金融机构市场准入的政策越来越多，范围也逐渐扩大。面对互联网的兴起，政策制定者也积极回应了市场中的变化，"准用"对其他金融机构的规制办法，对互联网领域的金融机构的市场准入进行管控，[2]审慎把握金融安全，总体上符合谨慎的涉及外资的金融战略。

（二）负面清单的变化

自 2015 年我国将"正面清单"转为"负面清单"以来，我国国内市场的开放程度便不断加强，金融领域作为传统的受到限制的市场领域，亦逐渐变得更为自由与开放。

目前，我国的负面清单存在三个层级。

1. 作为整体的对于全国市场的"市场准入负面清单"。这一清单的效力是"全国一张清单"。因此无论是内资还是外资，无论在内地的哪个行政区域或者哪一行政级别，不被限制的领域均可自由进入，而被限制的领域则采取完全相同的准入条件。这不仅是我国市场自由化的一大步，也是统一国内市场，打破地方壁垒，推动区域协调发展的一大步。

2. 对于外商外资的特别的"外商投资准入特别管理措施（负面清单）"。此

---

〔1〕 何广文："中国农村金融供求特征及均衡供求的路径选择"，载《中国农村信用合作》2001年第 9 期。

〔2〕 谢平、邹传伟、刘海二："互联网金融监管的必要性与核心原则"，载《国际金融研究》2014年第 8 期。

种措施在 2015 年以前曾以目录的形式存在，以正面列举的方式枚举外资可以进入的市场领域，但其随着整体市场负面清单的推出一并优化。这一清单同样具有全国性的效力，但仅针对外商外资，因此是一种对国民待遇的否定，因此更多属于国际贸易法制规制的范畴。

3. 对于自由贸易区的外商外资的"自由贸易试验区外商投资准入特别管理措施（负面清单）"。这其实是对外商投资负面清单的特别规定，但更多是一种特别的优待，以至于恢复国民待遇。自由贸易试验区是我国积极融入国际市场的另一尝试，现已在多个省份设立了自由贸易试验区，在这一特定地区范围内进行的交易，适用不同的负面清单。除此之外，互联网领域是一个"条块结合"的综合领域，需要特别对待，我国也就此专门设置了负面清单。

下文将对这三个层次以及一个特殊领域的负面清单 5 年内的变化进行梳理。

1. 市场整体的一般负面清单。

表 2-1-2　市场整体的一般负面清单

时间	名称	内　容
2015 年	市场准入负面清单草案（试点版）	禁止商业银行从事非法定业务：禁止商业银行从事信托投资和证券经营等业务。 禁止非法定个人和组织从事保险业务：禁止个人和未依《保险法》等相关法律法规设立的保险组织经营保险业务。
2018 年	市场准入负面清单	禁止违规开展金融相关经营活动：非金融机构、不从事金融活动的企业，在注册名称和经营范围中不得使用"银行""保险（保险公司、保险资产管理公司、保险集团公司、自保公司、相互保险组织）""信托公司""财务公司""金融租赁""汽车金融""货币经纪""消费金融""融资担保""典当""征信""交易所"等与金融相关的字样；非金融机构、不从事金融活动的企业，在注册名称和经营范围中原则上不得使用"融资租赁""商业保理""小额贷款""金融""资产管理""理财""网贷""网络借贷""P2P""互联网保险""支付""外汇（汇兑、结售汇、货币兑换）"等与金融相关的字样。凡在名称和经营范围中选择使用上述字样的企业（包括存量企业），市场监管部门将注册信息及时告知金融管理部门，金融管理部门、市场监管部门予以持续关注，并列入重点监管对象。

续表

时间	名称	内容
2019 年	市场准入负面清单	禁止违规开展金融相关经营活动：非金融机构、不从事金融活动的企业，在注册名称和经营范围中不得使用"银行""保险（保险公司、保险资产管理公司、保险集团公司、自保公司、相互保险组织）""证券公司""基金管理公司（注：指从事公募基金管理业务的基金管理公司）""信托公司""财务公司""金融租赁""汽车金融""货币经纪""消费金融""融资担保""典当""征信""交易所"等与金融相关的字样；非金融机构、不从事金融活动的企业，在注册名称和经营范围中原则上不得使用"融资租赁""商业保理""小额贷款""金融""资产管理""理财""网贷""网络借贷""P2P""互联网保险""支付""外汇（汇兑、结售汇、货币兑换）""基金管理（注：指从事私募基金管理业务的基金管理公司或者合伙企业）"等与金融相关的字样。凡在名称和经营范围中选择使用上述字样的企业（包括存量企业），市场监管部门将注册信息及时告知金融管理部门，金融管理部门、市场监管部门予以持续关注，并列入重点监管对象。
2020 年	市场准入负面清单	禁止违规开展金融相关活动：非金融机构、不从事金融活动的企业，在注册名称经营范围中不得使用"银行""保险"（保险公司、保险资产管理公司、保险集团公司、自保公司、相互保险人民银行组织）"证券公司""基金管理公司"（注：指从事公募银保监会基金管理业务的基金管理公司）"信托公司""金融控股""金融集团""财务公司""金融租赁""汽车金融""货币经纪""消费金融""融资担保""典当""征信""交易所"等金融相关的字样； 非金融机构、不从事金融活动的企业，在注册名称和经营范围中原则上不得使用"融资租赁""商业保理""小额贷款""金融""资产管理""理财""网贷""网络借贷""P2P""互联网保险""支付""外汇（汇兑、结售汇、货币兑换）""基金管理（注：指从事私募基金管理业务的基金管理公司或者合伙企业、创业投资行业准入按照《国务院关于促进创业投资持续健康发展的若干意见》（国发〔2016〕53号）有关规定执行）"等与金融相关的字样。凡在名称和经营范围中选择使用上述字样的企业（包括存量企业），市场监管部门将注册信息及时告知金融管理部门，金融管理部门、市场监管部门予以持续关注，并列入重点监管对象。

2. 外商投资领域的负面清单。

表 2－1－3　外商投资领域的负面清单

时间	名称	内　　容
2017 年	外商投资产业指导目录	银行（单个境外金融机构及被其控制或共同控制的关联方作为发起人或战略投资者向单个中资商业银行投资入股比例不得超过 20%，多个境外金融机构及被其控制或共同控制的关联方作为发起人或战略投资者投资入股比例合计不得超过 25%；投资农村中小金融机构的境外金融机构必须是银行类金融机构；设立外国银行分行、外商独资银行、中外合资银行的境外投资者、唯一或控股股东必须为境外商业银行，非控股股东可以为境外金融机构）。 保险公司（寿险公司外资比例不超过 50%）。 证券公司（设立时限于从事人民币普通股、外资股和政府债券、公司债券的承销与保荐，外资股的经纪，政府债券、公司债券的经纪和自营；设立满 2 年后符合条件的公司可申请扩大业务范围；中方控股）、证券投资基金管理公司（中方控股）。 期货公司（中方控股）。
2018 年	外商投资准入特别管理措施（负面清单）	证券公司的外资股比不超过 51%，证券投资基金管理公司的外资股比不超过 51%（2020 年取消外资股比限制）。 期货公司的外资股比不超过 51%（2020 年取消外资股比限制）。 寿险公司的外资股比不超过 51%（2020 年取消外资股比限制）。
2019 年	外商投资准入特别管理措施（负面清单）	证券公司的外资股比不超过 51%，证券投资基金管理公司的外资股比不超过 51%（2020 年取消外资股比限制）。 期货公司的外资股比不超过 51%（2020 年取消外资股比限制）。 寿险公司的外资股比不超过 51%（2020 年取消外资股比限制）。
2020 年	外商投资准入特别管理措施（负面清单）	①2020 年版《外商投资准入特别管理措施（负面清单）》中并未列出金融类特别管理措施，按照说明第七条《外商投资准入负面清单》中未列出的文化、金融等领域与行政审批、资质条件、国家安全等相关措施，按照现行规定执行。 ②国发［2019］23 号文件：一、（二）2020 年取消证券公司、证券投资基金管理公司、期货公司、寿险公司外资持股比例不超过 51% 的限制（人民银行、银保监会、证监会按职责分工负责）。

3. 自由贸易区通用的负面清单。

表 2-1-4　自由贸易区通用的负面清单

时间	名称	内　容
2015 年	自由贸易试验区外商投资准入特别管理措施（负面清单）	境外投资者投资银行业金融机构，应为金融机构或特定类型机构。具体要求： （1）外商独资银行股东、中外合资银行外方股东应为金融机构，且外方唯一或者控股/主要股东应为商业银行； （2）投资中资商业银行、信托公司的应为金融机构； （3）投资农村商业银行、农村合作银行、农村信用（合作）联社、村镇银行的应为境外银行； （4）投资金融租赁公司的应为金融机构或融资租赁公司； （5）消费金融公司的主要出资人应为金融机构； （6）投资货币经纪公司的应为货币经纪公司； （7）投资金融资产管理公司的应为金融机构，且不得参与发起设立金融资产管理公司； （8）法律法规未明确的应为金融机构。
		境外投资者投资银行业金融机构须符合一定数额的总资产要求，具体包括： （1）外资法人银行外方唯一或者控股/主要股东、外国银行分行的母行； （2）中资商业银行、农村商业银行、农村合作银行、农村信用（合作）联社、村镇银行、信托公司、金融租赁公司、贷款公司、金融资产管理公司的境外投资者； （3）法律法规未明确不适用的其他银行业金融机构的境外投资者。 境外投资者投资货币经纪公司须满足相关业务年限、全球机构网络和资讯通信网络等特定条件。
		境外投资者入股中资商业银行、农村商业银行、农村合作银行、农村信用（合作）联社、金融资产管理公司等银行业金融机构受单一股东和合计持股比例限制。
		除符合股东机构类型要求和资质要求外，外资银行还受限于以下条件： （1）外国银行分行不可从事《商业银行法》允许经营的"代理发行、代理兑付、承销政府债券""代理收付款项""从事银行卡业务"，除可以吸收中国境内公民每笔不少于 100 万元人民币的定期存款外，外国银行分行不得经营对中国境内公民的人民币业务；

时间	名称	内　　容
		（2）外国银行分行应当由总行无偿拨付营运资金，营运资金的一部分应以特定形式存在并符合相应管理要求； （3）外国银行分行须满足人民币营运资金充足性（8%）要求； （4）外资银行获准经营人民币业务须满足最低开业时间要求。
		期货公司属于限制类，须由中方控股。
		证券公司属于限制类，外资比例不超过49%。 单个境外投资者持有（包括直接持有和间接控制）上市内资证券公司股份的比例不超过20%；全部境外投资者持有（包括直接持有和间接控制）上市内资证券公司股份的比例不超过25%。
		证券投资基金管理公司属于限制类，外资比例不超过49%。
		不得成为证券交易所的普通会员和期货交易所的会员。 不得申请开立A股证券账户以及期货账户。
		保险公司属于限制类（寿险公司外资比例不超过50%），境内保险公司合计持有保险资产管理公司的股份不低于75%。 申请设立外资保险公司的外国保险公司，以及投资入股保险公司的境外金融机构（通过证券交易所购买上市保险公司股票的除外），须符合中国保险监管部门规定的经营年限、总资产等条件。
		非经中国保险监管部门批准，外资保险公司不得与其关联企业从事再保险的分出或者分入业务。
2017年	自由贸易试验区外商投资准入特别管理措施（负面清单）	境外投资者投资银行业金融机构，应为金融机构或特定类型机构。具体要求： （1）外商独资银行股东、中外合资银行外方股东应为金融机构，且外方唯一或者控股/主要股东应为商业银行； （2）投资中资商业银行、信托公司的应为金融机构； （3）投资农村商业银行、农村合作银行、农村信用（合作）联社、村镇银行的应为境外银行； （4）投资金融租赁公司的应为金融机构或融资租赁公司； （5）消费金融公司的主要出资人应为金融机构； （6）投资货币经纪公司的应为货币经纪公司；

时间	名称	内 容
		（7）投资金融资产管理公司的应为金融机构，且不得参与发起设立金融资产管理公司； （8）法律法规未明确的应为金融机构。 境外投资者投资银行业金融机构须符合一定数额的总资产要求，具体要求如下： （1）取得银行控股权益的外国投资者，以及投资中资商业银行、农村商业银行、农村合作银行、村镇银行、贷款公司和其他银行的外国投资者，提出申请前1年年末总资产应不少于100亿美元； （2）投资农村信用（合作）联社、信托公司的外国投资者，提出申请前1年年末总资产应不少于10亿美元； （3）拟设分行的外国银行，提出申请前1年年末总资产应不少于200亿美元； （4）在中国境外注册的具有独立法人资格的融资租赁公司作为金融租赁公司发起人，最近1年年末总资产应不低于100亿元人民币或等值的可自由兑换货币； （5）法律法规未明确不适用的其他银行业金融机构的境外投资者，提出申请前1年年末总资产应不少于10亿美元。 境外投资者投资货币经纪公司须从事货币经纪业务20年以上，并具有从事货币经纪业务所必需的全球机构网络和资讯通信网络等特定条件。 单个境外金融机构及被其控制或共同控制的关联方作为发起人或战略投资者向单个中资商业银行、农村商业银行、农村合作银行、农村信用（合作）联社、金融资产管理公司等银行业金融机构投资入股比例不得超过20%，多个境外金融机构及被其控制或共同控制的关联方作为发起人或战略投资者向单个中资商业银行、农村商业银行、农村合作银行、农村信用（合作）联社、金融资产管理公司等银行业金融机构投资入股比例合计不得超过25%。
		除符合股东机构类型要求和资质要求外，外资银行还受限于以下条件： （1）外国银行分行不可从事《商业银行法》允许经营的"代理收付款项""从事银行卡业务"，除可以吸收中国境内公民每笔不少于100万元人民币的定期存款外，外国银行分行不得经营对中国境内公民的人民币业务；

时间	名称	内　　容
		（2）外国银行分行应当由总行无偿拨付不少于 2 亿元人民币或等值的自由兑换货币，营运资金的 30% 应以指定的生息资产形式存在，以定期存款形式存在的生息资产应当存放在中国境内 3 家或 3 家以下的中资银行； （3）外国银行分行营运资金加准备金等项之和中的人民币份额与其人民币风险资产的比例不可低于 8%。
		期货公司外资比例不超过 49%。 证券公司外资比例不超过 49%。 单个境外投资者持有（包括直接持有和间接控制）上市内资证券公司股份的比例不超过 20%；全部境外投资者持有（包括直接持有和间接控制）上市内资证券公司股份的比例不超过 25%。 证券投资基金管理公司外资比例不超过 49%。 不得成为证券交易所的普通会员和期货交易所的会员。 除中国政府另有规定的情况外，不得申请开立 A 股证券账户以及期货账户。
		寿险公司外资比例不超过 50%；境内保险公司合计持有保险资产管理公司的股份不低于 75%。 向保险公司投资入股，全部外资股东出资或者持股比例占公司注册资本不足 25% 的，全部外资股东应为境外金融机构（通过证券交易所购买保险公司股票的除外），提出申请前 1 年年末总资产不少于 20 亿美元。 申请设立外资保险公司的外国保险公司，应当具备下列条件： （1）经营保险业务 30 年以上； （2）在中国境内已经设立代表机构 2 年以上； （3）提出设立申请前 1 年年末总资产不少于 50 亿美元。
2018 年	自由贸易试验区外商投资准入特别管理措施（负面清单）	证券公司的外资股比不超过 51%，证券投资基金管理公司的外资股比不超过 51%（2020 年取消外资股比限制）。 期货公司的外资股比不超过 51%（2020 年取消外资股比限制）。
		寿险公司的外资股比不超过 51%（2020 年取消外资股比限制）。

续表

时间	名称	内　　容
2019 年	自由贸易试验区外商投资准入特别管理措施(负面清单)	证券公司的外资股比不超过 51%，证券投资基金管理公司的外资股比不超过 51%（2020 年取消外资股比限制）。 期货公司的外资股比不超过 51%（2020 年取消外资股比限制）。 寿险公司的外资股比不超过 51%（2020 年取消外资股比限制）。
2020 年	自由贸易试验区外商投资准入特别管理措施(页面清单)	该清单 2020 年版中并没有金融类特别管理措施。2020 年已取消证券公司、证券投资基金管理公司、期货公司、寿险公司外资持股比例限制

4. 互联网领域的特别负面清单。

表 2 - 1 - 5　互联网领域的特别负面清单

互联网市场准入负面清单（第一批试行版 2016）	禁止准入类	网络借贷信息中介机构不得提供增信服务，不得直接或间接归集资金，不得非法集资，不得损害国家利益和社会公共利益。网络借贷信息中介机构不得从事或者接受委托从事下列活动：①为自身或变相为自身融资；②直接或间接接受、归集出借人的资金；③直接或变相向出借人提供担保或者承诺保本保息；④自行或委托、授权第三方在互联网、固定电话、移动电话等电子渠道以外的物理场所进行宣传或推介融资项目；⑤发放贷款，但法律法规另有规定的除外；⑥将融资项目的期限进行拆分；⑦自行发售理财等金融产品募集资金，代销银行理财、券商资管、基金、保险或信托产品等金融产品；⑧开展类资产证券化业务或实现以打包资产、证券化资产、信托资产、基金份额等形式的债权转让行为；⑨除法律法规和网络借贷有关监管规定允许外，与其他机构投资、代理销售、经纪等业务进行任何形式的混合、捆绑、代理；⑩虚构、夸大融资项目的真实性、收益前景，隐瞒融资项目的瑕疵及风险，以歧义性语言或其他欺骗性手段等进行虚假片面宣传或促销等，捏造、散布虚假信息或不完整信息损害他人商业信誉，误导出借人或借款人；⑪向借款用途为投资股票、场外配资、期货合约、结构化产品及其他衍生品等高风险的融资提供信息中介服务；⑫从事股权众筹等业务；⑬法律法规、网络借贷有关监管规定禁止的其他活动。
	限制准入类	非公开募集基金，不得向合格投资者之外的单位和自然人募集资金，不得通过报刊、电台、电视台、互联网等公众传播媒体形式或者讲座、报告会、分析会等方式向不特定对象宣传推介。 任何机构或个人依托互联网开展金融活动，应当经过相关金融监管部门批准，或到相关金融监管部门办理备案手续。

保险机构开展互联网保险业务的自营网络平台，保险机构通过第三方网络平台开展互联网保险业务的，第三方网络平台应具有互联网行业主管部门颁发的许可证或者在互联网行业主管部门完成网站备案。
未经中国人民银行批准，任何非金融机构和个人不得从事或变相从事支付业务，包括网络支付。非金融机构从事网络支付业务需依法取得《支付业务许可证》。
外国机构在中国境内提供金融信息服务，必须经国务院新闻办公室批准。未经国务院新闻办公室批准的外国机构，不得在中国境内提供金融信息服务。
网络借贷信息中介机构完成地方金融监管部门备案登记后，应当按照通信主管部门的相关规定申请相应的电信业务经营许可；未按规定申请电信业务经营许可的，不得开展网络借贷信息中介服务。

5. 小结。我国在金融领域的市场准入的开放力度已经非常明显。在市场整体方面，政府坚持的底线是金融机构不跨行业经营其他金融业务，非金融机构不跨领域经营金融业务，经营金融业务必须经过中国人民银行、银行保险监督管理委员会等监管机构的审查与批准。这一点在互联网金融的管理上体现得尤为明显。涉及外商领域的金融机构的市场准入，则变得更为开放。2015 年尚且采取较为保守的市场准入策略，甚至要求期货公司全部采取中资。但自 2017 年起，外商投资负面清单便放开了对银行的中资比例限制。本书认为，放松市场准入标准未必导致金融风险的发生，有理由对更为开放的金融市场保持乐观。

三、完善我国金融机构市场准入的法律思考

我国金融机构市场准入规则是整体市场准入规则变化的重要组成部分，金融机构市场准入负面清单是市场准入负面清单以及外商投资准入负面清单的改革过程中，最具吸引力也是最有魄力的环节之一，政府对这一领域已经实现了更为深化的开放，而且作出了更为重大的开放承诺。[1]但由于我国受计划经济的历史影响，政府的强力干预始终存在，深化开放的过程中必然面临政府与市场的平衡难题，因此需要进一步完善金融机构市场准入制度。

1. 改革与市场准入负面清单相关的行政管理思路。传统模式下，市场准入采

---

〔1〕　张淑芳："负面清单管理模式的法治精神解读"，载《政治与法律》2014 年第 2 期。

取正向列举模式，政府作为管理者，控制市场准入。但在负面清单模式下，政府除了在制定负面清单时享有管理者的身份，更多地承担着服务者的地位。此外，除非外商投资负面清单另有规定，否则政府应当平等地尊重内资与外资，适用同等的登记模式与登记服务，尊重外商的国民待遇，逐步形成并提供平等的国际接轨的外商投资管理制度。但是也应注意到此前行政过程中对外国人身份的盲目尊重现象，更要警惕"超国民待遇"的出现。[1]

2. 仍可进一步扩大相关领域的开放程度。以金融机构为例，并非所有的业务都会引发系统性风险。对于那些风险较低的业务，特别是金融服务业，可以进一步增强开放力度，暂停或取消外资比例股份比例限制、资质要求、经营范围限制等准入限制措施。

3. 改革负面清单制度的同时，完善相应的制度设施。对于国内金融市场的开放，要注意避免现有的大型金融机构对于新成立的小型金融机构的不正当竞争。而在对外金融市场开放的问题上，目前对于外商外资投资的服务尚存不足，政府可以考虑为其提供便利化服务，为其提供信息、统计、政策汇总等基础服务，为外商外资了解中国金融市场环境、顺利作出决策提供帮助。

4. 关注国家金融安全，防范金融风险。国内的开放对于金融全局而言，可能并不具有重大影响，但可能影响到具体的金融服务接受者。政府，特别是地方政府，不应作为小型金融机构信誉的背书者与金融风险的最后承担者，因此在鼓励小型金融机构进入市场的同时，也应对其加强监管，不能放松金融机构准入的基础条件要求。而对于外资，由于更为广泛的外资股比限制的放开，甚至理论上银行都可以完全由外资构成，因此更应在运行过程中保持审慎态度。

第二节　证券市场的证券发行注册制改革

一、我国证券发行制度的立法沿革

（一）中华人民共和国成立前的证券发行制度

我国关于证券发行制度的立法最早可追溯至晚清。1903 年，清廷商务部颁布《商律》。其中的《公司律》中规定公司必须呈报商部注册"方能刊发股票，违者股票作废"，"未经注册先行开办"或"不依期呈报商部注册"或"未经注册

---

〔1〕　胡加祥："国际投资准入前国民待遇法律问题探析——兼论上海自贸区负面清单"，载《上海交通大学学报（哲学社会科学版）》2014 年第 1 期。

先发股票"，均要处以 5 元至 500 元不等的罚款。[1]《公司律》颁布之时，我国正处于严重的内忧外患之中，不存在主权独立的资本市场，其并未发挥实效，因此无法从中窥探有关股票法性质的规则对于资本市场准入的作用。

1914 年，北洋政府在《公司律》的基础上制定了更详细的《公司条例》，规定了股票上必须载明的事项，包括公司名称、注册年月日、股份编号、股份总数、每股金额等各款，还规定董事必须在股票上署名签押。[2]此外，《公司条例》中还规定了公司股票不得低于票面金额折价发行；但可以分期缴款，必须在股票上注明其每次分缴之股银，分期缴款者，其第一次缴款不得少于总股款的25%。[3]更为详细的规定意味着我国资本市场的起步与发展。不过，由于北洋政府时期我国仍然没有实现充分的主权独立，民族资本势力仍然微弱，因此《公司条例》的颁布与施行，与晚清《公司律》一样，注定无法发挥其作用。

南京国民政府时期，我国民族资本进一步发展。南京国民政府在 1929 年颁布了《公司法》。这一举措表现出国民政府对于规范公司领域以及资本市场运作的决心。《公司法》新增了对发行新股和优先股的限制。其第 188 条规定，公司对于优先股所应有的权利范围，必须在公司章程中订明，只有公司章程中对优先股的权利进行确认，公司才能发行优先股。[4]当时的法律尽数移植于德国、瑞士、日本等法制先进国家，但客观而言，这些超前的规定并未真正落到实处。随后，我国的商业发展趋势被日本入侵打断，《公司法》也逐渐成为一纸具文。

从晚清到中华人民共和国成立前的法律规定虽较为简陋，但也是初具模型，直接移植了比较法上的现行立法例，在客观上能够起到"引领"公司法领域实践的作用，在当时一定程度上促进了社会经济发展。这些立法资料也成为新中国成立后有关公司、证券等领域的重要参考资料，并为日后的立法活动奠定了基础。

（二）中华人民共和国成立后的证券发行制度

中华人民共和国建立初期，坚持社会主义公有制。因此公司、证券等具有"资本主义色彩"的"服务于"资本的法律工具，便当然与"六法全书"一同，被新建立的革命政权弃用。

---

〔1〕　朱海城："从《公司律》到《公司法》：近代中国股票发行制度与实践研究"，载《社会科学》2018 年第 7 期。

〔2〕　虞和平："民国初年经济法制建设述评"，载《近代史研究》1992 年第 4 期。

〔3〕　朱海城："从《公司律》到《公司法》：近代中国股票发行制度与实践研究"，载《社会科学》2018 年第 7 期。

〔4〕　朱海城："从《公司律》到《公司法》：近代中国股票发行制度与实践研究"，载《社会科学》2018 年第 7 期。

在改革开放后，我国开始逐渐吸收多种所有制的长处，大力发展中国特色社会主义市场经济。随着市场经济的逐渐建立，对股票市场的建设也被纳入立法计划。在股票市场的建设初期，我国采用了证券发行审批制。最早的关于证券发行制度的规定是1993年的《股票发行与交易管理暂行条例》。其中第12条详细地规定了申请公开发行股票的程序，并在第2项中明确提出政府机构审批对证券发行的决定性作用。[1]这是在我国经济体制转轨过程中不可避免的起始阶段，政府以一种家长的强势姿态实现对市场的介入。过渡时期，全面的审批制显然限制了市场的发展，但证券发行的逐渐放开是资本市场发展的必然趋势，证券发行制度也逐渐由审批制转为核准制。1998年发布的《证券法》中，第11条规定了证券监督管理机构的核准制："公开发行股票，必须依照公司法规定的条件，报经国务院证券监督管理机构核准。"如此，我国逐渐放松政府对股票市场发行股票的管制，开始有意识地缩小行政对市场干预的范围和力度，证监会也逐渐成为证券发行中最为关键的一个机构。

直至2005年，对1998年颁布的《证券法》进行修正之前，我国的名义上的证券发行核准制仍然带有较为浓厚的计划经济的色彩——"通道制"，并未发挥出预想的使资本市场更为自由的效果。"通道制"下，证券监管部门确定各家综合类券商所拥有的发股通道数量，券商按照发行一家再上报一家的程序来推荐发股公司。这显然让证券监管部门直接扼住了证券发行上市的通道，导致本来是由市场决定的"谁申请发行审核"，变为了由政府决定的"谁可以申请发行审核"。[2]如此制度仍然带有浓厚的计划经济模式下的额度分配色彩，证监会也成为证券发行过程中的"超级部门"。

为了消除"通道制"所带来的弊端，进一步提高股票市场进入的自由度，2003年中国证监会发布了《证券发行上市保荐制度暂行办法》，规定我国在证券

〔1〕 1993年《股票发行与交易管理暂行条例》第12条，申请公开发行股票，按照下列程序办理：①申请人聘请会计师事务所、资产评估机构、律师事务所等专业性机构，对其资信、资产、财务状况进行审定、评估和就有关事项出具法律意见书后，按照隶属关系，分别向省、自治区、直辖市、计划单列市人民政府（以下简称地方政府）或者中央企业主管部门提出公开发行股票的申请；②在国家下达的发行规模内，地方政府对地方企业的发行申请进行审批，中央企业主管部门在与申请人所在地地方政府协商后对中央企业的发行申请进行审批；地方政府、中央企业主管部门应当自收到发行申请之日起30个工作日内作出审批决定，并抄报证券委；③被批准的发行申请，送证监会复审；证监会应当自收到复审申请之日起20个工作日内出具复审意见书，并将复审意见书抄报证券委；经证监会复审同意的，申请人应当向证券交易所上市委员会提出申请，经上市委员会同意接受上市，方可发行股票。
〔2〕 耿志民："论中国股票发行制度变迁的内在机制"，载《郑州大学学报（哲学社会科学版）》2007年第2期。

发行方面实行"保荐制度"，即由保荐人对发行人发行证券进行推荐和辅导，并核实公司发行文件中所载资料是否真实、准确、完整，协助发行人建立严格的信息披露制度。[1]如此，"通道名额"的关卡被去除，证监会更大的实质审查权力通过市场化的方式移转给了保荐人。由此，"谁可以申请发行审核"的问题，由政府解决变为了由市场解决。"保荐制度"的存在，使得发行股票的公司资质的审核权力转归于市场主体，由市场主体而非政府机构对此作出决断，进一步提升了股票市场的自由度。

在改革"通道制"之后，2006 年中国证监会又先后发布了《中国证券监督管理委员会发行审核委员会办法》以及《中国证券监督管理委员会股票发行审核委员会工作细则》，对股票发行审核委员会（以下简称发审委）的工作进行改革，改变了发审委自身作为政府机构在编制上的弊端。2019 年，新修订的《证券法》废除发审委，由此发审委正式地退出了历史舞台。因为发审委的存在产生的有关程序、制度、机构上的诸多问题，随着发审委的废除而逐渐被消除。这也意味着我国的以证券发行为重要内容的资本市场的自由度进一步提高。

在对核准制不断地进行"缝缝补补"后，我国立法者开始考虑证券发行注册制的建立。设立注册制的构想最早在规范性文件中出现。2014 年，国务院在《国务院关于进一步促进资本市场健康发展的若干意见》中，明确提出"积极稳妥推进证券发行注册制改革"的意见。随后，十八届三中全会通过了《中共中央关于全面深化改革若干重大问题的决定》，明确提出要"推进证券发行注册制改革"。2015 年提交全国人大常委会审议的《证券法》草案中，第 13 条、第 14 条、第 16 条明确规定了豁免注册或者核准的情形，[2]第 22 条、第 23 条则表明立法者希望

---

〔1〕　高庆福："我国证券市场保荐人制度发展研究"，载《经济体制改革》2004 年第 2 期。

〔2〕　2015 年《中华人民共和国证券法（草案）》第 13 条："通过证券经营机构或者国务院证券监督管理机构认可的其他机构以互联网等众筹方式公开发行证券，发行人和投资者符合国务院证券监督管理机构规定的条件的，可以豁免注册或者核准。"第 14 条："通过证券经营机构公开发行证券，募集资金限额、发行人和投资者符合国务院证券监督管理机构规定的条件的，可以豁免注册或者核准。"第 16 条："向下列合格投资者公开发行证券，可以豁免注册或者核准：①国务院及其金融行政管理部门批准设立的金融机构或者认可的境外机构；②前项规定的金融机构管理的证券投资基金以及其他投资性计划；③实缴资本不低于 3000 万元、所持有或者管理的金融资产净值不低于 1000 万元的投资公司或者其他投资管理机构；④实缴资本或者实际出资额不低于 500 万元、净资产不低于 500 万元的除金融机构以及投资管理机构以外的其他企业；⑤年收入不低于 50 万元、金融资产不少于 300 万元、具有 2 年以上证券、期货投资经验的个人。国务院证券监督管理机构可以根据市场情况变化，调整合格投资者的条件。"

采取注册制审核的条件和程序。[1]在 2015 年《证券法》草案公布之后，它尽管并没有得到进一步的审议，但事实上开启了我国针对注册制的试点工作。2015 年第十二届全国人大常委会第十八次会议通过了《关于授权国务院在实施股票发行注册制改革中调整适用〈中华人民共和国证券法〉有关规定的决定》，授权国务院对拟在上海证券交易所、深圳证券交易所上市交易的股票的公开发行，调整适用《证券法》关于股票公开发行核准制度的有关规定，实行注册制度，具体实施方案由国务院作出规定，报全国人民代表大会常务委员会备案。由此，注册制的改革拉开了帷幕。

在证券发行注册制改革中，最具有重要意义的改革尝试即为科创板的建立。2019 年证监会发布《关于在上海证券交易所设立科创板并试点注册制的实施意见》，将科创板股票的上市审核工作交由上交所进行，证监会只负责科创板证券发行的注册工作。[2]科创板的建立不仅有利于高新技术中小企业的融资发展，更是注册制完全落实的重要一步。在上海证券交易所初步试点后，证监会发布了《科创板首次公开发行股票注册管理办法（试行)》，其中第 16 条、第 19 条、第

---

〔1〕 2015 年《中华人民共和国证券法（草案)》第 22 条："公开发行股票，由证券交易所负责审核注册文件。审核程序应当公开，依法接受监督。证券交易所可以要求发行人、保荐人、证券服务机构对注册文件作出解释说明，或者补充、修改注册文件。解释说明或者补充修改的情况应当公开。证券交易所应当对注册文件的齐备性、一致性、可理解性进行审核，并出具审核意见。参与审核的人员，不得与发行人有利害关系，不得直接或者间接接受发行人的馈赠，不得持有所审核的发行人的股票，不得私下与发行人进行接触。"第 23 条："证券交易所出具同意的审核意见的，应当将审核意见及发行人的注册文件报送国务院证券监督管理机构。国务院证券监督管理机构自收到审核意见及注册文件之日起十日内未提出异议的，注册生效。注册生效不表明国务院证券监督管理机构对股票的投资价值或者投资收益作出实质性判断或者保证，也不表明国务院证券监督管理机构对注册文件的真实性、准确性、完整性作出保证。"

〔2〕 2019 年证监会《关于在上海证券交易所设立科创板并试点注册制的实施意见》："……⑧上交所负责科创板发行上市审核。上交所受理企业公开发行股票并上市的申请，审核并判断企业是否符合发行条件、上市条件和信息披露要求。审核工作主要通过提出问题、回答问题方式展开，督促发行人完善信息披露内容。上交所制定审核标准、审核程序等规则，报证监会批准。上交所成立由相关领域科技专家、知名企业家、资深投资专家等组成的科技创新咨询委员会，为发行上市审核提供专业咨询和政策建议。必要时可对申请发行上市的企业进行询问。⑨证监会负责科创板股票发行注册。上交所审核通过后，将审核意见及发行人注册申请文件报送证监会履行注册程序。注册工作不适用发行审核委员会审核程序，按证监会制定的程序进行，依照规定的发行条件和信息披露要求，在 20 个工作日内作出是否同意注册的决定。科创板上市公司非公开发行新股实行注册制，具体程序与公开发行相同。证监会完善再融资制度，提高科创板再融资便利性。"

20 条、第 21 条正式规定了证券发行注册制的具体程序与要求，[1] 明确规定了证券交易所与证券监管机构各自的权限范围，着重限制了证券监管机构的权力，以更大限度地实现证券市场制度的完善与自由发展。

2019 年 12 月 28 日，第十三届全国人大常委会第十五次会议审议通过了修订后的《证券法》（并已于 2020 年 3 月 1 日起施行）其中明确地实现了对于证券发行注册制的全面推行。这是近五年来，对于有关注册制理论与实践积累的最终法律性质的决定，意味着以往的改革尝试被立法者所接受。

尽管我国在立法上已经全面地由核准制转变为注册制，但是整个证券发行领域的实践及其经验，仍然具有过去核准制下的特色，在短时间内很难完全消除。因此，应当审慎对待证券发行制度中存在的问题，探索出一条具有中国特色的证券发行注册制之路。

二、我国证券发行注册制改革面临的困境

证券发行制度的发展依赖于证券市场的发展，更取决于整个市场经济的健全程度。我国的市场经济制度建设起步于 20 世纪 80 年代，起步晚、经验缺乏，制度发展初期计划经济色彩严重，未能建立起完全的市场思维，[2] 导致整个市场经济的发展过程存在曲折性与递进性并存的特征。应当正视当前发展中所积累的若干问题，主动提出解决方案，在系统的背景下完成证券发行注册制改革。

（一）我国证券市场发展的不成熟

1. 市场化程度不高。证券市场是资本市场的缩影，资本市场又是整个市场经济的组成部分。我国虽然已经长期处于市场经济的建设过程中，但思维模式与运

---

　　〔1〕　2020 年证监会发布了《科创板首次公开发行股票注册管理办法（试行）》第 16 条："发行人申请首次公开发行股票并在科创板上市，应当按照中国证监会有关规定制作注册申请文件，由保荐人保荐并向交易所申报。交易所收到注册申请文件后，5 个工作日内作出是否受理的决定。"第 19 条："交易所设立独立的审核部门，负责审核发行人公开发行并上市申请；设立科技创新咨询委员会，负责为科创板建设和发行上市审核提供专业咨询和政策建议；设立科创板股票上市委员会，负责对审核部门出具的审核报告和发行人的申请文件提出审议意见。交易所主要通过向发行人提出审核问询、发行人回答问题方式开展审核工作，基于科创板定位，判断发行人是否符合发行条件、上市条件和信息披露要求。"第 20 条："交易所按照规定的条件和程序，作出同意或者不同意发行人股票公开发行并上市的审核意见。同意发行人股票公开发行并上市的，将审核意见、发行人注册申请文件及相关审核资料报送中国证监会履行发行注册程序。不同意发行人股票公开发行并上市的，作出终止发行上市审核决定。"第 21 条："交易所应当自受理注册申请文件之日起 3 个月内形成审核意见。发行人根据要求补充、修改注册申请文件，以及交易所按照规定对发行人实施现场检查，或者要求保荐人、证券服务机构对有关事项进行专项核查的时间不计算在内。"

　　〔2〕　李曙光："新股发行注册制改革的若干重大问题探讨"，载《政法论坛》2015 年第 3 期。

营模式的转变仍需时间。由于资本市场对于经济影响较大，因此我国长期以来都对其持有一种谨慎甚至有些过度"防范"的态度，使之仍然面临着诸多限制，导致证券市场与整个市场经济一样，都存在市场化程度不足的问题。我国证券市场制度在许多方面都与理想中完善的证券市场制度存在明显差距。

（1）证券市场的功能定位。证券市场，一方面是公司融资的平台，另一方面也是市场资金增值选择的平台。然而在我国的证券市场中，一方面，公司并非部分将证券认真地视为一种融资手段，而只是希望其成为实现自身利益的工具；另一方面，"炒股"成为证券投资的代名词，投资者更注重股票之中"票"的侧面，忽视自己同时所具有的股东身份。股票市场中存在过多投机性与非理性的因素，从而使证券过度的技术化、资本化，以至于非竞争因素乃至非价值性因素都可能影响到市场的运行。[1]

（2）在承销与市场监管等发行之后的过程中，同样存在过多的政府干预。[2]相较于成熟的证券市场与资本市场，我国当前欠缺完善的社会信用体系以及从业人员的自律体系，导致很多本可以依赖于市场内部解决的问题，必须要政府介入才能完成。

（3）信息披露制度不完善。公开是整个证券市场、资本市场乃至整个市场经济制度的生命线。[3]在市场模式之下，整个市场的运行都依赖于市场主体的行为，政府的功能应局限于强烈要求市场主体完成披露，并对不披露以及虚假披露的行为施以严厉的监管与惩罚，如此才能发挥政府与市场之间的配合作用。[4]现实中，政府的信息披露要求尚不全面，执法也存在选择性执法的问题，市场主体主动披露的意识不足，并且仍然存在财务造假、数据造假等诸多与信息公开相悖的行为。

2. 资本市场体系层次性不足。资本市场的体系体现在交易对象与交易主体之上。多层次的资本市场体系其实是对资本工具、金融工具的价值分层，也是对投资者以及融资者的类型、能力等综合评价考虑的分级。其在整体上实现市场效率

---

〔1〕 李文莉："证券发行注册制改革：法理基础与实现路径"，载《法商研究》2014 年第 5 期。

〔2〕 李曙光："新股发行注册制改革的若干重大问题探讨"，载《政法论坛》2015 年第 3 期。

〔3〕 曹凤岐："推进我国股票发行注册制改革"，载《南开学报（哲学社会科学版）》2014 年第 2 期。

〔4〕 李燕、杨淦："美国法上的 IPO '注册制'：起源、构造与论争——兼论我国注册制改革的移植与创生"，载《比较法研究》2014 年第 6 期。

的最大化,并尽可能地让更多市场主体实现各自的利益。[1]改革开放以后,我国的资本市场开始发展,在这一过程中政府也注重多层次资本市场体系的建设与发展,并取得了一定的成就。在我国,一般认为在资本市场之中存在主板市场、创业板、全国中小企业股份转让系统和区域性股权交易市场,以及证券公司主导的柜台市场等四个层次。[2]从表面上看,我国的多层次资本市场比较清晰地覆盖了不同规模与不同领域,相对而言具有比较明确的分工。[3]但由于我国的资本市场仍然处在发展之中,与较为完善的样态仍然存在差距。

(1)在创业板设置之前,主板与中小企业板之间就不存在明确的区分;而在设置创业板之后,就更难区分创业板与中小企业板之间的功能了。这必然会导致不同层级市场在定位上的混乱。为此,必须清楚地界定"创业"与"中小企业"各自的范围,甚至将其进行整合,以避免功能以及定位上的模糊而造成的运行中的混乱。

(2)我国虽然表面上有多层次的资本市场,但实际上仍然以主板为主,主板之外的市场并不活跃,规则并不完善。我国长期以来具有场外市场规模不足的缺陷,加之无论是政府还是投资者都将目光聚焦在主板,导致其他更低层次的市场既缺少资金流动,又缺少国家监管,以至于其市场氛围与市场环境不佳。这在长期的视角下亦会阻碍完善的资本市场的形成。

(3)不同层次的资本市场之间欠缺互动,整个资本市场也不具备整体性特征。资本市场以主板为主的局面存在已久,其他板块的资本市场都长期遭到忽视,这使得我国的资本市场几近等同于主板市场。而且,我国只规定有主板市场向场外市场的退出机制,但并没有与之相反的场外市场向主板市场的"升级"机制。这就导致场外市场的融资者只能通过新发行的方式进入主板市场,从而造成严重的效率损失。

3. 退市制度不完善。一个完善的证券市场,不仅要考虑入市门槛,还要考虑退市的实现可能性。我国目前的退市制度存在欠缺,更为重要的是欠缺退市实践。长期以来,A股市场中存在大量的ST股、＊ST股,这些"异常"股票的清理成为市场中的难题。由于早期审批制与核准制下的入市门槛高,导致已在市场内的股票成为珍贵的"资源",从而诸多渴望进入主板市场发行股票的公司选择

---

〔1〕 钟洪明:《多层次资本市场改革视域下证券法制重构论纲》,中国法制出版社2017年版,第296页。

〔2〕 李东方主编:《证券法学》,中国政法大学出版社2017年版,第347页。

〔3〕 钟洪明:《多层次资本市场改革视域下证券法制重构论纲》,中国法制出版社2017年版,第96页。

购买"壳公司"的方案"借壳上市"。[1]借壳上市并不能导致原先业绩不佳的股票得到清算，反而使得原来存在的问题因新公司的加入被掩盖，进一步削弱了退市制度的功能和市场的资源配置功能。

我国推出退市制度的时间相对较晚，在 2001 年才出台第一部有关退市规则的规范性文件——《亏损上市公司暂停上市和终止上市实施办法》。目前我国的退市制度仍然是问题大于效果。首先，退市标准较高，以"3 年连续亏损"为标准略显"苛刻"，不能有效地筛选出真正需要退市的公司。其次，我国的退市标准模糊，从而欠缺客观判断的可能性，无论是市场主体还是政府机构都难以判断。[2]再次，退市程序的启动具有一定的消极性，没有足够的督促力量，从而导致更多具备退市条件的公司仍然停留在主板市场中。[3]最后，退市中的权利保护不足，一方面对于退市公司权利救济的考虑较少，另一方面则较少考虑投资者的利益保护。[4]目前的退市并没有实现投资者与融资者之间的平衡，从而也抑制了退市制度的应用。

（二）投资者法律保护规则的不完善

证券法的根本目的在于对投资者利益的保护，一切制度设计都应为实现投资者利益保护而作出努力。[5]目前，我国对于投资者的法律保护主要存在以下问题：

1. 行政处罚力度较低。尽管《证券法》《首次公开发行股票并上市管理办法》及《证券发行上市保荐业务管理办法》等相关规定要求违反证券法律的行为人需要承担相应的法律责任（突出表现为行政处罚）。但是，即使按照法律的此种标准，违法行为人所接受的处罚与其违法所得相比，仍然相对较轻。较低力度的行政处罚对于违法行为而言可能构成"催化剂"，从而使得行为人不再顾忌违法成本，在违法而获利与守法之间选择了前者。

2. 民事责任制度存在不足。我国《证券法》对虚假陈述、内幕交易、操纵市场等证券违法行为都作出了相应的民事责任的规定，但是在实践中应用较少，尤其是内幕交易的民事责任。目前我国证券违法责任采取类似侵权责任的要件构造，但在因果关系证明上存在致命缺陷，无法严格证明上市公司的证券违法行为

---

〔1〕 李自然、成思危："完善我国上市公司的退市制度"，载《金融研究》2006 年第 11 期。

〔2〕 禄正平：《证券法学》，商务印书馆 2019 年版，第 221 页。

〔3〕 丁丁、侯凤坤："上市公司退市制度改革：问题、政策及展望"，载《社会科学》2014 年第 1 期。

〔4〕 翟浩："上市公司私有化退市：路径、特征与立法建议"，载《人民论坛》2013 年第 5 期。

〔5〕 李东方主编：《证券法学》，中国政法大学出版社 2017 年版，第 329 页。

对投资者的利益造成了直接损害；在诉的利益的认定、证明责任的分配、损害赔偿的计算标准等方面，均未给出妥当的答案，进一步导致有关证券违法民事责任的规定被"束之高阁"，从而影响对投资者的保护。

（三）监管手段欠缺市场化

市场化不仅应当存在于证券发行、交易等运行过程之中，整个证券活动原则上都应处于市场的支配之下。当然，允许市场手段对监管的介入，并不意味着全盘市场化，而只是将许多事前甚至事中的监管交给市场；至于事后的处罚等制裁手段，仍然需要政府的主导，不过同时也应允许市场的制裁手段的应用。目前我国证券监管机构对于证券监管领域的干预仍然过于深入，而且此种干预不仅限于监管领域，甚至在发行领域也有深刻的影响。过于深入的介入所带来的影响包括监管工作运行的不透明，以及市场手段在监管领域的适用困难，从而进一步制约监管手段市场化的进程。

此外，我国的证券监管模式还存在政府主导性强，欠缺整体的宏观组织，重视事前监管、轻视事中及事后监管，监管手段相对单一，过度依靠罚款的经济威慑等缺陷。

三、我国证券发行注册制改革的域外借鉴与实践路径

上文总结了我国证券发行制度发展与改革过程中存在的各种问题。为了消除这些问题，有必要借鉴其他国家在发展过程中的经验与教训，扬长避短，从而结合我国实际提出自己的解决方案。

（一）美国证券发行制度的经验

美国《1933 年证券法》是证券法制历史上极为关键的一部法律，其核心在于"信息披露"，因此亦有学者认为这是一部关于信息披露的法律。[1]法律对于发行没有更多的门槛上的硬性要求，只要发行主体忠实地履行了披露程序，就能够上市发行股票。这其实是一种低门槛甚至"零门槛"的制度设计，划清了市场的边界，限制了政府的权力。[2]美国政府没有对证券市场的准入设置任何新的门槛；而是通过一种类似程序化的形式性要求，规定了进入证券市场的手续，从而实现了证券市场秩序的初步维护。

股票是否能够成功发行并实现相关的交易，关键不在于政府机构是否审查，

---

〔1〕 刘君："美国证券公开发行如何做到'注册制'"，载《中国证券报》2013 年 11 月 18 日，第 A17 版。

〔2〕 禄正平：《证券法学》，商务印书馆 2019 年版，第 26 页。

而在于能否取得资本市场的认可。[1]而资本市场认可的基础就在于信息披露中所呈现的公司信息。即使该公司处于亏损状态，但如果投资者经过判断认为其具备发展前景，亦无妨加大投资；而即使公司的运营状况良好，但投资者从中识别出即将发生的风险，甚至是判断其所处的行业不存在任何发展前景，亦有可能导致一只股票完全不受市场欢迎。既然将信息披露的重要性提升到如此高度，那么自然应当将有关信息披露的文件当作整个证券发行过程中的核心。无论是证券监管机构（美国证券交易委员会，简称 SEC）的审查，还是向公众的公开，都应以披露文件为核心。[2]

此外，市场的力量还体现在中介机构的功能发挥，即通过专业的承销商、律师事务所、会计师事务所对于整个证券发行的评价，"担保"发行人信息的真实性与准确性，从而利用这些中介机构的专业性吸收证券监管机构的评价职能，有效地运用市场手段实现发行过程中的行业自律。[3]

最后，美国还设置了丰富的民事诉讼以及集团诉讼制度，从而进一步发挥分散的投资者的力量，使之自发地成为证券监管的主体，发挥最终性的补充功能，从而补全整个证券监管体系。[4]由此，市场的力量成为证券监管中的主干，政府无需深度介入证券市场的全过程，也能够最终实现有效的市场治理，并塑造法治化的证券市场。

（二）我国证券发行注册制改革的路径

1. 健全和完善信息披露规则。由美国的经验可以得知，信息公开是证券发行的核心。[5]信息披露规则的有效性取决于所公开的信息的真实性、准确性和完整性，而此种要求的实现依赖于参与各方的行为规范以及相应的法律责任。因此，注册制对信息披露提出以下总体要求：①公开性：只要有关发行的相关信息，无论存在于何种环节、何种时间，针对何种事项，都应当由发行人主动并全面地公开；②完整性：发行人应当尽可能完整地披露，监管机构应当审查此种披露是否能够充分满足投资者判断的需求；③中介机构：应当加强中介机构及其从业人员的规范化要求，强调其职业伦理，遵守操作规范，以个人与机构的信誉担保披露文件的有效性；④发行人：信息披露本身就应当意味着一种对自身信息真实性、

---

　　[1]　廖凡："钢丝上的平衡：美国证券信息披露体系的演变"，载《法学》2003 年第 4 期。
　　[2]　廖凡："钢丝上的平衡：美国证券信息披露体系的演变"，载《法学》2003 年第 4 期。
　　[3]　许业荣编著：《科创板与注册制》，上海财经大学出版社 2019 年版，第 108 页。
　　[4]　杜要忠："美国证券集团诉讼程序规则及借鉴"，载《证券市场导报》2002 年第 7 期。
　　[5]　李燕、杨淦："美国法上的 IPO'注册制'：起源、构造与论争——兼论我国注册制改革的移植与创生"，载《比较法研究》2014 年第 6 期。

准确性、完整性的担保，因此在事前应当做好内部控制与内部管理，而一旦存在真实性的缺陷，就应当承担严苛的证券欺诈责任。

以上总体设计只是对信息披露原则性的要求，全面信息披露目标的实现，还需进一步提升信息披露的质量。因此，在注册制改革过程中，在既有的信息披露形式上的规则的基础之上，还要再考虑信息披露质量的提升。具体而言，应当从丰富信息披露的层次、简化信息披露的样式、加强上市公司的内部控制建设，以及充分运用互联网等新兴技术手段等方面，作出更细致的安排。

2. 提高证券市场的市场化程度。证券市场化是一个体系性问题。

（1）首先需要完善整个资本市场。对此需要做到以下几点：①促进交易所主板内部的区分，这既包括上海股票交易所与深圳股票交易所之间的竞争，也包括两大交易所内部板块的区分；②完善次级市场的规则及实践，进一步激发我国场外交易市场的活力；③建设连接我国不同层次市场的转板机制，一方面做好不同层次之间准入门槛的区分，另一方面设计好"升级"与"降级"的门槛标准，从而使得整个资本市场成为流动的统一整体。[1]

（2）还需实现证券市场的进出自由，特别是保障退出机制的顺利运行。对此应当注意以下几点：①退市不应设置过高门槛；②退市并不是对于上市公司进行制裁的全部，退市制度与行政责任、民事责任处于并行状态；③证券监管机构与市场准入一样，不对退市作出严格的实质审查，只需要进行形式审查，更不需要判断上市公司是否存在经营不善等情况；④应当注重证券交易所在其中的作用，证券监管机构应当将更多判断权力交给更贴近市场的证券交易所，仅作出补充性的实质性审查；⑤证券交易所自身应当积极发挥监督以及自律的职能，实时监控上市公司的动态，设置更合理的退市指标（应当涵括从经营不善到重大风险，以至于信息披露造假），并针对不同的情况及时采取从轻微的通告到严重的强制退市等决定，积极主动维护市场秩序。

（3）整个证券市场中的各个交易环节都应尽可能实现市场的自我调节。例如发行定价，应当减少证券监管机构的干预，降低对于发行环节的要求，使得证券发行价格由承销商和发行人根据市场情况自主决定，从而合理地反映市场中供给与需求关系的状况。

3. 完善投资者保护制度，着重保护中小投资者。中小投资者与机构投资者之间最大的区别就在于经济体量。后者由于拥有更雄厚的经济实力以及更为突出的风险防控能力，因此风险自担能力较强，无需法律对其采取额外的保护。尽管一

----

〔1〕 杨峰："我国实行股票发行注册制的困境与路径分析"，载《政法论丛》2016 年第 3 期。

个更为发达的资本市场要求中小投资者与机构投资者在市场上的区分与分级，并且最终也要实现所有投资者的风险自担，但在我国当今的局面下，想要降低中小投资者的参与比例、分别引导不同量级的资本进入不同的市场，并非易事。长期以来形成的政府作为最终保护人的认识，导致中小投资者的风险自我规避意识较差。因此，保护中小投资者仍然是注册制发展过程中的重中之重。

中小投资者的保护重点主要在于以下几个方面：①进入：应当做好入市的投资者适当性评估，增强对于中小投资者投资风险的警示，尽可能避免超出个人风险承受能力的投资；②信息知情：由于中小投资者具有分散性，而且不一定具有良好的经济、会计、法律知识，因此应当要求上市公司采用多渠道、多方式的信息披露手段，使得更多投资者能够及时准确地得知信息；③诉讼权利：应当积极肯定证券违法民事诉讼，鼓励中小投资者提起集团诉讼，以行使损害赔偿请求权的方式保护自己的权利。

除此之外，还应在总体上加强证券违法责任的设计，实现民事、行政、刑事责任的全覆盖，使得任何一种形式的法律责任的追究都能真正落到实处。

4. 改革证监会与证券交易所。

（1）证监会是我国的证券监管机构，但其性质并非政府机关，而是"国务院直属正部级事业单位"，其机构属性具有一定的独立性。因此，应将其视为整个证券市场的重要组成部分，摆脱传统的政府部门的认识，改造其工作人员以及证券市场各主体的认识，从而进一步实现证监会的独立运作以及监管操作的灵活性。

（2）要明确证监会"监督"的对象。证券发行采取注册制最重要的辅助制度是信息披露，而证券市场交易与运行过程中最为重要的同样是信息披露。因此，证监会最重要的审查对象就应当是信息披露。如此可以使证监会真正发挥作为证券市场秩序的最终维护者的作用，从原来的以核准为中心转变为以信息披露审查为中心。[1]

（3）要完善监管手段。目前的证监会，虽然名为事业单位，但其职权的行使方式与其他政府机构别无二致。但若想进一步实现市场化改革，证监会不应再以行政处罚作为最主要的，甚至是唯一的监管工具；而应综合运用市场竞争、价格机制等手段，以柔性的方式干预市场，只有在出现严重违法行为并严重损害市场

---

〔1〕 周友苏、杨照鑫："注册制改革背景下我国股票发行信息披露制度的反思与重构"，载《经济体制改革》2015 年第 1 期。

运行的公开公平公正性之时，才动用最终性的行政处罚手段。[1]

（4）应当重新审视证券交易所的地位。证券交易所是一个独立的机构，它是证券市场的组织者与维护者，与上市公司存在合同关系，但并不存在与证监会之间的民事关系。因此，证券交易所当然地具有市场准入审查、规则制定、秩序维护等基础功能。也因此，在注册制之下进一步扩大证券交易所的职权，也是一种回归原始样态的举措。在此种状况下，应尽可能尊重证券交易所自治规则的制定权限以及审查权限，证监会仅起到对上市公司的直接监督以及市场秩序的最终维护作用，并且尽可能地在两个证券交易所之间实现平衡。基于我国的特殊国情，无论是证监会还是证券交易所，均应谨慎行事，在国家宏观政策的指导下制定证券市场的相关规则，最大可能地保证我国资本市场的安全性。

第三节　金融机构的信用评级制度改革问题研究

一、信用评级的一般原理

（一）信用评级的含义

"信用评级"是一个在法学视角下较为陌生的概念。我国的立法与学界尚未给出明确的定义，有关的规制与研究也相对较少。我国目前有多家信用评级机构，均对自己的工作提供了定义。例如，中诚信国际所下的定义是："信用评级反映的是发债主体按时偿本付息的能力和意愿，以及各类债务如约还本付息的可能性或预期损失。信用评级用简单的符号向投资者提示风险程度。"大公国际的定义则为："信用评级是用一个简单的符号系统，给出关于特定债务或企业信用风险客观、公正、独立的意见，反映出发债主体按时还本付息的能力与意愿，以及各类债务融资工具按时还本付息的可能性。"而联合资信的定义为："信用评级是指专业的评级机构对各类主体所负各种债务能否如约还本付息的能力和可信任程度的综合评估，是对债务偿还风险的综合评价，并用简单明了的符号表示。"

通过以上定义，可以发现信用评级概念存在以下共性要素：①以债务清偿能力基础为评价内容，并以信用风险作为最终的评价结果；②以企业或特定债务为评价对象；③以符号化的方式加以表示。以下将对这几点内容分别进行分析：

1. 债务清偿能力。债权实现的基础在于债务人的责任财产。责任财产一直处

---

[1] 付彦、邓子欣："浅论深化我国新股发行体制改革的法制路径——以注册制与核准制之辨析为视角"，载《证券市场导报》2012年第5期。

于变化过程中，且难以为外界所认知，因此对于债权人而言很难判断债务人在缔约时是否具备足够的清偿能力，以及能否在债务存续过程中一直保持清偿能力。

在此种背景下，信用评级制度应运而生。它在通过对债务人清偿能力进行评估、为债务人提供自我证明的基础的同时，也为广泛的债权人提供公开透明的信息[1]。由此，在缔约过程之前，有意的债权人就可以通过信用评级识别交易相对人的缔约能力，从而作出相关判断，包括资金提供的价款决定、条款的拟定等；而债务人也可以减轻自己的证明负担。信用评级机构的信誉则主要产生于它的中立性与独立性。尽管它可能受到债务人的资金委托，但严格的法律规则以及行业自律的职业伦理规范，要求其成为客观的评价主体[2]。也正因为它所具有的中立性，才能吸引更多潜在的客户。

2. 企业或特定债务。多数信用评级机构的定义不仅将企业作为评价对象，还将特定债务作为评价对象，这体现出一些特定的债务可能具有独立性[3]。在金融市场中，多数情况中面向广大投资者的并不是企业，而是金融企业所设计的各种金融产品与金融工具，因而对其分别进行独立评价具有重要意义。在特定债务中，最常见的形态就是债券，而且事实上信用评级所针对的主要对象也是债券。债券的主要风险即为违约风险，即不能实现完全兑付的风险，此种风险也可以被理解为是一种"清偿能力"。此外，任何可以化约为清偿能力的金融工具都可以采用信用评级。信用评级虽然以债券作为主要对象，但也随着金融工具的创新而不断扩张其适用范围。

3. 符号化的表示。常规的清偿能力报告是相关的会计报表与审计报告。这两种报告本身所预设的阅读者并不是交易相对人，而是具有相同水平的会计从业人员。因此，这些报告并不具备高度的可读性，对于投资者而言不足以清晰地表明被评价对象的清偿能力状况。"符号化"意味着信息的浓缩以及可视化的提升，是一种对于阅读受众，特别是非专业的阅读受众更为友好的评价结果呈现方式。因此，以等级化的方式给出评价结果是一种更为简明的呈现方式。由此，投资者可以直接从评级中识别投资对象的信用情况，从而进一步作出自己是否应当进行投资的判断。

（二）信用评级中的法律关系

在法律关系上，信用评级机构与投资者并没有直接的合同等法律关系，但因

---

〔1〕 陈元燮："建立信用评级指标体系的几个理论问题"，载《财经问题研究》2000 年第 8 期。

〔2〕 禄正平：《证券法学》，商务印书馆 2019 年版，第 267 页。

〔3〕 何平、金梦："信用评级在中国债券市场的影响力"，载《金融研究》2010 年第 4 期。

为评级结果的给出而具有一种类似默示担保的地位。与之不同的是，在信用评级机构与评价对象之间，却存在类似委托的合同关系。而在整体市场秩序的维护中，监管者又需要以一种相对消极的态度介入——既要制定规则以维护信用评级在市场准入、市场运行等方面的必要性，也要客观地利用信用评价机构给出的信息作出对于市场风险的判断，还要对于信用评级机构作出适当的监管，避免其违反职业道德作出偏袒乃至舞弊的评价。

1. 信用评级机构与投资者之间的关系。信息服务媒介。投资者是信用评级结果信息的主要使用者，在投资者与信用评级机构之间不存在合同关系，因此信用评级机构原则上不对投资者负担义务，投资者也不应为信用评级的信息结果支付任何费用，但投资者可以从中获得重要的市场信息，减少信息不对称风险。对于信用评级机构而言，其应当对信用评级结果负责。任意性评价既有损信用评级业的信誉，也影响市场秩序，错估了被评价对象的信用风险还可能会带来一系列的不良后果。

若信用评级机构过于谨慎地作出了高估信用风险的评级结论，对于投资者而言至少是无害的，因此没有必要考虑此种情况下信用评级机构对投资者的赔偿责任。此时只需要考虑信用评级机构与委托人之间的合同中是否设计有类似条款。而如果没有，就应当认为信用评级是一种"行为之债"而非"结果之债"，从而免除信用评级机构对潜在的融资损失的赔偿责任。

但若信用评级机构过于大意，低估了信用风险，那么一旦信用风险成就，投资者就可以对其行使损害赔偿请求权。此时的损害赔偿是投资者向债务人（委托人）追索权的延伸，因为信用评级机构可以被视为与债务人一并提供信用的主体，从而在其评价的信用风险范围内，担保债务的履行[1]。因此，任何超出原先风险预估水平的损失，都可因其业务过失的存在向信用评级机构主张赔偿。这也是对信用评级机构评价准确性的更高要求，有助于强化其在信用评级过程中的公正性与责任感。

2. 信用评级机构与委托人之间的关系。信用风险识别者。委托人的委托目标是使信用评级机构全面检查其自身的各种情况，从而对其债务履行能力作出全面而客观的评价。因此，为了使信用评级机构能够完成委托任务，委托人应尽可能全面提供信息，并接受信用评级机构的测试与检查。而信用评级机构，则应当忠实履行义务，但不限于作为委托合同的忠实履行者，还应秉持中立的立场，以市

---

〔1〕　黄润源、刘迎霜："公司债券信用评级法律关系解析——以美国债券评级制度为模本"，载《学术论坛》2008 年第 1 期。

场性的公共义务作为履行审查义务的基础，全面、客观评价委托人的信用风险。因此，信用评级机构既对委托人负责，也对市场负责。这一点也体现在其最终可能承担的法律责任之上：信用评级机构如果没有完成合同约定的任务，应当承担合同所约定的违约责任；但如果它没有完成市场所要求的妥当而中立地评价信用风险的任务，则还要进一步承担法律规定的行政责任，甚至由此派生的各种民事责任[1]。

3. 信用评级机构与监管者之间的关系。制度落实者与信息来源。首先，信用评级作为被"嵌入"到市场中的一项制度，在某种意义上是市场经济法治的落实者[2]。其次，在现代化的市场经济理念下，监管者不应时时对所有市场主体进行监控与实质审查，而应更多地发挥市场内部自我监督、自我审查的作用。最后，信用评级机构也应当成为国家的监管对象。国家虽然从市场信用风险的监管中撤退，但更需要加强对于"接管"其评价权的市场主体的监督，否则会创造市场中的新兴公共权力，影响市场的公平性。国家的监管应当从信用评级机构的独立性着手[3]。因此，国家应当做好对于信用评级机构的独立性监管，尤其是对于财产独立性的监管，以保证其能够作出中立评价，发挥中介机构的功能。

二、我国信用评级制度的实证分析

（一）我国信用评级制度的立法实证分析

1. 立法政策梳理。

表 2-1-6　我国信用评级制度立法政策变化表

日期	名称	内　　容
2011 年	中华人民共和国国民经济和社会发展第十二个五年规划纲要	加快社会信用体系建设，规范发展信用评级机构。
2014 年	社会信用体系建设规划纲要（2014—2020年）	各部门推动信用信息公开，开展行业信用评价，实施信用分类监管。

---

〔1〕　倪受彬、施丹婷："金融危机背景下信用评级机构的法律责任问题初探"，载《社会科学》2009 年第 8 期。

〔2〕　谢平、邹传伟："金融危机后有关金融监管改革的理论综述"，载《金融研究》2010 年第 2 期。

〔3〕　姜哲：《信用评级范围规范研究》，法律出版社 2019 年版，第 198 页。

续表

日期	名称	内　　容
2014 年	国务院关于促进市场公平竞争维护市场正常秩序的若干意见	加快市场主体信用信息平台建设。完善市场主体信用信息记录方式，建立信用信息档案和交换共享机制。逐步建立包括金融、工商登记、税收缴纳、社保缴费、交通违章、统计等所有信用信息类别、覆盖全部信用主体的全国统一信用信息网络平台。推进信用标准化建设，建立以公民身份号码和组织机构代码为基础的统一社会信用代码制度，完善信用信息征集、存储、共享与应用等环节的制度，推动地方、行业信用信息系统建设及互联互通，构建市场主体信用信息公示系统，强化对市场主体的信用监管。
2015 年	国务院关于"先照后证"改革后加强事中事后监管的意见	加快推进全国统一的信用信息共享交换平台建设和企业信用信息公示系统建设，推进政府部门、行业协会、社会组织信用信息共享共用，强化信用对市场主体的约束作用，构建以信息归集共享为基础、以信息公示为手段、以信用监管为核心的监管制度，让失信主体"一处违法，处处受限"。
2015 年	国务院关于积极推进"互联网＋"行动的指导意见	利用大数据发展市场化个人征信业务，加快网络征信和信用评价体系建设。
2016 年	中华人民共和国国民经济和社会发展第十三个五年规划纲要	建立企业、金融机构、地方政府、商协会等共同参与的统筹协调和对接机制；完善财税、金融、保险、投融资平台、风险评估等服务支撑体系；全面实施统一社会信用代码制度；健全征信和信用服务市场监管体系。
2017 年	全面深化中国（上海）自由贸易试验区改革开放方案	加强许可管理与企业设立登记管理的衔接，实现统一社会信用代码在各许可管理环节的"一码贯通"。实施生产许可"一企一证"，探索取消生产许可证产品检验；探索建立公共信用信息和金融信用信息互补机制；探索形成市场主体信用等级标准体系，培育发展信用信息专业服务市场。
2018 年	中国（海南）自由贸易试验区总体方案	自贸试验区要建立健全以信用监管为核心、与负面清单管理方式相适应的事中事后监管体系。配合做好国家安全审查、反垄断审查等相关工作。制定重大风险防控规划和制度，建立应急响应机制，协调解决风险防控中的重大问题。完善社会信用体系，加强信用信息归集共享，推行企业信息公示制度，健全守信激励和失信惩戒机制。推动各部门间依法履职信息联通共享。建立大数据高效监管模式，加强风险监测分析，建立完善信用风险分类监管机制。

日期	名称	内　容
2018 年	进一步深化中国（广东）自由贸易试验区改革开放方案	推动建立与自贸试验区改革开放相适应的账户管理体系。支持符合条件的中外资金融机构深化股权和业务合作。构建金融业综合统计体系，加强金融信用信息基础设施建设。
2018 年	进一步深化中国（福建）自由贸易试验区改革开放方案	健全综合审批信息平台和国家企业信用信息公示系统，推行行政审批标准化、模块化，加强部门间信息共享和业务协同，实现相同信息"一次采集、一档管理"。
2018 年	进一步深化中国（天津）自由贸易试验区改革开放方案	探索建立公共信用信息和金融信用信息互补机制。完善跨部门、跨领域的守信联合激励与失信联合惩戒机制。
2018 年	国务院关于同意深化服务贸易创新发展试点的批复	全面建立服务贸易市场主体信用记录，纳入全国信用信息共享平台并依法通过国家企业信用信息公示系统、"信用中国"网站向社会公开，实施守信联合激励和失信联合惩戒制度。
2019 年	全国深化"放管服"改革优化营商环境电视电话会议重点任务分工方案	规范认定并设立市场主体信用"黑名单"，建立健全信用修复、异议申诉等机制；围绕信用承诺、信用修复、失信联合惩戒、信用大数据开发利用等工作，2020 年启动信用建设和信用监管试点示范；依托国家"互联网＋监管"等系统，有效整合公共信用信息、市场信用信息、投诉举报信息和互联网及第三方相关信息，充分运用大数据、人工智能等新一代信息技术，加快实现信用监管数据可比对、过程可追溯、问题可监测。
2019 年	国务院办公厅关于促进平台经济规范健康发展的指导意见	根据平台信用等级和风险类型，实施差异化监管，对风险较低、信用较好的适当减少检查频次，对风险较高、信用较差的加大检查频次和力度；依托全国一体化在线政务服务平台、国家"互联网＋监管"系统、国家数据共享交换平台、全国信用信息共享平台和国家企业信用信息公示系统，进一步归集市场主体基本信息和各类涉企许可信息。

续表

日期	名称	内　　容
2019 年	国务院办公厅关于加快推进社会信用体系建设构建以信用为基础的新型监管机制的指导意见	建立健全信用信息自愿注册机制，鼓励市场主体在"信用中国"网站或其他渠道上自愿注册资质证照、市场经营、合同履约、社会公益等信用信息，并对信息真实性公开作出信用承诺，授权网站对相关信息进行整合、共享与应用，经验证的自愿注册信息可作为开展信用评价和生成信用报告的重要依据；推动相关部门利用公共信用综合评价结果，结合部门行业管理数据，建立行业信用评价模型，为信用监管提供更精准的依据；在充分掌握信用信息、综合研判信用状况的基础上，以公共信用综合评价结果、行业信用评价结果等为依据，对监管对象进行分级分类，根据信用等级高低采取差异化的监管措施。
2020 年	优化营商环境条例	统一数据标准和平台服务接口，采用统一社会信用代码进行登记管理；政府及其有关部门应当按照国家关于加快构建以信用为基础的新型监管机制的要求，创新和完善信用监管，强化信用监管的支撑保障，加强信用监管的组织实施，不断提升信用监管效能。

2. 立法政策评析。以我国有关信用评级制度的发展沿革为基础，可以发现我国对于信用评级制度的认识在逐步加深。最开始政策制定者的目光聚焦在整个市场领域，甚至是整个社会领域。基于现实原因，整体的信用信息系统建设的确存在困难，必须区分其中的轻重缓急；而经济、金融等领域的信用评级则对于经济的快速发展有着极其重要的意义，金融业以及金融服务业对于国家经济贡献所占的比重越来越大。随后，我国的政策制定者开始限缩信用信息的应用范围，从涉及"先照后证"改革的普遍的市场准入，再到自由贸易区建设中的准入，最后到有关信用信息系统的建设细则，可以看出我国政策制定者对于"信用"的作用的认识逐渐深化而且具体化。

此外，互联网经济的发展以及互联网思维的深化促进了信用信息的认识与实践。早在 2015 年互联网经济尚且仅仅具备雏形之时，我国就在《国务院关于积极推进"互联网＋"行动的指导意见》中提出要"利用大数据发展市场化个人征信业务，加快网络征信和信用评价体系建设"，其前瞻性令人喟叹。随后，有关信用信息系统的建设，就没有离开"互联网""大数据"等关键词。2019 年《国务院办公厅关于加快推进社会信用体系建设构建以信用为基础的新型监管机制的指导意见》更是将整个社会信用体系建设建立在互联网的基础上。在信用信息问题上，利用互联网以及大数据所具有的数据统计、数据分析、数据公开、数据交流等优势，更能够最大限度地实现收集、评价公开信用的功能。因此，我国的信用信息建设找准了发展方式，也因此能够最大限度地释放其中潜藏的效益。

最后，具体到金融领域，我国的认识也在逐渐深化。最初，立法者理解的信用评级是一种广义上的针对整个社会中的各个主体的信用评级。随后，立法者将其限缩到个人征信评价之上。但限于中国人口基数庞大，发展差异明显，全面的个人信用评级建设仍然存在巨大的困难。因此，进一步完善信用评价标准，在金融领域将其细化为"评级"，是我国当前立法与政策进一步发展的目标。

（二）我国信用评级制度的实践研究

我国信用评级的实践由中国人民银行牵头，并由各个具体的信用评级机构实施。目前具体的规则适用领域涵盖了银行业、保险业、证券业，以及对外贸易企业。以下是对于信用评级制度的相关要求的梳理：

表2-1-7 我国信用评级制度要求变化表

领域	日期	名称	内容
银行业	2006年	中国人民银行信用评级管理指导意见	四、信用评级机构应具备以下信用评级工作制度和内部管理制度： （一）信用评级程序细则； （二）信用评级方法规则； （三）专业评估人员执业规范； （四）信用评级报告准则； （五）信用评级工作实地调查制度； （六）信用评级评审委员会管理制度； （七）跟踪评级及复评制度； （八）防火墙制度、回避制度等避免利益冲突的相关制度； （九）业务信息保密制度； （十）违约率检验制度； （十一）信用评级结果公示制度。

续表

领域	日期	名称	内　容
银行业	2019 年	信用评级业管理暂行办法	第 3 条　本办法所称监管主体包括信用评级行业主管部门和业务管理部门。中国人民银行是信用评级行业主管部门，主管全国的信用评级监督管理工作。 发展改革委、财政部、证监会为信用评级业务管理部门（以下统称业务管理部门），在职责范围内依法对信用评级业务实施监督管理。 第 7 条　信用评级行业主管部门、业务管理部门在各自职责范围内分别建立信用评级机构信用档案和信用评级机构高级管理人员信用档案，并将信用评级机构及高级管理人员信用档案信息、评级业务信息、检查及行政处罚等信息纳入全国信用信息共享平台，按照有关规定，实现信息公开与共享。信用评级机构应当建立本机构从业人员信用档案，并将从业人员信用档案信息纳入全国信用信息共享平台，按照有关规定，实现信息公开与共享。 **第五章　独立性要求** 第 33 条　信用评级机构、信用评级从业人员应当在对经济主体、债务融资工具本身风险进行充分分析的基础之上独立得出信用评级结果，防止评级结果受到其他商业行为的不当影响。 **第六章　信息披露要求** 第 38 条　信用评级机构应当通过信用评级行业主管部门和业务管理部门指定的网站和其公司网站进行信息披露。
	2017 年	信用评级机构在银行间债券市场开展信用评级业务有关事宜的公告（中国人民银行公告〔2017〕第 7 号）	三、中国人民银行依法对开展银行间债券市场信用评级业务的信用评级机构进行监督管理。 中国银行间市场交易商协会（以下简称交易商协会）对开展银行间债券市场信用评级业务的信用评级机构进行自律管理。 八、中国人民银行及其省会（首府）城市中心支行以上分支机构有权对开展银行间债券市场信用评级业务的信用评级机构，通过现场和非现场等方式进行检查。 境外评级机构开展银行间债券市场信用评级业务，应当向中国人民银行提交监管承诺函，并指定其在境内

领域	日期	名称	内　　容
银行业	2018 年	银行间债券市场信用评级机构注册评价规则	的分支机构配合监管。境外评级机构的境内分支机构应当按照中国人民银行要求，及时提供监管所需资料；对于境外评级机构发生可能影响其银行间债券市场信用评级业务开展的重大不利变化的，其境内分支机构应当及时向中国人民银行报告。 境外评级机构所在国家或地区与中国人民银行已就信用评级事宜签署监管合作协议的，按监管协议约定执行。 十二、监管部门逐步减少政策法规对外部信用评级结果的引用，评级结果使用机构也应合理审慎使用外部评级结果，加强内部评级体系建设，降低对外部信用评级的依赖。 第 4 条　银行间债券市场信用评级业务类别分为金融机构债券信用评级、非金融企业债务融资工具信用评级、结构化产品信用评级以及境外主体债券信用评级等。 金融机构债券是指中国境内金融机构在银行间市场发行的债券；结构化产品是指中国境内机构在银行间市场发行的各类资产证券化产品（不含资产支持票据），包括但不限于信贷资产支持证券；非金融企业债务融资工具是指中国境内非金融企业在银行间市场发行的债务融资工具，包括但不限于短期融资券、中期票据、集合票据、项目收益票据、资产支持票据；境外主体债指境外主体（包括境外非金融企业、境外金融机构、外国政府类机构、国际开发机构等）在银行间市场发行的各类债券（含结构化产品）。 **第五章　自律规范** 第 27 条　信用评级机构提交的注册文件及评价材料存在虚假记载、误导性陈述或重大遗漏的，交易商协会经向中国人民银行报备后，终止或注销其相应业务注册，3 年内不再受理其注册申请。 第 28 条　已开展银行间债券市场信用评级业务的信用评级机构所提交注册文件及评价材料有虚假记载、误导性陈述或重大遗漏的，除适用上述条款外，交易商协会还将根据相关规则给予自律处分；涉嫌违法违

领域	日期	名称	内　　容
银行业			规的，移交有关部门进一步处理。 第 29 条　参与注册评价的市场机构及人员应客观公正对信用评级机构进行评价，并保守商业秘密，不得泄露可能影响评价公正性的有关信息，如与评价工作存在利益冲突的，应当回避。 第 30 条　信用评级机构及相关市场成员不得通过不正当方式影响评价工作。如有上述情形，交易商协会可视情节严重程度给予相应的自律处分；涉嫌违法违规的，可移交有关部门进一步处理。 第 31 条　接受注册的信用评级机构未按本规则相关要求提交或披露信息的，交易商协会可视情节严重程度给予相应的自律处分。 第 32 条　接受注册的信用评级机构严重违反中国人民银行公告〔2017〕第 7 号文件及银行间债券市场其他相关管理规定，或经业务评价其评级质量未得到投资者认可的，经向中国人民银行报备后，将限制、暂停其开展银行间债券市场信用评级业务或注销其相应业务注册。
	2019 年	银行间债券市场非金融企业债务融资工具信用评级业务信息披露规则	第 4 条　信用评级机构应当通过交易商协会认可的渠道进行信息披露。本规则及《银行间债券市场非金融企业债务融资工具信用评级业务信息披露表格体系》的规定是信息披露的最低要求。
	2019 年	银行间债券市场非金融企业债务融资工具信用评级业务利益冲突管理规则	**第二章　隔离设置** **第三章　回避安排** **第四章　禁止性规定**
证券	2004 年	中国人民银行公告〔2004〕第 22 号—银行间债券市场发行债券信用评级有关事项	一、拟在银行间债券市场发行债券的机构（以下简称拟发债机构）和发行的债券，除不需评级外，均应经过在中国境内工商注册且具备债券评级能力的评级机构的信用评级，在向中国人民银行提交的备案材料中，应包括信用评级结果和有关简要说明文件。

领域	日期	名称	内　　容
保险	2007 年	保险机构债券投资信用评级指引（试行）	第 2 条　保险机构投资各类债券，应当进行内部信用评级（以下简称信用评级）。国债、中央银行票据以及其他经中国保监会认可的债券可免予信用评级。 第 3 条　信用评级包括发债主体信用评级和债券信用评级。 第 6 条　信用评级应当遵循以下原则： （一）真实一致原则。 （二）独立客观原则。 （三）审慎稳健原则。 第 8 条　信用评级部门应当至少由两名以上专业人员组成。信用评级专业人员应当具备金融知识和财务分析能力，主管人员应当具有相关工作经验。 第 9 条　信用评级部门或岗位应当明确工作职责，避免业务与其他部门交叉。信用评级人员不得同时从事投资交易。 第 11 条　信用评级部门或岗位应当规范管理和使用评级信息，逐步完善评级信息数据库，持续积累违约事件、违约率、违约回收率、信用稳定性等信息和数据，并作为经营管理资源长期保存。 第 12 条　信用评级部门或岗位应当建立档案管理制度，分类整理相关原始资料、评级材料、信用评级报告等。
	2013 年	中国保监会关于印发〈保险公司偿付能力报告编报规则——问题解答第 15 号：信用风险评估方法和信用评级〉等 5 项问题解答的通知	问：保险公司评估企业债券、基础设施债权投资计划等有关投资资产的信用风险和认可价值时，除可以使用外部评级机构的信用评级结果外，是否可以运用公司内部评级？ 答：保险公司可以采用外部评级法和内部评级法评估企业债券、基础设施债权投资计划等有关投资资产的信用风险和认可价值。外部评级法是指保险公司采用外部评级机构的信用评级结果，按照偿付能力报告编报规则，评估投资资产的认可价值。内部评级法是指保险公司采用公司内部评级结果，按照偿付能力报告编报规则，评估投资资产的认可价值。保险公司采用内部评级法应当经保监会认可。 （一）鼓励有条件的保险公司建立内部评级制度，采用内部评级法评估各类投资资产的信用风险，经保监会认可后，作为评估投资资产认可价值的标准。关于内部评级法的有关要求，保监会另行规定。

续表

领域	日期	名称	内　　容
			（二）未采用内部评级法的保险公司，应当使用中国保监会认可的外部评级机构出具的信用评级结果，评估投资资产认可价值。
	2013 年	中国保监会关于加强保险资金投资债券使用外部信用评级监管的通知	四、评级机构应当接受中国保险业相关协会组织（以下称行业协会）的自律管理。行业协会每年组织保险机构，从投资者使用角度对评级机构评级质量进行评价，并公布评价结果。评价规则由行业协会制订发布。 五、评级机构应当配合中国保监会对相关信用评级业务的询问和检查，并在每年 4 月 30 日前，向中国保监会提交年度报告。年度报告应当包括公司基本情况、经营情况、专业人员及高管人员变动情况、评级方法、程序与业务制度变动情况、评级结果的准确性及稳定性的统计情况、经审计的年度财务会计报告等内容。发生可能影响公司专业能力或经营管理的重大事项的，评级机构应当在 5 个工作日内向中国保监会提交书面报告。 六、中国保监会将跟踪监测、定期检验评级机构的能力变化情况及评级行为，必要时可以聘请中介机构协助。评级机构不再符合本通知第一条规定的能力条件，或评级项目出现破产、债务重组、延期支付等重大信用事件，但未及时给予预警或采取适当评级行动，或行业协会评价结果为不合格的，中国保监会将不再认可其能力。
外贸	2004 年	对外贸易企业信用评级标准及实施办法	第 1 条　基本要素及权重设置（二）权重设置"基本情况""管理水平""信用记录""经营状况""现金流量"五项基本要素，在评级总分中所占的权重分别为 5％、25％、60％、5％、5％。 第 15 条　处罚 （一）经评级公示后发现在评级过程中有重大隐瞒信用缺失情况的，立即取消评定级别并予以摘牌公示。 （二）对评级后新发生的信用缺失行为，专家评审委员会将视具体情况做出处理。一般信用缺失行为，责令立即改正；比较严重的作降级处理并予以公告；特别严重的收回证书和标志牌并予以公告，2 年内不再受理评级。

1. 信用评级的范围。理论上，信用评级应当涉及金融市场的方方面面，但是依据目前的规定，要求进行信用评级的领域，限于银行业、保险业、证券业以及外贸业，这显然并没有构成整个金融领域的全部。而且，这种分业设置标准的方式可能不能及时回应新型金融工具的产生，从而无法灵活地对市面上的金融产品作出有效的评价，因此我国当前信用评级范围的设计存在一定的局限性。

而且，信用评级不应当因为行业的不同而被划分为若干个类别，而是应当允许一种普遍的金融工具信用评级，由信用评级机构选择采取何种模式、何种标准。由于金融工具具有创新性，很难简单地通过类别的机械划分而客观地确定适用何种评价标准，因此必须赋予信用评级机构主动权，最大限度地实现信用评级的目标，以最具有适当性的方式完成风险评估。

2. 对信用评级机构的监管。中国人民银行是信用评级行业的主管部门，但根据《信用评级业管理暂行办法》第3条的规定，发展与改革委员会、财政部、证券监督管理委员会是具体业务的管理部门，这四个机构本身互不隶属，甚至无法区分各自的级别，最终结果必然是各自为政。因此，理清监管机构之间的关系成为信用评级机构改革过程中的必要前提，否则便无法理顺政府机构如何各司其职。

此外，相关的规则过于陈旧，没有及时回应金融实践的发展；而且规范性文件的层级较低，并不具有足够的法律上的安定性。例如，信用评价机构中的"宪法"（《中国人民银行信用评级管理指导意见》）最初以"意见"的形式提出，效力层级低下。直至2019年，中国人民银行才出台《信用评级业管理暂行办法》对其加以细化并实现了替代。然而，"暂行办法"意味着这一规范性文件具有临时性。这一方面体现出我国信用评级业的发展缓慢，另一方面也体现出信用评级监管的滞后。

3. 信用评级机构的数量与竞争。我国现有的信用评级机构的数量相对较少，而且如果划分从业市场，可能在一些市场中并没有足够数量的信用评级机构。根据中国银行间市场交易商协会、中国证券业协会《关于联合公布2019年信用评级机构业务市场化评价结果的公告》，我国目前仅有9家涉及金融领域的信用评级机构。如果考虑到其他领域根本没有建立起信用评级制度，那么这9家其实是我国仅有的信用评级机构，且其中5家是横跨两个市场的同一个大评级机构旗下的两个信用评价机构。如此，实际上我国仅有7家信用评级机构。但是令人遗憾的是，评估专家认为"整体来看，9家信用评级机构综合素质有待提高"。

信用评级机构数量少意味着竞争不足，而所有信用评级机构的综合素质都不够理想意味着缺乏竞争的状况不足以提高各机构的业务水准和促进信用评级制度本身的发展。由于这些机构彼此之间并没有太大的差别，金融机构也并无过多的选择余地，从而便有可能发生金融机构与评级机构的合谋，进而可能产生评级舞弊等现象，将信用状态不良的资产评价为优质资产，影响交易安全。如此，信用评级不一定能够发挥本身的作用，反而可能适得其反，妨碍市场交易安全。

三、信用评级制度改革的建议

综上所述，我国信用评级制度目前存在的问题主要有重视不足、规范不足、竞争不足、定位不清、监管无序、责任不明六点。为了使信用评级机构能够更好地发挥作为市场中介机构的作用，使信用评级制度成为市场运行过程的重要因素，特别是发挥作为市场准入筛选器的关键性作用，需要在法律、市场、监管、责任等不同方面加强建设。

在法律层面上，一方面，应当加强信用评级制度的规范供给，特别是提高其在市场各环节中的必要性。目前，我国并没有强制要求市场准入环节的强制信用评级。立法者可以考虑将信用评级作为一些特定领域的必需前置条件，特别是受信用风险影响较大的领域，要求进入市场的主体必须达到一定的信用等级。另一方面，应当制定并完善信用评级规则以及其监管规则，构建具有更高密度的信用评级规范体系。

在市场层面上，一方面，引导更多资本进入信用评级行业的市场，增加信用评级机构的数量。为了保障新兴信用评级机构的发展，需要限制既有的大型信用评级机构，避免其滥用当前因为竞争不足而形成的市场地位。对于新进入市场的信用评级机构，应当引导其向关注较少的领域或者当前竞争不足的领域发展，从而促进既有的活力不足的信用评级领域的竞争。另一方面，还可以设置收费标准，保证信用评级机构的基本收益，使得希望进入信用评级行业的资本认识到其中的利益空间，从而建设新的中介机构。

在监管层面上，一方面，应当进一步研究信用评级机构监管制度，加强信用评级机构准入管控、运行监控与报告制度、年度检查、评级结论与评级报告复核等多项制度，使政府成为信用评级机构的背后把关者。另一方面，当前的监管还存在领导无力、多头监管的问题。由于信用评级机构的监管内容其实并不应包括具体业务判断，而更需要着重对其独立性、规范性的控制，因此不必要求专业部门也介入信用评级机构的监管，只需要以一个部门或机构完成全部监管，只有在必要时才需要委托专业部门予以辅助。按照上述逻辑，中国人民银行是此种监管的合适主体，也是当前立法中信用评级业的主管部门，应当加强其全面领导、全面负责的职能，以单一部门监管，理顺监管主体责任。

　　在责任层面上，进一步加强信用评级机构的法律责任。利用公法对信用评级机构进行制裁，完善以罚款为主的极具刚性的惩罚措施，督促信用评级机构规范运作，同时辅之以更多相对柔性的手段。首先，应当设置从业人员自律规则以及相关委员会，进一步引入行业内制裁，加强行业内部信誉互通。其次，考虑市场力量的间接制裁，积极承认投资者的损害赔偿请求权。目前规范下，投资者只能根据侵权责任法的一般规定主张损害赔偿，但在证明不当的信用评级与损害之间的因果关系、信用评级机构以及直接责任人员的过错等方面存在明显困难。因此，一方面可以由最高人民法院出台司法解释，降低此类案件中的证明标准；另一方面还可通过行政法规甚至相关法律，明确规定信用评级损害责任的构成要件，从而在立法上降低构成标准，以最大限度地保护投资者利益。

第二章　金融机构市场退出中的风险防范

第一节　金融机构市场退出机制中的风险检视

建立与完善市场退出机制是企业市场化改革的重要环节。随着市场准入负面清单制度的实行与不断改进，企业进入市场的门槛降低，进入市场参与竞争的自主性与积极性得到了显著提高，制度的完善使得市场在资源配置中的决定性作用得以充分发挥。然而，与近年来我国在市场准入等领域取得的显著改革成效相比，市场主体退出方面的制度供给则明显不足。准入市场壁垒低，退出市场壁垒高，"低进高出"的不平衡导致我国企业产能过剩，同时落后的产能又无法正常顺利退出市场，阻碍了经济效率的提高。金融业领域同样存在这样的问题，且改革进度滞后于总体改革。监管当局更侧重于对金融机构市场准入的监管，而金融机构市场退出相关法律规制和政策还是相当匮乏，监管和退出处置方式均存在落后之处，退出制度改革成为必要。2019 年 2 月 25 日，习近平总书记在主持中央全面依法治国委员会第二次会议上强调：法治是最好的营商环境，要以立法高质量发展保障和促进经济持续健康发展。2019 年国家发展改革委、最高人民法院、工业和信息化部等发布的《加快完善市场主体退出制度改革方案》（发改财金〔2019〕1104 号，以下简称《改革方案》）为包含金融机构在内的市场主体之退出制度改革提供了政策支持和举措方向，以畅通市场主体退出渠道，降低市场主体退出成本，激发市场主体竞争活力，完善优胜劣汰的市场机制，推动经济高质量发展。金融机构在市场中的一切行为，包括退出市场时的一系列举动，都需要依靠健全的法制来予以规范，避免发生系统性风险，保障金融秩序的稳定。从更深远的意义来讲，完善金融机构市场退出及其配套法律制度，有利于优化我国的营商环境，激发金融市场主体活力和创新力。

一、金融机构市场退出机制的实证分析

（一）我国金融机构市场退出的立法政策梳理

我国有关金融机构市场退出的机制设置存在于不同层级、不同部门的立法当

中，涵括了法律、行政法规、部门规章、地方性法规及相关司法解释，在改革开放后的四十余年里，逐渐形成了具备中国特色的金融机构市场退出规制体系。

1. 法律。我国有关金融机构市场退出机制的法律有：《企业破产法》《公司法》《中国人民银行法》《银行业监督管理法》《商业银行法》《保险法》及《证券法》。

《企业破产法》及其司法解释《关于审理企业破产案件若干问题的规定》（2002 年）、《关于审理企业破产案件确定管理人报酬的规定》（2007 年）、《关于适用〈中华人民共和国企业破产法〉若干问题的规定（一）》（2011 年），及与《公司法》所规制的法律主体虽非专门为金融机构，且未将所有的市场退出方式包含在内，但其仍为金融机构的市场退出提供了一般性规范。《企业破产法》第 134 条规定："商业银行、证券公司、保险公司等金融机构有本法第 2 条规定情形的，国务院金融监督管理机构可以向人民法院提出对该金融机构进行重整或者破产清算的申请。国务院金融监督管理机构依法对出现重大经营风险的金融机构采取接管、托管等措施的，可以向人民法院申请中止以该金融机构为被告或者被执行人的民事诉讼程序或者执行程序。金融机构实施破产的，国务院可以依据本法和其他有关法律的规定制定实施办法。"《公司法》第 10 章关于公司解散和清算的一系列规定也同样适用于金融机构。

《中国人民银行法》第 52 条对银行业金融机构的外延进行了明晰，包括在中华人民共和国境内设立的商业银行、城市信用合作社、农村信用合作社等吸收公众存款的金融机构以及政策性银行。在此基础上，可将银行业金融机构分为商业银行与非商业银行。第 2 款则规定境内设立的金融资产管理公司、信托投资公司、财务公司、金融租赁公司以及经国务院银行业监督管理机构批准设立的其他金融机构也适用该法。第 34 条规定："当银行业金融机构出现支付困难，可能引发金融风险时，为了维护金融稳定，中国人民银行经国务院批准，有权对银行业金融机构进行检查监督。"

《银行业监督管理法》第 16 条确立了审查批准银行业金融机构终止的主体为国务院银行业监督管理机构，2018 年机构改革后具体指中国银行保险监督管理委员会（以下简称银保监会）；第 27 条规定了"应当建立银行业金融机构监督管理评级体系和风险预警机制"。第 38 条规定："银行业金融机构已经或者可能发生信用危机，严重影响存款人和其他客户合法权益的，国务院银行业监督管理机构可以依法对该银行业金融机构实行接管或者促成机构重组……"通过相关行政管理行为，对银行业务活动实施控制和管理，以保护债权人利益、力图恢复正常经营能力，虽然并非银行业金融机构市场退出的结果，但却是银行业金融机构市场退出过程中的处置方式，是可能经历的过程。第 39 条规定："银行业金融机构有违法经营、经营管理不善等情形，不予撤销将严重危害金融秩序、损害公众利益的，国务院银行业监督管理机构有权予以撤销。"由此可见，第 38 条与第 39 条依据银行业金融机构存在的不同问题或危机分别规定了接管、重组、撤销的方式。

《商业银行法》在第 7 章"接管和终止"部分对商业银行市场退出的相关机制进行了规范。第 64 条至第 68 条系有关商业银行接管的规定，接管的决定与实施组织为国务院银行业监督管理机构；商业银行已经或者可能发生信用危机，严重影响存款人的利益时，可以对该银行实行接管。第 69 条规定了商业银行的解散；第 70 条规定了商业银行因吊销经营许可证被撤销，国务院银行业监督管理机构应当依法及时组织成立清算组进行清算；第 71 条规定商业银行不能支付到期债务，人民法院依法宣告其破产；第 72 条明确了商业银行终止的 3 种方式为解散、被撤销和被宣告破产。

此外，在《证券法》及《保险法》中，证券金融机构与保险金融机构的市场退出也得到了相关规制。《证券法》第 143 条规定："证券公司违法经营或者出现重大风险，严重危害证券市场秩序、损害投资者利益的，国务院证券监督管理机构可以对该证券公司采取责令停业整顿、指定其他机构托管、接管或者撤销等监管措施。"第 156 条则对证券登记结算机构解散做出了规定。《保险法》第 89 条规定："保险公司因分立、合并需要解散，或者股东会、股东大会决议解散，或者公司章程规定的解散事由出现，经国务院保险监督管理机构批准后解散。经营有人寿保险业务的保险公司，除因分立、合并或者被依法撤销外，不得解散……"第 90 条规定了保险公司或者其债权人依法向人民法院申请重整、和解或者破产清算，需经国务院保险监督管理机构同意；此外，国务院保险监督管理机构也可以依法向人民法院申请对该保险公司进行重整或者破产清算。第 92 条则对被依法撤销或者被依法宣告破产的经营有人寿保险业务的保险公司进行特别规定："其持有的人寿保险合同及责任准备金，必须转让给其他经营有人寿保险业务的保险公司；不能同其他保险公司达成转让协议的，由国务院保险监督管理机构指定经营有人寿保险业务的保险公司接受转让。转让或者由国务院保险监督管理机构指定接受转让前款规定的人寿保险合同及责任准备金的，应当维护被保险人、受益人的合法权益。"第 93 条规定："保险公司依法终止其业务活动，应当注销其经营保险业务许可证。"通过以上法律条文的列举可以看出，金融机构的市场退出与普通企业市场退出表现出一定的共性；与此同时二者的区别又是显而易见的，其中之一就是金融机构退出市场时，需要受到更多的行政监管与行政干预。

2. 行政法规。我国涉及金融机构市场退出机制的行政法规有：《金融机构撤销条例》（2001 年）、《存款保险条例》（2015 年）、《金融资产管理公司条例》（2000 年）、《非法金融机构和非法金融业务活动取缔办法》（2011 年修订）、《证券公司风险处置条例》（2016 修订）、《期货交易管理条例》（2017 年修订）、《外资银行管理条例》（2019 年修订）及 2020 年新颁布的《优化营商环境条例》。

《金融机构撤销条例》至今已施行近 20 年。在该法第 2 条第 2 款中，明确了金融机构"撤销"的定义："本条例所称撤销，是指中国人民银行对经其批准设立的具有法人资格的金融机构依法采取行政强制措施，终止其经营活动，并予以解散。"第 5 条规定了金融机构撤销的原因："金融机构有违法违规经营、经营管理不善等情形，不予撤销将严重危害金融秩序、损害社会公众利益的，应当依法撤销。"第 7 条则规定了撤销的法律后果："自撤销决定生效之日起，被撤销的金融机构必须立即停止经营活动，交回金融机构法人许可证及其分支机构营业许可证，其高级管理人员、董事会和股东大会必须立即停止行使职权。"除第 1 章总则外，《金融机构撤销条例》在分则中对撤销决定、撤销清算、债务清偿、注销登记、法律责任进行了详细规定。

2015 年 5 月 1 日起施行的《存款保险条例》为建立和规范存款保险制度提供了明确依据。第 1 条规定"为了建立和规范存款保险制度，依法保护存款人的合法权益，及时防范和化解金融风险，维护金融稳定，制定本条例。"体现了条例制定的目的与目标；第 3 条将存款保险定义为"投保机构向存款保险基金管理机构交纳保费，形成存款保险基金，存款保险基金管理机构依照本条例的规定向存款人偿付被保险存款，并采取必要措施维护存款以及存款保险基金安全的制度。"

《金融资产管理公司条例》在其第六章"公司的终止和清算"中规定了金融资产管理公司终止及处置不良贷款的相关要求。《非法金融机构和非法金融业务活动取缔办法》第 6 条规定："非法金融机构和非法金融业务活动由中国人民银行予以取缔。非法金融机构设立地或者非法金融业务活动发生地的地方人民政府，负责组织、协调、监督与取缔有关的工作。"第 13 条规定："中国人民银行发现金融机构为非法金融机构或者非法金融业务活动开立账户、办理结算和提供贷款的，应当责令该金融机构立即停止有关业务活动。设立非法金融机构或者从事非法金融业务活动骗取工商行政管理机关登记的，一经发现，工商行政管理机关应当立即注销登记或者变更登记。"《证券公司风险处置条例》以行政法规的立法形式对证券公司的风险处置方式及具体要求进行了规范，包括停业整顿、托管、接管、行政重组，撤销，破产清算和重整，监督协调，法律责任等。《期货交易管理条例》第 55 条规定："期货公司及其分支机构不符合持续性经营规则或者出现经营风险的，国务院期货监督管理机构可以对期货公司及其董事、监事和高级管理人员采取谈话、提示、记入信用记录等监管措施或者责令期货公司限期整改，并对其整改情况进行检查验收……对经过整改仍未达到持续性经营规则要求，严重影响正常经营的期货公司，国务院期货监督管理机构有权撤销其部分或者全部期货业务许可、关闭其分支机构。"第56条规定："期货公司违法经营或者出现重大风险，严重危害期货市场秩序、损害客户利益的，国务院期货监督管理机构可以对该期货公司采取责令停业整顿、指定其他机构托管或者接管等监管措施。"第58条则规定："当期货市场出现异常情况时，国务院期货监督管理机构可以采取必要的风险处置措施。"《外资银行管理条例》对于外资银行的风险管理和内部控制进行了制度安排，其第五章也规定了外资银行的终止与清算制度。2020年1月1日起施行的《优化营商环境条例》第33条规定："政府有关部门应当优化市场主体注销办理流程，精简申请材料、压缩办理时间、降低注销成本。对设立后未开展生产经营活动或者无债权债务的市场主体，可以按照简易程序办理注销。对有债权债务的市场主体，在债权债务依法解决后及时办理注销。县级以上地方人民政府应当根据需要建立企业破产工作协调机制，协调解决企业破产过程中涉及的有关问题。"

3. 部门规章和地方性法规。我国有关金融机构市场退出机制的部门规章有：《典当管理办法》（2005年）、《企业集团财务公司管理办法》（2006年修正）、《信托公司管理办法》（2007年）、《证券投资基金管理公司管理办法》（2020年修正）、《消费金融公司试点管理办法》（2013年）、《商业银行资本管理办法（试行）》（2013年）、《金融租赁公司管理办法》（2014年）、《中国进出口银行监督管理办法》（2018年）、《中国农业发展银行监督管理办法》（2018年）《中华人民共和国外资银行管理条例实施细则》（2019年修订）。

另外，在地方性法规中《广东省经济特区涉外公司条例》（已失效）《深圳经济特区涉外公司破产条例》（已失效）也有部分条款涉及金融机构的市场退出。

（二）风险防范下现行金融机构市场退出机制缺陷

1. 我国缺乏系统健全的金融机构市场退出法律依据。通过梳理相关立法与政策可知，尽管现有法律法规已经涵盖了多数类型金融机构的多数市场退出方式和细则要求，为规范金融机构的市场退出提供了初步依据，但从整体观之，可见立法体系破碎，规范层级及条款规定细致程度参差不齐。当前我国仍缺乏一个系统健全的、专门的金融机构市场退出法律体系。具体而言表现为三个方面。

（1）从立法形式上看，我国尚未出现一部专门针对金融机构市场退出的系统性规范文件,现有规范以行政法规和部门规章为主,立法层次较低。虽然《企业破产法》或《公司法》能够提供相关依据予以适用,但金融机构较之于普通企业的特殊性并不能通过这两部法律体现,金融机构市场退出的特殊规则在立法工作缺乏"特别对待"。对于不同类型金融机构,其市场退出机制散见于各个层级的规范性文件,且这些文件多为对特定金融机构的综合性规定,对市场退出具体环节的规制较为简单,细节方面仍需进一步完善。

(2)因我国金融机构市场退出相关法律法规分布得过于零散,每部规范性文件往往自成体系且施行时间有别,部分施行多年的规定已经落后于实践变化,且与新施行的规定存在矛盾。同时,在各个规范层级之间,下位法与上位法的部分条款存在冲突,不同法律部门之间的衔接工作也有所欠缺。

(3)市场退出机制内部也未能建构起一套系统的市场退出程序规定。以金融机构的破产程序为例:"与金融危机救助机制的关系问题、行政机关与人民法院的协同合作问题都没有相应规范,使得在实践中处置金融机构的破产事件时没有明确的程序规范可依,破坏了金融机构破产制度的统一性,对金融机构科学合理地退出市场也造成了制度上的障碍。"[1]

2. 金融机构市场退出过程中政府过度干预,市场化程度低。市场退出通常是市场行为和政府行为的结合。金融是现代经济的核心,政府监管行为权重大是金融市场领域的显著特征之一。不可否认的是,金融机构有别于普通企业,由于金融机构自身具有高风险和公共性等特殊属性,监管当局的行政许可成为金融机构退出市场的必要启动条件,相关规定也体现了明显的行政干预色彩。例如我国《商业银行法》第69条规定:"商业银行因分立、合并或者出现公司章程规定的解散事由需要解散的,应当向国务院银行业监督管理机构提出申请,并附解散的理由和支付存款的本金和利息等债务清偿计划。经国务院银行业监督管理机构批准后解散。商业银行解散的,应当依法成立清算组,进行清算,按照清偿计划及时偿还存款本金和利息等债务。国务院银行业监督管理机构监督清算过程。"第70条规定:"商业银行因吊销经营许可证被撤销的,国务院银行业监督管理机构应当依法及时组织成立清算组,进行清算,按照清偿计划及时偿还存款本金和利息等债务"。又如《证券法》第122条规定:"证券公司变更证券业务范围,变更主要股东或者公司的实际控制人,合并、分立、停业、解散、破产,应当经国务院证券监督管理机构核准。"

然而,我国金融机构市场退出过程中政府干预呈过度之势,且现行法律尚未

---

〔1〕 张世君:"我国金融机构破产制度的反思与重构",载《经贸法律评论》2019年第1期。

做到对有关部门行使行政权力的严格约束，影响了金融机构通过市场调节机制正常退出市场的进度和质量，容易引发金融机构内部人员的道德风险行为，破坏金融体系的正常运行秩序。如对中银信的处理上："尽管中银信的实际财务状况是资不抵债，原股东的原始投资额已丧失殆尽，在收购协议执行过程中，中银信的股东仍按照 1:1 的比例从收购方得到了偿付或者按照同意比例转换为对收购方的股权。而且，对中银信公司高级管理人员的法律责任并没有得到应有的追究。"[1]

经营出现失败的金融机构，要建立有序的处置和退出框架，允许金融机构有序破产。但在整个金融行业的实践中，真正通过司法破产方式退出市场的只有大鹏证券、南方证券和广东国际信托投资三家公司[2]。政府过度干预金融机构市场退出所带来的弊端在诸多其他案例当中清晰可见——经典的海南发展银行被行政关闭案便是地方政府监管不力、行政干预过多的恶果。海南发展银行自 1998 年被关闭始至今已十余年，在历经了四次失败重组后，到目前为止仍未完成破产清算，资产缺口仍在不断扩大，除个人储户和境外机构以外的国内机构债权人的利益始终处于悬而未决的状态[3]。由此可见，金融机构退出时政府行政干预过度可能会助长道德风险，并严重影响问题金融机构关闭程序的进行。金融机构市场退出制度设计的目标是促进金融业健康发展、维护整体金融稳定，而非尽可能保护业内每一个机构都不失败、不出任何风险。因此，有效处理好政府与市场的关系、行政权力与司法权力的关系，利用完善的法制对行政干预手段进行严格规制，成为金融机构市场退出制度完善过程中亟待解决的重要问题。

3. 金融监管当局的定位职责不明确。2018 年以前，由于不同类型金融机构之间的业务存在显著差异，我国金融监管机构对金融机构的经营活动一贯采取分业监管模式。然而随着金融市场的演变，金融业之间的界限开始变得模糊，在金

---

〔1〕　安启雷、陈超："金融机构市场退出机制的国际比较与我国的制度选择"，载《金融研究》2003 年第 10 期。

〔2〕　杨秋林："商业银行破产中的法律问题研究"，河南省法学会、山西省法学会、湖北省法学会、安徽省法学会、江西省法学会、湖南省法学会第十二届"中部崛起法治论坛"论文，2019 年 5 月于中国湖南长沙。大鹏证券破产案参见"深圳中院审结全国首宗证券公司破产清算案"，载《人民法院报》2011 年 12 月 21 日，第 3 版；南方证券破产案参见李自然、杨如彦："金融机构退出机制研究：南方证券接管案"，载《中国制度变迁的案例研究》2008 年第 00 期；广东国际信托投资公司破产案参见《中华人民共和国最高人民法院公报》2003 年第 3 期。

〔3〕　参见张超、刘庆："艰难的退出之路——海南发展银行行政关闭的启示"，载胡滨、全先银主编：《中国金融法治报告 2007》，社会科学文献出版社 2007 年版，第 208 ~ 213 页。转引自黄韬："我国金融机构市场退出法律机制中的'权力版图'——司法权与行政权关系的视角"，载《中外法学》2009 年第 6 期。

融控股集团模式下开展跨行业经营成为趋势。这削弱了分散的监管体系所拥有的专业化优势，给监管机构带来了极大的挑战[1]。由于我国并未建立起专门的金融机构市场退出法律，只能适用各金融机构间的各自规定，造成了监管机构在实施监管行为时容易发生利益冲突、监管不力、权力与责任不对等、相互推诿等情况。此外，监管机构在不同方式的市场退出中也扮演着不同角色。应当明确监管机构在金融机构市场退出中的权力和责任，并对应由监管当局进行主导的接管、重整等救助制度加以详细规定[2]。

4. 金融机构市场退出配套体系建设尚不完善。长期以来，我国缺乏关于金融机构市场退出配套制度的立法，包括征信体系建设、风险补偿和分担机制等。就风险补偿和分担机制而言，有学者指出："长期来看，随着金融市场竞争日趋激烈，面临破产的金融机构渐趋增加。这种简单由政府负责埋单的处置办法，终将难以为继，而且极易形成道德风险并转嫁为政府债务风险。"[3]随着我国金融体制市场化改革程度加深，金融机构发生风险时的处置方式由国家进行隐性担保且缺乏法律规制逐渐向以法律法规为框架的风险补偿和分担制度转变。在银行业领域，《存款保险条例》和存款保险基金管理公司的建立标志着现行银行存款保险体系初具雏形。在保险业领域，2008 年发布的《保险保障基金管理办法》规定，保险保障基金公司依法从事筹集、管理、运作保险保障基金的业务[4]。这仅仅是一个开端，这些制度的规定仍多具有原则性而普遍缺乏操作性强的细则，因此金融机构市场退出配套体系的建设依然任重而道远。从更广阔的角度来说，市场退出配套体系的建立和完善能够为市场充分竞争提供一个完整的制度环境，从而更好地服务实体经济[5]。

二、风险防范下处理金融机构市场退出的基本原则

(一) 市场化原则

由于金融业具有明显的社会公众性特征，金融机构在市场中的一切举动都容易引发公众关注，包括退出市场的行为。正是由于具有这样的特殊性，一直以来金融机构都被认为不应也不能退出市场。因为一旦在退出市场时引发大规模的经

---

[1] 苏洁澈："金融监管机构在金融机构破产中的角色"，载《江汉论坛》2019 年第 5 期。

[2] 丁艳："监管机构在银行破产法律制度中的定位"，载《中国金融》2007 年第 9 期。

[3] 马坚波："金融机构市场退出机制的构建"，载《中共山西省委党校学报》2014 年第 3 期。

[4] 参见《保险保障基金管理办法》第 8 条。

[5] 张涛："要允许金融机构有序破产（感言·聚焦陆家嘴论坛）"，载人民网，http://money.people.com.cn/bank/GB/n1/2016/0614/c202331-28442058.html，最后访问日期：2021 年 4 月 20 日。

济风险和金融危机，无论从金融机构利益相关人或是从整体国民经济的角度看，其利益都将会受到不同程度的损害。虽然不可否认行政手段对于金融机构退出市场的重要作用，但这种罔顾市场客观规律的理念在实践中也产生了消极作用——金融机构的经营风险意识被淡化，金融机构的道德风险不断上升，问题金融机构的各类风险不断积累，为金融危机的发生埋下隐患。有学者指出，"在金融危机时期，适时地实施问题金融机构的市场退出能够减小危机损害、切断金融市场风险扩散、保护金融消费。"[1]

优胜劣汰是企业自由竞争应当遵循的基本原则。尽管金融市场稳定对于社会经济的稳定而言极其重要，但维持稳定不能成为存在危机和问题的金融机构在市场中"苟延残喘"的借口，相反，只有实现金融机构的市场化退出，才能更好地保护各类相关人的利益，维持好金融秩序的正常运行，维护金融市场稳定。做好金融机构的市场退出，亟须改变原有的理念，坚持市场化退出的原则，充分发挥市场配置资源的决定性作用，完善优胜劣汰的市场机制，促进金融资源向高效健康的金融主体流动。处理好尊重金融市场规律与规范行政监管的关系，通过行政手段与市场手段相结合的方式完成金融机构的市场退出。

近年来，我国的金融业改革在不断推进、深化。2013 年十八届三中全会通过的《中共中央关于全面深化改革若干重大问题的决定》中提出金融改革的两个面向为"开放"与"民生"。其中"开放"就是指在金融市场深化中减少金融管制，确认和保障市场在金融资源配置中的决定性作用，在市场机制的作用下，实现金融经济体系的优化与完善，从"金融抑制"走向"金融深化"[2]。

（二）依法退出原则

金融机构有序退出市场离不开健全的法制。依法退出市场的前提是有法可依，根据《改革方案》提出的举措，金融机构市场退出要坚持法治化方向，加快完善金融机构退出的法律法规，尊重和保障金融机构自主经营权利。有效衔接各类法律法规和相关政策，有效降低金融机构退出交易成本。在市场机制不能有效发挥作用的领域，通过合理运用公共政策，引导或强制低效无效金融机构依法有序退出，同时畅通退出权利救济途径。

（三）审慎实施原则

基于对金融业发展安全及银行业市场稳定的考量，银行业金融机构退出市场

---

〔1〕　张雪强："后危机时代金融机构市场退出法律制度改革探讨"，载《商业时代》2011 年第 13 期。

〔2〕　冯果、袁康："走向金融深化与金融包容：全面深化改革背景下金融法的使命自觉与制度回应"，载《法学评论》2014 年第 2 期。

时要坚持审慎实施原则。该原则指在发生经营困难的银行业金融机构退出市场时应尽可能地谨慎。一方面尽量减少银行业金融机构退出市场现象的发生，对问题金融机构采以"救助为主、退出为辅"的策略[1]；另一方面使不得不退出的金融机构通过并购重组等较为和平的方式进行市场退出，尽量避免司法解散、破产清算等对金融市场秩序稳定有较大影响的退出方式。

由于金融机构退出市场对社会公共利益有着广泛的影响，因此应当在法律上制定严于普通企业的退出标准和条件，且受到更大程度上的行政监管，从而增加银行业金融机构市场退出的难度，使得该类企业在发生风险时会首先去寻求治理方式，穷尽所有方法均无法挽回时才选择退出机制。这很大程度上有利于贯彻审慎实施这一金融机构市场退出法律制度的首要原则，保护金融安全。

（四）利益保护衡平原则

金融机构退出市场会影响到包括中央银行、存款人、银行债权人、股东、企业职工及其他利益相关者等多方权益，各方主体之间必然存在着复杂的利益冲突。为保证各方公平分担退出成本，银行金融机构有序退出市场，必须坚持利益保护衡平原则。该原则是指银行业金融机构退出市场时应当通过衡平机制，处理好各主体之间的权利义务关系，兼顾各方利益相关者的合法权益，利用立法等公权力手段维护公共利益的同时也不得过度侵占私人利益。确保各方主体在拯救危机企业的共同目标下积极参与，互助协作，保障金融机构在不影响金融秩序稳定的前提下高效有序地退出，防止因各方利益冲突而陷入停滞局面，维护各方共同利益，争取快速实现多赢局面。

（五）及时处置原则

为保障金融市场的稳定，减少问题金融机构对其他正常企业的影响，防范系统性风险的发生，应当坚持及时处置原则，迅速、恰当地处理存在经营危机的银行业金融机构。诸多实践经验表明，在金融危机时期坚持及时处置原则尤为重要，若不及时处理存在问题的银行业金融机构，危机便会迅速在整个金融行业蔓延，从而引发更大的金融风险，带来不可估量的损失。提前判断金融机构的经营风险，迅速处理问题金融机构的市场退出问题，可以有效防范金融危机的发生及蔓延，有效降低处理风险的成本。因此对危机金融机构的处理"就如救火般必须准确、果断、及时"[2]。

---

〔1〕 张雪强："银行业金融机构市场退出法律制度研究"，西南政法大学 2011 年博士学位论文。

〔2〕 中国人民银行海口中心支行课题组："金融机构市场退出机制的相关法律问题研究"，载《海南金融》2006 年第 3 期。

（六）坚持风险责任追究原则

"金融机构市场退出的成因中，有关负责人的违法违规经营行为和有关监管机关的监管不力或监管当事人失职、渎职是不可忽视的因素。"[1]对金融机构经营失败主要责任人进行追究是完善金融机构市场退出法律制度的重要举措。"为了有利于风险处置发挥警示作用，对股东和债权人有所交代，必须本着依法追究刑事责任和依法追究行政责任的原则，对金融机构市场退出的有关责任人的刑事和行政责任予以追究、惩处，并禁止其在一定时期或终身进入金融机构。"[2]坚持风险责任追究原则，不仅能对主要责任人的行为进行严格查处和惩罚，同时也能对其他金融机构从业人员起到警示作用，由此产生示范效应，结合内控管理制度的健全落实，有效控制和防范道德风险，维护金融机构的信誉和形象。

三、风险防范下我国金融机构市场退出机制的完善

2019 年出台的《改革方案》是完善市场主体退出制度供给顶层设计的文件，提出了多项退出机制与改革原则，尤其是在"完善特殊类型市场主体退出和特定领域退出制度"部分，提出要建立健全金融机构市场化退出机制。这是此次市场主体退出改革与完善中非常重要的制度之一，具有重大的制度性价值与意义。但是政策与原则要在实践中落地，需要依靠更为具体的规定予以明确与完善，由此，金融机构的市场化退出才能够在实施过程中有法可依，有章可循。以下部分将结合《改革方案》对我国金融机构市场退出法律制度提出完善建议。

（一）加强司法与行政的协调配合

1. 完善司法与行政协调机制。《改革方案》把加强司法与行政的协调配合、加强司法能力及中介机构建设作为完善破产法律制度的一项重要举措。"金融机构破产是市场化退出的重要方式，是化解问题银行处置中'强行政、弱司法'之流弊的有效机制。由于金融机构破产关涉金融安全与公共利益，且具有极强的专业性，具有不同于一般企业破产程序的特殊性，因此在实行金融机构破产之前必须做好配套制度的准备。"[3]政府应积极支持陷入困境、符合破产条件的金融机构进行重整或破产清算，建立常态化的司法与行政协调机制，依法发挥政府在破

---

〔1〕 阎维杰：《金融机构市场退出》，中国金融出版社 2006 年版，第 91 页。

〔2〕 中国人民银行海口中心支行课题组："金融机构市场退出机制的相关法律问题研究"，载《海南金融》2006 年第 3 期。

〔3〕 冯果、袁康："走向金融深化与金融包容：全面深化改革背景下金融法的使命自觉与制度回应"，载《法学评论》2014 年第 2 期。

产程序中的作用，协调解决破产过程中维护社会稳定、经费保障、信用修复、机构注销等问题，同时避免对破产司法事务的不当干预。"加强行政退出与司法破产之间的有效衔接，推进金融市场退出机制常态化、规范化。"[1]

2. 明确政府部门破产行政管理职能。当前我国政府部门在作为监管机构介入金融机构的破产处置时扮演着发起人、接管人、清算人和程序监督人等多种角色，导致的不利结果是面临许多利益冲突。有学者指出，作为监管机构要履行其监管职能；接管人或清算人则需要让债务人资产最大化，管理并处置资产，而本身又对自己的行为进行监管。这种制度设计存在着明显的悖论[2]。《改革方案》强调，在总结完善司法与行政协调机制实践经验的基础上，需要进一步明确政府部门承担破产管理人监督管理、政府各相关部门协调、债权人利益保护、特殊破产案件清算以及防范恶意逃废债等破产行政管理职责，该思想对于金融机构来说同样具有指导作用。明确政府部门破产行政管理职能，首先需要在立法层面进一步细化规则，并在不同的程序间建立有效的衔接机制，对政府部门选择程序提供一定的指导。

（二）加强司法能力及中介机构建设

1. 加强破产审判能力建设。《改革方案》提出，要"深化破产审判机制改革，根据各地审判实践需要，在条件成熟的中级人民法院积极推动组建破产案件专业审判团队，优化破产案件专业审判团队的职责和内部管理体系。加强对破产审判专业人员的培训和专业队伍的建设，完善对破产审判法官的考核机制"。对于金融机构破产类案件而言，审判人员的专业性要求自然不言而喻。要继续加强专业化建设，着力摆正破产审判在人民法院工作格局中应有的地位和作用，鼓励条件成熟的地方法院设立破产法庭，为金融机构破产审判工作的开展提供人才和组织保障。

2. 大力培育破产管理人队伍。《改革方案》提出，要"进一步细化完善管理人职责，明确管理人履职过程中发现恶意逃废债等违法行为时依法提请法院移送侦查的职责，进一步优化破产管理人名册制度、管理人选任机制和管理人报酬制度，积极开展管理人履职能力培训工作，支持和推动管理人行业自律组织建设，强化对管理人的履职考核和动态监督管理，督促管理人提高责任意识和履职能力"。金融机构市场退出处置机制的完善，需强化破产管理人能力的培养。

金融机构破产管理人是金融机构市场退出处置机制的一个重要制度。在金融

---

〔1〕 尚福林："'十三五'银行业改革发展方向"，载《中国金融》2016 年第 1 期。

〔2〕 苏洁澈："金融监管机构在金融机构破产中的角色"，载《江汉论坛》2019 年第 5 期。

行业领域，由于金融机构破产具有其特殊性，金融机构的破产管理人与普通企业破产案件管理人相比，对于专业性的要求更高。因此在金融机构破产案件的处理中，应当由相关金融监管部门、金融投资者保护机构（如存款保险基金管理机构）和专业人士共同组成。

2007 年颁布的《最高人民法院关于审理企业破产案件指定管理人的规定》对金融机构指定管理人作了特殊规制。第 15 条第 2 款规定，"对于商业银行、证券公司、保险公司等金融机构以及在全国范围内有重大影响、法律关系复杂、债务人财产分散的企业破产案件，人民法院可以从所在地区高级人民法院编制的管理人名册列明的其他地区管理人或者异地人民法院编制的管理人名册中指定管理人"。第 18 条规定："企业破产案件有下列情形之一的，人民法院可以指定清算组为管理人：①破产申请受理前，根据有关规定已经成立清算组，人民法院认为符合本规定第 19 条的规定；②审理企业破产法第 133 条规定的案件；③有关法律规定企业破产时成立清算组；④人民法院认为可以指定清算组为管理人的其他情形。"第 21 条规定："对于商业银行、证券公司、保险公司等金融机构或者在全国范围有重大影响、法律关系复杂、债务人财产分散的企业破产案件，人民法院可以采取公告的方式，邀请编入各地人民法院管理人名册中的社会中介机构参与竞争，从参与竞争的社会中介机构中指定管理人。参与竞争的社会中介机构不得少于三家采取竞争方式指定管理人的，人民法院应当组成专门的评审委员会。评审委员会应当结合案件的特点，综合考量社会中介机构的专业水准、经验、机构规模、初步报价等因素，从参与竞争的社会中介机构中择优指定管理人。被指定为管理人的社会中介机构应经评审委员会成员 1/2 以上通过。采取竞争方式指定管理人的，人民法院应当确定一至两名备选社会中介机构，作为需要更换管理人时的接替人选。"第 22 条规定："对于经过行政清理、清算的商业银行、证券公司、保险公司等金融机构的破产案件，人民法院除可以按照本规定第 18 条第 1 项的规定指定管理人外，也可以在金融监督管理机构推荐的已编入管理人名册的社会中介机构中指定管理人。"由此可见，金融机构破产案件管理人的指定有三种方式：指定清算组为管理人、以竞争方式指定管理人、以推荐方式指定管理人。

近年来各地法院受理破产案件数量逐渐增加，破产管理人队伍建设开始被重视，但仍处于初级起步阶段，加上金融机构破产案件在实践中屈指可数，管理人对金融机构破产案件处理经验不足，管理人队伍建设水平有待提高。目前管理人队伍主要存在以下问题：一是管理人对破产案件的认识不准确，对自身的定位存在偏差，大多仍以办理传统诉讼案件的思维和方法去办理破产案件、处理破产案件中产生的纠纷和利益关系；二是管理人队伍专业化不足，内部分工不细；三是破产案件的报酬分配问题始终困扰着管理人队伍。因此，未来的金融机构破产管理人队伍建设需着重培养管理人正确认识金融机构破产案件，培养专业的管理人团队，进行内部细化分工，完善管理人的分配制度[1]。

（三）完善金融机构市场化退出的程序和路径

《改革方案》提出，要完善金融机构市场化退出的程序和路径。而这一目标的实现则需要金融法治的进步。完善金融机构市场退出的相关法律法规，明确对问题金融机构退出过程中接管、重组、撤销、破产处置程序和机制，合理选择金融机构市场退出的方式，探索建立金融机构主体依法自主退出机制和多层次退出路径。此外，还要及时有效发挥存款保险制度和相关行业保障基金的作用。

关于多层次退出路径的建立。金融机构之间具有共性，因此应采取积极而稳妥的步骤建立金融机构退出制度的总体法律框架，并注意与《企业破产法》做好衔接，清除与其存在矛盾和冲突的条款。金融业是一个融合不同产业内容的综合性行业，金融机构数量众多且种类不同，分别面向多个产业部门提供不同的金融服务，而各个产业部门职能的不同将导致各类金融机构破产规则各有其特殊性[2]。因此，对不同类型的金融机构应当依据其不同的行业特性制定相关细则，可以部门规章的形式予以细化，使其具有操作性。

及时有效发挥存款保险制度和相关行业保障基金的作用。完善我国金融机构市场退出法律制度，需要加强金融市场风险补偿和保障这一配套机制的设计。目前我国的证券行业和保险行业在形式上有相关的规范性文件作为各自领域风险补偿和保障机制的法律规则基准，其分别是《证券投资者保护基金管理办法》和《保险保障基金管理办法》。此外在银行业领域，2015 年出台的《存款保险条例》标志着以存款保险制度为中心的金融机构市场退出保障机制初具雏形。存款保险制度是对商业银行等存款类金融机构进行风险处置的一种制度安排，主要指存款类金融机构向存款保险机构缴纳保费购买存款保险，当金融机构濒临倒闭或倒闭时，存款保险机构运用存款保险基金及时向存款人赔付并适时处置问题机构，发挥保护存款人利益、维护金融稳定的作用。与政府直接救助金融机构相比较，存款保险制度的优势在于通过建立市场化的风险补偿机制，市场、股东和存款人合理分摊因金融机构倒闭而产生的财务损失。自 20 世纪 30 年代美国建立世界上第一个存款保险制度以来，迄今已有逾百个国家建立了这一制度，存款保险制度成

---

〔1〕 周光、范丰盛：“浅析破产管理人队伍建设”，载破产管理人网，http：//www.pcglr.cn/show-case/show - 654.html，最后访问日期：2021 年 4 月 21 日。

〔2〕 张世君：“我国金融机构破产制度的反思与重构”，载《经贸法律评论》2019 年第 1 期。

为政府防范与化解系统性金融风险、应对金融危机的重要手段。综合以上可知，金融机构市场退出的补偿和保障制度至少在立法层面上已经有法可依。但制度需要不断修正并在实践中予以落实，只有及时有效发挥存款保险制度和相关行业保障基金的作用，进一步完善存款保险制度、证券投资者保护基金制度、保险保障基金制度，并积极防范道德风险，才能有效保护相关主体利益、维护金融稳定。

（四）完善金融机构资产、负债、业务的概括转移制度

《改革方案》提出，要完善金融机构资产、负债、业务的概括转移制度。依托存款保险制度和保险保障基金、证券投资者保障基金、信托业保障基金等相关行业保障基金，进一步完善金融机构强制退出时的储蓄存款合同、保险合同、证券业务合同、资产管理业务合同、信托财产和信托事务等各类合同和业务的转移接续。

（五）建立金融机构风险预警及处置机制

1. 明确风险处置触发条件，制定退出风险处置预案，丰富风险处置工具箱，建立健全信息共享机制。金融风险的形成是一个渐进的过程，在风险产生初期，并不必然会导致危机，如果能够建立起系统有效的金融风险预警机制，将风险扼杀在摇篮里，避免风险累积，一定程度能降低金融机构退出市场时可能带来的波及至整个金融行业甚至是全社会的经济危机的发生概率。当前，我国法律法规中可散见有关金融机构风险预警的规定，例如《商业银行法》第 39 条第 1 款第 1 项规定："资本充足率不得低于 8%"。但从整体来说，这些规定基本上是抽象的、不具操作性的，缺乏切实可行的金融危机预警法律机制[1]。因此，明晰风险触发的条件并做到尽早发现风险，制定退出风险处置预案，丰富风险处置工具箱，建立健全信息共享机制，成为防范金融危机之必要。

2. 完善金融机构市场化退出损失分担机制，明确股东和无担保债权人应先于公共资金承担损失。我国在问题金融机构市场退出的处置上一直以来都以行政干预手段为主。这种退出模式不仅让问题金融机构"苟延残喘"难以从市场退出，还使得政府为了解决资金问题而过度利用财政支持，造成通货膨胀和增加道德风险，长此以往可能会最终导致金融危机。在我国，政府不仅承担了投资者所应承担的责任，而且还超额承担了本应由经营者和债权人承担的责任。因此，法律必须对银行破产程序的各种问题设置必要的监管制度，进一步细化其规定和操作规

---

[1] 王志勤："论我国金融机构市场退出法律机制的建构"，载《华东师范大学学报（哲学社会科学版）》2011 年第 6 期。

程，同时还须建立合理的损失分担机制，减轻政府负担，并明确股东和无担保债权人应先于公共资金承担损失。在此问题上，域外国家相关制度和措施为我国完善金融机构市场化退出损失分担机制提供了有效借鉴。例如日本在关闭损失和处理成本的负担上，采取公共资金和行业负担相结合的办法，但对动用财政资金处理金融机构市场退出态度谨慎。公共资金投入主要来自存款保险机构，其特点是资金一般提供给接受关闭金融机构业务转让的救援金融机构，而不是直接向存款人提供存款赔付，以利于控制金融机构关闭。此外，推进援助资金的多样化改革，包括发行次级债券、特别国债筹集资金，由原有股东增资或引入新股东出资，中央银行采取再贴现、有担保的再贷款间接提供救助资金等手段，也有利于完善损失分担机制[1]。

（六）发挥金融资产处置市场的作用

1. 金融资产管理公司在处置商业银行不良贷款中发挥着重要作用。我国企业尤其是民营企业、小微企业在经营发展中遇到不少困难和问题，贷款、债权违约增多，股权质押融资平台风险上升，导致商业银行不良资产大幅增加。目前，我国不良资产处置市场还相当庞大。银保监会发布的《2019年四季度银行业保险业主要监管指标数据情况》显示，2019年四季度末，我国商业银行不良贷款余额2.41万亿元，较上季末增加463亿元；商业银行不良贷款率1.86%，与上季末持平，银行业不良贷款余额持续上升、不良率小幅波动的大趋势没有变。商业银行不良贷款的处置具有艰巨性、复杂性和长期性，而金融资产管理公司出现和存续在解决商业银行不良贷款处置问题上起到了重要作用，具有专业化优势。"金融资产管理公司除了商业银行传统的处置手段外，还可综合运用投资银行业务手段，如不良资产的证券化、债转股、资产管理范围内的上市推荐和股票承销以及重组等，还可对不良资产进行打包处理，或与国外投资者建立合资公司共同处置不良资产，规模化的处置方式和专业化的处置手段能更好地提高不良资产的回收率。"[2]金融资产管理公司运用债务重组、投资投行等技术，基于广泛的机构网络和丰富的不良资产处置经验等优势，在收购处置银行不良贷款中对银行、金融体系及实体经济发挥重大作用[3]。

---

〔1〕 安启雷、陈超："金融机构市场退出机制的国际比较与我国的制度选择"，载《金融研究》2003年第10期。

〔2〕 李超、邵伏军："我国金融资产管理公司的改革和发展"，载《金融研究》2006年第4期。

〔3〕 高炜："金融资产管理公司助推商业银行不良贷款处置方式探析"，载《西南金融》2016年第3期。

2. 对加强金融资产管理公司监管的建议。有学者提出，可从以下几方面进一步加强和改善对金融资产管理公司的监督管理：一是完善金融资产管理公司的运行规则；二是对政策性资产管理机构和商业性资产管理机构实施分类指导、分类监管的原则；三是在监管机构设置和授权方面体现分类监管、协调合作的原则；四是完善金融资产管理公司经营目标考核责任制，加强对金融资产管理公司的现场检查和非现场监管，依法处理有关人员的违法违规行为，同时加强对信息披露的监管，充分发挥市场约束机制的力量[1]。

目前，关于金融资产管理公司监管的法律规定正在逐渐完善。中国银监会、财政部、中国人民银行、中国证监会、中国保监会联合制定了《金融资产管理公司监管办法》并于 2014 年 8 月 14 日颁布。2017 年颁布的《中国银监会关于印发金融资产管理公司资本管理办法（试行）的通知》则对金融资产管理公司的资本充足率等做出要求，并通过设定差异化的资产风险权重，引导其聚焦不良资产主业。该办法的出台有助于完善资产管理公司并表监管和资本监管规制体系，提高监管的针对性和有效性；有助于资产管理公司提高资本使用效率，进一步发挥不良资产主业优势，实现稳健可持续发展。

第二节　商业银行破产中的风险防范[2]

一、商业银行破产的特殊性及其制度设立的现实基础

（一）商业银行破产的特殊性

1. 商业银行破产具有公共性和传染性。在当今社会，比起与普通企业破产之间的共性，商业银行破产的特殊性更为明显和突出，也更值得探讨——研究商业银行破产的特殊之处是建立一个关于商业银行破产的特别法体系的基础。商业银行的破产并非只对银行自身的生存与淘汰产生影响，银行为国家社会经济运行提供的金融业务决定了其经营状况涉及公共利益。一旦在公众视野内暴露经营困境或支付风险，会大大影响公众对于银行的信心。伴随着现代科技的进步，银行的经营状况等信息只会传播得越来越快，传播的广度也在不断扩大，更容易引发社会的过度恐慌，会影响银行未来的融资难度与资金恢复。基于理性或不理性的判断，公众对于银行的信心下降，可能诱发挤兑风潮，加之挤兑的传染性，一家银

---

〔1〕 李超等："我国金融资产管理公司的改革和发展"，载《金融研究》2006 年第 4 期。

〔2〕 除有特别说明外，本节问题的讨论对象"银行"仅指商业银行。

行的挤兑可能会产生其他银行接连挤兑的恶性反应，系统性风险升高，以至于波及整个金融行业，影响银行所在地区或国家整体经济的发展，甚至演变为更大范围的国际性问题等。

2. 商业银行破产的程序不同于普通企业。与普通企业不同，银行想要进入破产程序需要经过更加谨慎和繁杂的步骤。由于银行不同于普通企业的特殊性，其破产的处置流程也被赋予了特别要求。关于银行破产程序完善的讨论将在本节第四部分具体展开。

3. 商业银行破产的目标是为了维护金融稳定。普通公司破产法的目标是最大化破产人的资产，使全体债权人得到公平受偿，实现债权人利益公平分配，完成企业的市场退出；而商业银行破产的目标在此基础上有着更加特殊的意义。国际货币基金组织（IMF）对于银行破产目标的描述是"为了维护金融体系稳定"。我国《商业银行法》第 1 条也提出了"为了保护商业银行、存款人和其他客户的合法权益，规范商业银行的行为，提高信贷资产质量，加强监督管理，保障商业银行的稳健运行，维护金融秩序，促进社会主义市场经济的发展，制定本法。"即便是在银行破产阶段，维护金融秩序和金融体系的稳定也依然是重要目标。

（二）设立商业银行特殊破产制度的现实基础

1. 商业银行破产可能会引发系统性风险。系统性金融风险中的"系统性"有两方面含义：一是指一个事件能够影响整个金融体系的功能与效果；二是指一个事件让看似不相干的第三方也付出了一定的代价[1]。国际清算银行将系统性风险定义为：金融体系内部一些或者全部机构出现损失后导致金融服务被破坏的可能性，而且该风险可能会对实体经济产生严重的负面影响[2]。对于银行业系统性风险内涵的讨论始于 20 世纪 90 年代，Bartholomew 和 Whalen 将银行业系统性风险定义为某个事件或者宏观冲击对整个银行体系造成负面影响的可能性[3]。我国有学者认为系统性风险是指"整个金融体系崩溃或丧失功能的或然性"[4]。系统性风险具有强隐匿性、积累性和传染性，对国际金融体系和全球实体经济都

---

〔1〕 张晓朴："系统性金融风险研究：演进、成因与监管"，载《国际金融研究》2010 年第 7 期。

〔2〕 International Monetary Fund, Bank for International Settlements, and Financial Stability Board, Guidance to Assess the Systemic Importance of Financial Institutions, Markets and Instruments: Initial Considerations—Report to G20 Finance Ministers and Governors, 2009.

〔3〕 Bartholomew P. F., Whalen G. W., Fundamentals of Systemic Risk, Banking, Financial Markets, and Systemic Risk, Greenwich, Conn: JAI, 1995. 转引自荆中博、杨海珍、杨晓光："中国银行业系统性风险的涵义、度量及影响因素——基于 1996 - 2014 年的数据"，载《南方金融》2016 年第 2 期。

〔4〕 张晓朴："系统性金融风险研究：演进、成因与监管"，载《国际金融研究》2010 年第 7 期。

会产生巨大的负外部性效应，且不能通过一般的风险管理手段相互抵消或者削弱，即只能防止其积累乃至爆发，但是不能根本消除。系统性风险不同于单个金融机构风险或个体风险，而是会影响整个金融系统稳定，成因也更加复杂；但是单个金融机构的风险或个体风险又有可能通过金融体系中的复杂网络"传染"给其他机构，从而引发系统性风险。系统性风险概念的强化和应用将极大深化人类对金融危机的认识，这一转变使得金融危机从一个突发的风险事件，演变为一个监管机构可以日常持续监控的对象，使得人们有可能通过关注和评估系统性风险的严重程度动态评估金融危机的发生概率，进而采取相应应对之策，具有里程碑意义[1]。

与一般的银行风险相比，系统性风险具有长期隐匿的特点，平时较难被察觉和评估。其一旦积累至爆发后则会迅速变成系统性危机，极具传染性和破坏力。具体而言，首先，系统性风险具有广泛性和普遍性，涉及主体包括整个银行体系的所有使用者和所有金融中介机构，由于银行业复杂的金融关联，银行、住户、公司建立了紧密的信贷联系，少数银行机构遇险或受到宏观经济的冲击会产生连锁反应，从而使危机通过银行系统迅速传播；其次，系统性风险具有明显的负外部性，国际经济环境变化、股票外汇市场价格联动以及现代通信技术和金融交易的高科技程度都加大金融风险受到的冲击及其连锁反应的速度和广度增加；再次，随着实体经济与虚拟经济互动关系的增加，系统性风险的溢出和传染性大大增强，一国银行的问题可能会导致其他健康银行也陷入风险甚至是危机；此外，系统性风险的危害会导致国民财富的净流失，对市场的信心打击巨大，具有风险和收益的不对称性；最后，系统性风险的监管具有较大难度，首先表现在评估上的困难，需要监管理念和方式作出根本性的改变[2]。

2. 设立商业银行特殊破产制度具有优势，采取单独立法模式的理由具体如下：一方面，普通企业破产法是针对一般企业设定的破产程序，不可能专门规定银行破产中的特殊问题。银行破产确有不同于普通公司破产的特点，这种内在的特殊性决定了要对银行破产单独立法。另一方面，采用在银行法中对银行破产特殊性问题做出规定的模式不尽合理。这是因为银行法作为市场主体法却将银行破产程序等问题全部规定下来。商业银行破产过程中行政干预的力度大，建立商业银行特殊破产制度有利于适应商业银行区别于普通企业的特殊性。同普通企业破产法律制度相比，商业银行破产法律制度所具有的专业性、程序的便捷性等优点

---

[1] 张晓朴："系统性金融风险研究：演进、成因与监管"，载《国际金融研究》2010 年第 7 期。

[2] 麦强盛："基于宏观审慎监管的银行业系统性风险研究"，暨南大学 2011 年博士学位论文。

更有利于保护商业银行资产和维护金融体系的稳定，具体表现在以下几个方面：有利于使"问题商业银行"的资产和经营价值得到更好的保护，有利于使问题商业银行的问题得到快速解决，在处置问题商业银行破产事宜时更为专业[1]。

二、商业银行破产的立法与实践评析

（一）商业银行破产的立法述评

1. 我国银行破产法律制度的具体建设情况如下：

（1）银行破产早期介入制度。我国于 20 世纪 90 年代先后制定了《商业银行法》和《中国人民银行法》，21 世纪初又通过了《银行业监督管理法》，这三部法律奠定了我国金融监管立法的基础。《中国人民银行法》明确了中国人民银行的地位和职能，在货币政策、宏观调控和金融稳定上发挥作用；同时也明确了中国人民银行在防范化解金融风险、维护金融稳定方面的职责。在监管方面，该法规定央行应当依法监测金融市场的运行情况，对于涉及自身业务的金融机构、部门和个人拥有检查监督的权力；《商业银行法》初步明确了商业上"自救"的要求，同时规定了接管制度，需要注意的是按照巴塞尔委员会的指引，接管制度并未纳入早期介入阶段。《银行业监督管理法》明确了银监会的地位和职能，作为监管主体规范监督行为，防范化解金融风险，对银行业实施监督和管理。该法第 27 条要求银监会建立评级体系和风险预警系统，根据评级和预警情况适当介入监管，这可以视为我国问题银行早期介入机制构建的开端。该法第 37 条规定了银监会对银行审慎经营的监管要求，并规定了具体的介入规则，确立了我国的早期介入制度。《商业银行资本管理办法（试行）》在资本充足率、流动性、预警和评级体系以及资本充足率的压力测试等方面都作了较为详细的规定，是银监会在金融危机之后，结合巴塞尔协议和《银行业监督管理法》的介入和处置原则基础上制定的实施细则。该管理办法标志着我国问题银行早期介入机制的初步完善。

遗憾的是，我国的银行业监管法律体系仅在 2004 年 10 月 29 日通过的《存款保险条例》第 7 条第 6 款中赋予存款保险机构早期纠正和风险处置的权限，包括：保费费率核查权、要求投保机构控制风险、提高投保费率、建议银监会接管重组或撤销、遵循最小成本原则使用基金、责令改正及调整费率。从职能设置上看，我国《中国人民银行法》明确了央行在监督管理金融业方面的指导地位，具体的法律监管职能通过银保监会来行使，而存款保险机构的监管职能更侧重于对存款保险业务的微观风险防范与控制，在对银行实施监管的独立权力上（至少在

---

[1] 杨东勤："中国商业银行破产法律制度构建研究"，对外经济贸易大学 2016 年博士学位论文。

立法层面）似乎还不能与央行及银保监会相提并论。此外，《银行业监督管理法》
《商业银行资本管理办法（试行）》等法律法规虽然对银行破产早期介入机制作
出了相对详细的规定，但仍未被看作是一项专门的法律制度予以详细和明确规
定。如此看来，我国的早期介入机制的构建和完善还有很长的路要走。

（2）银行破产补偿和保障机制。我国于 2014 年 10 月 29 日通过《存款保险
条例》，初步构建起了银行破产预防和保障制度。回溯历史，我国存款保险制度
的出台经历了长时间的酝酿与准备。1993 年，在我国开启利率市场改革的背景
下，国务院提出建立存款保险基金，以保障社会公众的利益。2012 年，时任中国
人民银行行长周小川表示存款保险制度将择机出台。2014 年，中国人民银行公布
《存款保险条例（草案）》；2015 年 2 月，《存款保险条例》正式出台，同年 5 月 1
日，《存款保险条例》开始施行。2019 年 5 月 24 日，中国人民银行 100% 持股成
立存款保险基金管理有限责任公司，注册资本为 100 亿元，承担存款保险基金管
理机构的法定职能。

《存款保险条例》的实施，标志着我国由隐性全额担保过渡到了建立显性存
款保险制度的阶段。《存款保险条例》第 3 条如此定义存款保险制度："本条例所
称存款保险，是指投保机构向存款保险基金管理机构交纳保费，形成存款保险基
金，存款保险基金管理机构依照本条例的规定向存款人偿付被保险存款，并采取
必要措施维护存款以及存款保险基金安全的制度。" 也有学者对存款保险制度的
界定是："存款保险制度是一种金融保障计划，是为了保护存款人和维护金融稳
定而以法律的形式、由符合条件的各类存款性金融机构，按照其所吸收存款的一
定比例向特定的存款保险机构缴纳一定的保险费而建立起的存款保险基金。当投
保银行出现支付危机或面临破产倒闭时，由该存款保险机构通过提供财务援助或
向存款人直接支付存款保险等方式，维护问题银行的信用，保证问题银行具有清
偿能力的一种特殊制度安排。"[1]《存款保险条例》最直接的意义是为存款保险
机制在我国的实施奠定了立法基础；从更加深远的层面来说，该条例有利于维护
金融稳定与提升公众对金融体系的信心，更为我国商业银行破产机制的补全与完
善提供了重要的制度依据。

存款保险基金管理有限责任公司作为我国的存款保险基金管理机构，履行下
列职责：制定并发布相关规则，确定存款保险费率标准和各投保机构的适用费
率，收集保费，管理和运用存款保险基金，采取早期纠正措施和风险处置措施，

---

[1] 李玫、杨东勤："中国《存款保险条例》之评析——基于国际上存款保险制度之实践经验"，
载《东岳论丛》2016 年第 8 期。

在限额内及时偿付存款人的被保险存款，国务院批准的其他职责。基金来源于投保机构交纳的保费、清算分配的财产及运用存款保险基金获得的收益等。存款保险费率由基准费率和风险差别费率组成，保费缴纳方式为风险保费制。各金融机构按照不同风险等级，以一定的比例承担保险费用。

（3）银行破产救助机制。银行面临破产时，可以分为清算前和破产清算两个阶段。在清算之前，监管机构会采取相应措施救助银行，在我国，接管和重组是主要的银行破产救助机制。

我国对银行的接管制度主要是由《商业银行法》确立的。该法第64条规定："商业银行已经或者可能发生信用危机，严重影响存款人的利益时，国务院银行业监督管理机构可以对该银行实行接管。接管的目的是对被接管的商业银行采取必要措施，以保护存款人的利益，恢复商业银行的正常经营能力。被接管的商业银行的债权债务关系不因接管而变化。"第65条至第68条则对接管决定的公告、接管组织实施、接管期限和接管终止作出了规定。《银行业监督管理法》第38条也规定："银行业金融机构已经或者可能发生信用危机，严重影响存款人和其他客户合法权益的，国务院银行业监督管理机构可以依法对该银行业金融机构实行接管或者促成机构重组，接管和机构重组依照有关法律和国务院的规定执行。"两部法律均规定"已经或者可能发生信用危机，严重影响存款人和其他客户合法权益的"作为接管的条件，此处的表述过于模糊，缺乏相对明晰的界定。接管标准的模糊将会影响监管机构迅速做出判断，无法及时介入以有效解决银行的危机。

银行重组制度同样规定在《银行业监督管理法》第38条银行进行重组的条件与接管完全一致，但该法尚未进一步制定银行重组的具体规则，如重组的形式、程序及其他细节。

（4）银行破产清算机制。我国法律规定了银行被宣告破产的，由人民法院组织国务院银行业监督管理机构等有关部门和有关人员成立清算组，依照《商业银行法》《公司法》和《企业破产法》的规定进行清算；并且规定了破产财产的清偿顺序。但是，当个人储蓄存款人的债权得不到全部清偿时如何解决、债权人如何申报债权、债权人会议的组成和召开、破产管理人的职权和选任、破产财产的收集和管理、银行正常营业活动的限制以及人民法院和银行监管机构的配合等操作性问题，现行法律并没有涉及。

2. 我国银行破产立法存在以下问题：虽然自改革开放以来我国的法律设置日臻完善，许多曾经是法律空白的地带都已经进行了立法规制。但由于实践中商业银行破产案例十分稀少，我国并没有对银行破产进行专门立法。在现行法律制度中，虽然《企业破产法》《商业银行法》《中国人民银行法》《银行业监督管理法》等法律都对银行的接管制度、行政撤销制度、整顿和重整等制度进行了相关的规定，但这只是一些零散的、原则性的规定，并没有形成完整的、具体的、有实际指导意义的法律规范。而现行的法律规定也没有对我国的现实情况进行充分、科学的论证与实践检验，从立法层面来看，我国并未形成系统完备的银行破产法律制度。

（二）商业银行破产的实践分析

1. 我国商业银行破产案件数极少。2008 年金融危机发生后，银行业金融机构在世界范围内经历了倒闭的浪潮，但在中国并非如此。实际上，在新中国成立后金融行业几十年的运行与变迁中，真正破产倒闭的商业银行只有海南发展银行一家，其被采取的破产处置手段为行政关闭[1]。此外，2019 年包商银行被接管一案也引起了社会公众的强烈关注。根据央行《2020 年第二季度中国货币政策执行报告》披露，包商银行也即将被提出破产申请，进入司法破产清算程序[2]。

2. 我国商业银行破产实践反映了银行破产制度及现实问题。从海南发展银行退出市场到包商银行被接管，二十多年来我国商业银行破产实践仍在艰难探索，在此进行简要分析。

（1）我国商业银行市场化退出机制尚未建立。1998 年就已经倒闭的海南发展银行，始终未进入司法破产程序，至今仍然处于行政清理状态之中，资产缺口仍在不断扩大。这说明金融机构的市场化退出机制仍未建立，金融生态主体"优胜劣汰"的自然规则还没有完全形成，影响了金融体系的市场化出清，进而不利于金融机构公司治理，其结果必然是金融体系效率不断下降[3]。而包商银行的破产清算程序也尚未开始，缺乏明确的法律依据、成熟有效的退出机制的指引，我国商业银行第一次经由司法破产程序退出市场的过程想必会困难重重。

（2）我国商业银行破产实践中行政权与司法权不平衡。从海南发展银行及包商银行退出市场的全过程来看，无论是行政关闭、接管、重整、还是申请司法破产都是由央行、银保监会等金融监管机构主导的，法院却并未参与这些过程，这反映出我国商业银行破产实践中行政权独大而司法权缺位的问题。海南发展银行

---

[1]　刘华："海南发展银行倒闭警示今犹在"，载《银行家》2004 年第 2 期。

[2]　中国人民银行："2020 年第二季度中国货币政策执行报告"，载 https://mp.weixin.qq.com/s/UKBL1iFnfjawPliJ42h15g，最后访问日期：2021 年 4 月 20 日。

[3]　徐忠："新时代背景下中国金融体系与国家治理体系现代化"，载《经济研究》2018 年第 7 期。

倒闭案反映出在银行市场退出的过程中，行政干预、行政管制的偏好仍在很大程度上存在。且从该行筹备开业到被关闭 3 年期间，人民银行共对其进行了 12 次全面检查或专项检查，对其存在的主要问题，多次通报、罚款并严肃纠正其错误，但都因金融监管部门采取的措施不当、力度不够或责任承担没有落实，最终导致内部风险累积而必须破产[1]。

这一问题的产生其实根源于商业银行本身的特殊性：首先，商业银行破产涉及许多资产、债务和股权的重组等超出司法机构知识能力范围的专业技术问题，因此把该权力配置给金融监管机构可以降低难度，节省成本，提高效率；其次，商业银行破产往往不是简单的个体问题，因为影响到诸多公共利益，必然会涉及行政审批程序，若司法权一旦和行政权发生冲突，将会使商业银行退出市场的成本变得非常昂贵。因此，将商业银行破产的主导权交给金融监管机构不仅可以发挥其专业化优势，还可以避免权力冲突而增加成本。

有权必有责，想要实现权力与责任的对应关系，必须通过法律制度来约束和规范权力的行使。然而由于我国商业银行破产制度缺乏明确有效的法律规范，金融监管机构在过去的实践中往往依据行政命令、国家政策来实施其行为，这可能会导致行政权力缺乏有效的监督和制约，引发权力与责任不匹配问题。未来行政权力的行使空间会随着金融自由化的深入而被压缩，监管者与被监管者之间的关系更加法律化，这时候对司法的需求自然而然地就会从各个利益主体身上体现出来。此时，行政权力与司法权力的对比格局将会发生或多或少的变化。对于行政部门来说，通过一定程度的权力压缩来卸下本不应由其承担的各种责任，也未尝不是未来我国金融机构市场退出法律机制向着更高司法化和市场化程度发展的动力[2]。

三、我国商业银行破产制度的立法完善

（一）完善的价值取向与基本原则

1. 我国商业银行特殊破产法律制度的价值取向。

（1）维护金融安全与稳定。安全与秩序是法的基本价值取向，"保持银行稳定是一项非常重要的公共政策"[3]。对于一般企业破产法律制度而言，公平清理

---

[1] 王志勤："论我国金融机构市场退出法律机制的建构"，载《华东师范大学学报（哲学社会科学版）》2011 年第 6 期。

[2] 黄韬："'我国金融机构市场退出法律机制中的权力版图'——司法权与行政权关系的视角"，载《中外法学》2009 年第 6 期。

[3] ［美］马丁·迈耶：《大银行家》，何自云译，海南出版社 2000 年版，第 8 页。

债权债务，保护债权人和债务人的合法权益是企业破产首要目标；但在商业银行领域，保障商业银行的稳健运行，维护金融秩序则是其破产法律制度的特殊价值和目标所在。"改革开放 40 年，尽管 1997 年～1998 年亚洲金融危机和 2008 年～2009 年国际金融危机对我国形成了较大的冲击，但是我国未发生全面金融危机，守住了不发生系统性金融风险的底线。"[1]然而，防范化解金融风险的形势依然严峻，由潜在金融风险演化成现实金融危机的可能性并未排除。随着经济全球化的不断深入、国际金融形势的影响以及互联网技术的迅速发展等因素，我国金融安全正面临着来自多方的冲击。如果没有完善的金融监管和风险处置体制，潜在的风险隐患便无法有效消除。商业银行作为金融机构的重要组成部分，在银行特殊破产的制度安排上应当格外注重维护金融安全与稳定。为保障金融安全和稳定，我国金融监管必须在体制、机制、观念等方面进行创新。探索建立既遵循市场经济规律和国际惯例、又符合我国国情的监管体制，完善监管理念，更新监管方式，提高监管效率。而监管体制的完善和金融安全法治观的确立是尤为重要和具有持久性的工作[2]。

（2）防范化解系统性风险。正如有学者所言："金融体系功能的正常发挥是以银行作为支付结算中心为条件的。如果因个别银行的破产而发生了连锁效应，引发了系统性风险，金融体系就难以发挥其正常功能。"[3]防范化解系统性风险是我国商业银行特殊破产法律制度的价值取向之一。

金融风险的防范化解逐步引起党中央、国务院的重视，金融监管部门的风险监管能力和金融机构的风险管理能力不断提高。1999 年国务院政府工作报告首次指出：多年积累的金融风险不容忽视。2006 年国务院政府工作报告着重指出：防范系统性金融风险，维护金融稳定和安全。2012 年 12 月召开的中央经济工作会议强调：要高度重视财政金融领域存在的风险隐患，坚决守住不发生系统性和区域性金融风险的底线。2013 年 8 月，国务院批复建立由中国人民银行牵头的金融监管协调部际联席会议制度。我国先后召开了五次全国金融工作会议，在 2017 年 7 月召开的第五次全国金融工作会议上，习近平总书记强调指出：防止发生系统性金融风险是金融工作的根本性任务，也是金融工作的永恒主题。2017 年 10 召开的党的十九大明确要求：健全金融监管体系，守住不发生系统性金融风险的底线。2017 年 11 月，国务院金融稳定发展委员会成立，其重要职责是防范化解

---

〔1〕　宋清华、祝婧然："中国金融风险管理 40 年"，载《中南财经政法大学学报》2018 年第 5 期。
〔2〕　张忠军："论金融法的安全观"，载《中国法学》2003 年第 4 期。
〔3〕　杨学波："我国银行业破产法律制度分析与构建"，中国政法大学 2006 年博士学位论文。

系统性金融风险。2018 年 4 月，中央财经委员会召开第一次会议，习近平总书记强调：防范化解金融风险，事关国家安全、发展全局、人民财产安全，是实现高质量发展必须跨越的重大关口。2019 年 2 月 22 日，习近平总书记在中共中央政治局就完善金融服务、防范金融风险举行的第十三次集体学习中指出，防范化解金融风险特别是防止发生系统性金融风险，是金融工作的根本性任务。要加快金融市场基础设施建设，稳步推进金融业关键信息基础设施国产化。要做好金融业综合统计，健全及时反映风险波动的信息系统，完善信息发布管理规则，健全信用惩戒机制。要做到"管住人、看住钱、扎牢制度防火墙"。要管住金融机构、金融监管部门主要负责人和中高级管理人员，加强对他们的教育监督管理，加强金融领域反腐败力度。要运用现代科技手段和支付结算机制，适时动态监管线上线下、国际国内的资金流向流量，使所有资金流动都置于金融监管机构的监督视野之内。要完善金融从业人员、金融机构、金融市场、金融运行、金融治理、金融监管、金融调控的制度体系，规范金融运行。

（3）提高金融资源的配置效率。提高金融资源的配置效率也是中国商业银行特殊破产法律制度的价值取向之一。应当明确，坚持把效率作为银行破产制度的价值取向并非要放弃破产的公平性，相反，提高金融资源的配置效率也是为了追求更好的公平。商业银行破产制度的构建除了能为金融秩序的稳定与安全做出贡献以外，还能在破产过程中以优胜劣汰的机制真正实现银行的市场化退出，淘汰那些必须关闭的银行，把金融资源引向效率更高的银行，最终提高全社会金融资源的配置效率。

2. 贯穿我国商业银行破产法律制度的基本原则。

（1）破产预防原则。建立破产预防机制是现代世界各国完善破产制度过程中的大势所趋。随着生产方式的社会化和企业组织形式的规模化，破产清算解体造成的后果越来越严重，破产清算和破产和解的先天局限也无法使破产的消极后果得以避免。因此，人们开始注意寻求强有力的预防手段解决破产问题。相比于普通企业而言，在银行业金融机构领域，银行在经济体系的网状结构中居于核心地位，破产外部效应要更大，原因有三：一是银行是最重要的信用中介，大型银行或大量银行退出市场，势必造成货币市场和信用领域的连锁影响；二是银行吸收社会风险的功能无可替代，银行如果破产，就必须充分考虑由此造成的角色缺位，并解决已经吸收的大量风险怎样转移和释放问题；三是在虚拟经济日益明显的经济环境中，经济的脆弱性和风险的系统性都空前放大，银行破产的敏感程度和处理难度大大增加[1]。银行并非为了破产而破产，而是要通过科学的机制尽可能地减少破产对国民经济带来的巨大风险，由此坚持和重视破产预防原则。我们不仅要允许问题银行破产，还要建立和完善破产前预防机制，加强银行风险的防范和预防，降低发生系统性风险的可能性，维护金融稳定。

（2）坚持成本最小化原则。成本最小化原则是问题银行处置方式的指导性原则之一，其有利于在银行退出市场时选择最优的处置方案，在将成本量化的基础上将破产导致的损失和风险成本降到最低，提高银行处置的效率。银行业金融机构市场退出成本的具体内容主要涉及：市场退出造成的直接经济损失（包括存款人、债权人利益，银行业金融机构自有资产，股东收益，国有资产等），对银行业金融机构的救助投入，撤销关闭、并购重组与破产的资金、费用，市场退出造成的市场风险与社会风险[2]。然而，我国尚未以立法形式确立成本最小化原则，只在迟迟尚未出台的《银行业金融机构破产条例》中曾经遵循过该原则。应当注意的是，成本最小化原则不仅需要在制度设置中体现，并且要制定具有可操作性的细则，具体应当包括成本测算因素、测算方法、适用系统性例外的条件、政府救助标准、效果评价等内容。

（3）坚持公开透明原则。市场经济体制对所有主体的经济行为最基本的要求是公开透明，尤其是银行业这种关系到国计民生的领域，信息与决策的公开透明是必须要坚持的原则。将商业银行基本信息与重大决策向社会公开，有助于普通投资者合理预判投资风险，解决信息不对称带来的投资顾虑，做出投资决策，激发投资活力。我们常说"阳光是最好的防腐剂"，决策与执行的透明化，有助于银行决策者及从业人员约束自身行为符合廉洁要求，同时可以加强社会公众监督，培养公众对于银行业发展的信心。坚持公开透明原则，有利于加强普通公众对银行业基本市场行为的了解，保证在市场公开与信息对称的前提下，银行业可以稳定而有序的运行，即使在金融危机来临时也不会因市场恐慌情绪而受到波及。

（4）稳定优先原则。商业银行有着特殊的社会地位，我们国家应当通过立法引导银行业整体平稳运行，预防系统性风险，避免因破产而引起社会动荡。商业银行的破产不仅破坏金融秩序的稳定，还会影响到诸多存款人及其他经济主体的利益。"所以在我们面对金融危机时，必须特别清楚地认识到，金融系统的稳定应该具有压倒一切的最高优先权。当发现金融系统要垮掉的时候，我们只有救

〔1〕　黄志凌："问题银行的判断与破产早期干预机制"，载《金融研究》2015 年第 7 期。
〔2〕　张雪强："银行业金融机构市场退出法律制度研究"，西南政法大学 2011 年博士学位论文。

它。这也是为什么银行业一直有个'大而不倒'的行动准则。"[1]在构建我国商业银行业破产法律制度时，应综合考虑多种因素，引导商业银行在健康快速发展的同时，坚持稳定优先原则，促进社会资源公平合理地配置。

（5）早期、及时介入原则。早期、及时介入原则是指允许银行业监管当局在商业银行可能或者已经发生信用危机但是仍然具有债务清偿能力时，及时介入问题商业银行的经营管理，启动商业银行破产程序[2]。实践中，银行业监管机构未能及时介入问题商业银行的经营管理会带来以下不良后果：太晚介入会增加问题银行的救助和破产处置成本；放任问题银行继续经营会导致其破产的负面效应扩大到其他银行等金融机构，甚至会破坏整个国家的金融秩序，影响一国经济的平稳发展。早期、及时介入有利于防止问题银行采取极端冒险的赌博活动，努力通过市场手段帮助其恢复到正常的经营水平；有利于有效降低危机银行的破产处置成本，维护金融秩序的稳定，增强公众对于银行金融业稳定发展的信心。

（6）权益均衡原则。商业银行法律制度中的权益均衡，分为权力之间的均衡与各主体多维利益之间的均衡。权力之间的均衡是指规范商业银行运行的行政权与司法权应当分工负责，互相制衡。银行业监管部门等行政机关负责商业银行正常经营活动中的监督与引导，法院作为司法机关在商业银行发生经营危机时也需积极参与重整、和解、清算等破产程序，行政权力可以积极参与商业银行破产等司法程序，司法权又要监督和预防行政权的滥用，以效率为主导的行政权与以公平正义为目标的司法权要在商业银行法律制度中相互配合，相互制约。商业银行经营状态的变化可能会影响到中央银行、其他银行金融机构、存款人、银行股东、银行普通债权人、银行管理层及普通职工等多方主体的权益。各主体多维利益的均衡是指建立商业银行法律制度时，必须通过衡平机制兼顾多方主体的合法权益，确保各方主体在促进商业银行健康发展这一统一目标的前提下，积极参与，合作行动。总之，商业银行运行过程中可能会遇到多种权力、多方主体的冲突，必须要坚持权益均衡原则，以维护银行业稳定发展，保障金融安全。

（7）优先保护自然人存款人的存款原则。商业银行存款人是指在商业银行开立账户、拥有存款的单位和个人，存款人分为单位存款人和自然人存款人。优先保护自然人存款人的存款主要是出于以下几点原因：首先，自然人存款人的存款通常是自然人合法收入的长期积累，将存款存入银行通常都是出于安全性的考量，为维护普通公众对于国家银行业信用体系的信心，贯彻落实我们国家保护公

〔1〕 赵高翔："政府金融救助研究：理论与经验"，华东师范大学 2009 年博士学位论文。

〔2〕 杨东勤："中国商业银行破产法律制度构建研究"，对外经济贸易大学 2016 年博士学位论文。

民合法收入的政策，必须优先保护自然人的存款；其次，在强大的银行金融机构面前，自然人存款人受信息不对称影响处于弱势地位，且对风险的承受能力较低，银行一旦破产，众多的自然人存款人必然会成为最大的受害群体，因此需要优先保护。优先保护自然人存款人的存款有利于维护社会稳定，维持国民对于国家金融信用体系的信心，保障国家金融安全。

（二）完善我国银行破产机制的具体建议

1. 积极完善银行破产早期介入制度。我国现有立法并未对问题银行的概念进行界定。所谓"问题银行"，就是"接近或者已经丧失金融清偿能力的商业银行机构"[1]，其依然可以被挽救，与必须进入破产清算程序的"失败银行"不同。银行破产早期介入制度也不同于问题银行处置，在银行出现问题或危机之际本着破产预防的预期而非一味地着眼于破产银行的事后救济，即银行业监管部门在相关制度建立的前提下积极介入并采取防范性措施，有可能使问题银行恢复金融清偿能力，达到正常经营的效果，从而免于破产倒闭。从世界范围上看，越来越多的国家开始建立并不断完善早期介入机制，以促进银行业监管机构及时针对银行存在的问题采取监管行动，防范系统性金融风险。例如美国于 1991 年通过的《联邦存款保险公司改进法》中便采用了早期介入机制，即监管机构有权在银行资本充足率不达标时采取严格的及时纠正措施（Prompt Corrective Action）。以下部分将对域外银行破产早期介入制度的立法情况进行进一步介绍。

（1）域外银行破产早期介入制度之立法例分析。域外银行破产早期介入制度按照标准的清晰的程度可以分为明确的法则决定体例（自动式的规范）和原则性（一般概括性原则）的权衡决定体例。法则决定体例指的是法律事先对银行破产早期介入的条件已经进行了具体的规定，只要问题银行符合了接管条件，则银行业监管机构必须对银行进行监管。权衡决定体例则指的是法律对银行的接管条件做出的纲领性、原则性的规定，而具体的接管措施和破产条件仍由银行业监管机构根据实际情况来决定[2]。其一，法则决定体例。美国的早期干预制度立法采用的是"法则决定体例"。在《联邦存款保险公司改进法》中，主要将资本充足水平视为银行经营状况的标志，并在此基础上制定相关的干预和关闭标准。该法将披露的资本比率分为五类，分别是资本良好银行、资本充足银行、资本不足银

---

〔1〕　马卫华：《WTO 与中国金融监管法律制度研究》，中国人民大学出版社 2002 年版，第 33~34 页。

〔2〕　华坚："国外有关问题银行关闭政策法规比较及其对我国的启示"，载《金融论坛》2007 年第 8 期。

行、资本显著不足银行和资本严重不足银行，并据此确定问题银行的干涉时点。其中，后三类量化的资本水平指标清楚界定了银行问题严重程度的判定标准和相应的快速改正行动（PCA），该法要求监管者每季度都要按照资本充足水平对各家银行的经营状况进行划分并采取相应的行动和措施。在对商业银行进行识别和分类的基础上，联邦存款保险公司将分别对不同类型的商业银行采取相应的早期介入措施，包括强制性监管措施和选择适用的监管措施。强制性监管措施适用于对应相关条件的银行，可选择使用的监管措施则由监管机构自由裁量。同时，为限制监管者对问题银行采取宽容、拖延或其他不合适的行动，该法律要求监管者对威胁到存款保险基金的问题银行采取强制措施。因而，PCA 的推出使银行监管者的干预和关闭行为更为及时，同时减少了监管者的自由决策权力。其二，权衡决定体例。采用"权衡决定体例"的地区和国家有香港、印尼、新加坡和巴西等。以巴西为例，其早期干预和关闭标准全部为定性描述：如果监管者根据已有信息和自己的经验判断，认定某银行已经因管理不善而出现流动性困难，无偿付能力，巨额亏损，严重违反法律法规或出现异常事件，则会视问题轻重，选择实施暂停业务、更换董事等措施。这些国家的监管者认为以一个单一的数字所定的"法则"，实在不足以反映银行是否具备生存能力的全貌。另外，许多时候对银行问题的解决方案，必须依不同问题的原因及具体内容而有所不同。

（2）我国银行破产早期介入制度的应然状态分析。无论是法则决定还是权衡决定的立法体例，均有其优势和劣势。法则决定体例下，银行破产早期介入的条件和应当采取的监管措施十分清晰，能够有效减少因监管者自由裁量权力过大而导致的道德风险。对于银行来说，明确的破产介入标准具有威慑力，能够鼓励银行更加审慎经营，降低银行的道德风险，从而减少银行失败的概率。反之，权衡决定体例的优势在于能够基于银行业监管者更大的自由裁量权，发挥监管者主观能动性与专业性的同时还能充分考虑到不同问题银行的具体情况，以采取更加灵活的介入标准和监管措施。但遗憾的是，如果采用权衡决定体例的国家监管条件不够完善，监管者过多的自由裁量权就容易引发道德风险。巴塞尔委员会在综合各国法律制度的基础上，于 2015 年 7 月出台了《问题银行识别与处置指引》。该指引强调对问题银行要尽早识别、尽早介入、尽早恢复，更加全面地阐述了问题银行早期介入机制的识别、流程及措施。相比之下，巴塞尔委员会提供的准则更加全面，值得我国予以借鉴。有学者提出，目前完善我国早期介入机制的目标首先是明确监管主体和权限，其次是更加丰富现有法律规定，最后，要明确在我国建立商业银行特别是系统重要性银行的恢复和处置计划，作为早期介入机制的一个步骤，这样可以在更广泛的程度上防范金融风险，维护金融稳定。具体来说，我国银行破产早期介入制度完善的应然状态可分为三项措施：①加强问题银行的早期预警和及时干预机制建设；②监管机构之间的相对独立与信息共享，即法律须明确各部门负责的机构和领域，监管机构工作要保持独立性；③金融行业本身具有不稳定性，金融产品的不断推出和互联网金融的出现让银行业等金融机构面临的变化和风险不断扩大，监管方式与介入手段须不断完善[1]。

2. 构建以存款保险制度为核心的破产预防和保障机制。

（1）存款保险制度潜在的道德风险。我国《存款保险条例》的立法初衷是建立和规范存款保险制度，依法保护存款人的合法权益，及时防范和化解金融风险，维护金融稳定，但存款保险制度的建立也可能会导致银行出现严重的道德风险问题。道德风险又称道德危机，是指"参与合同的一方所面临的对方可能改变行为而损害到本方利益的风险"[2]。《有效存款保险制度核心原则》认为如果由当事人的冒险行为而引发的全部或部分成本由其他人承担，那么该当事人就有动力去冒更大的风险，这时道德风险就发生了。在存款保险制度下，道德风险分为两种：一是由于存款保险机构、存款人和投保银行之间存在着信息不对称，存款保险的激励作用容易引发投保银行和存款人的道德风险；二是银行业监管机构由于监管宽容而引发的道德风险。主要表现在三个方面：①存款保险制度使银行不必为投资的额外风险而向存款人支付更高的利率，银行为了获得更高的收益，有动机投资高风险的项目，进而增大银行经营的不稳定性；②存款保险机构为面临流动性危机的银行提供还款保障，进而弱化银行的内部治理机制，降低银行的风险管理能力，增加银行倒闭的概率；③存款人预期到存款保险机构提供取款保障，减弱监督银行投资行为的激励，导致市场约束力弱化，促使银行偏好于选择高风险的投资项目[3]。

（2）存款保险制度的优化思路。目前，《存款保险条例》虽为我国存款保险制度搭起了初步的框架，但仍以原则性规定为主，缺乏相应的具体程序安排和措施。粗线条、模糊的立法可能会导致实践中这些规定的可操作性减弱，因此《存款保险条例》仍有许多可探讨与补充完善的地方。

第一，差别存款保险费率制。存款保险制度的费率制度主要有统一费率制与差别费率制。与单一费率制相比，采用差别存款保险费率制的优势可归纳为两方

---

〔1〕 晁诒博："问题银行早期介入机制法律问题研究"，北方工业大学 2018 年硕士学位论文。

〔2〕 ［韩］Chung Un - Chan, Song Hong - sun：《存款保险论》，首尔大学出版社 2007 年版，第 31 页。

〔3〕 田国强等："利率市场化、存款保险制度与银行挤兑"，载《经济研究》2016 年第 3 期。

面。一方面，商业银行之间的经营风险状况存在差异，使用统一费率会导致低风险银行机构缴纳过高保费，而高风险银行机构缴纳过低保费，从而造成不公平待遇，还容易衍生道德风险。另一方面，采用差别存款保险费率对于抑制存款保险制度带来的道德风险具有积极作用。对于差别存款保险费率制的采用，有观点认为应该循序渐进，在初始阶段，不宜轻易使用。新的存款保险制度要"保持简单"，存款保险制度取得足够的实践之前，都应实行简化，包括收取统一的保费，直到存款保险人员已经有足够经验应对风险调整保费的复杂工作[1]。实际上在多个国家和地区在建立存款保险制度之时也采取了根据自身国情与金融状况从固定费率逐渐过渡到风险差别费率的方式。例如美国在实行存款保险制度近60年后才于1992年引入风险费率制，我国台湾地区1985年成立的"中央存款保险公司"（CDIC）一开始也实行单一费率制，随着存款机构承担高风险的问题逐渐浮现，1998年开始实行风险差别费率。根据我国《存款保险条例》第9条的规定，我国的存款保险费率由基准费率和风险差别费率构成，费率标准由存款保险基金管理机构根据经济金融发展状况、存款结构情况以及存款保险基金的累积水平等因素制定和调整。由此可见，现阶段我国以《存款保险制度》为开端，确立了一种具有创新性的费率制度，即将固定的基准费率与风险差别费率进行结合。这样的制度安排上兼顾了平衡不同费率模式可能存在的优缺点，以及我国金融经济发展水平的现实情况，基本符合国情。

第二，限额赔付保险制度。《存款保险条例》规定了我国实行限额赔付保险制度，并在第5条规定："……中国人民银行会同国务院有关部门可以根据经济发展、存款结构变化、金融风险状况等因素调整最高偿付限额……"该规定符合我国目前的国情。我国是一个高储蓄率国家，经济总体增长较快，存款保险限额制度的建立及弹性条款的设置既有利于保护我国中小额存款人的利益，又有利于强化大额存款人对投保银行的监督和约束，让市场机制充分发挥资源优化配置的作用。2015年由中国人民银行、国务院法制办公室（含国务院法制局）发布的对《存款保险条例》的解读文件指出："确定存款保险的最高偿付限额，既要充分保护存款人利益，又要有效防范道德风险。从国际上看，最高偿付限额一般为人均国内生产总值（GDP）的2～5倍。条例规定的50万元的最高偿付限额，是中国人民银行会同有关方面根据我国的存款规模、结构等因素，并考虑我国居民储蓄意愿较强、储蓄存款承担一定社会保障功能的实际情况，经反复测算后提出

---

[1] ［美］吉莉安·加西亚：《存款保险制度的现状与良好做法》，陆符玲译，中国金融出版社2003年版，第38页。

的，这一数字约为 2013 年我国人均 GDP 的 12 倍，高于世界多数国家的保障水平，能够为 99.63％ 的存款人提供全额保护。同时，这个限额并不是固定不变的，将根据经济发展、存款结构变化、金融风险状况等因素，经国务院批准后适时调整。"

第三，限定对"大而不倒"银行的国家援助上限。"大而不倒"是对系统重要性银行的一项传统监管政策。由于系统重要性银行的突然倒闭容易引发银行系统性风险，严重危害金融系统安全，因此，为了避免这些不利结果的发生，政府会选择利用公共资金来对其予以救助。政府介入危机银行实施援助的原意是为了化解系统性风险，然而这一举措又会带来一系列负面影响。首先，政府援助"大而不倒"银行相当于为其提供了隐性担保，诱发相关主体的不良预期，容易导致严重的道德风险。道德风险又可分为债权人的道德风险和银行的道德风险。银行债权人由于预期大型银行会得到政府救助而缺少约束银行的动机，并愿意以更低利率向这些银行提供资金。政府的担保又使得银行继续往高风险投资进行逆向选择，当银行股东预期政府会对其进行救助时，就会怠于实施救助行动，把行为的重心仍然放在能够获得高收益、高回报同时高风险的投资行业。这样的直接结果是政府救助意图和银行股东行动意愿的背离，加大了银行失败的可能性[1]。其次，对这种大型银行的资金援助偏向实际上是对银行业其他中小型机构的歧视与不公平。不公平的资源分配导致不公平的竞争，中小型银行机构由于不具备政府担保而支付更高的融资利率，而公平竞争秩序的破坏将会进一步导致银行业的整体低效以及创新力缺乏。最后，过度援助"大而不倒"银行给政府自身带来的负面影响是为财政带来了巨大负担。政府和社会不得不承担巨额成本，容易引发财政危机和市场恐慌，影响经济民生。整体上，对于系统重要性银行的监管，决策者面临两难选择：关闭失败的大型银行可能会在短期内引发系统危机，而继续救助大型银行则会有延续道德风险、破坏竞争秩序、增加财政负担、加剧系统风险等长期性问题[2]。

美国在 20 世纪 80 年代和 2007 年至 2009 年期间发生了严重的储贷危机和次贷危机。为了应对这两次危机和控制存款保险制度带来的道德风险，美国进行了一系列法律改革，其中一项重要措施就是在《多德－弗兰克华尔街改革和消费者

---

〔1〕　郭金良："系统重要性金融机构危机市场化处置法律制度研究"，辽宁大学 2014 年博士学位论文。

〔2〕　伏军："论银行'太大不能倒'原则——兼评美国《2010 华尔街改革与消费者保护法案》"，载《中外法学》2011 年第 1 期。

保护法》中为大型及系统重要性银行设立一个全新的破产处置清算机制,严格限制对大银行实行"大而不倒"保护政策,这对我国存款保险法律制度的修改和完善具有借鉴意义。"放弃过去在银行监管中一贯奉行的'大而不倒'的做法,有利于促使大额存款人和银行债权人有动力去监督银行的活动,可以降低银行和存款人的道德风险。"[1]因此,建议在未来的立法中限定对"大而不倒"银行的国家援助上限,树立"容忍银行破产"的观念,对于那些确实无法恢复正常运营的系统性重要银行应当允许其有序退出。为了避免系统性风险爆发的问题,应当建立起科学有序的破产处置清算机制,需注意三个关键问题:一是选择有经验的破产管理机构来负责有序处置程序的运作,如此可以减少经验不足而产生的金融机构前途的不确定性,导致金融市场中大范围的恐慌;二是决策程序应当在保证合法性的基础上追求快捷,减少前述清算过程中的不确定性问题,以免引发市场恐慌,导致局面一发不可收拾而最终导致系统性风险的爆发;三是构建妥善、公正的清算程序,有条不紊地对倒闭金融机构进行清算,并且构建合理的损失承担机制,避免社会为金融机构及其内部人员的过度风险行为买单,将金融机构过度承担风险行为的负外部性予以内化以消除道德风险;同时,也应该对倒闭金融机构进行及时、有序地清算,避免系统性风险的爆发[2]。我国目前已有工商银行、农业银行、中国银行、建设银行等四家银行入选全球系统重要性银行(G – SIBs)名单。2019 年 11 月 26 日,央行、银保监会联合发布《系统重要性银行评估办法(征求意见稿)》,正式向社会公开征求意见,意见反馈截止时间为 2019 年 12 月 11 日。这是继 2018 年 11 月"一行两会"发布《关于完善系统重要性金融机构监管的指导意见》后,首个配套细则的出台,是加强宏观审慎管理,防范系统重要性银行"大而不倒"风险的制度安排,未来将成为评估我国系统重要性银行的基本规范。

第四,细化存款保险基金管理机构的监管职能,处理好与其他监管机构职能的冲突。2019 年存款保险基金管理有限责任公司设立并开始运行。此前存款保险基金一直由中央银行管理,如今建立一家实体公司负责基金运作,可以使基金的管理更加市场化。值得注意的是,存款保险基金管理有限责任公司仍处于起步阶段,公司的运作与经营体系仍未成熟,需在未来建构并完善这些具体的制度。因此,应当进一步规范存款保险基金管理机构的治理,细化存款保险基金管理机构

---

〔1〕 李玫、杨东勤:"中国《存款保险条例》中道德风险法律问题析评和完善",载《河北法学》2016 年第 5 期。

〔2〕 隋平:"金融机构'大而不倒'问题及其法律规制",载《江西社会科学》2014 年第 1 期。

的监管职能。此外，随着存款保险机构的加入，金融监管机构之间本身就存在的信息交流和共享方面的障碍将会继续增加。除 2013 年由中国人民银行牵头的金融监管协调部际联席会议制度（非常设机构）包括了金融信息共享和金融业综合统计体系的协调外，目前我国各相关部门之间还尚未建立起有效的信息交流常态机制[1]。《有效存款保险制度核心原则》（2014 年修订版）第 6 条规定："在开展日常业务及与特定银行联系的基础上，存款保险人与其他金融安全网参与者之间应建立密切联系与信息共享的合作框架。这些信息应准确及时（必要时还应保密），且信息共享与合作安排应制度化。"因此，我国在信息共享机制与职能分配方案上需要与其他银行业监管部门加强协商、达成共识，处理好可能存在的冲突。

3. 构建以问题商业银行接管和重整为核心的破产救助机制。接管和重整均是由银行监管机构为主导的、对问题商业银行的行政性处置方式。"相对于司法程序规制下的银行破产，当前我国关于接管和重整的概念界定不清、法律规定零散、权力行使无序，概念的界说尚未建立，更缺少制度构建的对应范式。"[2]完善问题商业银行破产救助机制，需要将破产重整和银行的接管纳入其制度安排之中。

（1）建立对问题商业银行的接管制度。对问题商业银行的接管是指金融监管部门依法对陷入危机的银行通过成立接管组织强行介入，行使经营管理权，防止其资产和业务进一步恶化，以保护存款人和其他债权人利益，恢复银行经营能力的法律行为。银行业的稳定直接关系到一国经济的繁荣与发展，从立法上确立对危机银行的接管制度，对已经发生或者可能发生信用危机、严重影响存款人利益的银行，由金融监管部门对其实行接管，进行业务重整，就可能避免发生或扭转已经发生的信用危机，恢复银行的正常经营，从而减少或避免因银行的倒闭而引起的社会动荡[3]。

（2）完善金融机构债权人委员会制度，明确金融机构债权人委员会制度和庭内债权人委员会制度的程序转换和决议效力认可机制。2019 年《改革方案》提出，要"完善金融机构债权人委员会制度，明确金融机构债权人委员会（以下简

---

〔1〕　颜苏："我国存款保险制度风险差别费率研究"，载《上海对外经贸大学学报》2019 年第 1期。

〔2〕　王妍、赵杰："制度金融学范式下商业银行非破产市场退出的制度构建路径"，载《北方法学》2019 年第 4 期。

〔3〕　徐孟洲、郑人玮："论我国银行危机救助法律制度的改革与完善"，载《法学杂志》2004 年第 2 期。

称金融债委会）制度和庭内债权人委员会制度的程序转换和决议效力认可机制"。明确金融债委会法律地位。推动银行、证券、保险、信托等领域的金融债权人组建相对统一的金融债委会。明确金融债委会的法律地位、议事规则和程序，通过统一的金融债委会加强与债务人的沟通协调，避免金融债务过度累积，防范恶意逃废债，有效监控债务风险，维护金融债权人合法权益。促进金融债权人积极推动市场主体退出。鼓励银行、证券、保险、信托等领域的金融债权人积极参与破产程序，支持金融债权人加强对企业等市场主体债务风险的监测，推动金融债权人积极化解市场主体债务风险，促进市场主体及时出清。明确金融债委会重组工作转入司法破产程序的衔接机制。重组期间，金融债委会与债务企业长时间无法达成债务重组协议，企业失去重组价值的，可以停止债务重组工作，转入司法破产程序，金融债委会可以依法申请企业破产。对于金融债委会与债务企业达成一致框架性协议，双方认为有必要进入司法破产重整程序的，进入司法程序，并在法定程序中完成债务企业的债务重整工作。司法程序中，金融债委会应当继续发挥沟通协调作用，直至企业债务重组完全结束[1]。

（3）建立预重整制度。预重整，是介于破产重整制度与庭外重组之间的，在向法院申请重整以前就重整事项进行谈判并达成全部或一部分重整计划，再在已经达成的谈判条件下向法院正式申请重整的一种破产救助制度。有学者曾指出我国关于破产重整的严格规定限制了预重整的存在空间，甚至从《企业破产法》第八章第一节与第二节的题目及具体法条设计来看，预重整是没有任何法律依据的，甚至可能违背我国破产法对重整程序的强制性规制[2]。浙江省高级人民法院2013年出台的《关于企业破产案件简易审若干问题的纪要》对企业破产案件预登记进行了明确规定，2018年3月最高人民法院发布的《全国法院破产审判工作会议纪要》第22条中明确"在企业进入重整程序之前，可以先由债权人与债务人、出资人等利害关系人通过庭外商业谈判，拟定重组方案。重整程序启动后，可以重组方案为依据拟定重整计划草案提交人民法院依法审查批准"。这表示我国司法系统肯定了庭外重组及其与破产重整制度的衔接。

预重整制度是在美国当代重整实践中自发成长的一种模式，在美国破产法中并未正式予以规定。美国第一例大公司预重整案例可以追溯到1986年，Crystal石油公司成功地适用预重整走出财务困境并重新崛起。Crystal石油公司是一家总部位于路易斯安那州的公司，独立从事原油及天然气开采与加工业务。该公司于

---

〔1〕 宋艳慧："金融债权人委员会制度法治化"，载《中国金融》2019年第20期。

〔2〕 王佐发："预重整制度的法律经济分析"，载《政法论坛》2009年第2期。

1986 年 10 月 1 日提起破产申请程序，不到 3 个月的时间就成功地走出破产程序，完全重组资本结构，恢复了生机。公司总债务从 2.77 亿美元削减到 1.29 亿美元。作为放弃债务请求权的对价，债权人得到包括普通股票、可转换债券、可转换优先股票以及购买普通股票的认股权证在内的请求权。由于主要债权人已经同意了重整计划，正式进入重整程序后所花费的时间很短[1]。

目前我国的预重整制度按照预重整的顺序可以划分为三种模式[2]。第一种为在破产申请受理前的法庭外预重整。在该模式下，通常由债权人和债务人、股东等利害关系人自行谈判形成重整方案，之后再由债务人向法院提起破产重整申请，法院批准后按照此前形成的重整方案执行并终结[3]。第二种模式是法院受理破产清算后的预重整。该模式下，法院受理债务人破产申请后，在宣告债务人破产之前，债权人、债务人、股东等利害关系人在此阶段进行谈判并完成预重整方案，条件成熟时再提出重整申请，由清算程序转重整程序[4]。第三种模式是作为法庭内重整前置程序的预重整模式。该模式一般采取提前指定管理人的方式，法院收到重整申请后，先进行预立案，经听证做出初步判断，认为债务人有重整价值，有重整希望，投资人有足够重整意愿，则在受理重整申请前先行指定管理人，而不同时裁定受理重整。管理人在接受指定后发布债权申报公告，把程序内应进行的第一次债权人会议之前的工作全部提前到预重整阶段，由法院主导预重整程序，管理人负责具体事务[5]。

综上，预重整模式在实践中已经有了较为良好的开端，为我国破产救助机制的建立打下了基础。但在立法上，我国还缺乏相应的法律依据，尚未制定预重整的有关规范。预重整制度的存在能够降低重整成本，还有利于发挥金融债权人的积极作用，通过金融债权人等主要债权人的积极参与一体解决企业是否继续经营、债务危机如何化解、新融资如何取得等关键问题。因此，应当结合司法实践及我国商业银行破产的实际情况及内在需要，加快立法的进程，解决大型企业破产重整中的高成本问题。

---

〔1〕 See John J, McConnell and Henri Servaes, "The Economics of Prepackaged Bankruptcy", Journal of Applied Corporate Finance, Vol 4.2, 1991, p.94.

〔2〕 王光明、施卉："浅析预重整制度及在我国的实践运用"，载微信公众号"大成上海"，最后访问日期：2021 年 4 月 21 日。

〔3〕 典型案例如 2015 年中国第二重型机械集团与二重集团（德阳）重型装备股份有限公司重整案。

〔4〕 典型案例如 2018 年能通科技股份有限公司破产重整案。

〔5〕 典型案例如 2017 年深圳市福昌电子技术有限公司重整案。

4. 构建以破产清算为核心的市场退出机制。

（1）启动程序的申请主体。破产清算是指破产管理人对破产财产进行管理、变价，并依据债权人会议的决定对破产财产进行分配，用于清偿全体债权人的债权，以使破产债务人的人格归于终结的司法程序[1]。在讨论申请主体以前，我们有必要厘清破产清算的申请主体不等同于破产的申请主体。从程序上区分，只有在人民法院审查认为债务人已具备破产宣告的条件时，才依法宣告破产。也正是从破产宣告时开始，人民法院所受理的破产案件才是真正进入了实质性的破产清算程序。本部分所讨论的是商业银行被宣告破产后，申请启动破产清算程序的主体。

银行破产清算程序是指破产银行被管理人接管后，经过重整无效或经银保监会认定不适合重整；或者重整计划没有获得债权人会议的通过，经人民法院宣告，由银行破产管理人管理、收集、处理银行财产，清理破产银行的债权债务，将其财产变现用以公平清偿债务的程序[2]。和经营失败的普通企业退出市场一样，商业银行的退出也应当遵循优胜劣汰的规律，通过破产清算的方式有序退出金融市场。除《企业破产法》第 7 条规定债务人和债权人可以向人民法院提出破产清算申请外，在第 134 条中对金融机构进行了特别规定，国务院金融监督管理机构可以向人民法院提出对该金融机构进行破产清算的申请。银行监管机构的监管可以说是贯穿了商业银行从进入到退出市场的始终。其不仅具备强大的管控与执行能力优势，对于银行真实的经营状况也更加清楚和熟悉，申请银行破产清算的决定往往放于更加宏观的金融经济环境上进行考量。从世界范围上看，监管机构作为银行破产清算程序的申请人在立法和实践中得到了许多认可，世界银行和国际货币基金组织认为银行监管者具有信息上的优势，因此在了解银行真实情况和较早发现破产方面比债权人处于更好的地位[3]，奥地利、卢森堡、德国、保加利亚等国家甚至就只赋予了银行监管人单一破产申请人资格。有观点认为只有银行业监管机构才有资格申请破产清算，《企业破产法》第 7 条关于债务人和债权人可以向人民法院提出破产清算申请的规定不适用于商业银行。其将债务人与债权人排除的理由可总结为，商业银行的破产清算涉及公共利益，银行的债务人或债权人众多且获取信息不甚对称，若基于不够准确的对于银行情况的认知，以

---

[1] 齐树洁主编：《破产法》，厦门大学出版社 2007 年版，第 287 页。

[2] 杨学波："我国银行业破产法律制度分析与构建"，中国政法大学 2006 年博士学位论文。

[3] International Monetary Fund, Legal, Institutional and Regulatory Framework to Deal with Insolvent Banks, 2003, 3.2Commencement of bank insolvency Proceedings.

私人利益提出破产清算申请容易在经济社会中使公众丧失对银行的信任与信心，甚至形成群体恐慌，引发银行挤兑现象。对此，有学者认为"应当对债务人的股东所持股份数额和债权人所持债权占商业银行总资产的比例做出限制要求"，由此"既可以保护债权人和债务人拥有诉权又能防止该诉权被债权人或债务人滥用。同时，可以赋予其他的尚未达到上述比例要求的一般债务人的股东和债权人通过先向银行业监管机构提出申请的权利，由银行业监管机构审查后决定是否向法院提出启动破产清算程序"[1]。本书认为，不应排除债务人与债权人申请的资格。商业银行并非完全区别于一般企业，而是共处"企业法人"的同一框架下。考虑商业银行的特殊退出制度应当建立在其自身的特殊性上，同时也要考虑共性的问题。《商业银行法》第71条规定"商业银行不能支付到期债务，经国务院银行业监督管理机构同意，由人民法院依法宣告其破产"，该条款体现出监管当局已经拥有商业银行破产申请的同意权，在此基础上，将债务人、债权人与监管机构均列为破产清算的申请人，不失为一种合理的安排。

（2）破产财产分配顺序。其一，优先清偿个人储蓄存款。在我国，根据特别法优先适用的原则，银行破产清算程序首先应当适用《商业银行法》中的相关规定，该法没有规定的适用《企业破产法》对于普通企业破产清算程序的一般规定。《商业银行法》第71条第2款规定："商业银行破产清算时，在支付清算费用、所欠职工工资和劳动保险费用后，应当优先支付个人储蓄存款的本金和利息。"由该条规定可以看出，个人储蓄存款本金和利息的受偿顺序仅次于清算费用、所欠职工工资和劳动保险费用，体现了我国法律对于个人存款的特殊保护。其二，适当调整现有财产分配顺位。在构建中国商业银行破产制度时，可按以下顺位来处置和分配破产商业银行的破产财产，对现有财产分配顺位进行适当调整：对问题商业银行进行破产清算时产生的破产费用、存款保险基金管理机构向自然人存款人支付存款保险金后余下的自然人存款的本金及合法利息，存款保险基金管理机构代位取得其向自然人存款人支付的存款保险金、破产商业银行职工的劳动债权和劳动保险、单位存款的本金及合法利息、国家应收的税收债权、其他普通债权。至于在对问题商业银行进行破产宣告之前就已经在破产财产所属的特定财产上设置了担保物权的债权人，可以凭借担保物随时优先受偿，不受破产清算程序和破产财产分配顺位的限制[2]。

---

〔1〕 杨东勤："中国商业银行破产法律制度构建研究"，对外经济贸易大学2016年博士学位论文。
〔2〕 杨东勤："中国商业银行破产法律制度构建研究"，对外经济贸易大学2016年博士学位论文。

第三节　金融控股公司破产中的风险防范

一、金融控股公司破产的实证分析

（一）金融控股公司制度的实证分析

1. 金融控股公司的定义。由于金融市场发展的模式不尽相同，不同国家和地区，以及相关国际组织对金融控股公司的定义也不一样，本书主要介绍美国 1999 年《金融服务现代化法案》，巴塞尔银行监管委员会（BCBS）、国际证监会组织（IOSCO）和国际保险监督官协会（IAIS）建立的联合论坛 2012 年版《金融集团监管准则》，欧盟 2002 年《关于金融集团中的信贷机构、保险企业和投资公司的补充监管指令》，我国台湾地区 2001 年"金融控股公司法"以及中国人民银行 2020 年正式发布的《金融控股公司监督管理试行办法》关于金融控股公司的定义，并借鉴央行《金融控股公司监督管理试行办法》对本书金融控股公司的概念进行定义。

金融控股公司（Financial Holding Company）一词源于美国 1999 年通过的《金融服务现代化法案》，是促进银行、证券公司和保险公司之间联合经营的一种新的金融机构组织形式。该法案规定，符合资本良好、管理良好和《社区再投资法》评级良好这三个条件的银行控股公司，可以向美国联邦储备理事会提出申请，成为金融控股公司。银行控股公司经批准成金融控股公司后，可以通过联营方式从事证券经纪和承销、保险经纪和承保、商人银行等业务。

1996 年，巴塞尔银行监管委员会（BCBS）、国际证监会组织（IOSCO）和国际保险监督官协会（IAIS）这三个国际监管组织建立了联合论坛，就金融集团（Financial Conglomerate）监管问题提出意见。联合论坛 2012 年版的《金融集团监管准则》明确了金融集团的定义，即"主要业务活动在金融领域，至少包括银行、证券、保险行业中的两个以上金融机构的集团"。

2002 年发布的《关于金融集团中的信贷机构、保险企业和投资公司的补充监管指令》（以下简称《补充监管指令》）是欧盟对金融集团监管的起点。按《补充监管指令》的定义，金融集团必须符合以下条件：集团母公司或至少一个子公司是被监管金融机构；如果母公司不是受监管机构，则集团主要业务必须是金融，即金融机构的资产与集团总资产之比要超过 40%；集团至少有一个受监管机构属保险业，至少有一个受监管机构是银行业或投资服务业；集团中的保险业务、银行业务或投资服务业务必须是显著的，即其资产在集团金融业占比、偿付能力在集团金融业占比均要超过 10% 。

我国台湾地区于 2001 年制定了一部专门的"金融控股公司法"，对金融控股公司的定义、设立与转换、业务与财务、监管等问题进行规范。该法第 4 条对金融控股公司的定义是："对一银行、保险公司或证券商所持有的股份具有控制性，并依照本法设立之公司。"所谓控制性持股，是指持有一银行、保险公司或证券商已发行的、有表决权的股份总数或资本总额超过 25%，或者直接、间接选任、指派一银行、保险公司或证券商过半数的董事。第 6 条又补充规定："同一人或同一关系人，未同时持有银行、保险公司或证券商二业别以上之股份或资本额，或有控制性持股之银行、保险公司或证券商之资产总额未达一定金额以上者，得不设立金融控股公司。"这里的"一定金额"标准，由主管机关另行制定[1]。

2019 年 7 月，央行发布《金融控股公司监督管理试行办法（征求意见稿）》，2020 年 9 月 11 日正式发布《金融控股公司监督管理试行办法》。《金融控股公司监督管理试行办法》第 2 条第 1 款对金融控股公司进行了定义：本办法所称金融控股公司是指依法设立，控股或实际控制两个或两个以上不同类型金融机构，自身仅开展股权投资管理、不直接从事商业性经营活动的有限责任公司或股份有限公司。具体来看，定义中的"金融机构"包括下列六类机构：第一类是商业银行（不含村镇银行）、金融租赁公司；第二类是信托公司；第三类是金融资产管理公司；第四类是证券公司、公募基金管理公司、期货公司；第五类是人身保险公司、财产保险公司、再保险公司、保险资产管理公司；第六类具有兜底性，是国务院金融管理部门认定的其他机构。

综上可知，不同国家和地区、国际组织对金融控股公司的定义存在共性，均包括对两个或两个以上不同类型金融机构有控制性，但在控制权的定义和金融机构的类型组合上存在差异。本书对金融控股公司的定义采用的是《金融控股公司监督管理试行办法》第 2 条的概念，即金融控股公司须满足以下三个条件：一是子公司包括两个或两个以上不同类型的金融机构；二是对金融机构拥有实际控制权，对实质控制权的界定应遵循实质性原则，从投资方对被投资方所占股权比重是否过半、是否存在特别协议约定等因素来判断控制权；三是不直接从事商业经营活动，仅开展股权投资管理。

2. 我国金融控股公司的发展历程。近年来，国内各类金融控股公司如雨后春笋般快速发展。除银行、证券、保险等典型金融机构相互渗透，混业经营外，很多实体企业也相继步入金融领域，投资、控制不同的金融机构，金融控股公司呈

---

〔1〕　秦国楼："金融控股公司的界定"，载《中国金融》2018 年第 9 期。

现出繁荣发展的面貌。放眼望去，我国金融控股公司的发展历史并不算短，已经经历了近二十载。

早至 2002 年，国务院就批准中信集团、光大集团和平安集团作为金融控股公司的首批试点，这可被视为我国金融控股公司的发展源头。由中信集团出资设立的国有独资有限责任公司——中信控股有限责任公司，是我国首家金融控股公司，其通过投资和接受中国中信集团公司的委托，管理银行、证券、保险、信托、资产管理、期货、租赁、基金、信用卡等金融企业，金融版图可谓十分广阔。

2005 年，《中共中央关于制定国民经济和社会发展第十一个五年规划的建议》提出"稳步推进金融业综合经营试点"，各大央企和大型国有集团先后参与产融、融融型金融控股公司的创立，以银行、大型央企为代表的金融控股公司相继出现。

2008 年，由彼时"一行三会"（中国人民银行、中国银监会、中国证监会、中国保监会）联合颁布的《金融业发展和改革"十一五"规划》提出，"鼓励金融机构通过设立金融控股公司、交叉销售、相互代理等多种形式，开发跨市场、跨机构、跨产品的金融业务，发挥综合经营的协同优势，促进资金在不同金融市场间的有序流动，提高金融市场配置资源的整体效率"，体现出对金融机构混业经营的鼓励。同时，随着以复星集团、海航集团为代表的民营金融控股集团的发展，正式开启我国民营资本参与金融业的趋势，金融控股主体也由传统金融机构、资金雄厚的央企和大型国有企业向民营企业扩展。

2012 年，人民银行、证监会等联合发布《金融业发展与改革"十二五"规划》，提出"继续积极稳妥推进金融业综合试点经营"。

2013 年则见证了互联网金融的快速发展，蚂蚁金服、腾讯和苏宁等互联网巨头纷纷拿下多个金融牌照，互联网金融控股集团逐渐兴起并得以快速发展。

3. 金融控股公司的类型。根据央行于 2018 年 11 月发布的《中国金融稳定报告 2018》，自我国"十一五"规划和"十二五"规划相继提出"稳步"和"积极稳妥"推进金融业综合经营试点以来，金融业综合经营稳步发展，金融业跨业投资步伐加快，投资金融业的实体企业日益增多，并逐步形成两类金融控股公司：一类是"金融机构"在开展本行业主营业务的同时，投资或设立其他行业金融机构，形成综合化金融集团；另一类是"非金融企业"投资控股两种或两种以上类型金融机构，事实上形成了金融控股公司。

第一类金融控股公司主要包括中国银行、工商银行等大型银行和平安集团、中国人寿等大型保险公司，第二类非金融企业控股而事实上形成的金融控股公司又可细分为五类。

4. 金融控股公司的监管历程。随着金融控股集团的不断发展和金融控股公司数量的持续增长，控股公司的突出风险也逐渐显现出来，主要体现在非金融企业投资控股金融机构形成的金融控股公司。不可否认的是，非金融企业投资金融机构在一定程度上能同时促进金融机构和实体经济的发展，原因有以下几点：非金融企业的投资一方面有利于金融机构增强资本实力，另一方面可以优化非金融企业自身的资本配置，促进服务业发展，还能增强金融业与实体经济的相互认知和理解。但是有些非金融企业投资动机不纯，通过虚假注资、杠杆资金和关联交易等行为，急剧向金融业扩张，同时控制多个、多类金融机构，形成跨领域、跨业态、跨区域、跨国境经营的金融控股集团，风险不断累积和暴露。

2018 年，我国金融领域进入强监管模式。在监管层"将所有金融业务都纳入监管"的态度之下，我国逐渐重视金融控股公司可能存在的系统性风险，尤其是非金融企业投资金融机构所形成的金融控股公司，并出台一系列政策和立法征求意见稿，以加强对金融控股公司的法律监管。2018 年 3 月，金融控股公司首次出现在政府工作报告中。2018 年 4 月，一行两会对非金融企业投资金融机构的监管提出具体要求，进而各监管部门多点推进，分别制定金融机构股权管理的有关规定。央行于 2019 年对金融工作做出部署，发布《金融控股公司监督管理试行办法（征求意见稿）》，加强对非金融企业设立金融控股公司的监督管理。2020 年 9月 11 日，国务院常务会议印发《关于实施金融控股公司准入管理的决定》，授权中国人民银行对金融控股公司开展市场准入管理并组织实施监管。2020 年 9 月 11日，《金融控股公司监督管理试行办法》正式发布，并于 2020 年 11 月 1 日起施行。可见我国对金融控股公司的监管不断全面深化，其中《金融控股公司监督管理试行办法》的出台尤为重要。

（二）金融控股公司破产的现状分析

1. 破产现状概述。随着民营资本进入金融领域，民营金控公司不断发展。在很长的一段时间里，最大的两家民营金控公司为安邦、明天。

（1）民营金控公司。

第一，民营金控公司控股结构概览。明天系是典型的全能型混业金融机构，几乎在每个金融分支都拥有旗舰型企业。其控股的旗舰银行为哈尔滨银行及包商银行，这两家银行的规模在全国城商行中居于较前位置；其控股的旗舰保险公司为华夏人寿及天安财险，二者在全国险资公司中属中上水平；其控股的旗舰信托新时代信托，总资产在全国 68 家信托公司中相对靠前；其控股的旗舰证券为恒泰证券及新时代证券[1]。

安邦系控股的金融机构一度包括安邦人寿、安邦财险、安邦养老、和谐健康、成都农商行、邦银金融租赁（安邦人寿还控股了境外 5 家金融机构）。截至2016 年末，这些金融机构的总资产合计达到了 3.2 万亿元（其中，安邦人寿总资产 1.45 万亿元，安邦财险总资产 7954 亿元）。安邦系所入股的金融机构，除了其主业的保险类子公司之外，大多都是比例不等的银行股权，似乎显示出安邦集团格外偏好银行。

在近十年内经过多次增资，安邦集团的股权结构变得高度分散、溯源不清，难以监管，最终导致风险累积。2004 年 6 月，上汽集团、联通租赁集团、旅行者汽车集团等 7 家企业共同投资，成立了安邦集团的前身——安邦财险。在 2005 年8 月、2006 年、2008 年和 2011 年 6 月，安邦财险先后进行四次增资，注册资本由最初的 5 亿元增至 120 亿元，并重组更名为安邦保险集团。2014 年 1 月和 9 月，安邦集团在一年内两度大规模增资，使得其注册资本从 120 亿元猛增至 300 亿元，又再猛增至 619 亿元，成为全国注册资本最高的保险公司。在这两次增资中，原先的 8 家股东皆未参与，而是另有多达 31 家新股东参与进来。安邦的民营股东由此多达 37 家。这些民营股东往上追溯，是层层叠叠、数量众多的法人股东，而这些法人股东再往上追溯，是多达近百位的自然人股东。2004 年增资之后，安邦集团的股权呈现高度分散的格局，持股比例最高者也仅 3.87%，而原先的两大国有股东上汽集团及中石化集团，持股比例则被稀释至仅 1.22%、0.55%[2]。

第二，民营金控公司发展乱象及破产困境。非金融企业投资金融机构形成的金融控股集团逐渐出现发展乱象，频频违反监管规定遭受处罚。一直盛传被"明天系"掌控的哈尔滨银行爆出因违反监管规定被罚款；哈尔滨银行还收到原中国银监会大连银监局开出的 2 张罚单，被罚原因是以隐性回购方式虚假转让信贷资产，规避监管，以及以贷还贷、以贷收息，掩盖风险。甚至有金控公司面临无法偿付债务的破产困境，典型如安邦集团因违法经营，严重危及公司偿付能力而被保监会接管；包商银行出现严重信用风险，银保监会为保护存款人和其他客户合法权益，对包商银行实行接管。

（2）安邦保险集团风险处置工作概述。2018 年 6 月 4 日，银保监会发布 2017

---

[1] "民营金融 28 巨头名单及持股图全揭秘，少数不法分子违规构建庞大金融集团"，载微信公众号"金融头条"，最后访问时间：2021 年 4 月 21 日。

[2] "民营金融 28 巨头名单及持股图全揭秘，少数不法分子违规构建庞大金融集团"，载微信公众号"金融头条"，最后访问时间：2021 年 4 月 21 日。

年保险业偿付能力和风险状况，并明确指出安邦系等公司的问题："以安邦保险集团股份有限公司为代表的少数问题公司，公司治理先天不足，激进扩张，违法违规经营，野蛮生长，成为风险积聚的多发区。"[1]从因出现问题被接管到因恢复正常经营被停止接管，安邦集团经历了以下几个关键时间点：

2018 年 2 月 23 日，原中国保监会发布公告，鉴于安邦集团存在违反《保险法》规定的经营行为，可能严重危及公司偿付能力，决定对安邦集团实施接管。接管期限自 2018 年 2 月 23 日起至 2019 年 2 月 22 日止。接管的法律依据为《保险法》第 144 条："保险公司有下列情形之一的，国务院保险监督管理机构可以对其实行接管：①公司的偿付能力严重不足的；②违反本法规定，损害社会公共利益，可能严重危及或者已经严重危及公司的偿付能力的。被接管的保险公司的债权债务关系不因接管而变化。"

2018 年 3 月 28 日，为稳妥有序推进安邦保险集团风险处置工作，确保偿付能力充足，维护稳定经营，中国银保监会批复同意保险保障基金向安邦集团增资608.04 亿元。增资后，安邦集团注册资本为 619 亿元。同时开始遴选战略投资者，积极引入资本实力强、核心主业突出、投资行为稳健、依法合规经营，特别是具有养老、健康、互联网科技等与保险主业资源协同的大型民营企业，参与安邦保险集团的股权重组工作，实现保险保障基金有序安全退出，并保持安邦集团民营性质不变。

2019 年 2 月 22 日，中国银保监会决定，将安邦集团接管期限延长一年，自2019 年 2 月 23 日起至 2020 年 2 月 22 日止。

2019 年 4 月 16 日，安邦集团公告称，经安邦集团接管工作组决议，拟减少注册资本约 203.61 亿元，注册资本将由 619 亿元变更为约 415.39 亿元。

2019 年 6 月 25 日，大家保险集团有限责任公司（简称大家保险集团）注册成立，注册资本约 203.6 亿元，股东结构与安邦集团一致。大家保险集团承接安邦集团的合规保险业务，安邦集团和安邦财险将依法予以清算注销。

2020 年 2 月 22 日，中国银保监会发布公告，根据《保险法》第 147 条规定，从安邦保险集团股份有限公司（简称安邦集团）拆分新设的大家保险集团已基本具备正常经营能力，中国银保监会依法结束对安邦集团的接管。

（3）明天集团风险处置工作概述。明天集团作为包商银行的大股东，合计持有包商银行 89% 的股权。由于包商银行的大量资金被大股东违法违规占用，长期

---

[1] "银保监会：保险业风险复杂严峻，对偿付能力造假者采取严厉措施"，载 https://www.sohu.com/a/234080857250147，最后访问时间：2021 年 4 月 21 日。

难以归还，导致包商银行出现严重的信用危机，触发了法定的接管条件被依法接管。2019 年 5 月 24 日，中国银行保险监督管理委员会决定对包商银行实行接管，接管期限一年，法律依据为《银行业监督管理法》第 38 条，银行业金融机构已经或者可能发生信用危机，严重影响存款人和其他客户合法权益的，国务院银行业监督管理机构可以依法对该银行业金融机构实行接管或者促成机构重组，接管和机构重组依照有关法律和国务院的规定执行。

包商银行接管组在 2019 年 6 月完成大额债权收购与转让后，同年 7 月至 9 月接管组完成了该行清产核资，10 月起启动包商银行改革重组事宜。2020 年 4 月 30 日，包商银行接管组发布公告称，经包商银行接管组报请人民银行、银保监会等相关监管机构批准，包商银行股份有限公司拟将相关业务、资产及负债，分别转让至蒙商银行股份有限公司（以下简称蒙商银行）和徽商银行股份有限公司。蒙商银行已于 4 月 30 日完成工商登记，依法设立。这标志着包商银行历时近一年的接管、风险处置后迎来了里程碑式的一步。

2. 破产现状分析。通过梳理安邦集团和包商银行（明天集团控股）被接管的历程可以发现，接管已经成为监管机构处置金融机构风险的主要手段。自 2018 年 2 月 23 日保监会以违法经营行为可能严重危及公司偿付能力为由，接管安邦保险集团，保监会便与人民银行、银监会、证监会、外汇局组成接管组获得安邦公司的经营管理权。随后保险保障基金向安邦保险集团注资约 608 亿元。自接管以后，接管组对安邦资产进行了处置。2018 年，接管组以 35.59 亿人民币转让了安邦拥有的世纪证券股权，并陆续处置剩余资产；同时积极引入战略投资者，让保险保障基金安全退出；最终设立大家保险集团承接安邦集团的合规保险业务，在大家保险集团基本具备正常经营能力的情况下，依法结束对安邦集团的接管。包商银行在被接管后同样在接管组的带领下进行了大额债权收购与转让，进行清产核资，改革重组，并由蒙商银行和徽商银行对包商银行的相关业务、资产及负债进行承接。

不同于一般企业的破产程序，当前中国的金融机构破产制度更多地体现了特殊破产制度的理念。由于中国的金融业奉行分业经营的理念，金融业的经营模式对金融机构的破产制度产生了重要影响：不同金融业部门的法律规定了各自的破产制度[1]。如《商业银行法》《保险法》分别规定了银行、保险的破产规则。《商业银行法》第 64 条规定，商业银行已经或者可能发生信用危机，严重影响存款人的利益时，国务院银行业监督管理机构可以对该银行实行接管。接管的目的

---

〔1〕 苏洁澈："金融监管机构在金融机构破产中的角色"，载《江汉论坛》2019 年第 5 期。

是对被接管的商业银行采取必要措施，以保护存款人的利益，恢复商业银行的正常经营能力。被接管的商业银行的债权债务关系不因接管而变化。《保险法》第144条第1款规定，保险公司有下列情形之一的，国务院保险监督管理机构可以对其实行接管：①公司的偿付能力严重不足的；②违反本法规定，损害社会公共利益，可能严重危及或者已经严重危及公司的偿付能力的。

尽管不同类型的金融机构破产规则分布在不同的部门法律中，但其破产规则却有着惊人的相似之处。如《商业银行法》《保险法》等相关金融法律均规定了早期干预制度、接管和清算制度，启动的标准和处置的方案也没有实质性的差别。

二、金融控股公司破产的特殊风险

（一）控股公司组织结构的潜在系统风险

股权结构是公司治理的核心，相当于一种议事规则，决定着金融控股公司的风险偏好和战略选择。当前情况下，部分金融控股公司业务激进，企业集团存在股权结构复杂、交叉持股、多层持股、信息披露不足、受益所有人不明确、集团内又嵌套集团等情况，复杂的股权结构无法真正体现股东的实力和责任，扩大了集团的经营风险，实践中的典型案例如安邦集团[1]。

央行发布的《中国金融稳定报告2018》也将金融控股公司"隐匿架构"列入七类风险特点之中[2]。部分非金融企业特别是私人资本控股的企业，利用复杂的股权安排、关联关系、特殊目的载体、股权代持等手段，尽可能隐藏受益所有权和控制关系。即使存在虚假出资和不当关联交易，监管部门也难以发现。一些企业通过层层控股、交叉持股金融机构，以负债资金出资，推升整体杠杆率，或者利用分业监管的缝隙，操控壳公司进行循环注资，或者借助外部融资，短短几年内总资产翻了上百倍。在虚假出资情况下，集团整体缺乏能够抵御风险的真实资本，资本约束严重弱化，极易产生系统性风险。

正是因为金融控股公司存在组织结构上的系统风险，《金融控股公司监督管理试行办法》第18条规定，金融控股公司应当具有简明、清晰、可穿透的股权结构，实际控制人和最终受益人可识别，法人层级合理，与自身资本规模、经营

---

〔1〕　张敬思："箭在弦上：一文读懂金融控股公司监管思路、历程与未来"，载微信公众号"金融监管研究院"，最后访问日期：2021年4月21日。

〔2〕　中国人民银行金融稳定分析小组编：《中国金融稳定报告2018》，中国金融出版社2018年版，第139页。

管理能力和风险管控水平相适应。金融控股公司所控股金融机构不得反向持有母公司股权。金融控股公司所控股金融机构之间不得交叉持股。这反面反映出我国目前的金融控股公司和被控金融机构的组织结构设计不合理，容易引发系统风险。

从比较法的角度来看，多数国家和我国台湾地区均对金融控股公司的股权结构作了限制，日本要求银行控股公司不得再控股金融控股公司和主要从事非金融业务的公司。韩国对金融控股公司持有非金融公司、关联公司股权，金融机构持有金融控股公司股权，单一股东、非金融企业持有银行控股公司股权等方面作出严格限制，并严格限制反向持股、交叉持股行为。我国台湾地区对金融控股公司的股东资质和交叉持股问题具有明确规定，要求金融控股公司不得反向持股[1]。

（二）政府救助引发的道德风险

金融控股集团往往规模宏大，牵涉面广，一旦破产将对社区乃至社会产生极大的负面影响。国家或政府考虑到公司重生有利于保留大部分工作岗位，减少失业人员，维持社区繁荣，增进社会收益，通常会对破产企业施以援助之手，以公共财政、纳税人的钱援救个别公司[2]。政府协助的典型例子见于2009年通用汽车破产案、绍兴华联三鑫破产案。在绍兴华联三鑫破产案中，因破产金额高达千亿，处理不当将严重打击绍兴县的经济，因此绍兴县政府向绍兴市和浙江省求助，稳定银行贷款，要求对华联三鑫及其母体公司和关联公司的贷款不回降、不抽资、不起诉，并给予公司转贷、增贷。政府的倾斜性救助政策虽在一定程度上有利于破产企业的新生，却因举公共财政之力和使用纳税人的钱，易引发社会公众的质疑，进而触发道德风险。

（三）关联交易导致的集团内风险扩散

金融控股公司的另一重要隐患是关联交易，具体体现为一些非金融企业利用所控股金融机构提供贷款、担保等方式获取信贷资金、操纵利润、转移或隐匿资产，将所控股金融机构作为"提款机"套取巨额资金，向实际控制人或最终受益人进行利益输送，严重损害金融机构和投资者的权益。集团内部的关联交易通常导致各子公司人格和财务混同，公司独立人格制度遭受挑战，集团内部以及集团和外部债权人的债权债务关系十分混乱。

金融控股集团关联交易频发的原因在于内部风险隔离措施不到位，集团内部

---

〔1〕 中国人民银行金融稳定分析小组编：《中国金融稳定报告2018》，中国金融出版社2018年版，第136页。

〔2〕 许德风：《破产法论：解释与功能比较的视角》，北京大学出版社2015年版，第31~32页。

子公司与母公司之间以及子公司之间并没有设置有效的防火墙，内部资金转移定价缺失，同时部分子公司缺乏足够的自主权，不能完全根据市场化原则平衡风险和收益，资金划拨转移、随意进行相互担保。当任何一家子公司发生风险或破产时，风险便向其他子公司传染，易造成金融控股公司甚至行业的系统性风险[1]。

在2018年两会期间，前央行行长周小川就提出了关联交易的问题和应对措施。其指出金融控股集团内部的金融机构之间，或是金控集团的实体企业以及海外企业之间都可能存在关联交易，要强化关联交易的管理，在金融机构和控股公司之间以及和其他实体企业之间建立防火墙制度。

有观点指出，为防止金融控股集团的关联交易，应在交易金额和交易主体两个维度建立防火墙。第一层防火墙交易金额是从额度上进行限制，可以根据金融控股公司规模的大小设立不同的"红线"。第二层防火墙交易主体可以分为以下几个方面：一是明确金融控股公司及子公司的独立法人地位，需独自承担法律责任，严禁集团高管在子公司兼任高管或兼职，禁止或严格限制子公司之间相互派驻董事、监事和高管；二是禁止子公司之间交叉持股或子公司对母公司反向持股等；三是对金融控股公司内部不同业务主体之间的跨市场和跨行业合作、资金的相互调度及使用等方面，设定明确而严格的监管要求。如业务合作、资金调度等都必须建立在市场化原则的基础上[2]。

从比较法的角度来看，多数国家和我国台湾地区均对防范金融控股集团的关联交易进行了规定。美国明确规定了金融控股公司的交易原则、关联方认定以及关联交易的风险防范。日本规定银行与其特定关系人或特定关系人的客户之间不得从事不利于控股公司的交易或行为，同时对董事兼职作出限制。韩国对金融控股公司、其子公司、股东之间的授信、经营等做了规定，严格控制大股东授信，禁止不当干预所控股金融机构。我国台湾地区对金融控股公司与其子公司间及各子公司间的业务或交易行为、共同业务推广行为等作出规定，要求金融控股公司的银行子公司和保险子公司不得对关联方发放无担保授信，不得损害客户权益[3]。

（四）虚假出资、资本金重复计算的防范

金融控股集团杠杆率高，虚假出资风险严重，这在民营系金控集团中表现尤

---

〔1〕　张敬思："箭在弦上：一文读懂金融控股公司监管思路、历程与未来"，载微信公众号"金融监管研究院"，最后访问日期：2021年4月21日。

〔2〕　张敬思："箭在弦上：一文读懂金融控股公司监管思路、历程与未来"，载微信公众号"金融监管研究院"，最后访问日期：2021年4月21日。

〔3〕　中国人民银行金融稳定分析小组编：《中国金融稳定报告2018》，中国金融出版社2018年版，第136页。

为突出。一些企业通过层层控股、交叉持股金融机构，以负债资金出资，推升整体杠杆率，或者利用分业监管的缝隙，操控壳公司进行循环注资；或者借助外部融资，短短几年内总资产翻了上百倍。虚假出资情况下，集团整体缺乏能够抵御风险的真实资本，资本约束严重弱化，一旦集团内部的子公司出现债务无法偿付的问题，风险将迅速蔓延至各个子公司。

三、金融控股公司破产法律制度的适用

（一）公司法人格否认原理的适用

实践中，金融控股集团存在股权结构混乱、复杂以及关联交易多发的现象，集团内部母公司与子公司之间，子公司与子公司之间的边界模糊，常体现为财务混同和人员混同，如集团高管在子公司兼任高管或兼职，或者子公司之间相互派驻董事、监事和高管。在这种情况下，为避免金融控股集团滥用公司独立人格规避责任，损害债权人利益，有必要适用公司法人人格否认制度。

公司法人人格否认制度（Disregard of Corporate Personality），也称"揭开公司的面纱"（Piercing the Corporate Veil），即在特定情况下否认公司的独立人格，使公司股东或实际控制人对公司债务承担责任，目的是制止股东滥用公司独立人格，保护债权人利益。公司法人人格否认制度是公司人格独立的例外原则。在普通法国家，公司人格独立通常是一种基本原则，公司被视为独立的法人并以其全部财产对公司债务承担全部责任。公司法人人格否认制度是对现代公司存续的两大基础，即公司人格独立和股东有限责任的突破，目的是向滥用公司法人独立地位的特定主体追究责任，责令其对外承担责任。美国法官桑伯恩（Sanborn）首开"公司法人格否认"之先河，其在"美国诉密尔沃基冷藏运输公司"一案中如此描述这一规则："一般规则是公司将被认为是法人实体，但是当有足够的理由认为相反情况存在时，法人的存在被用来损害公共利益，将错误行为合理化，保护欺诈，或者保护犯罪，法律将把公司视为人的集合。"[1]

1. 我国法律政策规定。我国有关公司人格否认制度的规定主要是《公司法》第20条第3款："公司股东滥用公司法人独立地位和股东有限责任，逃避债务，严重损害公司债权人利益的，应当对公司债务承担连带责任。"但该条内容过于简单，并未对公司人格否认制度的适用条件、具体类型进行规定，导致司法实践中的认定也不一致。

---

〔1〕 Sanborn, J., in United States v. Milwaukee Refrigerator Transit Co., 142 F. 247, 255（C. C. E. D. Wis. 1905）. 转引自朱慈蕴："公司法人格否认：从法条跃入实践"，载《清华法学》2007年第2期。

2019 年 11 月 15 日，最高人民法院正式发布《九民纪要》，在"关于公司纠纷案件审理"这一部分对公司人格否认制度进行了较为详细的规定。《九民纪要》从四个方面明确了如何在审判实践中准确把握《公司法》第 20 条第 3 款规定的精神：一是明确适用条件，只有在股东实施了滥用公司法人独立地位及股东有限责任的行为，且该行为严重损害了公司债权人利益的情况下，才能适用。二是限定责任主体，只有实施了滥用法人独立地位和股东有限责任行为的股东才对公司债务承担连带清偿责任，而其他股东不应承担此责任。三是公司人格否认判决的效力范围，公司人格否认不是全面、彻底、永久地否定公司的法人资格，而只是在具体案件中突破股东对公司债务不承担责任的一般规则，例外地判令其承担连带责任。人民法院在个案中否认公司人格的判决的既判力仅仅约束该诉讼的各方当事人，不当然适用于涉及该公司的其他诉讼，不影响公司独立法人资格的存续。四是明确《公司法》第 20 条第 3 款规定的滥用行为的类型，实践中常见的情形有人格混同、过度支配与控制、资本显著不足等。

在人格混同的类型中，根本的判断标准是公司是否具有独立意思和独立财产，主要的表现是公司的财产与股东的财产是否混同且无法区分，综合考虑的因素包括公司和股东的财务记载、公司账簿和股东账簿以及股东自身收益与公司盈利是否有区分。实践中，在出现人格混同的情况下，往往同时出现以下混同：公司业务和股东业务混同；公司员工与股东员工混同，特别是财务人员混同；公司住所与股东住所混同。

过度支配与控制，通常体现为公司控制股东操纵公司的决策过程，使公司完全丧失独立性，沦为控制股东的工具或躯壳，严重损害公司债权人利益的行为。主要包括母子公司之间的利益输送、不当交易以及先从原公司抽走资金，然后再成立经营目的相同或者类似的公司等情形。

资本显著不足则是指，公司设立后在经营过程中，股东实际投入公司的资本数额与公司经营所隐含的风险相比明显不匹配。股东利用较少资本从事力所不及的经营，表明其没有从事公司经营的诚意，实质是恶意利用公司独立人格和股东有限责任把投资风险转嫁给债权人。

2. 破产中适用公司法律人格否认案件。例如，在浙江锅炉有限公司申请破产清算案[1]中，法院参照公司法规定的公司人格否认制度，在破产程序中对公司人格进行否认，法院在裁判要旨中写道：基于类推适用原则，破产企业如果在经

---

〔1〕"浙江锅炉有限公司申请破产清算案——破产程序中对法人人格否认制度的适用"，载《人民司法·案例》2019 年第 20 期。

营过程中存在公司股东滥用法人独立地位和股东有限责任的行为,可以参照适用《公司法》第 20 条第 3 款公司法人人格否认制度;如果股东实施未足额出资或抽逃出资等消极行为,其应在未出资或抽逃出资本息范围内承担补充赔偿责任;如果股东实施其他滥用公司法人独立地位和股东有限责任的积极行为,股东应在造成损失或获利范围内承担连带赔偿责任。将股东部分财产纳入破产财产,从程序启动的角度而言,可以由股东或者管理人提出申请,由法院裁决是否纳入破产财产分配。管理人提出申请的,为充分保障当事人的参与权,应当参照适用执行程序中的听证制度予以审查。

(二) 实质合并破产规则的适用

1. 我国实质合并破产标准认定的早期实践。在我国早期司法实践中,法院作出实质合并破产裁定的主要理由是关联企业法人人格混同,该理由也是司法实践的主流标准[1]。典型案例有纵横集团实质合并破产重整案、闽发证券实质合并破产清算案。

在 2008 年"闽发证券有限责任公司与北京辰达科技投资有限公司、上海元盛投资管理有限公司、上海全盛投资发展有限公司、深圳市天纪和源实业发展有限公司合并破产清算案"[2]中,法院认定四家关联公司与闽发证券在管理上和资产上严重混同,无独立的公司法人人格,应当与闽发证券一并破产,故适用实质合并规则进行破产清算。理由主要包括以下五点:一是股东出资虚假,四家关联公司的登记股东并未实际出资,其注册资本金均来自实际控制人闽发证券;二是机构、人员混同,关联企业间是"一套人马,两块牌子",办公场所相同,总经理同一;三是营业混同,闽发证券相关职能部门以四家关联公司的名义接受配资或通过三方监管的形式对外融资,关联企业成员实为实际控制人的经营部门;四是资产混同,关联企业成员主要按实际控制人指令与其合作经营业务,相互间资产混同;五是负债混同,四家关联企业的对外债务基本系对实际控制人负债。

2. 我国实质合并破产规则的法律规定。为规范实质合并破产规则的适用,2018 年 3 月最高人民法院出台的《全国法院破产审判工作会议纪要》(以下简称《会议纪要》)明确了实质合并破产的适用原则及标准,即采用审慎原则和综合标

---

〔1〕 王静、蒋伟:"实质合并破产制度适用实证研究——以企业破产法实施以来 76 件案例为样本",载《法律适用》2019 年第 12 期。

〔2〕 "闽发证券有限责任公司与北京辰达科技投资有限公司、上海元盛投资管理有限公司、上海全盛投资发展有限公司、深圳市天纪和源实业发展有限公司合并破产清算案",载《最高人民法院公报》2013 年第 11 期。

准。法院应审慎适用实质合并破产规则，避免不当采用实质合并审理方式损害相关利益主体的合法权益。同时，法院在确定是否进行实质合并破产时考虑的因素往往不是孤立的、单一的，而是若干判断标准的结合。

《会议纪要》第 32 条规定，只有同时符合"法人人格高度混同、区分各关联企业成员财产的成本过高、严重损害债权人公平清偿利益"时，才能适用关联企业实质合并破产方式进行审理。从形式上看，上述规定类似于《公司法》第 20 条第 3 款关于人格否认制度的规定，参照公司法人人格否认制度的构成要件，"法人人格高度混同、区分各关联企业成员财产的成本过高"应视为实质合并破产规则的行为要件，而"严重损害债权人公平清偿利益"系结果要件。如果关联关系的滥用未损及债权人的公平受偿利益，则实质合并规则没有适用的必要性。在债务人丧失清偿能力的情况下，关联关系的滥用往往会损害债权人的公平受偿利益[1]。

对于实质合并规则的行为要件，有学者在对美国司法实践考察基础上认为，首先，应重点关注关联企业之间的混同情形（法人人格混同标准）；其次，还应当关注资产和负债的分离是否需消耗大量的成本与时间（资产分离困难标准）、债权人是否有同整个企业集团进行交易的合理期待（债权人期待标准）、合并破产是否有利于保护全体债权人的利益（债权人收益标准）等辅助性标准[2]。

和公司人格否认制度一样，实质合并规则的适用应遵循例外原则，即尊重企业法人人格的独立性，以对关联企业的破产原因进行单独判断并适用单个破产程序为基本原则，实质合并破产的适用仅为例外。在关联企业法人人格高度混同的前提下，关联企业成员还应当分别或在整体上达到破产界限。对于整体上达不到破产界限的，即便出于维护关联企业整体营运价值需要，将部分不具备破产原因的关联企业成员合并纳入破产程序，也应在尊重不具备破产原因企业及其债权人的意思自治的基础上，方可适用实质合并规则。

3. 美国法院认定实质合并破产标准的经验借鉴。实质合并规则虽源于公司法人人格否认制度，但和后者并不等同。在破产案件中，实质合并规则的适用牵涉的利益主体十分广泛，仅以关联企业人格混同作为实质合并破产适用标准，难以对各方主体的利益进行平衡，故有必要借鉴美国司法实践中逐渐发展的实质合并破产规则的适用。

---

〔1〕　王欣新："关联企业的实质合并破产程序"，载《人民司法（应用）》2016 年第 28 期。
〔2〕　王静、蒋伟："实质合并破产制度适用实证研究——以企业破产法实施以来 76 件案例为样本"，载《法律适用》2019 年第 12 期。

美国实质合并破产规则经历了由宽松的单一标准逐渐向严格的综合标准演进的过程，通过一系列经典案例逐步完善实质合并破产规则的适用。美国实质合并破产规则发端于 1941 年 *Sampsell* 案，法院基于债务人设立公司系为转移财产，逃避债务，存在欺诈行为，判令将债务人和设立的公司合并破产。该案判决主要基于美国公司法中揭开公司面纱制度与欺诈性财产转让规范。1966 年 *Chemical* 案在法人人格混同标准基础上提出了一项新的标准：资产分离困难标准，即关联企业间的财务状况难以厘清，以至达到"令人绝望的混同"的地步，法院将倾向于适用实质合并破产。该案从人格混同标准逐渐向权衡各方当事人利益保护进行转移。1988 年 *Augie vs. Restivo* 案在之前司法实践基础上又创设了两项新的标准：一是债权人期待标准，债权人在提供信用时是否将各关联企业实体视为一个经济体。如果债权人在和其中一个实体交易时不知道这些实体之间的关联关系而只基于对方的独立法人地位的信赖进行交易，则缺乏足够理由适用实质合并破产。二是债权人收益标准，各关联企业间的资产债务是否严重混同，以至于实质合并破产将使所有债权人受益。2005 年 *Owens Corning* 案，法院认为实质合并破产必须满足以下两种情形之一：①破产申请之前，作为债务人的关联企业如此无视企业独立人格以至于他们的债权人必须要打破企业间的界限，将之视为一个实体；②破产程序启动后发现，债务人资产债务混同十分严重以至于将彼此区分会花费巨大成本，损害所有债权人的利益[1]。

（三）深石原则的适用

"深石原则"又称衡平居次原则，是英美法中债权居次原则中的一种，指在存在控制与从属关系的关联企业中，为了保障从属公司债权人的正当利益免受控股公司的不法侵害，法律规定在从属公司进行清算、和解和重整等程序中，根据控制股东是否有不公平行为而决定其债权是否应劣后于其他债权人或者优先股东受偿的原则。

1. 深石原则在美国的起源和发展。"深石原则"在 1938 年泰勒诉标准电气公司（*Taylor v. Standard Gas & Elec. Co.*）一案中得以确立。该案案情如下：深石公司系标准电气公司的一家子公司，因各种原因深石公司的经营状况急剧恶化，最终在标准电气公司与深石公司其他债权人协商一致的情况下进入重整程序。泰勒是深石公司一名优先股东，其自身利益因公司重整计划而处于较为不利的局面，泰勒遂向地方法院提起诉讼，要求确保自己作为优先股股东而应享有的权

---

〔1〕 王静、蒋伟："实质合并破产制度适用实证研究——以企业破产法实施以来 76 件案例为样本"，载《法律适用》2019 年第 12 期。

益。由于案件的复杂性，该案上诉到美国联邦最高法院。联邦最高法院对深石公司的重整债权作出裁定时，面临着标准电气公司是否可以深石公司债权人的身份而向其进行求偿的法律问题。

法院经查明发现，标准电气公司是深石公司的母公司，并且是该公司的巨额债权人，其中的债权因与深石公司的业务往来而发生。标准电气公司曾使深石公司与其本身以及其他关联企业进行一连串交易，而其交易条件则极端不利于深石公司。基于公平理念与合理角度出发，联邦最高法院认为深石公司的业务往来及经营计划完全由标准电气公司所左右并为被告的利益服务，因此撤销了深石公司的重整计划，并且判决除非深石公司优先股东的利益在重整后的深石公司中享有优先于标准电气公司的法律地位，否则深石公司的重整计划便不能成立。

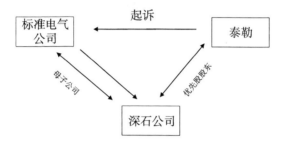

图 2 - 2 - 1　泰勒诉标准电气公司案法律关系示意图

"深石原则"后来在美国发展成"衡平居次理论"。具体而言，法院在判断公司控制人债权时，不能一律认为其债权都是劣后债权，而应以公正的法律思想为指导，坚持个案审查。如果公司控制人确实滥用控制地位，通过不公平行为取得债权，那么该债权理应居后受偿；而如果公司控制人并未采取不正当行为，那么其债权应该得到支持。波斯纳法官对此认为，从成本考虑，母公司应该是子公司"最有效率的贷款者"，因为没有其他外部人能比母公司更了解子公司，为防止子公司破产并维持其资信，母公司给子公司提供贷款并无不可[1]。

经过判例的发展，"深石原则"最终以成文法的形式确定下来，美国《破产法》第 510（c）条中对衡平居次原则进行了明确的规定：①法院可以在衡平居次的原则下，将一项已经认可的债权的一部分或全部居于另一项已经认可的债权的一部分或全部之后或者是将一项已经认可的利益的一部分或全部居于另一项已经认可的利益一部分或全部之后；或者②将要居次债权的担保物移转到破产财

〔1〕　赵吟："论破产分配中的衡平居次原则"，载《河北法学》2013 年第 3 期。

团中[1]。

2. 深石原则在我国的发展。我国台湾地区"公司法"于 1977 年引进了美国的这一制度。台湾地区"公司法"第 369 – 7 条规定：控制公司直接或间接使从属公司为不合营业常规或其他不利益之经营者，如控制公司对从属公司有债权，在控制公司对从属公司应负担之损害赔偿限度内，不得主张抵销。前项债权无论有无别除权或优先权，于从属公司依破产法之规定为破产或和解，或依其公司法之规定为重整或特别清算时，应次于从属公司之其他债权受清偿。

我国最高人民法院也曾经有意将深石原则纳入司法解释，2003 年曾经下发的《关于审理公司纠纷案件若干问题的规定（一）》（征求意见稿）第 52 条规定："控制公司滥用从属公司人格的，控制公司对从属公司的债权不享有抵销权；从属公司破产清算时，控股公司不享有别除权或者优先权，其债权分配顺序次于从属公司的其他债权人。"但由于种种原因，该条文至今并未出台和生效。

重庆市高级人民法院在《关于审理破产案件法律适用问题的解答渝高法〔2017〕207 号》中规定了将公司股东或实际控制人对公司债权确定为劣后债权并安排在普通债权之后受偿的三种情形：一是公司股东因未履行或未全面履行出资义务、抽逃出资而对公司负有债务，其债权在未履行或未全面履行出资义务、抽逃出资范围内的部分；二是公司注册资本明显不足以负担公司正常运作，公司运作依靠向股东或实际控制人负债筹集，股东或实际控制人因此而对公司形成的债权；三是公司控股股东或实际控制人为了自身利益，与公司之间因不公平交易而产生的债权。这是全国法院首次规定劣后债权的适用情形，且明确了劣后债权人不得行使别除权和抵销权。

《会议纪要》第 39 条提到，关联企业成员之间不当利用关联关系形成的债权，应当劣后于其他普通债权顺序清偿，且该劣后债权人不得就其他关联企业成员提供的特定财产优先受偿。这对深石原则在我国的发展具有重要意义。

---

[1] See United States Bankruptcy Code § 510（c）.

第三部分

金融创新与金融监管风险防范

第一章　金融创新与金融监管风险防范的理论与实践

第一节　金融创新与金融监管风险防范的基础理论

一、金融创新、风险与金融监管的关系

（一）金融创新的基本内涵

1. 金融创新的定义。创新这一概念最早由美籍奥地利经济学家约瑟夫熊彼特首次提出，20世纪70年代以后，金融领域发生革命性变化，这一系列变化被称为金融创新。通常认为，金融体制和金融手段方面的改革，属于金融创新[1]。

狭义的金融创新，是指金融工具创新，或者说是金融手段创新。而广义的金融创新，是指为适应经济发展需要，采用新的技术和方法，通过改变金融体系基本要素的搭配和组合而赋予其新的功能的过程。广义的金融创新概念中，除金融工具创新之外，还包括金融市场、金融组织、金融制度等创新。[2]厉以宁教授从目前中国的情况来谈金融创新，指出：金融领域存在许多潜在的利润，但在现行体制下运用现行手段无法得到这个潜在利润，因此必须在金融领域进行改革，包括金融体制和金融手段方面的改革，这就叫金融创新。[3]在他看来金融创新显然应该包括金融体制创新，而且是一种极为重要的创新。

综上所述，本书主张金融创新是指会引起金融领域结构性变化的新工具、新服务方式、新市场以及新体制。

2. 金融创新的分类。金融创新源于市场需求，关于金融创新的分类，学术界并无明确定义。熊彼特将金融创新分为五类：一是新技术在金融业的应用；二是国际市场的开拓；三是国内和国际金融市场上各种新工具、新方式、新服务的出

---

[1]　戚莹："金融创新与金融监管"，载《当代法学》2003年第10期。

[2]　刘丹冰："金融创新与法律制度演进关系探讨"，载《法学杂志》2013年第5期。

[3]　厉以宁："谈金融创新"，载《金融信息参考》1997年第5期，转引自戚莹："金融创新与金融监管"，载《当代法学》2003年第10期。

现；四是银行业组织和管理方面的改进；五是金融机构的变革。[1]Holland 根据管制的有无将其分为规避性创新和先验性创新。[2]Mason 从创新是否受益角度将其分为真正创新和名义创新，真正创新是指使重要经济体受益的创新，而名义创新是指使华尔街受益的创新。[3]

刘丹冰根据政府在金融创新中发挥作用的不同，将金融创新分为市场推动型金融创新和政府主导型金融创新。[4]她认为，市场推动型创新是微观金融主体遵循市场规律所进行的自主创新，其目的在于服务客户，实现利益最大化，此种创新结果往往形成对现有法律制度的突破。在政府主导型金融创新中，政府是推动金融创新进程的主导力量，政府决定着金融创新的内容、方向、步骤和进度，左右着金融创新的总体过程。微观金融市场主体在金融创新中居于并不重要的地位，其自我创新需求受到抑制，对与金融创新相关的法律制度的出台影响不大，因此，政府主导型金融创新中，法律制度往往先于金融创新。[5]

（二）金融创新、风险与监管之间的联动

1. 金融创新与金融风险之间的传导。金融创新在一定程度上具有规避管制、增强市场流动性、减少信息不对称、分散风险等作用，同时能缓解逆向选择问题。在推动金融业发展的同时，金融创新也会引起金融风险。金融创新会最大限度挖掘社会闲散资金，以最快速度将储蓄转化为投资，促进货币金融高速运转，提高资金的使用效率，进而推动经济快速发展。当金融创新过度，即风险释放过度、风险转化过度、风险过于集中，就可能引发系统性金融风险进而导致经济崩溃。

金融风险的放大看似与金融业微观经营主体的经营行为直接相关，但实质是多种因素综合作用的结果。金融消费者的消费行为、金融业经营者的经营行为以及国家管理机关对金融创新的监管行为，均可能成为诱发或放任金融创新风险发生的因素。

从金融消费者视角来看，首先，金融创新背景下金融产品和服务的供给主体和获取通道增加，传统金融的边界和金融信息的传递渠道依托金融科技创新得以

---

〔1〕 李爱君主编：《金融创新法律评论》，法律出版社 2017 年版，第 1 页。

〔2〕 Holland, "R. C. Speculation on future innovation: Implications for monetary control", Lexington: MA D. C. Heath and Company: In W. Silber (Ed.) Financial innovation, 1975, pp. 159 – 171.

〔3〕 Mason, "Joseph R. The Summer of '07 and the Shortcomings of Financial Innovations", Journal of Applied Finance, 18 (2008) (Spring/Summer), pp. 8 – 15.

〔4〕 刘丹冰："金融创新与法律制度演进关系探讨"，载《法学杂志》2013 年第 5 期。

〔5〕 刘丹冰："金融创新与法律制度演进关系探讨"，载《法学杂志》2013 年第 5 期。

拓展，金融的跨时空配置成为可能。这为消费者选择金融产品提供了便利，但同时在一定程度上也给金融消费者的不谨慎和非理性提供了空间。金融消费者的盲目自信和投机，对信息的盲目追随或选择性删减，以及为利益心存侥幸甚至铤而走险的行为方式，都构成了威胁金融安全的重要因素。其次，价值金融创新背景下的普惠属性增加了金融产品的可得性，降低了获得金融服务的门槛，金融消费者数量增加，金融消费行为的示范效应和趋同效应容易引起金融市场的"羊群行为"和市场共振[1]。而消费者的这种行为反过来又给金融科技经营者的非法行为提供了便利，现实中的客户资金挪用、"卷款跑路"、非法集资、虚假融资等现象均与此有关。由此可见，金融消费者的非理性行为构成金融风险的重要因素。

从金融业经营主体及其行为视角来看，一方面，金融创新强化了数据和业务的多机构联通和传递，提高了传统金融业、新兴科技企业和金融市场基础设施运营企业之间的融合性和金融行业内部的关联性，使得不同类型金融机构之间的联系更加密切，扩大了风险传播范围的同时更增加了风险传播的可能性；另一方面，金融创新降低了金融业的进入门槛，使得金融创新行业的经营者数量大幅上涨。

从国家金融监管视角来看，金融创新加剧了金融监管失灵的可能性是引发系统性风险发生和扩散的重要因素。规避型金融创新理论认为，金融创新就是逃避各种金融控制和管理的行为，政府管制阻碍金融机构从事既有的业务获得更多利益，限制其利用管制以外的获利机会，因此金融机构会通过创新活动来逃避政府的管制[2]。金融创新的规避管制倾向使得新型金融业务或金融产品往往在监管的模糊地带，从而出现金融监管失灵的现象。金融创新引发的金融监管失灵主要体现为两大因素：一是金融监管的知识盲区，二是金融监管的协调不足。一方面，层出不穷的金融创新产品会对监管人员的专业能力提出挑战。监管人员由于学习能力和专业水平有限，可能难以对金融创新及时作出反应，这就导致了金融监管人员存在一定的知识盲区。另一方面，金融创新的多元化使得不同金融行业之间的交叉趋势逐渐深化。而原有的多头监管格局意味着不同监管机构在面对这种交叉性的金融创新产品时需要进行协调和沟通，这对于机构间的协作同样提出挑战。

故而风险防范的理念设计和制度安排应将所有金融参与者及其行为一并纳入

---

〔1〕 靳文辉："法权理论视角下的金融科技及风险防范"，载《厦门大学学报（哲学社会科学版）》2019 年第 2 期。

〔2〕 卓武扬、张小南："金融创新、道德风险与法律责任"，载《管理世界》2013 年第 6 期。

综合考虑。仅从国家监管层面探讨金融创新风险的防范，而缺少对金融消费者和金融业经营者行动的关注，会导致系统性和周延性研究的不足。

2. 金融监管与金融创新之间的关系。关于金融创新与金融监管的相互关系是 20 世纪 70 年代以来金融理论研究领域的一个热点问题。

米勒（Miller）在对金融创新的研究中发现监管和税收是金融创新的主要推动力。[1] 规避型金融创新学派代表人物 E. J. Kane（1984）认为金融创新就是逃避各种金融控制和管理的行为，政府管制阻碍了金融机构从事既有的业务获得更多利益，限制其利用管制以外的获利机会，因此金融机构会通过创新活动来逃避政府的管制[2]。

纵观人类的金融创新史，呈现出非常清晰的"钟摆效应"，即金融创新——市场波动——强化监管——放松监管——鼓励金融创新，金融创新是一个螺旋式推动金融体系的发展方式。过度的金融创新往往导致金融体系的风险和大幅波动，甚至导致金融危机，于是促使更为严格的金融监管的实施。而严格的金融监管必然会提高金融体系运行的成本，也可能使经济金融体系逐步丧失活力。此时如果要寻找新的增长点，必然会促使金融体系转向金融创新，然后放松监管。鼓励创新，才能迎来金融创新的活跃期。

每一次从金融创新到金融监管的"钟摆"摆动，往往以不同的形式加以表现。但将视野放到一个更长的周期来看，其有内在的金融运行规律。金融创新的初期，为鼓励金融创新，金融监管往往采取较为包容开放的态度。但当金融创新所蕴含的风险持续发酵并扩散时，出于保障金融行业的可持续发展的目的，监管者需要在金融稳定与金融创新之间进行取舍。若阶段性金融风险可能演化为系统性风险，监管者将改变监管模式并修改监管规则，从而将衍生的金融风险控制在合理范围内。而金融创新出于规避监管规则的需要往往进行再次创新，改变金融监管运作的基础条件，导致原有的监管方式难以适应实践需求，这也进一步倒逼监管方式的改革。

因此，金融创新与金融监管，总体上是一个互相推动、倒逼监管机构发展以及促进金融市场规范发展的一个过程。

二、新背景下金融监管的价值取向

习近平总书记指出，金融工作四大原则之一是"强化监管，提高防范化解金

---

〔1〕　杨小玲、杨建荣："金融创新、金融创新风险与金融监管关系的再思辨"，载《金融理论与教学》2020 年第 3 期。

〔2〕　莫易娴："金融创新相关理论的综述"，载《江淮论坛》2012 年第 1 期。

融风险能力"。强监管会削弱金融创新的活力，与市场化改革的方向不一致，甚至对机构业务产生不利影响的说法实质上是对监管和创新关系的误读误解，混淆金融业创新发展的源与流。实际上，"强监管"与市场化不仅并行不悖，还存在相辅相成的内在关系。任何金融创新都离不开权威有效的法治监管，离不开服务实体经济的根本要求。

金融监管是为防控金融风险，特别是波及整个货币资本市场的系统性金融风险，而对金融业实施监控的行为。及时有效的金融监管能够对金融创新风险产生制约和抑制效应，是对货币资本市场及投融资者的保护，也是对国家金融安全、经济平稳健康发展的保障。适度的监管对于鼓励金融创新的发展，保障金融市场的有序，促进经济的充分增长具有重要作用。

（一）明确宏观审慎监管原则

宏观审慎原则是指金融监管当局为减少金融危机或经济波动给金融体系带来的损失，从金融市场整体而非单一机构角度实施的各种制度安排。[1]1986年国际清算银行发布《国际银行的最新金融创新》，该报告将宏观审慎监管政策定义为广泛地促进金融体制与支付系统安全和稳健的政策。宏观审慎监管否定了"只要单个金融机构是稳健的，则整个金融体系就是稳健的"这一假设，认为对单个金融主体安全和稳健的监管不能充分保证整个金融系统的稳定。[2]

其监管目标在于防范系统性风险，维护金融体系的整体稳定。[3]

宏观审慎监管的"宏观"包括两个层次：对外是金融稳定与宏观经济之间存在高度相关性，其以金融体系的整体为核心，以降低金融危机对宏观经济的成本为目标；对内是对跨行业、跨机构的金融整体性风险防范，这意味着宏观审慎监管须超越单个机构、市场的局限，从金融全局的角度检视和化解金融风险。[4]

从宏观审慎监管理念出发，金融创新的监管不应仅从单个机构的视角看待其风险特征，监管理念应主动适应金融创新的跨市场、跨行业特征。重点关注金融创新的风险传染链条，加强监管部门间的协调合作，建立统一的金融风险监管平台，做好系统性风险的分析、监测和预警工作，对金融风险进行深层次、全链

---

〔1〕　余绍山、陈斌彬："从微观审慎到宏观审慎：后危机时代国际金融监管法制的转型及启示"，载《东南学术》2013年第3期。

〔2〕　李玥、李仁真："宏观审慎监管的政策框架与国际标准"，载《湖北社会科学》2012年第4期。

〔3〕　史建平、高宇："宏观审慎监管理论研究综述"，载《国际金融研究》2011年第8期。

〔4〕　刘迎霜："论我国中央银行金融监管职能的法制化——以宏观审慎监管为视角"，载《当代法学》2014年第3期。

条、实质性监控。针对不同业务、不同技术、不同机构的共性特点，出台基础性、通用性监管要求，明确不可逾越的监管红线和底线，运用信息公开、产品公示、公众参与、共同监督的柔性监管方式，划定金融创新边界，使金融创新有章可循、有法可依。

（二）构建功能监管和机构监管并行的监管框架

随着交叉业务和全能银行模式的普遍，监管部门之间分割的局面难以持续，分业监管模式难以适应金融创新的需要，将出现大量监管真空和监管耦合。金融创新改变了金融监管的基础和条件，功能监管应运而生。功能监管模式重点关注金融机构所从事的经营活动，保持金融监管方式与金融基本功能二者之间的制度适应性，从而达到有效监管目的。[1]

功能监管针对混业经营下金融业务交叉的趋势，强调要实施跨产品、跨机构、跨市场的监管，主张设立一个统一的监管机构来对金融业实施整体监管，这样可使监管机构的注意力不仅限于各行业内部的金融风险。[2]按照功能监管的思路，面对层出不穷的金融创新产品，监管体系应当透过现象看本质，深入分析业务实质和风险特征，明确其是否需要纳入监管以及所使用的监管规则。用统一的规则去规范不同金融机构的组织创新、业务创新和产品创新行为，提供同质金融产品的不同金融机构应接受相同的监管规则，确保对同类金融业务采取统一监管标准，以维护公平竞争，防止监管套利，避免出现劣币驱逐良币的情形。

但应当认识到，功能监管的引进并不意味着机构监管作为一种旧模式应被完全抛弃，功能监管也存在固有弊端。有学者提出应当引入矩阵方法，基于金融业务的经营目标的需要对金融机构实施功能监管，基于审慎原因对金融机构适用机构监管。[3]这一观点具有一定的合理性。在我国目前的"一行一委两会"的监管模式下，由"一行两会"对各金融机构实施机构监管，并发挥金融稳定委员会的协调作用。从金融业产品角度实施功能监管具有可行性。

---

〔1〕 黄韬："我国金融市场从'机构监管'到'功能监管'的法律路径——以金融理财产品监管规则的改进为中心"，载《法学》2011 年第 7 期。

〔2〕 刘迎霜："金融创新时代的金融监管法制变革趋向——次贷危机的启示"，载《浙江社会科学》2012 年第 4 期。

〔3〕 黄韬："我国金融市场从'机构监管'到'功能监管'的法律路径——以金融理财产品监管规则的改进为中心"，载《法学》2011 年第 7 期。

三、新背景下金融监管模式之选择

（一）国际金融监管模式的纵向比较

1930 年以前，金融监管法律活动处于监管法制的初创阶段。最早带有金融监管雏形的立法，可以追溯到 1720 年 6 月英国颁布的旨在防止过度证券投机的《泡沫法》。该法的颁布起因是 18 世纪初英国发生的"南海泡沫"事件，它掀起了狂热的证券投机和资本泡沫，而泡沫的崩溃则使英国经济遭受了沉重打击。[1]但《泡沫法》未能促进英国证券市场的恢复，而且由于政府不适当的监管措施，资本市场的监管活动也在之后一百年间举步不前。[2]

19 世纪中叶，英国废除《泡沫法》颁布《股份公司法》，初步确立"公开规制"的新型监管模式。但总体来看，包括英法德在内的欧洲主要资本主义国家尚未对证券市场建立起全面的政府监管制度，主要依赖自律机构和立法对经营者的微观行为少有涉及。[3]

18 世纪到 20 世纪初，中央银行制度的确立构成了现代金融监管法制的起点和基石。中央银行逐渐发展出统一货币发行、提供弹性货币、作为最后贷款人等基本职能。[4]总体来看，现代意义上的金融监管法制肇始于 19 世纪后半期中央银行制度的建立。但 20 世纪 30 年代，中央银行对金融机构经营的直接干预还不十分普遍，金融监管的形式、范围和作用都十分有限；直至 1929 年美国爆发经济大危机，罗斯福新政出台一系列金融法律，使得现代金融监管法制得以全面确立，美国金融监管得以迅速法制化和系统化。

欧洲各国在二战后迅速普及现代金融监管法制。法国设立证券交易委员会统一监管全国证券市场。英国制定《1946 银行法》《1947 年外汇控制法》和《1979 年银行法》。德意志联邦共和国于 1957 年 6 月 26 日颁布了《德意志联邦银行法》，形成了以中央银行为主的金融监管体制。日本、加拿大借鉴美国，建立了严格分业经营、分业监管的金融监管法制。[5]

20 世纪 70 年代左右开始兴起以"放松监管"为标志的金融监管法制改革，

---

〔1〕　白宏宇、张荔："百年来的金融监管：理论演化、实践变迁及前景展望"，载《国际金融研究》2000 年第 1 期。

〔2〕　吕国盛：《金融陷阱与骗局》，中国金融出版社 1998 年版，第 4 页。

〔3〕　盛学军："法德英证券监管体制研究——以证券监管主体在近代的变迁为线索"，载《西南民族大学学报（人文社会科学版）》2006 年第 5 期。

〔4〕　盛学军："金融监管法制的源与流"，载《社会科学研究》2009 年第 2 期。

〔5〕　盛学军："金融监管法制的源与流"，载《社会科学研究》2009 年第 2 期。

如 1986 年英国颁行《金融服务法》、1999 年美国通过《金融服务现代化法》。具体而言，金融监管法制的调整主要涉及如下方面：①对分业经营的监管放松；②对资本流动的监管放松；③对价格的监管放松，表现为逐步取消佣金、利率等价格限制；④对市场准入的监管放松，表现为立法上逐步允许各国金融机构按照一定的条件和程序进入其他国家的金融市场。[1]但以"金融自由化"及以"放松监管"为标志的监管制度变革同样伴随一系列金融风险问题的持续暴露，故而监管法制变革开始向"重建监管"的方向发展。[2]

（二）国际金融监管模式的横向借鉴

1. 美国金融监管立法改革。《1999 年金融现代化法案》是美国金融业从分业经营转到混业经营的标志。它一方面废除了《1933 年银行法》第 20 节和第 32 节规定的银行业和证券业分离的"防火墙"，鼓励银行业、证券业之间的联营，为商业银行、证券公司的联合经营提供机构、人员上的保证；另一方面修改《1956 年银行控股公司法》，规定凡是金融业务或附属于这些金融业务的活动，符合条件的银行控股公司都可以依法经营，从而为创立具有新的组织结构特征的金融机构（金融控股公司）提供了制度保证。[3]这标志着美国的监管模式开始向功能监管模式转变，联邦政府、州政府与专门机构分层监管，实施综合监管与分立监管相结合，构成一个颇具美国特色的"多头伞型监管模式"。

2008 年次贷危机爆发暴露了美国金融创新监管存在的漏洞，促使美国对金融创新法律制度进行重构。2008 年 3 月 31 日，美国财政部发布的《现代化金融监管架构蓝图》宣称"一个全新的目标导向的监管框架"。其本质上是采用了原则导向监管的理念和做法，即根据市场的发展变化来调整监管资源，增加与市场的有效沟通。[4]在次贷危机后颁布的一系列法案中，改革力度最大的是 2010 年《多德－弗兰克法案》。

美国金融监管改革的一个重要内容是引入沃尔克规则，禁止银行利用参加联邦保险的存款进行自营交易，以从根源上控制银行的规模和风险敞口。不仅如

〔1〕　鲁篱、熊伟："后危机时代下国际金融监管法律规制比较研究——兼及对我国之启示"，载《现代法学》2010 年第 7 期。

〔2〕　白宏宇、张荔："百年来的金融监管：理论演化、实践变迁及前景展望"，载《国际金融研究》2000 年第 1 期。

〔3〕　傅穹、于永宁："金融监管的变局与路径：以金融危机为背景的法律观察"，载《商事法论集》2010 年第 Z1 期。

〔4〕　张立先、李军红："后危机时代我国金融创新监管法律框架研究"，载《东岳论丛》2011 年第 6 期。

此,《多德－弗兰克法案》还特别加强了对包括信贷违约互换（CDS）市场在内的所有场外衍生产品交易和其他高风险交易行为的监管。[1]《法案》将对冲基金和私募基金纳入监管范围并明确对投资顾问、经纪人实施监管，这对于美国金融创新监管具有加强监管力度，修补法律漏洞的作用[2]

2. 英国金融监管立法改革。英国的《金融服务与市场法》是英国金融业的"基本法"。该法确立了金融监管局（FSA）的法律地位，明确其为独立对金融业实施全面、综合、统一监管的机构。根据《金融服务和市场法》规定，FSA 享有广泛的法定监管权力。[3]它有权制定并公布宏观的、适用于整个金融市场所有被监管机构的法令。从业务上看，FSA 除继承了原有 9 个金融监管机构分享的监管权力以外，还负责过去某些不受监管的领域。[4]FSA 作为目前英国统一的金融监管机构，将英格兰银行中的监管职能分离出来，转由 FSA 综合行使，使英格兰银行制定和实施货币政策的职能进一步强化。[5]这种分离式的金融监管模式实现货币政策职能与金融监管职能的分离，有利于推动金融深化与创新。此外《金融服务市场法》统一了监管标准，被认为是英国从分业监管转变为混业监管的标志——其规范了金融市场的运作，为英国适应新世纪金融业的发展和监管，提供了崭新的法律框架。

为了制止 FSA 在金融监管中可能存在的以权谋私或者渎职的行为，也为确保 FSA 能够正确行使《金融服务和市场法》所赋予的权力，全面履行监管职责，英国成立了专门的金融监管制约机构——金融服务和市场特别法庭，该法庭主要审理发生在被监管机构和 FSA 之间的难以协商解决的纠纷。其建立将促使 FSA 认真依法执行监督职责，有助于提高英国金融监管水平，减少潜在操作风险的发生。[6]

3. 欧盟金融监管立法改革。2009 年 6 月，欧盟理事会通过了《欧盟金融监管体系改革》，进一步提出将宏观审慎监管和微观审慎监管相结合，建立泛欧监管体系方案，成为欧盟金融危机以来最为重大的金融监管立法改革事件。

---

〔1〕 余绍山、陈斌彬："从微观审慎到宏观审慎：后危机时代国际金融监管法制的转型及启示"，载《东南学术》2013 年第 3 期。

〔2〕 张立先、李军红："后危机时代我国金融创新监管法律框架研究"，载《东岳论丛》2011 年第 6 期。

〔3〕 宋海鹰："《金融服务与市场法》对英国金融监管的变革"，载《国际金融研究》2001 年第 5 期。

〔4〕 王忠生："我国金融监管制度变迁研究"，湖南大学 2008 年博士学位论文。

〔5〕 参见许多奇："英美金融监管制度改革及我国之借鉴"，载《法学》2004 年第 5 期。

〔6〕 王忠生："我国金融监管制度变迁研究"，湖南大学 2008 年博士学位论文。

与美英相似，在《泛欧金融监管改革法》中，欧盟也设立了一个主要由各成员国央行行长及金融监管当局负责人组成的"欧盟系统性风险委员会"（ESRB）。ESRB 的职能是控制欧盟信贷总体水平，宏观地监测欧盟金融市场上可能出现的各种风险；并在重大风险出现时及时发出预警，在必要情况下向欧盟理事会提出包含法律在内的各种应对措施，以确保欧盟作为一个整体能更好地应对未来的金融危机[1]。而在微观审慎监管层面，欧盟致力于组建欧洲金融监管体系，强化微观审慎监管，将原先的银行、证券和保险监管委员会合并为新的欧盟金融监管局（ESA），由其统一行使微观审慎监管职权[2]。

在限制高风险交易行为上，欧盟对私募基金、对冲基金以及其他替代投资行为进行限制，如：全面禁止 CDS 类型产品的裸卖空，要求将所有标准化衍生品纳入交易所或电子平台交易及通过中央清算所清算等。而在全面加强金融机构风险管理上，欧盟采取多项金融监管立法改革措施全面加强风险管理，提高消费者保护力度。提交资本金要求指示修正案，提出对信用评级机构监管提议，出台存款保障计划修正案[3]。

（三）金融创新背景下金融监管的国际化趋势

1. 由纵向规制转为横向规制。采取《金融服务法》等统一立法对金融商品进行横向规制，对"经济实质相同的金融功能"进行统一的功能性规制[4]：金融创新时代下，金融法制一改此前的针对金融机构主体进行监管的方法，通过对金融商品进行穿透式识别，将实质上具有相同功能和意义的金融商品归为一类，通过统一的规则进行监管。这样一来，很好地避免了同类金融商品适用不同金融规则的问题，也能更好地适应市场中混业经营的情况。

2. 从机构监管到功能监管。功能监管针对混业经营下金融业务交叉的趋势，强调要实施跨产品、跨机构、跨市场的监管，主张设立一个统一的监管机构来对金融业实施整体监管[5]。金融创新时代下，为了适应混业经营的趋势，金融监

---

〔1〕 余绍山、陈斌彬："从微观审慎到宏观审慎：后危机时代国际金融监管法制的转型及启示"，载《东南学术》2013 年第 3 期。

〔2〕 鲁篱、熊伟："后危机时代下国际金融监管法律规制比较研究——兼及对我国之启示"，载《现代法学》2010 年第 7 期。

〔3〕 余绍山、陈斌彬："从微观审慎到宏观审慎：后危机时代国际金融监管法制的转型及启示"，载《东南学术》2013 年第 3 期。

〔4〕 刘迎霜："金融创新时代的金融监管法制变革趋向——次贷危机的启示"，载《浙江社会科学》2012 年第 4 期。

〔5〕 刘迎霜："论我国中央银行金融监管职能的法制化——以宏观审慎监管为视角"，载《当代法学》2014 年第 3 期。

管组织架构更加注重机构之间的通力协作，以往各监管机构之间各自为政的局面被打破。由于金融行业产品的专业性极强，不同金融机构之间存在一定的知识壁垒，因此强调机构之间的协调才能够将现有的金融监管资源盘活，将其优势最大化。

同时，金融创新时代下，由于不同金融机构之间的联系越来越紧密，金融创新在促进金融发展的同时也蕴含了系统性风险，而系统性风险往往具有全局性、不可控的特点。若延续此前的分业监管模式，各监管机构的注意力往往仅局限于各个行业内的金融风险，而无法针对系统性风险作出及时的反应和处理，故而转为功能监管模式。

3. 从规则导向监管到原则导向监管。规则监管是金融监管机构通过各种具体的规则，为监管对象设定明确的权利义务，并以此保障各种金融业务运营的监管模式。原则导向监管是指法律规范中，强调具有模糊性、抽象性，并体现了一定价值维度的原则的作用[1]。

原则监管的理念是无需像规则监管那样事先设定具体监管的适用条件，也不必直接规定监管对象的行为模式，而是通过精辟的语言概括特定的监管结果[2]。监管机构只需对一类金融问题提出监管标准，金融机构按照此标准自行去开发、改进或者提供金融商品和服务。这样既不会抑制金融机构创新，弱化企业的竞争力；同时，对于更多更新更复杂的衍生工具，监管机构也不用临时指定规则，只需要根据已有的原则性指导，进行监管即可。与"规则"相比，"原则"具有高度的一般性，包含了一些定性的而非定量的条款，可灵活满足变化迅速的行业的要求[3]。"原则"具有明确目的性，表达了规章背后的原因，可以被广泛地运用到各种情况中。"原则"大部分是行为标准，关注的是机构或个人开展和组织业务时需要具备的品质，以及它们对待客户和处理利益冲突时的公平性。

讨论"原则监管"还是"规则监管"的模式选择的意义在于看清两种模式的优点并综合运用。"原则监管"侧重事后规制，立法更具效率，适合对新兴复杂的金融衍生工具监管；"规则监管"则利于事前禁止，"简单明了"的优势无可替代。

---

〔1〕 刘迎霜："金融创新时代的金融监管法制变革趋向——次贷危机的启示"，载《浙江社会科学》2012 年第 4 期。

〔2〕 傅穹、于永宁："金融监管的变局与路径：以金融危机为背景的法律观察"，载《商事法论集》2010 年第 Z1 期。

〔3〕 傅穹、于永宁："金融监管的变局与路径：以金融危机为背景的法律观察"，载《商事法论集》2010 年第 Z1 期。

四、金融创新背景下金融监管模式的本土化思路

金融创新的复杂性使得政府与监管当局面临很大的挑战。三十多年来的监管实践说明，政府或监管者往往在问题已经出现后作出事后反应，而不是事前进行监管。但可喜的是，金融监管已不再被认为是金融危机或冲突的副产品或反映。在新常态背景下，应对金融创新的金融监管模式要求完善的市场体系基础，以金融立法为导向，市场监管为主，政府监管为辅。[1]。

总体上看，我国应形成以金融创新法为主干，以金融监管组织法为桥梁，以一系列规范金融创新产品和金融市场的特别法为分支的金融创新监管法律体系。

（一）完善金融监管基本法律体系

1. 建立健全金融创新立法。促进金融创新，应当加强和完善金融立法工作。建议制定《金融创新促进法》作为规范金融创新的基本法律，内容上包括调整范围、突破分业经营限制的条件和程序、保护与激励机制、市场退出机制等[2]。

一方面立法要涵盖所有的银行和非银行金融机构，从权利和义务的角度来约束所有参与创新活动的金融创新者及金融机构的行为，使金融机构在成本—收益的公平竞争环境下经营。有学者[3]强调立法要立足金融业务和金融产品，按照功能监管的思路，用统一的规则去规范不同金融机构的组织创新、业务创新和产品创新行为，对于提供同质金融产品的不同金融机构应适用相同的监管规则，保证不同的市场在规则方面的基本统一。故而立法在保证所有的金融机构和金融从业者都受到约束的前提下，应考虑到目前金融创新环境下，市场存在大量的混业经营的情况，应对金融创新产品进行穿透式监管，还应保证同类金融产品受到同等的约束和规制。

同时，金融立法要维持连续性和一致性，这样可以给投资者和创新者形成理性预期。因为政策的持续性和连贯性等特点，有利于金融创新者和投资者做出理性判断[4]。

2. 完善金融监管组织架构。通过制定《金融监管组织法》调整现有金融监

---

〔1〕 殷孟波、许坤："国外学者在后危机时代关于金融创新'悖论'的综述"，载《经济学家》2012 年第 6 期。

〔2〕 张立先、李军红："后危机时代我国金融创新监管法律框架研究"，载《东岳论丛》2011 年第 6 期。

〔3〕 张忠军："金融立法的趋势与前瞻"，载《法学》2006 年第 10 期。

〔4〕 曾志耕："加强金融监管 规范金融创新——'金融创新与风险管理'研讨会综述"，载《经济研究》2012 年第 2 期。

管体制，建立适应我国国情的监管体制〔1〕。

（1）明确监管的目标和原则。我国监管部门承担监管与发展的双重职能，二者在短期内可能存在目标不一致、政策冲突，一般而言存在以发展为重、监管激励不足的问题。故而要调整完善适应金融创新市场的金融监管体制，强化监管激励，并提高监管的灵活性是重中之重。

（2）完善金融监管组织体系。根据目前的"一行一委两会"的监管组织架构，发挥金融稳定委员会在不同监管机构之间的协调作用，突出中国人民银行在监管架构中的地位和权威，强调金融委以央行为依托但相对独立的地位、金融委在监管方式与重点方面应与各专门监管机构之间存在不同。

（3）监管权责应当对等。由于金融监管存在寻租现象，监管体制应通过合理监管分工、严格问责惩戒机制，将监管者的行为统一到金融监管整体目标来，防止出现权力滥用或有责无权的现象。同时，监管政策应当公开透明。由于监管者容易受外部力量影响，从而偏离公共利益的目标，故而监管政策的自由裁量权应与监管机构的独立性相匹配。对于独立性强、将消费者利益内化为自身目标的监管者可以赋予更多权力；对于独立性较弱的监管者，应当采取基于规则非相继性监管制度，增加监管透明度。

3. 健全金融特别法律法规体系。进一步完善规制特定创新产品和金融市场的特别法，夯实金融市场法律基础。包括：①应当加快《金融控股公司管理条例》立法步伐，完善对金融创新主体的监管体系。②完善网络金融、电子银行业务等领域的管理办法，健全金融创新的市场基础设施。③丰富金融交易创新产品的监管立法〔2〕。④尽快健全我国信用评级监管法律体系。⑤加强金融创新产品的专利立法保护，有效控制金融创新产品被广泛复制后的扩散和滥用〔3〕。

（二）发展和完善金融市场，加强基础设施建设

金融创新所带来的风险屡屡失控，其主要原因在于我国目前金融市场的市场化程度不高，科技与金融创新的结合进一步加剧了金融消费者与金融机构之间的信息不对称。故而引导金融创新向更好更强发展，仅仅依靠政府监管力量是不够的，其结果必然是政府监管高频失灵。因此，政府及监管当局还应大力发展和完

---

〔1〕 张立先、李军红："后危机时代我国金融创新监管法律框架研究"，载《东岳论丛》2011 年第 6 期。

〔2〕 张立先、李军红："后危机时代我国金融创新监管法律框架研究"，载《东岳论丛》2011 年第 6 期。

〔3〕 殷孟波、许坤："国外学者在后危机时代关于金融创新'悖论'的综述"，载《经济学家》2012 年第 6 期。

善金融市场，综合运用市场自律原则，加强金融市场基础建设，例如标准化金融创新产品、规范其交易规则等，发挥其主导优势，减少金融机构中投资者与创新者之间的信息不对称问题；健全信息披露制度，在金融创新产品设计和内容方面要加大信息透明度，以提高监管的效率，降低信息成本。

（三）完善法律责任设计

在法律责任的设计上，应当注意以下几点：首先是明确金融创新法律责任主体：金融机构和金融从业者。在具体的制度设计上有学者[1]提出可以借鉴合伙企业与合伙人的法律关系，引入连带责任制度——导致金融危机发生的破产企业的高管应当拿出此前从公司获得的高额薪金补偿债权人或股东的损失，或用来救助需要救助的企业。这种责任至少可在法律上产生两个明显的效应：一是因经营风险高的金融创新产品对投资人产生损害时，股东和高管都不应因此而获得高额的收益，会促使股东和高管们在经营高风险的创新产品时更加谨慎；二是因经营高风险的创新产品而给市场和其他市场主体带来风险时，股东和高管都不应当获得无风险时所应当获得的高额收益，从而建立更加公平的社会财富分配秩序。[2]

在金融创新活动当中，风险责任的追究与否取决于金融机构及其工作人员有没有不正当且违反规则的行为。若有则无论造成直接损失与否，均须追责。有学者提出坚持风险责任适度追究原则并建立合理的法律责任免除机制，保护金融创新的有益尝试。对于适度的、有益的、主观上非恶意的金融创新活动尝试，即便创新失败并且产生了金融风险，也可在该机制框架下免除当事人法律责任。[3]其次，强化金融创新法律责任形式。明确经济法律责任和民事责任、行政责任以及刑事责任的边界。金融创新的法律责任形式应当突出以下两点：一是经济处罚。二是资格处罚。

---

〔1〕 卓武扬、张小南："金融创新、道德风险与法律责任"，载《管理世界》2013 年第 6 期。

〔2〕 岳彩申、楚建会："论金融创新领域法律责任制度的改革与完善——美国次级贷款危机的教训与启示"，载《法学论坛》2009 年第 3 期。

〔3〕 卓武扬、张小南："金融创新、道德风险与法律责任"，载《管理世界》2013 年第 6 期。

第二节　监管沙盒实践的边界与风险防范

一、监管沙盒的内涵与功能

（一）监管沙盒的定义

"监管沙盒"是金融监管部门在为促进金融创新所设立的专门机构中制定的特殊管理机制，旨在为金融机构或金融服务提供相应支撑的非金融机构测试金融创新提供一个时间和范围有限的"安全空间"。[1]简言之，监管沙盒就是将金融创新放置于一个相对隔离的真实环境下进行测试，沙盒中的金融创新行为不会触发从事该行为的正常监管后果，最终根据测试结果来判定是否将之推向市场[2]。

监管沙盒制度最早由英国提出，2015 年 11 月英国金融行为监管局发布《监管沙盒》的报告正式对外推出监管沙盒，报告将监管沙盒界定为"金融业者可以在'豁免'于现有法律监管措施的前提下测试创新性产品、服务、商业模式和运作机制的安全空间"[3]。

在英国之后，澳大利亚和新加坡相继推出了沙盒监管制度，在对监管沙盒的界定上一脉相承[4]。新加坡金融管理局在 2016 年成立了金融科技署并实施沙盒监管制度，同年该局发布《金融科技监管沙盒指令》，将沙盒监管界定为金融机构及其他金融科技参与者在设定好的周期内测试其金融产品或服务的金融实验[5]。2017 年，澳大利亚证券与投资委员会引入沙盒监管制度，澳大利亚实行金融机构牌照制，但在沙盒监管制度下，允许金融科技业主在未取得金融服务牌照或信用牌照前测试其金融产品和服务[6]。美国在引入沙盒监管制度上的态度相对谨慎，目前仅有少数几个州宣布开启了沙盒监管试验，尚未推行覆盖全联邦的统一沙盒监管制度。

2018 年 2 月，英国金融行为监管局提出创建"全球沙盒"的建议，向社会进

---

〔1〕　孟娜娜、蔺鹏："监管沙盒机制与我国金融科技创新的适配性研究——基于包容性监管视角"，载《南方金融》2018 年第 1 期。

〔2〕　刘志云、刘盛："金融科技法律规制的创新——监管沙盒的发展趋势及本土化思考"，载《厦门大学学报（哲学社会科学版）》2019 年第 2 期。

〔3〕　廖凡："金融科技背景下监管沙盒的理论与实践评析"，载《厦门大学学报》2019 年第 2 期。

〔4〕　刘亮、邹佳佳："监管沙盒：国外应用和本土化"，载《西南金融》2020 年第 5 期。

〔5〕　杨松、张永亮："金融科技监管的路径转换与中国选择"，载《社会科学文摘》2017 年第 11 期。

〔6〕　廖岷："全球金融科技监管的现状与未来走向"，载《新金融》2016 年第 10 期。

行相关问题的征集，包括企业测试意愿、难点、测试区域、监管内容、申请流程设计等，共收到 50 份有效意见。基于收到的反馈，2018 年 8 月，金融行为监管局与其他 11 个金融监管机构和相关组织合作，提议建立全球金融创新网络（Global Financial Innovation Network，GFIN），以帮助金融技术企业与不同监管机构有效沟通，在多个国家和地区测试创新产品[1]。GFIN 主要有三大功能，一是为各国金融监管机构搭建交流平台，促进创新经验和技术方法的信息共享；二是为各监管机构联合政策工作提供论坛，促进监管部门间的协作，降低监管套利的可能性；三是为企业提供跨境测试的平台，以便在多个司法管辖区试验和推广新技术。2019 年 1 月，GFIN 正式启动，参与的机构和组织扩展至 29 个。

（二）监管沙盒的功能

基于监管沙盒机制，监管者可以实现控制风险和鼓励创新平衡的目标。监管沙盒具有以下几个功能：

1. 有利于提升金融科技创新的效率，减少金融创新投入市场的时间和成本。一方面通过各类测试工具，企业能够更快地测试创新产品，加速产品开发周期，加快进入市场的步伐。另一方面，企业有途径了解和适应监管框架，获取有针对性的建议和指导，减少外部顾问支出，提高推出创新产品的效率。过去由于监管的不确定性造成的延误过大地影响着创新者，导致创新时间和创新成本大幅增加[2]。同时也由于监管的不明确，导致投资机构对创新产品的估值减少，使得创新产品获得资本的能力不足。监管沙盒机制有利于降低监管的不确定性，提升创新的效率。

2. 可以促使创新创业者在市场上拥有更多的标志，出自沙盒的产品技术项目会更易获得投资者的信赖和资金资本的追逐[3]。由于企业面临的监管风险会影响投资方的评估判断，"监管沙盒"机制能降低监管不确定性、为投资者决策提供一定程度的保证。

3. 有利于促进金融监管水平的提升。创新产品经过监管沙盒测试并进入市场，能保证安全性，解决监管者的担忧；企业在测试过程中与监管部门持续沟通，有助于企业了解政策意图、规范制度安排，降低发生违法违规行为的可能性[4]。

---

〔1〕 刘亮、邹佳佳："监管沙盒：国外应用和本土化"，载《西南金融》2020 年第 5 期。

〔2〕 柴瑞娟："监管沙箱的域外经验及其启示"，载《法学》2017 年第 8 期。

〔3〕 刘志云、刘盛："金融科技法律规制的创新——监管沙盒的发展趋势及本土化思考"，载《厦门大学学报（哲学社会科学版）》2019 年第 2 期。

〔4〕 孟娜娜、蔺鹏："监管沙盒机制与我国金融科技创新的适配性研究——基于包容性监管视角"，载《南方金融》2018 年第 1 期。

监管沙盒机制将监管者和创新者有机地整合起来，监管机构能够深度参与到创新之中，实现监管和创新之间不断地双向反馈互动；监管机构能及时调整监管政策，创新者能及时调整产品方案，实现金融科技创新和有效监管的共同发展。

4. 监管沙盒同传统金融监管机制的区别在于强调监管者和市场之间的互动。监管者和创新者共同设计机制并提升消费者保护水平，这是未来监管的新趋势。"监管沙盒"机制设置了全面的消费者保护措施，在测试各阶段提供灵活保障。在参与测试前，消费者将被告知测试的具体情形及潜在风险；在设立机制时，金融监管部门针对每个项目安排独特的信息披露、保护和赔偿等方案；在测试过程中，消费者享受与非测试消费者同等的权利；在损失发生后，测试企业须赔偿消费者的所有损失。

5. "监管沙盒"机制为金融创新企业提供诸多便利，有助于增强企业开展金融创新业务的意愿，促进金融市场的良性竞争。通过在真实环境中进行商业可行性测试，企业能够知悉消费者对不同定价策略、沟通渠道、业务模型和新技术本身的接受程度。通过降低价格、提高服务质量、增强便利性等方式，企业能提供更有竞争力的产品和服务，使消费者最终获益。

二、监管沙盒制度的国际经验

（一）英国

2015 年 5 月，英国金融行为监管局发布《监管沙盒》报告，首次提出"监管沙盒"构想。监管沙盒机制把一个缩小的真实市场作为"安全空间"，在此范围内企业可享受一定的监管豁免。企业对金融科技创新产品、服务和商业模式进行短期、小范围的测试，如果测试效果得到认可，测试完成后可进行大范围推广。除一般沙盒机制外，还设计了虚拟沙盒和伞形沙盒机制。虚拟沙盒（Virtual Sandbox）是行业自行搭建的测试环境。测试企业邀请消费者和其他企业进入虚拟测试环境，基于公共数据集对测试产品进行数据模拟，避免进入真实市场[1]。伞形沙盒（Umbrella Sandbox）是非盈利企业主导的代表授权机制。某些非盈利行业组织获得完整授权牌照后，能够作为"沙盒保护伞"评估拟测试企业的项目方案并给出代表授权。[2]"监管沙盒"机制实施以来，金融行为监管局定期接受项

---

〔1〕 刘志云、刘盛："金融科技法律规制的创新——监管沙盒的发展趋势及本土化思考"，载《厦门大学学报（哲学社会科学版）》2019 年第 2 期。

〔2〕 刘志云、刘盛："金融科技法律规制的创新——监管沙盒的发展趋势及本土化思考"，载《厦门大学学报（哲学社会科学版）》2019 年第 2 期。

目申请，集中开展项目测试，目前已开展到第五批。

具体而言，英国监管沙盒制度的运作模式如下：

在申请对象上，英国不限制申请对象的行业和类型，所有金融机构和提供金融服务支持的非金融机构都可申请参与沙盒测试。测试要求被测试产品或服务应满足以下五点要求：一是测试的产品或服务必须是真实的突破性创新，或者与现有产品或服务相比有显著改善。二是测试的产品或服务应该能明显使消费者受益，包括创新产品使客户获得更好的消费体验、价格更低或者降低其面临的风险。三是产品或服务有通过"监管沙盒"进行测试的必要性，包括企业无法通过其他途径对新产品或服务进行有效测试，或者通过其他途径测试将使得企业付出很高的金钱和时间成本等。四是企业须接受 FCA 的监管，即拟开展创新的业务或者开展创新的公司，必须由 FCA 监管，以保证创新能促使英国金融市场和消费者从中获益。五是申请的企业对测试应有充分准备，包括了解测试时适用的法律法规，并能采取措施降低测试风险[1]。"监管沙盒"提供五类工具，分别是限制性牌照、个别指导、规定豁免与修改、无异议函和非正式引导，企业可以根据自身业务和测试需要进行选择。项目准入采取申请审批制，拟测试企业提交申请后，金融行为监管局依据申请材料评估项目创新性与价值性，给予准入或拒绝的审批结果。测试期间一般为 3 个月至 6 个月，企业需每周提交报告供监管局评估，企业将根据测试结果和最终报告决定是否将创新产品投入市场[2]。

（二）新加坡

新加坡金融管理局（Monetary Authority of Singapore，MAS）在 2016 年 11 月发布了《金融科技沙盒监管指导方针》（*Fintech Regulatory Sandbox Guidelines*）明确在新加坡开展监管沙盒项目。持牌的金融机构或其他有兴趣的公司都可以申请进入监管沙盒。新加坡的监管沙盒具备了适当的保障措施来降低失败后果的损失，以维护金融体系的整体安全和健全。MAS 根据拟测试的金融产品或者服务、涉及的申请者情况以及已经提出的申请项目情况，决定针对每个申请所给予的具体法律和监管要求。经批准，申请者成为负责开展和操作沙盒的实体。在沙盒期限内，MAS 通过放宽其制定的限制沙盒实体的法律和监管要求以提供适当的监管支持。在成功的试验和退出沙盒之后，沙盒实体必须完全遵守相关的法律和监管

---

〔1〕 See FCA. The Principle for Businesses，https：//www.fca.org.uk/about/principles - good - regula-tion，Last visittime：Dec. 29th，2020.

〔2〕 赵杰等："国际'监管沙盒'模式研究及对我国的启示"，载《金融发展研究》2016 年第 12 期。

要求〔1〕。

与英国的"监管沙盒"机制相比，新加坡的"监管沙盒"在运作上大体一致，但也有部分不同：

在政策灵活性方面，新加坡相比英国更为灵活。〔2〕一方面新加坡的监管沙盒由 MAS 负责，而 MAS 是新加坡全面负责金融监管的中央银行，本身具有较大的授权。另一方面，新加坡的监管沙盒政策只是对申请监管沙盒的流程进行了规定，没有过多涉及业务规定，对具体项目采取的是一例一策的方式，因此其监管沙盒的灵活性相对较高。

在监管沙盒适用范围方面，新加坡的监管沙盒中明确将沙盒的使用范围局限于金融科技领域；而英国颁布的监管沙盒的适用范围则更广，旨在积极推行颠覆性金融模式的发展，其要求为"产品或服务显著异于传统的金融业务"，核心标准为"是否有益于消费者"。

为加快金融科技监管创新的步伐，2019 年 8 月 7 日，MAS 宣布推出"金融科技快捷沙盒监管机制"（Sandbox Express），为企业测试创新金融产品和服务提供更快捷的选择。快捷沙盒可以视为对此前新加坡"监管沙盒"机制的补充。按照相关规定，目前快捷沙盒计划仅面向市场风险较低、业务模式较为简单的金融科技活动，其中包括保险经纪服务机构、受认证的市场运营商以及汇款业务机构。申请快捷沙盒的机构需要遵守 MAS 预设的监管豁免条件、信息披露要求，并定期向金融管理局进行进度报告（每两个月进行一次进度报告，沙盒计划结束后提交终期报告）。〔3〕

（三）澳大利亚

澳大利亚"监管沙盒"机制起源于 2015 年 ASIC 创新中心（Innovation Hub）的成立。澳大利亚的监管沙盒机制由 ASIC 创新中心作为监管主体，其主要有以下三项工作任务：一是为符合资格标准的创新型金融科技商业模式提供 ASIC 许可；二是与金融科技业界公司合作，就金融科技创新发展和相应的监管问题提供咨询，包括股权众筹融资，智能投顾，金融、技术和监管之间的关系等；三是与

---

〔1〕 黄震、张夏明："监管沙盒的国际探索进展与中国引进优化研究"，载《金融监管研究》2018年第 4 期。

〔2〕 边卫红、单文："Fintech 发展与'监管沙箱'——基于主要国家的比较分析"，载《金融监管研究》2017 年第 7 期。

〔3〕 MAS Launches Sandbox Express for Faster Market Testing of Innovative Financial Services，https：// www. mas. gov. sg/news/media – releases/2019/mas – launches – sandbox – express – for – faster – market – tes- ting – of – innovative – financial – services.

外部行业咨询小组——数字财务顾问小组（DFAP）合作，共同探寻在金融科技领域的工作重点[1]。

2016 年 3 月 ASIC 创新中心正式发布《监管指南 000》和《监管指南 254》金融科技领域的两份方针文件，为"监管沙盒"机制的建立奠定了初步基础。2016年 12 月，澳大利亚联邦政府正式批准设立"监管沙盒"机制，并出台了一系列的指导法案监管指南，主要的监管框架体现在《监管指南 257：在未持有澳大利亚金融服务许可证（AFSL）或信贷许可证（ACL）的情况下测试 FinTech 产品与服务》中[2]。澳大利亚"监管沙盒"框架的制定和运行主要依靠《监管指南257》。该指南适用于金融科技企业，其目的是帮助它们在获得澳大利亚金融服务AFSL 或 ACL 之前测试产品和服务。配合使用到的法律主要是：《公司法》（2001年）和《国家消费者信用保护法》（2009 年）。这两部法典对于 AFSL 和 ACL 的获取规则以及业务范围作出了相应界定，对于退出沙盒后的从业牌照申请具有一定的指导作用。此外，《AFSL 豁免条例草案》和《ACL 豁免条例草案》主要对于金融科技公司的牌照豁免条例进行了详细的规定，对于进入"监管沙盒"的金融科技公司的准入判断起到了规范性作用。

总体而言，澳大利亚"监管沙盒"的运作模式可以分为四个阶段：申请进入阶段、沙盒测试阶段、沙盒退出阶段、项目评估阶段。在以上四个阶段运作过程中，ASIC 创新中心为金融科技企业提供监管框架解读、适用范围审定以及评估意见反馈等支持[3]。澳大利亚"监管沙盒"运作至今，根据金融科技企业的需求不断调整《监管指南 257》的适应性，提高监管政策的适应能力。"监管沙盒"机制和配套政策的建立，有助于澳大利亚金融科技生态系统的构建和完善，能够及时为金融科技企业提供资金来源，为金融科技企业完善产品服务提供土壤，建立企业特殊风险保护机制，进而有效保护金融消费者的合法权益[4]。

（四）美国

美国金融市场的监管较为分散，分布在多个联邦机构，州政府机构也有相关职能，这令建立全国统一的监管沙盒面临挑战。

---

〔1〕 范云朋、赵璇："澳大利亚金融科技'监管沙盒'的经验与启示"，载《财会月刊》2020 年第 1 期。

〔2〕 柴瑞娟："监管沙箱的域外经验及其启示"，载《法学》2017 年第 8 期。

〔3〕 边卫红、单文："Fintech 发展与'监管沙箱'——基于主要国家的比较分析"，载《金融监管研究》2017 年第 7 期。

〔4〕 黄震、张夏明："监管沙盒的国际探索进展与中国引进优化研究"，载《金融监管研究》2018年第 4 期。

2018 年 3 月，亚利桑那州州长签署了 HB2434 法案，该州成为美国首个为金融科技公司引入监管沙盒的州。按照规定，亚利桑那州政府司法厅民政办公室将负责管理监管沙盒，该监管沙盒在当年晚些时候正式启动后，将持续到 2028 年 7 月[1]。参与者将获准在 2 年内测试其创新产品和服务，并可能再延长一年。参与者需要缴纳申请费，产品最多可以向 1 万人开放测试，此后需要申请正式的许可牌照。

此后，内华达州、怀俄明州和犹他州先后引入金融科技监管沙盒机制。怀俄明州在 2019 年 2 月份通过了成立沙盒监管的法律，该法律自 2020 年 1 月生效。同年，怀俄明州专门通过了医疗电子创新沙盒法律，授权卫生厅根据申请设立有关沙盒机制[2]。该州还在今年通过了多个涉及加密货币和电子资产的法案，电子资产也被认定为财产，银行获准为合法合规的电子资产提供托管。

2019 年 1 月 3 日，《金融科技保护法案》正式提交美国国会。该法案旨在设立"打击恐怖主义和非法融资独立金融科技工作组"，对从事恐怖活动的组织和人员，以及使用虚拟货币从事非法融资活动的组织和人员进行独立调查，并为实施有效监管提供必要的建议；实施"创新和金融情报领域的金融科技领导力计划"，用以支持开发能够侦查恐怖活动和使用虚拟货币从事非法融资活动的工具和程序，并进行创新授权和资助[3]。

2019 年 3 月 4 日，《金融科技法案 2019》正式提交。该法案旨在成立金融科技委员会，创建金融创新办公室和金融科技董事顾问委员会，加强对金融科技初创公司的监管，促进美国国内就业市场稳定等[4]。

（五）各国实践经验总结

各国或各地区监管机构对于监管沙盒申请条件的设置总体相似，均要求申请进入沙盒的企业满足以下几方面的要求：一是产品归属地要求。即要求拟测试的产品或服务在该监管机构的管辖区范围内运营，且申请企业有意向于退出沙盒后在本辖区内推广该产品或服务。二是产品创新性要求。即拟测试的产品或服务具有创新性，或者说市场上没有与之类似的服务。三是产品有效性要求。即产品或服务能够为市场和消费者带来福利，是有益的创新。四是产品预测试要求。即申

---

〔1〕　山成英、赵大伟："美国的监管沙盒实践及经验借鉴"，载《南方金融》2020 年第 11 期。

〔2〕　山成英、赵大伟："美国的监管沙盒实践及经验借鉴"，载《南方金融》2020 年 11 月。

〔3〕　李真、袁伟："美国金融科技最新立法监管动态及对我国的启示"，载《金融理论与实践》2020 年第 4 期。

〔4〕　李真、袁伟："美国金融科技最新立法监管动态及对我国的启示"，载《金融理论与实践》2020 年第 4 期。

请企业预先已对拟测试的产品或服务进行了相关检测，大致了解了该产品的性质、特征和风险等事项。五是沙盒预设计要求。即申请企业事先对沙盒测试的预期目标、豁免事项、测试范围、运营规模、风险管理和消费者保护等问题有明确、合理的规划与设计。

此外，各国监管机构对于沙盒测试豁免机制的设计大相径庭，主要包括牌照豁免和法规豁免两大类。各国或各地区的监管沙盒机制均明确规定了相应的消费者保护措施，主要包括信息披露、消费者补偿措施、沙盒退出或停止后的过渡期保护措施等。在运作程序方面，各国/地区监管沙盒的流程设计基本趋同，均要经历"申请""评估""测试""退出"四个阶段。在信息披露方面，英国监管沙盒、新加坡"快捷沙盒"和香港 SFC 监管沙盒均规定了测试企业的报告义务。此外，各国监管沙盒均规定了测试企业和监管机构的信息披露义务。

三、我国监管沙盒制度的具体体现

就现状来看，我国监管沙盒机制是以中央银行下设金融科技委员会作为主导机构。首先，为了做到标准的统一以及监管的协调，规则的制订与协调最好能够放在国务院金融稳定发展委员会，可以由人民银行具体承担。其次，社会监督容易发生"错杀诚实创新"和"姑息虚假创新"的问题，因此最多在监管沙盒运营中发挥辅助性的作用，金融监管部门必须站在第一线，负全部责任。

就目前来看，只有持牌的金融机构可以申请入盒。未来在进一步推广监管沙盒试点时，应逐渐允许非持牌机构申请进入沙盒。初期可以要求非持牌机构与持牌机构合作，测试期间可以使用限制性牌照等监管工具。

监管层建立金融科技创新试点项目详细的评估机制，明确金融科技创新试点项目的"入盒"及"出盒"标准。企业在进入监管沙盒时，应主动提供监管科技的工具或效果评估方案，助力监管机构实现兼顾创新与稳定的可持续发展，并在准出（由监管机构审批是否推出市场）时，建议监管机构对其方案进行验收和评估。

设计监管沙盒时应同步提出消费者补偿机制。从目前监管沙盒机制的国际经验来看，英国和澳大利亚都十分注重消费者保障机制。因为监管沙盒是一个缩小版的真实环境，不仅是在测试技术，更重要的是在测试市场需求和环境。因此金融消费者权益保护需同步提出，这样一来，更能够增强消费者对处在监管沙盒测试期内的企业的信心，也能够提高企业的融资能力。目前，由于金融科技试点并不遵此路径，因此暂不存在这一问题。但如果未来实施监管沙盒机制，那么消费者保护将是一个不可避免的关键话题。

退出机制应该涵盖一个监管和市场各方面主体全程进行动态互动的过程。监管还是紧密跟踪试点的项目，监管与被监管还是应该保持密切的联系。根据情况，由监管来确定实时退出——不成功的项目要及时退出；成功的项目可以颁发符合新业务特点的金融牌照，同时纳入正常的监管框架。

给予适当的监管豁免，提高对创新业务的风险容忍度。监管沙盒重在制度创新，而非技术创新，有无监管豁免是实行监管沙盒机制的核心要点之一。目前试点工作的开展较为审慎，也要试点项目普遍技术先进、示范性较强，业务模式监管的创新和突破力度现阶段还不是很大。"监管沙盒"机制既要保持审慎，也要在推进过程中逐步提高和具备更多的包容性。只有允许一些业务和制度在一定范围内突破现行法规，才能更好推进金融创新。

第二章 资产证券化的风险防范

第一节 资产证券化对我国金融监管提出的新挑战

一、资产证券化存在的风险和挑战

随着一系列政策持续推进，我国资产证券化发展进入新阶段。新时期资产证券化发展迅猛，但其中所蕴含的风险和挑战不容忽视。目前的监管格局，尚存在定价机制不够健全、二级市场流动性不足等问题[1]。现阶段，我国资产证券化存在的诸如基础资产的真实性风险、破产隔离和真实出售的风险、信息披露不透明的法律风险、利率风险、信用风险等挑战，对金融监管提出了新的要求。

（一）基础资产的真实性风险

根据《证券公司及基金管理公司子公司资产证券化业务管理规定》，资产证券化中的资产应当真实合法，即资产需要权属清晰，产生可预测的独立与稳定的现金流。基础资产真实性风险主要指关于资产本身是否真实存在的风险，并且资产已被"证券化"。以互联网消费金融资产证券化为例，由于互联网消费金融的客户是传统金融机构无法覆盖到的"长尾"客户，此类客户人群基数大，且属于中低收入群体，难以快速通过传统金融机构的贷款资质审查。此外，我国的社会征信体制尚不健全，众多互联网消费金融机构并没有接入中国人民银行征信系统；而且各金融机构之间的信用信息并不"互联互通"，难以实现社会整体信用信息的整合和更新，从而加剧基础资产的真实性风险[2]。

以京东世纪贸易公司于 2015 年 10 月在深圳证券交易所挂牌的"京东白条应收账款资产证券化"（以下简称京东白条 ABS）为例，其所对应的基础资产（互联网消费金融的应收账款）的核心特点是总量大、金额小、期限短且数量多，这

---

〔1〕 石文彦："中国资产证券化业务监管问题研究"，载《科技与金融》2020 年第 4 期。

〔2〕 程雪军等："互联网消费金融资产证券化的发展反思与监管建议"，载《消费经济》2020 年第 2 期。

就使得对互联网消费金融基础资产真实性以及合法性的核查显得愈加重要。但互联网消费金融的特点在于主要流程通过"线上"完成，借贷资金的真实用途、还款资金的真实来源难以辨析；且一旦资产证券化的交易环节增加，结构趋于复杂，那么底层资产就更加难以穿透，资产的真实性和客户群体的信用资质更难以核查，其真实性风险则将居高不下。目前京东白条 ABS 逾期占比达 1.93%[1]，深刻体现了基础资产真实性风险。

（二）破产隔离和真实出售的风险

产品结构性风险是指破产隔离不充分的风险，主要指破产隔离和真实出售的风险。

"真实出售"要求特殊目的载体（SPV）破产或被第三方债权人追索时，法律上，实现"真实出售"的基础资产不会被追回用于偿还原始权益人的债务。而"破产隔离"要求 SPV 远离破产的风险，一方面 SPV 本身应注意运营和负债限制而不破产，另一方面原始权益人破产时也不应将 SPV 并入破产财产的范围导致 SPV 被清算。

资产证券化实质上是将风险进行有效的隔离。在资产证券化过程中，真实出售是最重要和最关键的环节。在这一关键环节进行操作，控制破产隔离和真实出售风险，有利于减少来自发起人的各种风险给证券化资产带来的不良影响。在真实出售结束后，就意味着股东和债权方已经失去了对资产的相关追索权。如要将证券化资产进行破产隔离，那么需要在会计准则允许条件下进行真实出售；如果不符合条件，资产转让或将认定担保贷款，这将严重影响证券持有者的利益[2]。

资产证券化的关键在于采用专项化交易结构，实现风险转换。然而，将"专项资产计划"作为 SPV，虽然可以增加业务实行的可操作性，但当"资产支持专项计划"设立后，计划管理人（受托人）与投资者（委托人）签订的《认购协议》，其所具有的基础法律关系是"委托—代理"的合同关系。一旦投资者破产，根据我国《合同法》（已失效）《企业破产法》以及相关司法解释的规定，破产管理人有权决定该《认购协议》是否继续履行。若决定终止合同，提前分割专项资金，整体专项计划都将崩塌，SPV 的破产隔离功能将无法实现。虽然《证券公

---

〔1〕 参见 2020 年 8 月 31 日北京京东世纪贸易有限公司披露《2020 年度东道 3 号京东白条第一期资产支持商业票据募集说明书》。根据募集说明书，截至 2019 年末，京东白条应收账款余额已增长至 441.22 亿元，不良率为 0.57%，较 2019 年 6 月末上升 0.1%；逾期率为 1.93%，较 2019 年 6 月末上升 0.36%，信用评分为 Level1－Level4 的用户总数占总用户的比重不低于 90%。

〔2〕 赵红丽、阎毅："我国资产证券化业务存在的风险及防控研究"，载《上海金融》2018 年第 12 期。

司及基金管理公司子公司资产证券化业务管理规定》规定投资者不得提前分割基础资产[1]，但是该规定作为部门规章，无法与作为上位法的《企业破产法》相抗衡，专项化交易结构依然存在风险。

《证券公司及基金管理公司子公司资产证券化业务管理规定》第 13 条第 6 项要求建立相对封闭、独立的基础资产现金流归集机制，以免发生资产混同及被侵占、挪用的风险。业内通常采取用原始权益人名义开立的监管账户归集基础资产所生现金流，设置用专项计划名义开立的专项计划账户接收该现金流并用于 ABS 本息分配，委托监管银行/托管银行负责账户监管，聘请资产管理服务人负责催收、归集基础资产现金流进入监管账户并按约定划付给专项计划账户的流程。

2017 年 7 月 28 日，中国基金业协会公布了对恒泰证券的《纪律处分决定书》。该处分决定书是基金业协会在 ABS 领域开出的首张罚单，涉及宝信租赁二期资产支持专项计划、宝信租赁四期资产支持专项计划、吉林水务供水收费权资产支持专项计划。其指出，上述三只专项计划的原始权益人按照约定将基础资产产生的回收款归集至监管账户后，在专项计划投资者不知情的情况下与原始权益人、监管银行签订《监管协议谅解备忘录》转出监管账户资金，在专项计划账户划转归集资金日之前，重新将资金集中转回监管账户。根据《纪律处分决定书》，中国证券投资基金业协会决定自 2017 年 8 月 1 日起暂停受理恒泰证券资产支持专项计划备案，暂停期限为 6 个月。暂停期满，恒泰证券应当向中国证监会内蒙古监管局和中国证券投资基金业协会提交整改报告，经中国证监会内蒙古监管局和中国证券投资基金业协会验收合格后，再恢复受理资产支持专项计划备案。

这种行为初衷是减少所谓沉淀资金成本，实际为资金挪用，极大地提升了资金混同风险。所谓混同风险，是指法律上或者操作上，系资产支持证券 SPV 的现金流与原始权益人的现金流未能完全隔离，导致 SPV 所属现金流遭到原始权益人挪用，或在破产时无法追回。专项计划管理人实质上是信托受托人，承担信赖义务，应当按照法律法规、自律规则的有关要求和合同约定，认真履行专项计划管理人职责，将专项计划持有人的利益最大化摆在优先位置。管理人代表专项计划的投资人按照有关协议购买基础资产后，基础资产的全部所有权和相关权益均转让给专项计划。这个过程即资产的真实销售，专项计划监管账户的归集资金其实属于专项计划资产，原始权益人和专项计划管理人无权擅自动用监管账户内的资金或者擅自约定监管账户内资金的使用。实务中的破产隔离风险值得关注。

---

[1] 参见《证券公司及基金管理公司子公司资产证券化业务管理规定》第 28 条。

（三）信息披露不透明的法律风险

2014 年 11 月 20 日，银监会宣布信贷资产证券化业务由审核制改为备案制[1]，证监会也不约而同地出台企业资产证券化的备案制规则。此后，资产证券化在发行主体范围、发行规模和资产类型等方面均呈现井喷式增长。监管机构吸取了美国次贷危机的教训，在给资产证券化业务松绑的同时，也出台了相关的信息披露指引，以加强对投资者的权益保护。然而，对比美国于次贷危机之后发布的一系列资产证券化信息披露要求，我国无论是信贷资产证券化还是企业资产证券化，现行信息披露规范均过于粗略。特别是企业资产证券化业务的信息披露指引，针对发起人、基础资产池、交易结构、信用增级措施等核心内容仅作了原则性信息披露要求。

在实务中，信息披露要求不够细致，导致在不同中介机构起草的企业资产证券化发行文件中，信息披露的质量及格式大相径庭，无法满足投资者对产品进行准确定价的需求。在业务规模不断扩大的背景下，企业资产证券化的信息披露制度亟待完善[2]。因此，在监管部门简政放权、资产证券化业务即将出现爆发式增长的背景下，尽快研究完善企业资产证券化的信息披露制度建设，构建一套公开、透明、完善的信息披露体系，已经迫在眉睫。

例如，中国证监会公布的深圳监管局行政监管措施决定书［2019］169 号显示，长城证券（002939. SZ）在从事资产证券化业务过程中，存在尽职调查不充分，现金流预测不合理，未建立相对封闭、独立的基础资产现金流归集机制；存续期间未有效督促资产服务机构履行义务，未有效进行基础资产现金流跟踪检查；临时报告、定期报告未完整、如实披露基础资产现金流归集情况三宗违法违规行为。上述行为违反了《证券公司及基金管理公司子公司资产证券化业务管理规定》第 13 条、第 42 条、第 44 条，以及《证券公司及基金管理公司子公司资产证券化业务尽职调查工作指引》第 13 条的有关规定。依据《证券公司及基金管理公司子公司资产证券化业务管理规定》第 46 条的规定，深圳证监局决定对长城证券采取出具警示函的监督管理措施，责令长城证券加强资产证券化业务的内控管理，认真开展自查整改。

（四）利率风险

资产证券化产品对市场利率的变化具有一定程度的敏感性：当市场利率上升

---

〔1〕　参见《关于信贷资产证券化备案登记工作流程的通知》（银监办便函〔2014〕1092 号）。

〔2〕　贺锐骁："我国企业资产证券化信息披露制度建设的现状及完善建议"，载《金融法苑》2017年第 2 期。

时，产品的市场价格随之下降；当市场利率下降时，产品的市场价格随之上升。投资者若想要提前出售债券，可能受到因市场利率上升导致的证券减值损失。在其他条件相同的情况下，息票利率越高，到期期限越长，市场利率水平越低，证券化产品的价格对利率的变化越敏感[1]。此外，资产端和证券端利率变动模式不同，利率基准调整导致资产端难以满足证券端还本付息时，也会产生相应风险。

（五）信用风险

信用风险，又称违约风险，是指在资产证券化的进程中，由于各个主体无法正常履行合约，而使得其他主体的利益遭受损失的可能性。信用风险的产生主要源于信用链结构。资产证券化进程中，对风险进行了分散，主要是因为信用链得到了进一步的充实和扩充，使得更多不同的主体加入进来，随之也将更多影响证券化的因素加入进来[2]。同时，也伴随着出现系列问题。随着影响因素的增多，任何主体在策略调整方面出现较大改动，都可能在一定程度上使得证券化资产质量出现滑坡状态。

1. 服务商信用风险。在资产证券化的过程中，服务人需要对资产利率、资产组合以及从债务人得到的资金进行妥善有效的管理。在 ABS 产品中，服务商通常由原始权益人来担任，因为金融机构管理人通常缺乏行业和项目实际运营的资质、经验和软硬件设施，且 ABS 产品的转让本质是现金流的让与，而对基础资产合同中的义务，也只有服务商才能继续履行。服务商在 ABS 项目存续期承担协助管理人现金流归集的任务，此外，还要履行辅助管理人进行信息披露和风险处置等职责。

当服务商涉诉或发生可能导致偿债能力蒙受不利影响的事件（包括但不限于权利完善事件）时，服务商在事件发生后应立即书面通知计划管理人。但服务商在涉诉后可能并不愿意履行该义务[3]，根本原因在于某种结构性缺陷，即代理人利益冲突陷阱：资产服务机构在名义上受管理人委托，但实际上多由原始权益人兼任，并不独立。卖方（原始权益人）和代理买方（服务商）本身有矛盾的可能，尤其是一旦资产服务机构的职责与原始权益人的利益发生冲突，资产服务机

---

〔1〕 王艺璇等："资产证券化产品（ABS）风险分析框架与违约案例简析"，载《现代商业银行》2019 年第 3 期。

〔2〕 赵红丽、阎毅："我国资产证券化业务存在的风险及防控研究"，载《上海金融》2018 年第 12 期。

〔3〕 王晓、李佳："资产证券化对商业银行信用风险的影响研究"，载《证券市场导报》2019 年第 11 期。

构的履约意愿会大大减弱，很可能从自身出发或者掩盖风险或者拖延履行服务商职责。

2. 信用支持提供者的信用风险。当外部信用被包括在证券化结构中时，信用提供者的信用水平对证券质量的高低有着非常重要的影响。如果其信用水平处于较低水平，那么证券就需要向信用水平高的信用提供者寻求帮助[1]。信用支持提供者的信用水平和基础资产之间的联系越紧密，那么将会给对方造成的影响就越大，进而投资者得到的保护和支持就越匮乏。

（六）发起人的道德风险

发起人的道德风险，是指发起人忽视对初始借款人信用等级和财务状况的调查，盲目放贷，过度滥用资产证券化，并放松对抵押贷款资产的监督。发起人可以通过资产证券化获得诸多好处，如果发起人总是能够通过证券化运作将一些缺乏流动性的资产变现，就会导致其具有较强的发放贷款的动机。这种动机将促使发起人在忽视对初始借款人信用等级和财务状况调查的情况下，盲目发放贷款并对发放的贷款实行证券化运作[2]。

为了防范发起人的道德风险，我国应完善相应法律规范，制止发起人的恶性竞争行为，防止发起人滥用资产证券化。如规定一旦原始债务人违约，发起人也应承担应有责任。这种做法与 SPV 的"风险隔离"功能并不冲突。SPV 隔离的是因基础资产的违约而对发起人的整体追索权，此时承担的应有责任不同于该追索权，而是对发起人的惩罚性收费。SPV 在购买发起人的基础资产时，也应坚持审慎的态度，应对原始债务人的资信情况调查取信，不可盲目购买发起人的资产并将其证券化，从而滋长发起人的道德风险。因此，SPV 应肩负起对发起人与原始债务人的债权债务合同、原始债务人的资信状况进行求证的责任。

（七）信用评级机构的道德风险

资产证券化的风险转移功能和评级机构的发行人付费模式共同诱发了信用评级机构的违规运作。信用评级的主要作用是揭示信用风险，帮助投资者进行投资决策。同时，其收入也是以其评级债券的规模来决定的，由发行人支付。信用评级机构为了获得更高的利润收入，存在盲目提高证券化产品的信用等级的现象。因为他们认为风险可以通过证券化的风险转移功能转移出去，并不关注风险转移所

---

〔1〕　宋清华、胡世超："资产证券化、信用风险与系统性风险——基于中国上市银行的实证研究"，载《广西大学学报（哲学社会科学版）》2018 年第 3 期。

〔2〕　陈乾坤："资产证券化的风险分析与防范"，载《商》2015 年第 10 期。

造成的后果。由此导致证券化产品信用等级的虚高，误导了投资者的投资决策[1]。发行人付费模式，具有其固有的利益冲突。信用评级机构与发行人之间具有较强的关联关系，为了获得更高的收入，评级机构具有较大的道德风险。

为了预防信用评级机构可能的道德风险，监管机构应要求信用评级机构大幅度提高与证券化资产的评价相关联的信息披露的透明度。包括披露在评级过程中所采用的方法，适当披露贷款发起人和证券化保荐机构的全部与贷款相关的数据。同时，还应要求证券化产品的发行人向投资者说明为什么它们选择了一个特定的信用评级机构。尤其是对于更换评级机构的发行人，必须具有充分的理由。要求发行人或相关第三方受雇于至少两家不同的评级机构以对结构性金融工具提供信用评级也不失为一个有效的选择。

二、资产证券化的风险形成机制

(一) 内生性形成机制

主观风险，也称内生性风险，可以通过不断的学习来逐渐弥补差距。主要是因为行为主体并非总是理性的，在有限理性时会导致风险的发生。而随着行为主体拥有知识及能力的提高，这些差距是可以逐渐弥补的。

内生性形成机制主要是源于系统本身内部多种因素，包括：原始资产质量风险、真实出售风险、SPV 破产风险、对专家依赖风险、意外事故风险、金融管理风险等等。

(二) 外生性形成机制

资产证券化风险的发生，除了由于行为主体知识和能力的有限性，还因为有限理性，在投资时对投资收益的估计和真实状况存在着偏差，这是内生性形成机制。相应地，有一部分是由于信息不对称和信息传递缺陷而产生，这部分很难以个人的意志为转移，是客观存在的，常常称为客观风险，也称为外生性形成机制。

产生外生性风险的主要原因是系统外部的多种不利因素，有政治因素、经济因素、自然因素等。外生性风险类型有多种，具体包括利率风险、提前偿还风险等等。

(三) 我国资产证券化风险发生的特有机制

我国资产证券化风险，除了有资产证券化的共通风险外，也有我国发生的特

---

[1] 陈乾坤："资产证券化的风险分析与防范"，载《商》2015 年第 10 期。

有风险。

1. 我国资产证券化的内生性风险。我国资产证券化的内生性风险除了具备一般内生性风险的特征，也具有符合中国实际国情的特色，主要表现在真实出售风险和资产池质量风险两个方面。在发达国家，真实出售风险通常指证券化的产品由于客观风险存在的原因，而导致该产品在销售过程中可能会发生出售风险。在我国，真实出售风险更具有中国特色，表现为主观恶意和主观善意两个方面。主观恶意多存在于资产证券化发展的早期阶段，由于我国的资产证券化起步较晚，发展还不成熟，存在一定的寻租空间；而主观善意，由于中国的法律法规在某种程度上存在着缺陷，有关规章制度也不够完善，很多单位无形中承担了一些社会义务。当有缺失的真实出售法规可能导致部分人的利益受到损害，进而导致社会及经济的动荡时，那么真实出售的结果可能会因为涉及社会政治及经济因素被在一定程度上调整和更改[1]。资产池质量风险，主要指资产池中有多个资产组合，每个资产品种产生损失的概率。由于每个行业的标准不同，行业标准和诚信体系不健全，则会导致资产池的组成部分发展不同，存在着一定的风险。

2. 我国资产证券化的外生性风险。和发达国家相比，中国资产证券化外生性风险也有着中国特色，体现在发达国家对中国证券化设置行业陷阱风险和主权欺诈风险。

（1）行业陷阱风险，指一些金融发展相对成熟的国家，利用其资产证券化业务相对领先的优势地位，故意对发展相对滞后的国家设置金融业务方面的陷阱，给他国家证券化产品的购买者带来损失和风险。与发达国家相比，我国的金融发展相对还不够成熟，证券化发展起步比较晚，对于行业陷阱风险必须引起注意。

（2）主权欺诈风险，指一些发达国家利用自身金融发展相对成熟、稳定和证券化业务发展相对较早的优势，对其他发展中国家进行不正当的经济欺诈和掠夺，主要通过官方游说及政客访问的方式实现其目的[2]。

---

〔1〕 赵红丽、阎毅：“我国资产证券化业务存在的风险及防控研究”，载《上海金融》2018 年第12 期。

〔2〕 赵红丽、阎毅：“我国资产证券化业务存在的风险及防控研究”，载《上海金融》2018 年第12 期。

第二节　资产证券化监管中的风险防范

一、完善法律规范体系，优化制度设计

我国资产证券化的相关规则是由中国人民银行、银保监会以及证监会通过制定部门规章的形式予以明确的，在法律位阶与效力层级上相对较低，一旦与《企业破产法》《公司法》等上位法形成冲突，则会很容易造成实践层面的法律适用混乱。此外，基础资产、信息披露等方面的内容散落在各个文件的条文之中，无形中增加了资产证券化市场主体的合规成本，不利于资产证券化的进一步发展。因此，在大力发展互联网消费金融以及资产证券化的同时，应该始终坚持"立法先导"的思想，将制度建设置于首位。考虑到资产证券化的复杂性，尤其是涉及"真实出售""专项计划""破产隔离"等概念的界定，应当专门制定相应的法律法规，对与现行法律相冲突的部分予以专门规定，以促使资产证券化在合规的轨道上发展。

尤其对于信贷资产证券化而言，须完善信托法律制度，对解决信托财产所有权问题和区分他益信托和自益信托两个方面重点关注。一方面，通过修改《信托法》，以强制性规定要求信托财产所有权转移且归属受托人，确立受托人依据信托合同有占有使用处分信托财产的独立地位；或可通过出台信贷资产证券化业务特殊目的信托指引，规范特殊目的信托具体运行的模式，完善信托财产的破产隔离。另一方面，规定他益信托的业务定性和信托受益人支付对价的义务，避免破产追索和被认定为欺诈转让的风险，给资产支持证券的募集资金交付提供法律基础；或可借鉴美国的信托型资产证券化模式，原始权益人先设立以自己为受益人的自益信托，向受托机构转让信贷资产取得信托受益权凭证，然后原始权益人向投资人发行该受益权凭证，使资产支持证券持有人作为实质的受益人加入信托关系[1]。这样的模式可以避免没有对价而产生的欺诈转让认定。但是这种模式的运行需要允许银行设立自益信托和发行受益权凭证，就目前的法律环境来说较难实现这一点。

二、明确基础资产真实性，防范虚假风险

基础资产是否真实，对资产支持证券产品是否能够稳定运行具有极端重要的

---

〔1〕　郭经延、赵睿："美国资产证券化的经验及启示"，载《上海经济研究》2015 年第 10 期。

作用。维持基础资产的真实性以及质量水平，一方面可以在增信措施方面着手，引入"回购协议"，要求原始权益人、证券发行方对基础资产的真实性进行承诺，一旦发生基础资产不真实的情况且对应资产达到一定比例时，即触发回购条款[1]。另一方面，应强化信息披露，对资产池内资产的各项指标，包括但不限于债权的分散性、不良贷款比率、信用担保措施等进行持续性动态监管，加强信息共享与互联互通，围绕资产特征与资产变化的特点构建标准化的信息披露机制。此外，加强原始权益人的基础资产信息与管理人信息系统的对接，有利于提升信息准确度，使资产管理人能够实时掌握基础资产信息，减少基础资产变化的信息传递时长，有效降低因基础资产变化引起的虚假风险[2]。

为了保证资产证券化的顺利运作，还需要密切关注不同资产组合的质量，并以保持谨慎的原则来筛选资产组合，在尽可能构建完善机制的情况下，将资产池中的资产进行合理有效的搭配。具体来说，要做到以下几点：

1. 对要进行证券化的资产有严格的要求，尤其要有良好的信用。

2. 对地域分布也有一定的要求，不能过于密集，防止因地域条件变化而带来损失。

3. 对于性质比较接近的基础资产，在组合进程中应该规避其过于相似的情形，将性质接近的基础资产分散开来。

4. 对偿债人有一定的要求，必须收入稳定，做到按时足额还贷，并且签署有效的法律文件，依据法律来保障资产组合的流动性。

5. 将短期、中期和长期的资产进行合理的组合优化，将不同的到期日的资产，进行合理分布和有效管理，要求管理人严格担起责任。

三、强化信息披露机制，推进信息对称性建设

目前，中国银保监会、人民银行以及证监会在资产证券化的相关法规中都明确了管理人及其他参与机构的信息披露义务；中国银保监会及证监会也陆续出台了相关法律文件，包括《资产支持证券信息披露规则》及《信息披露指引》等。信息披露的核心目的在于对风险的充分提示，但是，目前的信息披露在基础资产的担保状况、抵质押物的价值、最低准备金、风险自留比例等方面的规定还有待完善。

因此，有必要加强有关基础资产的信息披露规则方面建设，重点披露基础资

---

〔1〕　程雪军、厉克奥博："消费金融资产证券化的风险管理"，载《改革》2018 年第 5 期。

〔2〕　吴晓求："中国金融监管改革：逻辑与选择"，载《财贸经济》2017 年第 7 期。

产的来源、资产价值、担保状况、抵质押物的价值、最低准备金、风险自留比例，形成相对完善的信息披露规则体系。另外，考虑到实务中投资者较为依赖专业机构给出的意见，对于律师事务所、会计师事务所、信用评级机构等参与机构的尽职能力、履职状况、与原始权益人之间的关联性等方面的信息也应当予以详细披露。此外，还应推动信息披露格式标准化，规范大类基础资产信息披露规则，加强信贷资产证券化产品的发起机构、受托机构、承销商等市场主体之间的"互联互通"和信息共享，构建精准高效的数据信息共享系统。

四、加强与完善破产风险隔离机制

资产证券化将缺乏即期流动性但预期能够产生稳定现金流的资产，通过资产组合和金融技术转变为可以在资本市场转让和流通证券。其价值源自于基础资产本身，特别适合具有优质资产的企业基于资产而非主体信用拓宽融资途径。因此，资产证券化能否实现对于原始权益人（或发行人、融资人）的破产隔离就变得尤为关键。

（一）完善真实出售，严格监管转移资产过程

1. 完善商业银行转让资产相关法律规定。首先，在现有规范基础上明确商业银行可被证券化的资产范围和转让方式，可以采取部门规章或者财政部下发通知的形式来穷尽列举可证券化资产的类别和资产转让的形式；其次，确定信托公司受让商业银行信贷资产所有权资格，并明文规定信托公司具有独立处置信贷资产和随时委托贷款服务机构或自己作为信贷资产证券化收款代理人的权利，保障信托合法有效；最后，解决担保资产入池问题，这一点可以配合信托登记或统一抵押登记的完善来实现，也可以从入池的担保资产性质入手，规范可入池担保资产的性质、种类和权属负担，保障基础资产的可预测现金流。

2. 严格监管资产转移过程。资产的真实出售对于是否能够真正实现破产隔离具有重要意义。因此，从基础资产转让手续的备案、转让价格的确定、转让事项的公告等方面都应当严格规范，从程序上保证各类资产证券化的合法合规，加强信息披露以保护投资者。

（二）扩大《信托法》覆盖范围，加强资产证券化法规体系建设

由于信托法律关系中的"收益权"既独立于委托人，又独立于受益人以及受托人。因此将其引入到资产证券化结构中，可以有效实现"破产隔离"的效果。但是在我国金融业实施机构监管的背景下，《信托法》的制度养分只能供给传统金融机构；对于非金融机构，绕道《信托法》的做法，不仅会增加成本，而且会

带来法律关系以及权利义务的模糊性，如在"企业 ABS"模式中，那种"委托—代理"关系结构在《合同法》（已失效）的框架下，并不能有效实现与投资者之间的"破产隔离"。

同时，应当扩大《信托法》的覆盖范围，尤其是将"企业 ABS"模式中的"资产支持专项计划"纳入信托制度中，将信托制度的法律结构更广泛地运用到互联网消费金融行业中[1]。因此，为了充分实现特殊目的载体的"破产隔离"功能，维持资产支持证券资金池的独立、稳定性，需要进一步加强与完善破产风险隔离机制，完善资产证券化相关法律制度。

此外，在资产证券化的基础资产中，未来收益类资产具有特殊性，难以实现破产隔离，需要探索更为完善的交易机制。这类基础资产无法完整脱离原始权益人而独立存续，当原始权益人发生破产事件或其他丧失继续提供相应服务的情形时，这种未来收益可能随之消失，因此未来收益类资产难以对原始权益人实现破产隔离[2]。对于该类特殊资产，可以研究更为完善的交易机制来探索增强破产隔离能力，如将形成未来收益的资产、人员及费用支出进行打包操作，借鉴项目融资理念，通过法人子公司等模式探索破产隔离机制等[3]。另外，在英国等国家存在的"整体业务资产证券化"业务模式，使基于未来运营收益的证券化债权人可以在该国破产法律制度之下获得特别保护。该模式在我国尚无充分实践，可立足于现实国情充分借鉴他国有益经验，进一步完善我国的资产证券化业务模式。

---

〔1〕 李志强等："建立资产证券化破产隔离机制"，载《金融市场研究》2018 年第 8 期。

〔2〕 鄂晨宇："我国资产证券化的风险隔离机制分析"，载《中外企业家》2020 年第 7 期。

〔3〕 李耀光："巩固完善资产证券化基础资产破产隔离机制"，载《中国证券报》2018 年 8 月 1 日，第 A04 版。

第三章　互联网金融的风险防范

第一节　互联网金融的模式与风险

一、互联网金融的内涵解析

（一）互联网金融的概念

国内理论界和实务界目前均未对"互联网金融"形成一个明确统一的概念界定，学者们从不同角度对其内涵和外延进行了阐述。罗培新认为互联网金融不是新金融，而只是金融销售渠道、金融获取渠道义上的创新，互联网金融的本质仍然是金融[1]。李爱君指出，互联网金融不改金融的功能，它是金融满足社会需要发展的一个历史阶段，是电子货币的产物[2]。袁远则认为互联网金融并不是互联网和金融的简单相加，互联网的技术手段和思维方式已经重塑了金融在互联网领域内的表现样态[3]。张双梅将其界定为一种新型金融模式，并认为互联网金融是传统金融与互联网模式的交融，是利用互联网科技实现资金融通、投资、中介服务的新型金融模式。[4]谢平提出，互联网金融是一种不同于商业银行间接融资和资本市场直接融资的第三类融资模式。该模式通过网络进行信息处理和风险评估，有助于缓解信息不对称，使得资金供需双方直接交易，且负担的期限匹配和风险分担成本低；在市场充分有效的情况下，接近无金融中介状态，拥有与直接融资和间接融资相同的资源配置效率[5]。归根结底，互联网金融是采用新技术和方法，改变原有金融体系基本要素的搭配和组合而提供新的金融功能的过

---

[1]　赵渊、罗培新："论互联网金融监管"，载《法学评论》2014年第6期；陈志武："互联网金融到底有多新?"，载《经济观察报》2014年1月6日，第41版；杨凯生："关于互联网金融的几点看法"，载《第一财经日报》2013年10月10日，第A10版。

[2]　李爱君："互联网金融的本质与监管"，载《中国政法大学学报》2016年第2期。

[3]　袁远："我国互联网金融理财产品法律监管研究——以P2P网贷自动投标理财产品为中心"，载《东方法学》2018年第4期。

[4]　张双梅："中国互联网金融立法与科技乐观主义"，载《政法论坛》2018年第7期。

[5]　谢平、邹传伟："互联网金融模式研究"，载《金融研究》2012年第12期。

程，其目的是要形成新的流动性、营利性和安全性重组，从而提高金融效率；是科学技术的发展与金融本质属性的要求相结合的产物，是金融本质属性的不变性与金融形式可变性要求共同决定的，是金融形式在互联网社会的具体表现。

从上述"互联网金融"的定义来看，其均抓住了互联网金融是互联网技术和信息通信技术与金融的结合体这一特征，本质上是利用技术实现金融服务的一种新型业务模式。厘清互联网金融的概念对于规制互联网金融大有裨益。互联网金融的形态主要包括 P2P 网络借贷、众筹、互联网综合理财平台、网络虚拟货币、互联网保险、第三方支付以及其他互联网＋形式的金融，包括但不限于互联网基金、互联网信托等。故从广义上讲，互联网等信息科技与金融行业的互相渗透都可以归属为互联网金融的范畴。

（二）互联网金融的基本特征

1. 信息化。从互联网金融的定义中不难看出，"信息化"是互联网金融发展的技术基础。互联网金融模式的运行建立在庞大的数据基础上，互联网金融平台依赖算法规则收集、整合海量的用户数据，并提炼其中有用的数据加以分析，从而挖掘数据背后反映出来的用户信息；对用户的行为路径、消费习惯、消费倾向加以预测，从而作为交易管理和风险防控手段的依据。可以说，互联网金融依托信息化手段变革了传统金融的信息处理方式。

2. 进入门槛低。金融行业是关系到国民经济命脉的重要行业，故而传统金融机构从设立到运营都受到严格管制，而互联网金融模式避开传统金融机构严格的审批设立方式。从金融消费者一端看，传统金融模式下针对小微企业和普通个人的金融缺口明显；中小企业获得银行贷款的比例较低，从资本市场获得间接融资同样存在难度。故而小微企业的融资问题一直是我国金融市场的一大痛点。尽管国家一直强调加大对小微企业发展的扶持力度，鼓励商业银行增加对小微企业的信贷供给，但大部分企业的资金需要仍然无法通过正规金融机构信贷渠道得到满足。在投资方面，银行的存款利率极低，投资价值较低，而金融机构的理财产品对于仅有少量闲散资金的普通公众而言往往难以满足。我国资本市场多以散户为主，受信息不对称和投资能力与经验的限制，其希望通过炒股获取稳定的投资收益比较困难。而互联网金融打破了传统金融的高门槛限制，开辟了一块具有高度包容性的资金融通市场[1]。其以"小额""大量"为典型特点，将目标定位于满足小微企业和散户的融资需求，较好的覆盖了传统金融行业的金融服务盲区，

---

〔1〕　刘然：《互联网金融监管法律制度研究》，中国检察出版社 2017 年版，第 18 页。

使得资源配置效率得以提升的同时也促进了实体经济的发展。

3. 互联网金融交易效率高且具有即时性。在传统金融业务模式下，办理存贷款或者购买理财产品均需要到窗口申请，通过金融机构对客户信用状况的评估后才能办理。而在互联网金融模式下，交易双方均可通过互联网交易平台进行信息互通，从定价到交易均可通过平台完成。这极大地精简了交易程序，降低了时间成本，提高了资金流通的效率。同时，用户可通过移动电子设备终端接收金融服务的相关资讯，便捷、高效且易于操作。

综上所述，互联网金融的交易便捷性、高度信息化程度以及满足小微企业和个人用户的融资需求的特征使得互联网金融得以为广大金融消费者所接受，从而发展成为在传统金融机构之外的力量。

二、我国互联网金融行业的发展及监管现状

据统计，互联网金融行业在 2012 年~2016 年期间发展迅猛，平台成交金额由 229 亿激增至 28 049 亿，翻了 120 倍；与此同时，问题平台占比由 2.91% 增加至 41.96%。[1] 由此可见，我国互联网金融行业在高速发展的背后潜藏了大量风险，而现有监管体制还不能完全适应这一新金融业态。以 2015 年 7 月《关于促进互联网金融健康发展的指导意见》的出台为标志，我国互联网金融监管拉开序幕。互联网金融行业也结束了野蛮生长时代。2016 年《互联网金融风险专项整治工作实施方案》，按照"打击非法、保护合法，积极稳妥、有序化解"的工作原则，集中力量整治 P2P 网络贷款、众筹、第三方支付等重点领域。

《关于促进互联网金融健康发展的指导意见》确立了我国互联网金融领域"分类监管，协同监管"的体系。综合国内现有的互联网金融模式来看，主要包括第三方支付、P2P 网络借贷、网络众筹、互联网货币等四类主要模式。

（一）第三方支付

互联网支付是指由非银行业金融机构为有资金结算需求的收款方与款付方之间提供在线货币支付、货币资金转移、资金结算的一种电子支付，[2] 具有支付手段的数字信息化、支付方式的虚拟化、支付工具的无纸化以及支付系统的开放化等特征。

根据 2020 年 4 月中国银联发布《2019 移动互联网支付安全大调查报告》显示，2019 年移动支付产业呈现出以下新特点：一是移动支付使用持续活跃，平均

---

〔1〕 胡亚玲、李继志："我国互联网金融监管发展现状及建议"，载《山西农经》2019 年第 8 期。

〔2〕 杨丽华："电子支付对金融法的挑战及应对"，载《兰州财经大学学报》2018 年第 5 期。

使用频次与消费金额双增长；二是移动支付已成为普惠金融重要载体，伴随移动支付便民工程下沉，获得县乡居民、小微业主青睐；三是金融科技助力提升便捷与安全，生物识别等新型身份认证技术与传统密码验证方式共同守护安全；四是公众安全意识有所提升，传统电信网络诈骗发生率下降，发生损失人群占比下降。[1] 该报告在呈现我国移动互联网支付行业的发展现状、显示出互联网支付因其便捷性为大众所接受的同时，却也存在支付安全、个人信息泄露等问题。

对于互联网支付存在的问题，银保监会等相关部门也从法律制度上予以了回应。2014 年银监会下发《中国银监会、中国人民银行关于加强商业银行与第三方支付机构合作业务管理的通知》，要求银行构建安全的网络通道，制定安全边界，防止第三方机构越界访问。央行向 19 家企业发放了第五批第三方支付牌照，其中包含互联网支付 13 家。2016 年 7 月《非银行支付机构网络支付业务管理办法》实施，预示着对互联网金融监管的逐步加强，《非银行支付机构网络支付业务管理办法》在明晰支付机构的定位、对支付机构进行分类监管的同时，落实支付账户实名制，对支付账户采取分类管理措施，兼顾了支付安全与效率。其宗旨在于促使非银行支付机构回归小额、快捷支付业务，遏制支付风险，维护资金安全。同年 8 月，中国支付清算协会下发《条码支付业务规范》（征求意见稿），正式承认了二维码支付的地位。14 部委共同发布的《非银行支付机构风险专项整治工作实施方案》明确指出无证经营支付业务是第三方支付领域监管的红线之一。4 月发布《互联网金融风险专项整治工作实施方案》对第三方支付进行三个方面的整治：备付金管理、断直连以及无证经营；11 月银联正式发布二维码支付标准，在发布之前，向非金融机构发布合作推广的邀请函，有一统二维码支付市场的趋势。为贯彻落实《互联网金融风险专项整治工作实施方案》，2018 年央行办公厅发布《关于支付机构客户备付金全部集中交存有关事宜的通知》，要求支付机构在指定期限内集中交存客户备付金。除此之外，央行还要求支付机构与银行系统之间的网络支付业务须通过全国统一清算系统处理。这两大政策进一步促进了支付资金的透明化、集中化，促进了我国支付市场的稳健发展。

（二）P2P 借贷

我国 P2P 网贷兴起始于 2007 年。2007 年，中国第一家个体网络借贷平台拍拍贷上线，其以"不做线下业务、不承诺本息垫付"为特色。2009 年的红岭创投，2010 年的人人贷，2012 年的宜人贷、开鑫贷等早期平台共同促进了 P2P 市

---

〔1〕　载中国银联官方网站，https：//cn.unionpay.com/upowhtml/cn/templates/newInfo-nosub/7885004da382485e8bde5a0ba-000fdd3/20200402135519.html，最后访问日期：2020 年 12 月 28 日。

场的繁荣。2013 年国民理财"神器"余额宝的推出开启了"互联网金融元年"。2014 年，"互联网金融"被首次写入政府工作报告。2015 年，多地出台的鼓励政策和商事制度改革都见证了 P2P 在这一时期的快速发展。[1]

2016 年 8 月 17 日银监会等部门正式发布《网络借贷信息中介机构业务活动管理暂行办法》，确立网贷行业监管体制及业务规则，明确网贷行业发展方向，为网贷行业的规范发展和持续审慎监管提供了制度依据，行业监管拉开大幕。

2018 年 8 月全国互联网金融整治办（以下简称全国整治办）下发《关于报送 P2P 平台借款人逃废债信息的通知》，要求上报恶意逃废债的借款人名单，并提出全国整治办下一步将协调征信管理部门将逃废债信息纳入征信系统和数据库。

2019 年 9 月初，互联网金融风险专项整治工作领导小组与网络借贷风险专项整治工作领导小组联合下发《关于加强 P2P 网贷领域征信体系建设的通知》。通知明确支持在营 P2P 网贷机构接入央行征信、百行征信等征信机构，表示持续开展对已退出经营的 P2P 网贷机构相关恶意逃废债行为的打击，要求各地将形成的"失信人名单"转送央行征信中心和百行征信；同时将加大对 P2P 网贷领域失信人的惩戒力度，如鼓励银行业金融机构、保险机构等按照风险定价原则，对 P2P 网贷领域失信人提高贷款利率和财产保险费率，或者限制向其提供贷款、保险等服务。

截至 2019 年 8 月底，P2P 网贷行业正常运营平台数量已下降至 708 家。之后北京、厦门等 6 个地方网贷监管试点启动，遵循全国统一的网贷监管政策。

（三）众筹

网络众筹行业在我国刚刚起步，2011 年 5 月成立的点名时间是我国首家网络众筹平台。2013 年，网信集团旗下的"众筹网"，是当时国内第一个集公益众筹、奖励众筹（商品众筹）、股权众筹、债权众筹四种类型为一身，提供募资、投资、孵化、运营一站式的综合众筹服务平台。[2]上海交通大学互联网金融研究所、北京京北金融信息服务有限公司联合发布的《2015 中国股权众筹行业发展报告》数据显示，截至 2015 年 7 月底，共有 113 家平台开展股权众筹业务。这 113 家平台分布于全国 18 个省市地区，其中北京、广东、上海、浙江四个地区的平台数

---

〔1〕 沈艳："P2P 网络借贷的兴衰"，载"北大数字金融研究中心"，https://idf.pku.edu.cn/bqzt/xw/502360.htm，最后访问日期：2020 年 12 月 28 日。

〔2〕 "盘点国内的众筹模式：回报众筹和股权众筹"，载 https://mp.weixin.qq.com/s/hWzIMzOE-ipxx_3enmLHZ5A，最后访问日期：2020 年 12 月 28 日。

量最多。截至 2015 年 7 月，全国 113 家股权众筹交易平台交易额达到 54.78 亿元。

在众筹平台高速发展的同时，监管工作也逐步展开。2014 年中国证券业协会发布《私募股权众筹融资管理办法（试行）》征求意见稿（以下简称《股权众筹融资管理办法》），对股权众筹融资的性质、众筹平台、投资者、融资者、投资者保护、自律管理等内容进行规定。此举标志着网络众筹监管大幕将缓缓拉开。

同年 8 月 7 日证监会发布《关于对通过互联网开展股权融资活动的机构进行专项检查的通知》（证监办发【2015】44 号文）（以下简称《检查通知》）。

2016 年 3 月，中国互联网金融协会公开《互联网金融信息披露规范（初稿）》，对于互联网非公开股权融资提出了明确的披露要求，内容包括：平台融资项目总数、平台融资总金额、平均项目融资额度、平均满标时间、平台风险提示信息等。《互联网金融信息披露规范》出台让互联网非公开股权融资平台走出监管的真空地带。

2016 年 4 月 14 日，证监会等 15 部委印发了《股权众筹风险专项整治工作实施方案》。该方案指出，要建立和完善长效机制，实现规范与发展并举、创新与防范风险并重，为股权众筹融资试点创造良好环境，切实发挥互联网股权融资支持大众创业、万众创新的积极作用。至此，行业监管的整体框架基本形成。

（四）互联网货币

从比特币到 Facebook 发布的数字货币项目 Libra 白皮书，再到中国人民银行发行的数字货币 DECP，在电子支付开展得如火如荼的当下，互联网货币同样在加快发展的步伐。

比特币的诞生开启了加密数字货币时代，而比特币也因其保值性和增值性受到消费者的青睐。近年来，中国比特币主要是在各大网络虚拟货币交易机构流通和交易，交易量一度占全球 98%；[1] 2017 年中国三大交易机构开始收取手续费后，交易量比重下降至 40%。在比特币的监管方面，2013 年 12 月，中国人民银行等 5 部委发布的《关于防范比特币风险的通知》中明确指出："从性质上看，比特币应当是一种特定的虚拟商品，不具有与货币等同的法律地位，不能且不应作为货币在市场上流通使用。"但是，比特币交易作为一种互联网上的商品买卖行为，普通民众在自担风险的前提下拥有参与的自由。2017 年 9 月，央行等 7 部门发布《关于防范代币发行融资风险的公告》明令禁止代币发行融资活动，并再

---

〔1〕 参见 2016 年 7 月新浪科技联合清华五道口金融学院和火币网共同出品《2014－2016 全球比特币发展研究报告》。

次强调代币发行融资中使用的代币或"虚拟货币"并非货币。

比特币的盛行促进了加密数字货币的创新和发展，同时也为央行数字货币提供了便利。2020 年初，国际货币基金组织（IMF）将发展数字货币列为 2020 年的首要任务之一，其已经与欧央行、英国央行、瑞典央行、瑞士央行、日本央行和加拿大央行组成研究小组开展央行数字货币（CBDC）应用案例研发。[1]中国央行数字货币（DCEP）于 2014 年开始研发，2016 年中国人民银行又创建了数字货币研究所助力 DCEP 的设计和研究。目前，DCEP 已经进入试点阶段。DCEP 采取双层运营模式，由央行对接商业银行、商业银行对接大众。同时，DCEP 具有电子现金功能，并实现离线支付功能。这意味着在交易双方都没有网络的情况下，也能实现支付。[2]

（五）互联网保险

互联网保险是指保险与互联网相结合而产生的一种新型保险营销模式。据互联网金融协会显示，2019 年互联网保险保费收入总额达 2696.32 亿元，同比增长42.77%；机构数量方面，共有 70 余家财产保险公司和 62 家人身保险公司经营互联网保险业务，与 2018 年同期基本持平；市场集中度方面，互联网保险保费规模前 8 的财险公司合计保费占比 76.56%，较 2018 年同期增加 1.26%，行业集中态势持续。[3]

从监管层面来看，2012 年保监会出台《保险代理、经纪公司互联网保险业务监管办法（试行）》（已失效）对保险代理、经纪公司进行互联网销售保险的准入门槛、经营规则以及信息披露作出规定，这是互联网保险业务的重要指引和规范。2015 年保监会发布《互联网保险业务监管暂行办法》（保监发〔2015〕69号，已失效），针对互联网保险业务开展的资质条件、经营规则、监督管理、法律责任等方面作出具体规定。2019 年，根据银保监会发布的《关于规范互联网保险销售行为可回溯管理的通知》，保险机构在线上的销售行为将面临新的规范和合规要求。

2020 年 12 月 14 日，中国银保监会正式发布版《互联网保险业务监管办法》，围绕互联网保险经营要求、营销宣传、售后服务等方面做出了规定，对行业潜在

---

〔1〕 王谨："数字货币的商法性研究"，载《法学杂志》2020 年第 12 期。

〔2〕 邵宇、谈润清："数字货币进化史：从比特币到 DCEP，未来走向如何"，载 https://mp. weixin. qq. com/s/RJp8p8N50XxPn2YoUWvJAw，最后访问日期：2020 年 12 月 28 日。

〔3〕 "2019 年中国互联网保险行业发展现状及发展前景分析"，载中国产业信息网，https://www. chyxx. com/industry/202006/876908. html，最后访问日期：2020 年 12 月 28 日。

风险和问题针对性做出规定；既保护保险消费者的合法权益，也有效遏制业务违规，整顿行业乱序。[1]整体而言，作为互联网保险业务的纲领性文件，《互联网保险业务监管办法》为保险行业数字化转型奠定了重要基础。在互联网保险业务快速发展的背景下，《互联网保险业务监管办法》的制定与推行将进一步完善互联网保险业务监管体系，有利于推进互联网保险业务的稳健发展。

三、互联网金融行业的风险

（一）网络安全风险

有学者提出，互联网金融既具有分散、降低金融风险的功能，又有加速金融风险传染、更容易引起大面积金融风险爆发的特性；既具有识别和拦截非法交易、维护市场安全的功能，又有加速不同风险之间互相转化、加剧金融风险积聚的特性[2]。整体来看，互联网金融兼具传统金融的既有风险与网络安全风险。互联网金融机构既有传统金融业的道德风险、市场风险、信用风险，同时也涉及了网络安全方面的风险，导致风险累加。

一方面，由于互联网金融依托互联网等信息网络从事金融服务，其数据储存于互联网终端上，这使得互联网金融的运作高度依赖数据。但互联网金融在识别数据的准确性、真实性、可靠性方面存在重大风险，因此，互联网金融在引入现代信息技术，提高金融服务的快捷性和便利性，扩大金融服务的覆盖范围的同时，也将金融行业暴露在更大的技术威胁之下。[3]另一方面，由于互联网金融对于互联网的依赖性强，故而其存在网络支付和个人信息的安全技术性风险，往往涉及互联网金融消费者的信息安全、资金安全和系统安全三个方面。对于保密技术不够强的小型金融机构，存在被黑客攻击的潜在可能，用户的数据资料和财产可能受到侵害。综上，互联网金融行业的首要风险即为网络安全技术和保密性所引发的潜在风险。

（二）流动性风险

互联网金融在服务于小微企业和个人业务上的明显优势依赖于互联网本身的技术优势；但由于互联网金融业态下，金融公司宣传销售金融产品都是通过互联网金融平台，故而信息不对称的问题突出。同时，在互联网环境下，虚假信息传

〔1〕 刘链：　　　　"互联网保险强化持牌经营"，载 https：//mp. weixin. qq. com/s/jsN89Y35eRiROGWCr31exQ，最后访问日期：2020 年 12 月 28 日。

〔2〕 邓建鹏："互联网金融法律风险的思考"，载《科技与法律》2014 年第 3 期。

〔3〕 彭晓娟："普惠金融视角下互联网金融发展之法律进路"，载《法学论坛》2018 年第 3 期。

播的范围广、速度快、影响力大，金融市场上的任何一点风吹草动都容易诱使金融消费者集体作出非理性行为，引发挤兑、回赎等群体事件，对互联网金融机构的现金流造成严重冲击，甚至导致资金链断裂。[1]相比之下，针对传统金融机构，监管部门能够通过流动性覆盖率、净稳定融资比例、贷存比和流动性比例等指标防范流动性风险；同时银行还有存款准备金、风险资产拨备以及存款保险制度保障其资金充足和安全。而互联网金融机构往往具有欠缺应对资金外流的缓冲和救助机制，抵御风险能力较弱，叠加互联网金融的覆盖面广、影响力大的特点，其可能造成的社会危害更大。

（三）平台行为风险

平台风险主要包括平台道德风险、关联交易风险、个人信息泄露风险。互联网金融平台是提供互联网金融产品和服务的媒介。目前爆发出的突出道德风险首先是集资诈骗或非法集资、杜撰项目、虚假发标，或平台自融、交易资金的假托管、不严格反洗钱等。其次，是新型的互联网金融诈骗风险[2]。再次，互联网金融平台存在关联交易风险，包括机构内部交易、内部资金和商品的互相划拨、自融、互相担保和抵押、交叉持股、流动资产管理等[3]。而互联网金融机构组织结构上的复杂性进一步增强关联交易的隐蔽性，投资者、债权人难以清楚了解内部各个成员之间的授权关系和管理责任，从而无法准确判断和衡量公司的整体风险[4]。最后，平台存在个人信息泄露风险。互联网金融平台普遍存在利用格式合同在用户注册时强行采集信息，或者是在金融消费者不知情的情况下私自采集超出必要限度的信息的问题。除了信息采集环节，还存在互联网平台内控不严致使用户信息泄露甚至是故意贩卖个人信息导致金融消费者信息泄露的情况。

综上所述，互联网金融风险主要包括流动性风险、平台行为风险以及网络安全风险三大风险。互联网金融监管的基本框架及其具体实施细则，正是在这三大风险的基础上建立起来的。

四、互联网金融监管的国际思路与借鉴

互联网金融的发展既有我国的特色，也有域外先进的实践可供借鉴。故在讨论互联网金融的监管对策时，应该也有必要借鉴他山之石。本部分主要以国际上

---

[1] 杨东："互联网金融风险规制路径"，载《中国法学》2015年第3期。
[2] 彭晓娟："普惠金融视角下互联网金融发展之法律进路"，载《法学论坛》2018年第3期。
[3] 李爱君："互联网金融的本质与监管"，载《中国政法大学学报》2016年第2期。
[4] 李爱君："互联网金融的本质与监管"，载《中国政法大学学报》2016年第2期。

现行的主要互联网金融形式及其代表性监管思路进行总结，以期为我国互联网监管提供借鉴。

（一）第三方支付

就第三方支付的监管制度而言，世界范围内主要形成了以美国、澳大利亚为代表的自由放任管理模式；以英国、卢森堡为代表的审慎管理模式以及以新加坡、日本为代表的折中管理模式。

1. 以美国为代表的自由放任管理模式。美国第三方支付法律机构的业务模式与我国存在相似性。其支付体系均建立在既有银行账户基础上，用户须通过已有银行账户将资金转入账户中用于支付，转入款项可保留在账户内用于使用[1]。美国对第三方支付监管采取较为宽松的态度，在联邦层面上并没有专门性立法，仅在反洗钱法中有相关特别规定，主要由各州进各自进行立法。自 2000 年以来，美国已有 40 多个州参照《统一货币服务法案》颁布了适用于本州非金融机构货币服务的法律。另外，《美国金融改革法》《隐私权法》《统一商法典》4A 编和《电子资金转移法》等法律法规，也从不同角度规范了第三方支付机构的电子支付清算活动[2]。

从美国各州对第三方支付的监管思路来看，其主要通过对支付运营商提高准入门槛和主体监管的方式规范支付运营商。在第三方支付机构的定位上，美国监管模式认为第三方支付机构并非传统意义上的银行类存款机构。其把从事第三方支付的企业认定为"货币服务机构"，即从事货币转账或货币服务业务的一般企业[3]，所以从法律上不需要申请银行业务许可，但其开展业务须取得各州颁发的资金转移许可证。

在市场准入监管方面，美国的《统一货币服务法案》从投资主体、营业场所、资金实力、财务状况、业务经验等方面对第三方支付机构作了要求[4]。同时，其将平台沉淀资金视为平台对投资者的负债，纳入美国联邦存款保险公司的监管范围[5]。在市场退出机制上，《统一货币服务法案》规定，存在违法行为、重大过失行为、无力偿还债务等情形的，监管机构可以终止业务或撤销已经颁发

〔1〕 徐尧睿："美国如何监管第三方支付机构"，载微信公众号"北京大学金融法研究中心"，最后访问日期：2021 年 4 月 21 日。
〔2〕 巴曙松、杨彪："第三方支付国际监管研究及借鉴"，载《财政研究》2012 年第 4 期。
〔3〕 李俊平："第三方支付法律制度比较研究"，载《湖南师范大学学报》2012 年 6 月。
〔4〕 李俊平："第三方支付法律制度比较研究"，载《湖南师范大学学报》2012 年 6 月。
〔5〕 王振江："互联网金融创新与监管"，载《兰州大学学报（社会科学版）》2014 年第 5 期。

的业务许可证[1]。

2. 以英国为代表的严格监管模式。在欧盟，第三方支付机构被定位为电子货币机构，其提供的服务包括发行电子货币和提供支付服务。欧盟将第三方支付机构区分为专门从事第三方支付业务的支付机构和同时从事支付业务与电子货币发行业务的电子货币机构，两类机构分别受到不同法律的规范[2]。为规范第三方支付企业的审慎监管，欧洲议会和欧盟理事会制定了2007年《支付服务指令》和2009年《电子货币指令》，对电子货币机构从事支付和发行电子货币服务在许可证、资本金、退出机制等方面提出了较为严格的要求[3]。

在第三方支付领域，英国建立了以《支付服务条例》《电子货币条例》为代表的较为完善的法律体系，将监管重点放在第三方支付的提供者（电子货币发行机构）的资格身上，通过发放许可证实现对第三方支付的严格控制，规定从事电子货币业务必须经过核准。根据《电子货币条例》规定，要获得电子货币机构资格，申请者须向所在金融管理局提交一份包含经营方案、商业计划、初始资本金证明、资金保障措施的说明、公司治理结构与内部控制制度的说明、内部反洗钱制度的说明、持股结构、审计师、总部地址等内容在内的申请材料，对于未获得许可证的机构严格禁止从事相关业务[4]。同时，从事电子货币业务的机构必须满足《电子货币条例》规定的初始资金要求并维持足够的持续性资金，以保证机构的稳健运行[5]。

在市场退出领域，《电子货币条例》规定在特定情形下，如获得许可12个月内没有开业、通过虚假手段获得许可、违法开展业务，监管机构可以撤销业务许可。

3. 以新加坡、日本为代表的折中监管模式。早期的新加坡和日本均将第三方支付纳入银行法体系严格管理，禁止非银行金融机构进入。后随着第三方支付市场的发展，两国立法态度趋于宽松，通过专门立法逐步放松对第三方支付机构的市场准入限制，并且只对规模较大的第三方支付机构实施市场准入限制。两国的法律实践其实代表了第三方支付管理的国际趋势，由于第三方支付从事的业务与银行等金融机构的业务较为类似，为控制风险，各国对从业者采取较为谨慎的态

---

[1] 李曙光：“论互联网金融中的法律问题”，载《法学杂志》2016年第2期。

[2] 李曙光：“论互联网金融中的法律问题”，载《法学杂志》2016年第2期。

[3] 李俊平：“第三方支付法律制度比较研究”，载《湖南师范大学学报》2012年6月。

[4] 杨松、郭金良：“第三方支付机构跨境电子支付服务监管的法律问题”，载《法学》2015年第3期。

[5] 王振江：“互联网金融创新与监管”，载《兰州大学学报（社会科学版）》2014年第5期。

度。随着第三方支付的逐步成长壮大，各国意识到了第三方支付对各国经济产生的促进作用，于是及时从立法方面着手，放松对第三方从业资格的限制[1]。

以日本为例，日本早期仅允许银行依法从事货币资金转移业务，其他机构则需取得专项业务许可；直到 2009 年《资金结算法》出台后才逐渐放松了货币转移业务的要求与限制。依据该法规定，从事货币转移的第三方支付机构属于"资金转移商业经营者"，受日本金融厅监管。但尽管如此，日本也并未因此将第三方支付机构与金融机构等同起来实行金融监管。一方面，日本虽然开放了货币转移服务市场，但是就认证业务主体而言依旧设置了严格的法律标准。这与金融机构的资质认证规则截然不同。另一方面，《银行法》中关于银行的业务禁止性规定并未同等适用于第三方支付，并给予了其从事其他相关新业务的权限以鼓励机构创新，促进市场发展[2]。

（二）数字虚拟货币

综合各国监管实践来看，各国对于虚拟数字货币存在两种态度：一种是持鼓励态度，例如美国、日本、新加坡、加拿大、英国、澳大利亚、德国、瑞士等国家；另一种持审慎态度，例如俄罗斯、法国、中国、韩国等国家，认为数字虚拟货币交易存在技术不成熟、监管缺失、交易不安全、价格操纵、过度投机等风险，因此要求对数字货币要进行严格监管。[3]

从监管框架来看，主要包括以日本为代表设立新监管框架的国家以及以美国、欧盟等为代表的将数字虚拟货币纳入原有监管框架的国家或组织。

1. 以日本为代表设立新监管框架的国家。日本是唯一以立法形式承认数字虚拟货币法律地位的国家。2016 年 5 月 25 日，日本参议院全体会议通过了《资金结算法》修正案（已于 2017 年 4 月正式实施）。该法案明确了数字货币作为支付手段的法律地位，但也提出数字货币有别于法定货币，应将其看作是一种资产。[4]修正案不监管保管但不进行交易的数字钱包等虚拟资产。日本监管者认为，数字虚拟货币若不进行交易，伴生的洗钱和恐怖融资风险的可能性就相对较低，暂无需监管。[5]针对私人数字货币交易平台实行注册制，未经注册登记者不得从事相关业务，并加强了平台的用户保护义务，对平台经营行为从事前、事中、事后三

[1] 李俊平："第三方支付法律制度比较研究"，载《湖南师范大学学报》2012 年 6 月。
[2] 沈霁园："第三方支付中消费者安全权相关法律问题研究"，上海社会科学院 2017 年硕士学位论文。
[3] 高旸："数字货币发展动态及监管政策选择"，载《征信》2019 年第 2 期。
[4] 陈健："数字货币发展现状及其监管的国际经验与启示"，载《中国物价》2018 年第 11 期。
[5] 华秀萍："如何破解对数字货币金融监管的难题"，载《金融监管研究》2019 年第 11 期。

个环节作出严格规制。修正案要求交易平台提供虚拟货币的说明，使监管当局能对其计划运营的虚拟货币进行监管。日本金融厅于 2017 年公布了第一批虚拟货币交易平台注册审核的结果，共有 11 家交易平台获批注册[1]。

《资金结算法》还授权监管当局制定各种监管措施，如进行非现场和现场检查、下达业务整顿命令、取消平台注册以及设立法定自律监管组织的规定等。此外，日本对于虚拟货币交易平台的监管内容还包括了保护用户的财产利益的内容，其具体做法包括：对用户资产与固定资产进行分别管理，对用户进行信息告知和说明，对系统信息和个人信息安全采取妥当的保障措施，以及建立用户纠纷解决机制等[2]。

同时，日本在税务改革法案中取消了数字货币交易的消费税，仅对资本收益征税[3]。之后，日本又连续出台了《资金结算法施行令》《数字货币交换业者内阁府令》等相关法律法规。这些配套法律法规不仅将数字虚拟货币交易纳入日常监管，也从国家立法层面搭建起专属于数字虚拟货币的监管框架[4]。

2. 以美国、欧盟为代表的纳入原监管模式的国家。美国对数字货币的监管态度主要是既给予一定的发展空间，又要求其必须适用于现有监管框架[5]。美国联邦和每个州各自制定对数字货币的监管交易规则，没有统一的监管法律，不同的监管主体与地方法律对数字货币态度不同。

在联邦层面，在美国现有立法框架下，数字货币发行机构属于货币服务商，任何机构在符合一定资本和组织要求的前提下，进行必要的注册登记，都能从事数字货币发行，不限于银行等金融机构[6]。2017 年美国的州际统一法律委员会通过了《虚拟货币商业统一监管法》，首先对"数字虚拟货币"做出了明确定义，认为其属于证券的一种，要求其服务机构需在相关政府机构登记注册，获取营业执照；其次，规定了金融监管机构需要定期审查虚拟货币服务机构，并让其提供保证金，定期提供财务报告、交易记录和客户信息等等；最后，已登记注册的虚拟货币服务机构在特定信息发生变化时，必须及时向监管机关提出相关条目修改

[1] 杨东、陈哲立："虚拟货币立法：日本经验与对中国的启示"，载《证券市场导报》2018 年第 2 期。

[2] 杨东、陈哲立："虚拟货币立法：日本经验与对中国的启示"，载《证券市场导报》2018 年第 2 期

[3] 韩斐："对我国虚拟货币监管政策的反思与重构——基于中日监管政策比较研究的视角"，载《中国信用卡》2019 年第 5 期。

[4] 贺同宝："国际虚拟货币监管实践研究"，载《北京金融评论》2018 年第 3 期。

[5] 华秀萍："如何破解对数字货币金融监管的难题"，载《金融监管研究》2019 年第 11 期。

[6] 王瑾："数字货币的商法性研究"，载《法学杂志》2020 年第 12 期。

的请求[1]。美国国家税务局，出台了适用于数字货币的指导意见，将数字货币看作是一种需要缴纳联邦税的特殊资产；金融犯罪执法网络，认为数字货币"在某些情况下具有类似于传统货币功能的交换媒介……但是尚不具备法定货币的地位"。2013 年，美国金融犯罪执法网络出台了有关数字的指导意见，数字货币受到《银行保密法》的监管，并被纳入反洗钱监管的范围[2]。

在州政府层面，纽约州政府的做法最具有代表性。2014 年纽约州金融服务局通过了《虚拟货币条例草案》，认为数字货币是一种金融资产，将数字货币服务提供商视为银行类金融机构进行监管，并依照草案于 2015 年出台了《虚拟货币监管法案》，即"比特币执照制度"，对申请执照的企业做出了限制：如果申请人违反相关条例，则撤销执照[3]。2017 年 5 月，佛罗里达州众议院通过第 1379 号法案，认定"数字虚拟货币"属于洗钱法下的"货币工具"，即禁止使用数字虚拟货币进行洗钱[4]。

将数字虚拟货币纳入原有监管框架的还包括英国、瑞士等国家。与美国监管机构的态度类似，这些欧洲国家同样强调技术中立原则，并不会根据技术类型或具体形式而创设独立的监管方法，而是将所有的金融活动及机构实施纳入审慎监管框架，认为现有监管体系和方式也同样适用于虚拟货币，任何违反现有监管规定的行为，都必须接受监管机构的调查和惩处[5]。

欧洲央行认为，发行数字虚拟货币在某种程度上等价于吸收存款，并且是基于信用经营，具备较强金融业额特征；同时，欧盟委员会认为，由银行业金融机构发行数字货币会阻碍创新，故而需要设立专门的数字虚拟货币发行机构，单独办专门的牌照，对其执行比对银行业金融机构更为宽松的监管[6]。

（三）互联网保险

1. 美国。美国作为互联网保险发展最早的国家，对互联网保险的监管有着相对完善高效的监管政策——总体上采取宽松审慎的监管模式，以偿付能力力的监督为核心，促进行业的发展。美国以"不限制、不阻碍互联网商业保险的发展"为基本原则。

---

〔1〕 华秀萍："如何破解对数字货币金融监管的难题"，载《金融监管研究》2019 年第 11 期。
〔2〕 杨小锋、张春生："数字货币发展与国际监管动态"，载《时代金融》2018 年第 7 期。
〔3〕 杨小锋、张春生："数字货币发展与国际监管动态"，载《时代金融》2018 年第 7 期。
〔4〕 杨小锋、张春生："数字货币发展与国际监管动态"，载《时代金融》2018 年第 7 期。
〔5〕 华秀萍："如何破解对数字货币金融监管的难题"，载《金融监管研究》2019 年第 11 期。
〔6〕 焦瑾璞等："数字货币与普惠金融发展——理论框架、国际实践与监管体系"，载《金融监管研究》2015 年第 7 期。

美国包括互联网保险公司在内的所有的商业保险公司和再保险公司在开展业务的各州均需遵守当地的监管规定。各州保险局是主体监管单位，全权负责所在辖区的商业保险机构和行为监管；而美国保险监管官协会（NAIC）是跨州的协调单位，负责制定《全国商业保险监管模型法案》和开展五年一次的各州立法评估工作。值得注意的是，NAIC 牵头的《全国商业保险监管模型法案》和评估对各州保险局本身不具备法律约束力，仅提供借鉴作用。

受此影响，美国发展全国性互联网保险公司存在更多的监管障碍：互联网保险公司虽然在技术上可以依托互联网平台提供超越各州地域界限的全国线上服务，但是仍然要遵循各州在市场准入、产品监管、偿付能力等方面并不统一的规定，这在一定程度上阻碍了互联网保险的全国快速拓展。

2. 英国。欧盟立法机构在统一各国的保险监管体系上态度积极。其通过"偿付能力体系二代"的建立、《保险调节指令》和《欧洲再保险指令》的推出，为欧洲构建了一个跨越各国界限、内部基本统一的保险市场。当然，各国有权在统一条款的基础上制定更为严格的细节规定。相对统一的市场监管推动了大型互联网保险企业跨区域甚至跨国的快速发展，客观上减少了互联网保险企业在地域监管上的阻碍。

英国法律规定电子保单拥有和传统保单同样的法律效力，因此其监管也和传统保险机构一致。在此基础上，通过多部分的协同合作，加强监管效率。为维护消费者利益，对于互联网保险行业的准入采取适度审慎原则，筛选道德和信用良好、技术操作规范、风控体系完善的商业保险经营主体[1]。英国对于互联网保险机构的监管侧重于区域管辖权、技术安全、服务质量等方面。一是通过明确业务范围来减少法律纠纷，互联网保险产品可以不受地域限制进行销售和交易，但必须明确跨区活动的管辖权；二是重点加强业务过程中可能出现的道德风险的监管，在网络保险经营过程中实时监控在线业务流程的实施情况，以有效评估服务能力是否达标，及时发现问题并进行治理；三是重视保险业务服务能力和质量的评价；四是重视网络安全的监管，在技术安全方面，消除网络各类隐患，加强技术更新[2]。

尽管政府监管相对宽松，但针对互联网保险业务规模扩大而产生的各种风险，英国特别重视加强防范与监管合作。一方面，提供清晰透明的法律法规支撑，降低网络保险的法律风险和信用风险，如《数据保护法》《电子商务条例》

---

[1] 姚海明："互联网保险监管探讨"，载《管理智库》2017 年第 8 期。
[2] 张雪梅："国外互联网保险监管比较及其经验借鉴"，载《国际金融》2017 年第 3 期。

《远程销售条例》等。另一方面，要求保险公司的信息披露必须全面充分，保单中应对新产品的潜在风险做出具体描述。在强化风险防范的同时，为提高监管效率，英国还十分注重市场和监管机构以及监管机构之间的协调与合作，形成多元监管体系。

五、我国互联网金融监管的应然设计

(一) 树立包容监管理念

针对互联网金融这一金融创新在互联网时代的重要表现形式和新生事物，监管部门应当树立相对安全的理念。金融创新在促进金融发展的同时，会不可避免地带来一定的金融风险。监管当局应当坚持适度宽松的监管政策，若特定互联网金融模式所带来的风险仍然在可控范围内，则应当予以适度的鼓励。换言之，应当采取底线思维，为互联网金融风险划定一条红线，引导互联网金融在红线范围内发展；对于超出底线范围的互联网金融模式应当要求予以整改，严重的应当予以取缔。相对安全理念[1]要求监管部门应当将发展与风险控制有机结合，运用多种方法，回应市场诉求，尊重市场规律。在发展中控制风险，在控制风险的过程中规范与发展互联网金融。

(二) 坚持回应型监管模式

互联网金融是金融与互联网的有机结合，其往往存在跨行业、跨领域特点。既有的分业监管思路难以适应互联网金融监管的需要。互联网金融的监管要求监管组织从互联网金融模式的全局和整体进行把握，强调监管的系统性。分业监管模式下，各个监管机构各自为政，机构之间缺乏必要的信息共享机制——机构之间的壁垒现象严重，难以实现对互联网金融进行系统性和体系化的监管，从而难以适应互联网金融的系统性风险防范要求。

在互联网金融监管组织架构上，不同学者提出了不同的看法。有学者提出成立国家互联网金融发展委员会[2]；也有学者反对建立统一的监管组织，而要求构建多中心监管组织，建立互联网金融监管组织协调机制，同时还要发挥行业协会以及互联网平台的作用并设计风险评估机构组织[3]。也有学者认为，我国设立金融稳定委员会之后，实现了分业监管基础上的统合监管，故而应当发挥好金融稳定委员会在各个专业性监管机构之间的协调作用，从而提高互联网金融监管

---

〔1〕 邢会强："相对安全理念下规范互联网金融的法律模式与路径"，载《法学》2017年第12期。
〔2〕 李曙光："论互联网金融中的法律问题"，载《法学杂志》2016年第2期。
〔3〕 靳文辉："互联网金融监管组织设计的原理及框架"，载《法学》2017年第4期。

的效率。同时回应型监管模式要求强化监管组织的专业能力，对互联网金融实现精准监管[1]。

由于互联网金融业态随着市场的需求而变化，这会演化出新型的互联网金融模式。此时要求监管组织提高对新型金融模式的反应速度，及时对新型金融模式的监管需要作出回应，形成风险型监管格局。

（三）转机构监管为功能监管模式

功能监管以金融功能观为基础，是一种依金融体系基本功能而设计，能够实现跨产品、跨机构、跨市场协调的监管体制[2]。在具体方式上，应包括审慎监管、行为监管和金融消费者保护。审慎监管应当遵循"内容重于形式"的原则，采取相应监管措施。控制互联网金融的外部性，保护公众利益。行为监管包括对互联网金融基础设施、互联网金融机构以及相关参与者行为的监管。金融消费者监管针对互联网金融服务的"长尾"人群。[3]

（四）市场优先原则

市场优先原则是政府介入的基本原则。市场优先原则包含三大子原则：市场基础原则、国家干预与市场失灵相适应原则和市场先行原则。市场基础原则意味着对金融活动的价值判断应回归市场层面；国家干预与市场失灵相适应原则体现了比例原则的内在要求。国家干预互联网金融既要优先选择内嵌于市场机制的权力运行模式，又要特别注意干预的副作用和对市场机制的破坏力，制定出具有弹性的金融法律制度，保持金融法律和金融监管与金融发展之间的因势而变；市场先行原则是指根据现有的理性主义和经验主义判断，无法得出市场机制是否失灵，即市场是否能够有效配置资源的时候，政府应当做出市场机制有效推定假设，并进而保持对市场的敬畏和尊敬，暂不进行干预。[4]

---

〔1〕 靳文辉："互联网金融监管组织设计的原理及框架"，载《法学》2017年第4期。

〔2〕 转引自刘然：《互联网金融监管法律制度研究》，中国检察出版社2017年版，第193页。

〔3〕 参见谢平、邹传伟、刘海二："互联网金融监管的必要性与核心原则"，载《国际金融研究》2014年第8期。

〔4〕 参见刘辉："论互联网金融政府规制的两难困境及其破解进路"，载《法商研究》2018年第5期。

第二节　股权众筹中的风险防范

一、典型证券监管框架下股权式众筹的法律风险

（一）缺乏专门规制众筹融资的法律法规

当前，我国金融市场改革处于政策先于法律而行的初级阶段，国家在政策导向层面持续对股权众筹表现了浓厚的兴趣和需求，但法律层面仍未放宽相关条款限制。[1]

股权融资的合法性问题在我国尚未得到妥善解决。严格说来《证券法》的适用主体应当是传统证券市场，而现阶段我国立法上尚未对股权众筹做出明确而清晰的界定，即便有相关规定捎带做了说明，也由于没有正式的专项立法对股权众筹做出统一规定，在立法上的空白是相当明显的，这对股权众筹的发展来说无疑是一个不好的信号。[2]可见，当前我国法律对股权众筹这一舶来品仍然是观望和保守的态度：既不明确表示鼓励，也未积极进行管理。法律的滞后势必会在一定程度上造成与实践断层的情况，既然股权众筹的推行已经势如破竹，且出现了大量与非法集资、公开发行、新三板对接等方面相互碰撞冲突的问题。因此，有必要承认立法在证券法上的变动，特别是针对股权众筹的立法规定，应当在谨慎的前提下大刀阔斧地开展。

有学者提出，[3]我国股权式众筹游离于《证券法》调整之外的原因，在于《证券法》对证券采"形式证券"的狭隘界定，使得"证券法目前规制的证券范围并不能涵盖所有应当由证券法规制的证券"，[4]也使得我国的证券监管远不能适应日新月异的金融创新。相反，以证券市场自由宽松闻名于世的美国，对证券界定采宽泛的列举式，并以"被普遍认为是证券的其他任何权益或者凭证"作为概括性兜底。[5]司法实践中，美国联邦最高法院于 1946 年证券交易委员会（SEC）诉 Howey 公司一案中归纳出的"Howey 检验"（Howey Test）对我国《证券法》的完善具有重要意义，其认为投资活动若满足下列四个要素即可被视为发行证券：一是资金投入；二是共同事业；三是以获利为目的；四是通过他人的努

---

〔1〕 参见董淳锷："中国股权众筹立法问题之检讨"，载《比较法研究》2018 年第 5 期。

〔2〕 参见张天慧："股权众筹法律问题的研究"，载《法制与社会》2020 年第 1 期。

〔3〕 参见汪振江："股权众筹的证券属性与风险监管"，载《甘肃社会科学》2017 年第 5 期。

〔4〕 陈甦、陈洁："证券法的功效分析与重构思路"，载《环球法律评论》2012 年第 5 期。

〔5〕 参见彭冰："非法集资活动规制研究"，载《中国法学》2008 年第 4 期。

力获利。这种本质性的证券认定标准有效地扩张了证券法的适用范围，值得我国参考借鉴。股权众筹是投资者通过互联网平台以取得股东地位为对价，将自有资金交由融资企业，期待借融资企业良好运营以获得分红与资本增值的活动，[1]显然符合美国法中证券的界定。

（二）擅自公开发行证券的法律风险

根据《证券法》第9条的相关规定，可以从两个方面来判断是否为"公开发行"：一是"不特定对象"。互联网的公开性、交互性使得股权众筹最初面临的投资者是不特定的。为了避免触及法律，众筹平台往往通过一系列实名认证、资格认证等手段将不特定的投资者转化为具有一定资质的特定投资者。然而这一行为是否具有转化的效果学界意见不一。二是200人的人数限制。《证券法》规定发行人数一旦超过200人，即成为公开发行证券，而根据我国《证券法》第9条、《刑法》第179条、《最高人民法院关于审理非法集资刑事案件具体应用法律若干问题的解释》第6条等相关规定，公开发行证券必须经国家有关主管部门的批准，否则就会被认定为"擅自发行股票罪"。虽然在一些众筹项目中，投资者的人数并没有超过200人，可以认定为非公开发行证券，但是真正的股权众筹融资项目人数大多时候都会超过200人，因为股权众筹一般都是针对大额资金的项目，而众筹融资的优势恰在于"小额、大众"，人数不超过200人时更像是私募。为避免被戴上"非法集资"的帽子，实践中已有不少"众"筹交易只能"打扮"成"私"募的形式，[2]这显然是一种畸形的股权众筹。针对这一问题，我国《私募股权众筹融资管理办法（试行）（征求意见稿）》（以下简称《众筹办法》）明确限定股权众筹应当采取非公开发行方式，并通过一系列自律管理要求以满足《证券法》第9条对非公开发行的相关规定。这种规定虽然在一定程度上规避了众筹融资公开发行证券的法律风险，但势必阻碍未来众筹融资范围的扩大与进一步的发展。

另外，我国股权式众筹将受到私法与公法两个层面的法律规制，在私法层面主要受发行对象、发行方式以及最高发行人数三项标准的限制，而在刑事法律层面则主要涉及最高发行数额、发行人数以及行为后果等因素的考量。[3]显而易

---

〔1〕 参见汪振江："股权众筹的证券属性与风险监管"，载《甘肃社会科学》2017年第5期。

〔2〕 参见黄韬："股权众筹兴起背景下的证券法律制度变革"，载《北京工商大学学报》2019年第6期。

〔3〕 参见盛学军、刘志伟："证券式众筹——监管趋势与法律进路"，载《北方法学》2015年第52期。

见，刑事法律采取了更为严格的规制标准，若未经国家证券监督管理机构的核准，任何单位和个人必须同时遵循 2010 年《最高人民检察院、公安部关于公安机关管辖的刑事案件立案追诉标准的规定（二）》第 34 条第 1、2 项规定的发行数额不得超过 50 万或投资者数量不得超过 30 人的限制。无疑，上述规定已严重压缩了我国股权式众筹的发展空间。因此，为避免擅自发行证券风险的发生，目前国内所有众筹网络平台基本上都会明确规定，"项目的回报内容不得是股权、债券、分红、利息等形式"，[1]此局面实然不利于股权众筹的合理有序发展。截至目前，我国股权式众筹平台尚未获得相关类型的特别批准，所以我国的股权式众筹要想发展壮大势必涉嫌公开发行证券的法律风险。

（三）欺诈发行证券的法律风险

我国股权式众筹存在欺诈发行证券的法律风险。

1. 股权式众筹的自身发展特性决定了证券监管放松举措的采纳与实施的必要性，而放松对证券式众筹的监管极易导致无经验的公众投资者暴露于欺诈和市场操纵风险之中。我国《证券法》第 181 条、第 183 条明确规定，在招股说明书、认股书、公司、企业债券募集办法中隐瞒重要事实或者编造重大虚假内容发行股票、债券系欺诈发行股票、债券或其他证券的行为。股权式众筹之所以能够满足中小投资者的投融资诉求，一方面在于能辅助投资企业获得数量众多的投资资本，另一方面中小投资者也可以借助互联网选择投资自己更加信任的企业。但在这种便捷化金融融资的背后，投资者极易遭受欺诈的风险，其主要原因有三：一是这种方式允许无经验的非合格投资者参与未经注册的众筹股票发行；二是其以秘密和晦涩难懂的方式减少了发行人应向投资者发布的有关股票发行及其与本身相关的信息，因而降低了发行人自身的透明度；三是设定的投资数额上限过低，以至于中小投资者没有能力参与诉讼或寻求投资损失救济。[2]

2. 我国反欺诈执法中亦存在较多问题，如中国证监会处罚力度弱、证监会难以依赖脆弱的市场声誉机制约束保荐人而转向倚重行政权力等。[3]在既有证券反

---

〔1〕　单世朋："股权众筹代表平台分析"，载 http://www.360doc.com/content/15/0217/00/21964171_449077828.shtml，最后访问日期：2015 年 2 月 17 日。

〔2〕　Jumpstart Our Business Startups Act § 302（a）–（b），126 Stat. at 315 – 20（codified in various sections of 15 U.S.C. § 77d，77d – 1）（permitting non – accredited investors to participate in the sale of unregistered securities，decreasing the disclosures required by issuers，and limiting how much an investor can invest in a crowdfunded offering）.

〔3〕　参见沈朝晖："监管的市场分权理论与演化中的行政治理——从中国证监会与保荐人的法律关系切入"，载《中外法学》2011 年第 4 期。

欺诈规则本身不甚完备的背景下，如若单纯实施规制缓和策略，降低股权式众筹中证券发行的信息披露等要求，而缺乏股权式众筹监管的配套规则，这无疑会直接使中小投资者暴露于欺诈风险之中。

3. 当前我国证券发行欺诈案件的频发与证券市场中介机构亦密不可分。目前国内缺乏专门的法律法规对众筹行业予以规范，对于众筹网站的批准设立、业务经营范围许可、资金风险控制没有明确规定，日常监管方面几乎处于空白。在外部监管缺失的情况下，此类平台非常容易变成诈骗或者非法集资的工具。[1]

（四）众筹平台法律监管制度不健全

众筹融资的突出特征是"小额""大众"，其设立初衷是让普通大众都能参与融资，推动"大众创业、万众创新"。但由于投资者多为普通民众，不同于专业的投资公司，他们大多不具备专业的抗风险能力。如果对众筹平台的准入条件没有明确具体的界定和限制，会使投资者识别众筹项目风险的难度增加，也势必阻碍我国股权式众筹融资的健康稳步发展。

针对股权众筹平台的功能和地位，不难发现其除了具备类似承销商的角色外，还兼具其他几重身份。首先，众筹平台为发行人和投资者提供居间服务，与发行人签订居间合同并收取居间费用，属中介机构。其次，众筹平台对发行人的项目进行审核和监督，决定项目的发行与否，扮演了类似证券监管部门的角色。另外，众筹平台会对发行人的证券发行进行适当指导，部分众筹平台设立有专门的投资风险基金以补偿遭受欺诈损失的投资者，这又多少具有保荐人的意味。综上，目前我国股权众筹平台实际上是一类具有身份多样性的互联网证券发行中介。[2]

另一方面，当前我国股权众筹平台存在行业准入和行业标准的双重缺位。金融体系的稳定与安全是金融监管的基本目标，准入门槛和行业标准则是降低金融风险的基础手段。与英国发达的行业自律不同，我国的金融监管一直由政府主导。我国股权众筹在外部监管缺位的背景下，行业协会的自律监管功能也难以实现。证券业协会制定的《众筹办法》虽然对股权众筹平台的准入门槛、基本规则进行了有益探索，但其对《证券法》具有先天依赖性，且尚未生效，还存在较多的变数与不足。除了尚未生效的《众筹办法》，行业内至今未能达成门槛或标准共识。另外，股权众筹融资具有周期性，投资者资金在注入融资企业前须交由平

---

〔1〕 参见刘雪芳："众筹风口到来：平台需好项目、法律风险犹存"，载 http://www.newhua.com/2014/0324/254844.shtml，最后访问日期：2021 年 4 月 21 日。

〔2〕 参见汪振江："股权众筹的证券属性与风险监管"，载《甘肃社会科学》2017 年第 5 期。

台管存，有形成资金池的风险，容易使平台异化成影子银行，违背股权众筹的直融本质。[1]

二、我国股权式众筹中的具体法律问题

股权式众筹作为融资企业依托互联网融资平台的新型投融资方式，在互联网金融时代下应运而生，对我国中小企业缓解融资压力，促进转型发展意义重大。但由于我国股权式众筹尚处在发展起步阶段，相关法律法规不甚完善，实践操作缺乏标准指导、过程错综复杂，导致股权式众筹交易中矛盾纠纷频发。

通过梳理股权式众筹交易的相关司法案例，本部分整理出我国股权式众筹交易过程中常见的以下几类具体法律问题并进行分析。

（一）"委托融资服务协议"的判定效力

根据中国人民银行等十部门发布的《关于促进互联网金融健康发展的指导意见》（银发〔2015〕221号）的要求，股权众筹融资中介机构可以在符合法律法规规定的前提下，对业务模式进行创新探索，更好地服务创新创业企业。可见，国家对包括众筹融资交易在内的互联网金融交易的顺利开展提供了空间。[2]

但股权式众筹作为我国互联网融资的方式之一，其实际运行需要受到我国《证券法》《民法典》等系列法律的限制与规范，不得违反我国法律法规的禁止性规定。在股权式众筹的实际运行中，投融资双方与融资平台之间大多签订《委托融资服务协议》以厘清各方主体的权利义务，对该类协议效力的准确认定是促进我国股权式众筹良性发展的重要前提。

（二）股权式众筹中相关主体间的法律关系

针对股权式众筹中投资人与众筹平台的法律关系，我国立法目前并没有给出准确回应，这给司法适用带来了一定困扰。《众筹办法》将股权众筹平台界定为"通过互联网平台（互联网网站或其他类似电子媒介）为股权众筹投融资双方提供信息发布、需求对接、协助资金划转等相关服务的中介机构。"实践中我国股权众筹平台的核心功能主要是帮助融资人和投资人进行信息匹配、帮助双方进行交流、促成交易，并收取居间费用，其本质很接近民法上的"居间人"。但基于股权众筹平台的功能复杂性以及责任多元性等特征，股权众筹平台并非单纯的居间人角色，[3]司法实务需准确把握股权众筹平台的这一特殊属性。

---

〔1〕 参见邵琦："论我国众筹融资的法律风险及规制"，载《法制与社会》2014年第22期。
〔2〕 相关案例参见北京市朝阳区人民法院（2017）京0105民初1148号民事判决书。
〔3〕 参见刘诗瑶："我国股权众筹平台定位与监管研究"，载《上海金融》2012年第8期。

（三）股权众筹平台的法定义务及其履行

股权众筹作为一种融资模式，股权众筹平台具有承接投资方与融资方的重要纽带功能。作为促进众筹顺利进行的金融中介机构，众筹平台至少负有以下义务：对融资方及融资项目的合法性进行审查，对融资方的信息进行及时、全面的披露；对投资人资格进行审查，通过风险提示使投资人了解股权众筹的基本规则和风险；在投融资双方间建立信息沟通渠道，保持居间方的中立性；等等。

明确股权众筹平台的相关义务既是平台收取居间报酬的合理性基础，也是保护投资者利益、维护金融市场秩序的客观要求。但需要说明的是，股权众筹是一种新型的金融业态，我国尚未出台专门针对众筹融资的行政法规或部门规章，因此，股权众筹的业务模式及众筹平台的服务内容仍在不断创新、变化和调整之中，平台的权利义务内容也可能随之发生变化。[1]

（四）股权众筹平台的责任承担

在股权众筹融资中，股权众筹平台起着主导作用，明晰众筹平台的法律责任对整顿股权众筹交易市场，敦促众筹经济良性发展意义重大。但在明确股权众筹平台法律责任的同时，也应考虑到股权众筹作为一种新型的金融业态，对于发展互联网金融，服务创新创业企业上具有重要意义。因而法院在维护金融稳定，保障投资者合法权益的同时，亦应注重股权众筹平台在股权众筹活动中的重要地位，力求做到各方利益的衡平，在此基础上，确定股权众筹平台对于其过错部分承担赔偿责任无疑是符合维护金融秩序与促进金融市场的发展要求的。

三、我国股权式众筹监管的宏观理念创新

在互联网时代，法律和监管的两分法模式暴露出局限性，因为互联网股权众筹的本质即是面向普通公众，如要求其适用私募发行豁免制度，那就意味着投资者的身份和数量会受到限制，"便利融资"的目的难以实现；而如果适用公募发行制度，那就意味着我国股权众筹需要适用既有证券法中严格的法律监管规则，这无异于关上了各类创业企业通过众筹来获得融资机会的大门。[2]

在互联网时代，我国证券市场的监管者与市场参与者彼此之间的关系需要获得重构，证券发行有可能不再是"管理层"控制之下的"国家行为"，以往我国

---

〔1〕 相关案例参见北京市朝阳区人民法院（2017）京 0105 民初 1148 号民事判决书、西安市碑林区人民法院（2017）陕 0103 民初 4806 号民事判决书。

〔2〕 参见黄韬："股权众筹兴起背景下的证券法律制度变革"，载《北京工商大学学报》2019 年第 6 期。

证券市场中"父爱主义"色彩浓厚的高度管制模式有可能逐步失去其空间，从"金融抑制"到"金融深化"的发展趋势将会得到进一步强化，以避免出现由于外部原因导致证券法公共政策目标之间的失衡。

（一）明确股权式众筹的法律性质

规制股权众筹，首先应明确它在证券法律上的性质和地位，其究竟是一种可以豁免的小额公募行为还是私募股权融资行为。本书认为，从本质上来看，股权众筹其实是一种面向公众的互联网小额证券融资。但是由于我国《公司法》对于投资者人数有限制性规定，即有限责任公司单次只能由 50 名以下的投资者出资设立，这显然与现行《证券法》明确规定的公开发行证券的条件不符，以致目前看来股权众筹似乎是一种违法公开发行证券、法律风险突出的私募股权融资，从而直接导致股权众筹的投资标准过高，民众参与度降低，与众筹集合公众力量的理念相违背。

实际上，依托互联网平台进行股权融资的行为可以归纳为两大类："公开"的即为公募股权众筹，"非公开"的即为私募股权融资。[1]私募股权融资最明显的优势在于对融资者的项目融资额并无任何限制，它可以充分满足较大企业的融资需求。而确立股权众筹的小额公募豁免地位正是为小微企业等筹集发展资金创造了便利条件：小额公募股权众筹不仅使得企业信息披露的高要求得以降低，为众多初创企业、中小微企业开辟了新的筹资渠道；它还通过保护性规定来限制个人投资者的单笔投资额，为众多投资经验贫乏的普通投资者提供了一种降低投资风险的组合投资新路径。因此，我国理应在《证券法》上确立起股权众筹的小额公募豁免地位，从而为处于创业初期的中小微企业筹集资金提供一个宽松便捷的市场环境。[2]

（二）信息披露：从行政性实质判断向形式性转变

当前，我国证券行业采用命令控制型监管方式，具体表现为：一是运用实质审查标准仅允许少数企业进入证券市场融资，法定信息披露作为有效监管的核心手段；二是证券法规定的合法证券范围很小，遇到类似投资合同等新型融资行为即一律收入非法集资的口袋中；三是我国刑事层面的法律与现行证券法律法规存在诸多不协调，并且存在过于倚重刑法在非法证券活动中作用的不当情形。

---

〔1〕　参见许多奇、葛明瑜："论股权众筹的法律规制——从'全国首例众筹融资案'谈起"，载《学习与探索》2016 年第 8 期。

〔2〕　参见臧阿月："论股权众筹的证券法属性与规制"，载《广东石油化工学院学报》2018 年第 5 期。

我国股权式众筹发行的监管理念需要从行政性实质判断向形式性信息披露转变，从传统过于注重对发行人的监管转向兼顾强化中介机构在证券式众筹发行中发挥反欺诈、信息有效传递与投资者教育等功能，以及通过"安全港"的设立来实现小额融资豁免。[1]在发行人信息披露义务方面，我国股权式众筹监管应从单纯对发行人繁冗的信息披露要求向兼顾发行人融资额度和投资人投资额度的限定转变，[2]以减少发行人的信息披露负担，并为其提供进入资本市场的便捷通道，同时，通过对投融资最高数额的限制来降低风险和损失。从信息披露的标准来看，意大利、美国、新西兰均已实施规制缓和策略，如美国《JOBS法案》规定初创企业无须提交审计师对公司内部控制的证明报告、无须按照一般公认会计准则（简称"GAAP"会计准则）进行信息披露以及降低高管薪酬披露标准；[3]而新的监管规则均对发行人融资额度和投资人的投资额度作出限定，如意大利的"成长法令"规定符合资格的创新型初创企业每年募集的最高金额不得超过500万欧元，而单个投资者投资金额不得超过500欧元，或全年投资额不得超过1000欧元。[4]

（三）明确众筹融资平台的法律定性，强化平台准入资格与法律义务

为进一步发挥股权众筹平台在推动众筹融资、营造良好金融氛围的重要作用，有必要从法律上对众筹融资平台进行准确定性。在国外立法上，美国和意大利对股权众筹平台进行了专门规定。美国《JOBS法案》规定股权众筹平台必须是已经注册的证券经纪商或专门的集资门户（Funding Portals）。其中集资门户为《JOBS法案》新创设的一种证券中介类型，其被定位为信息中介，根据规定不得提供投资建议。意大利证券交易委员会（CONSOB）第19520号决议规定了股权众筹平台为门户经理（Portal Managers），其被定位为信息中介，但是较一般信息中介承担了更多义务，受CONSOB的特殊监管。与前述国家不同，法国《参与性融资条例》将股权众筹平台定义为一种新的咨询机构——参与性投资咨询机构（CIP），其受到法国金融市场监管局（AMF）的监督，类似于金融投资咨询机构，

---

〔1〕 参见李有星："论非法集资的证券化趋势与新调整方案"，载《政法论丛》2011年第2期。

〔2〕 Terence Wong, Crowd funding: Regulating the new phenomenon, *31 Companies and Securities Law Journal*, 104（2013）.

〔3〕 参见鲁公路、李丰也、邱薇："美国新股发行制度改革：JOBS法案启示录"，载http://www.whitehouse.gov/the-press-office/2012/04/05/remarkspresident-jobs-act-bill-signing，最后访问日期：2021年3月21日。

〔4〕 参见刘诗瑶："我国股权众筹平台定位与监管研究"，载《上海金融》2019年第8期。

没有资本要求，但不能从事其他活动。[1]

针对当前我国股权众筹平台存在行业准入和行业标准双重缺位的现状，我国股权式众筹监管有必要从单纯强调对发行人信息披露要求向兼顾强化中介机构的资格和义务转变，此举也是实现监管放松与监管加强有机平衡的重要手段。[2]如上所述，较之于传统证券监管，发行人信息披露标准得以降低，法律风险相对扩大。根据《众筹办法》对股权众筹平台的界定，作为众筹融资的重要参与方之一，众筹平台有责任协助证券监督管理机构进行监管：股权式众筹平台不仅有义务对发行人的背景进行法律审查，而且有义务对投资者进行教育，甚至需要为证券监督管理机构收集、传递证券式众筹的发行、交易信息等。换言之，法律应首先对众筹融资平台进行准确定性，并强化平台准入资格，进而明确股权式众筹中介机构对发行人、投资者以及证券监督管理机构等相关主体所负有的法定义务，最后进一步强化众筹平台自身的服务能力与自治水平。从众筹平台角度完善我国股权式众筹的法律监管与制度设计。

（四）对投资者的保护：兼顾投资民主与投资权利维护

在股权式众筹中对投资者的保护是重要考虑对象。但在侧重对投资者权益保护的同时需要意识到，股权式融资的核心目的是满足普通大众的投资需求、发展普惠金融。故应肯定投资者在信息有效市场条件下的自我理性判断与责任自负的责任承担理念，而非全然否定中低收入群体在证券式众筹中的投资资格抑或权利。

投资者资格限制是我国《众筹办法》最受争议之处。《众筹办法》规定股权众筹中的个人投资者应满足如下条件：投资单个融资项目的最低金额不低于100万元人民币，或者金融资产不低于300万元人民币或最近3年个人年均收入不低于50万元人民币。由于穿透审查的存在，借助合伙企业的外壳进行众筹融资也难以规避该限定。《众筹办法》对投资者的资格限制依然局限于其私募定位，上述合格投资者标准严重偏离股权众筹实践，不具有现实意义。同时，对投资者资格进行严格限定虽然在一定程度上着重风险把控，但从本质上说不仅不符合股权众筹"大众创新、万众创业"的内核精神，更是对投资者权利的剥夺和无视，长此以往容易造成投资领域的专断。

因此，结合现阶段我国互联网金融的发展背景以及对投资者投资权利的实质

---

〔1〕　参见刘诗瑶："我国股权众筹平台定位与监管研究"，载《上海金融》2019年第8期。

〔2〕　参见臧阿月："论股权众筹的证券法属性与规制"，载《广东石油化工学院学报》2018年第5期。

保护,我国证券监管应从单纯注重投资者适当向兼顾投资民主与投资权利维护转变,逐步放开并认可所有人均享有购买证券式众筹所发行证券的权利,即投资者维护的监管重点应从投资者投资资格的定性向兼顾投资者投资数额的定量转变。[1]

四、我国股权式众筹监管规则的具体设计

(一)发行方角度

1. 明确发行人资格与适度减少信息披露义务。

(1)明确股权式众筹发行人适用资格。从企业的组织形式来看,我国股份有限公司具有广泛的融资权利,而其他类型的企业融资权利则受到诸多条件限制。事实上,"无论是从资金融出方还是融入方观察,公司组织形态都不是配置融资权利的核心要素,融资权利的配置应当交给投资者,主要根据是否有'合适的项目'去判断"。[2]因此,有关股权式众筹之证券发行应适用于所有企业的组织形式,当然,商业银行、证券公司等金融机构应该排除在适用范围之外。从公司规模来讲,证券式众筹发行人应限定于中小微型企业,《众筹办法》第11条亦作出融资者应当为中小微企业或其发起人的规定。

(2)完善股权式众筹发行人的信息披露义务。互联网众筹产生风险的一个重要原因在于发行方与投资方具有严重的信息不对称性。但考虑到股权式众筹"便利融资"的初衷以及众筹发行方多为小微企业的现实特征,为进一步减轻初创或中小微企业发行负担并及时募取项目或企业发展资金,在发行人信息披露义务方面,我国股权式众筹监管应从单纯对发行人繁冗的信息披露要求向兼顾发行人融资额度和投资人的投资额度限定转变,旨在通过适度减少发行方的信息披露负担,为其提供进入资本市场的便捷通道。《众筹办法》第11条明确规定了融资者在股权众筹融资活动中的职责,强调了发行方适当程度的信息披露义务,要求融资者提供真实、准确和完整的用户信息并发布真实的融资计划书,要求发行方通过股权众筹平台向投资者如实披露企业的经营管理、财务、资金使用情况等关键信息,及时披露影响或可能影响投资者权益的重大信息,但《众筹办法》未对发行方财务信息提出很高的披露要求。《众筹办法》对发行方信息披露义务的放宽

---

〔1〕 参见汪振江:"股权众筹的证券属性与风险监管",载《甘肃社会科学》2017年第5期。
〔2〕 蒋大兴:"公司组织形态与证券(融资)权利——摈弃有限公司'改制上市'的法律习规",载《现代法学》2013年第1期。

设计是适应中小微企业经营特点、减轻企业融资负担的制度体现。[1]

2. 适度限制发行人融资额。适度减少发行方的信息披露负担，是为小微企业提供进入资本市场的便捷通道的重要措施，但同时需要防控股权式融资市场的潜在风险，通过对投融资最高数额进行适度限制不失为一种防控风险的有效手段[2]。对股权众筹发行额进行限制是小额证券豁免的应有之义，股权式众筹之所以存在并针对其制定相应的监管规则，关键是较之于传统证券公开发行，股权式众筹的精髓在于小额和大量，故又称其为"小额公众募集"。但《众筹办法》中并未体现这一限制。

域外立法对股权式众筹所适用的年度融资限额的规定是建立在股权式众筹适用发行人资格、投资者标准设定以及单个投资者的年度投资限额的基础上的。如意大利对发行人资格提出了较为严格的要求，其年度最高融资额较高；而美国未对发行人资格进行严格限制，其年度最高融资额则相对较低，美国《JOBS 法案》将发行额限定为 12 个月内累计出售的证券总额不超过 100 万美元。[3]根据股权众筹在我国的实践和定位，结合我国目前尚未对股权式众筹发行人资格进行严格限制，本书认为，目前我国的众筹发行限额也不应过高，可参考以 500 万元人民币为限，再进一步对 500 万元的区间进行额度划分，以此有效规避融资风险，且发行方可以针对不同融资额度区间承担不同繁简程度的信息披露要求。

3. 引入小额公开发行豁免制度。小额发行豁免制度是指在发行规模较小时，由于公开发行的成本可能会远大于收益，因而采取审核豁免的方式。结合域外法的先进经验，本书认为，我国可以在股权式众筹的制度设计中考虑引入小额发行豁免制度。

依据我国最新修订的《证券法》的相关规定，我国证券发行已从传统的审批备案制转变成注册登记制，但不可否认的是，现行《证券法》同样规定了证券发行注册制的具体范围、实施步骤，需由国务院规定。这无疑奠定了分步推进注册制的发展基调。基于这一现实背景，适时推行小额发行豁免制度有助于切实扶持中小微企业的融资活动。[4]股权众筹的筹资者大多是初创型企业，具有较大发展前景和创新思维，很可能在未来成为我国经济增长的强大动力，因此实行小额发行豁免制度将会大有益处。

---

[1]　参见汪振江："股权众筹的证券属性与风险监管"，载《甘肃社会科学》2017 年第 5 期。
[2]　参见汪振江："股权众筹的证券属性与风险监管"，载《甘肃社会科学》2017 年第 5 期
[3]　参见张天慧："股权众筹法律问题的研究"，载《法制与社会》2020 年第 1 期。
[4]　参见黄韬："股权众筹兴起背景下的证券法律制度变革"，载《北京工商大学学报》2019 年第 6 期。

值得注意的是，尽管现行《证券法》并没有对公开发行豁免制度进行规定，但我国《证券法修订草案（三次审议稿）》第 11 条第 1 款曾对公开发行豁免制度进行过法律规定，[1]通过国务院证券监督管理机构认可的互联网平台公开发行证券，募集资金数额和单一投资者认购的资金数额较小的，或通过证券公司公开发行证券，募集资金数额较小，发行人符合规定条件的，可以豁免核准、注册。可以为未来我国股权式众筹引入小额公开发行豁免制度提供有力借鉴。

针对小额公开发行豁免制度，域外经验也可作为重要参考。美国《1933 年证券法》第 3（b）条就规定了"受限制的发行豁免（Limited Offering Exemptions）"，允许在 12 月内不超过 500 万美元的证券发行在一定条件下可以豁免注册。其后，美国证监会在 1936 年和 1982 年先后颁布了实施该项规定的《A 条例》和《D 条例》，对小额股票发行豁免作了具体规范。2012 年美国"JOBS 法案"第 401 条在《1933 年证券法》中增加了 3（b）（2）条，授权证监会就小额发行豁免制定新规则。而美国证监会于 2015 年 5 月 25 日公布了修订之后的最终规则文本（也称为《A + 条例》），大幅提高了融资金额的上限标准，同时对小额发行豁免制度进行了两个层次的区分，[2]对于第二层次的发行豁免，发行人还需符合额外的要求，包括提供经审计的财务报表；提交年报、半年报以及当前事项的报告；非获许投资者认购证券的金额不得超过其年收入或净资产的10%。欧盟成员国规定，融资者 12 个月内累积融资总额不超过 100 万欧元的，属小额发行，可免于提交招股说明书，但仍需向平台提供基本信息，包括公司业务、项目计划、风险、所发售证券有关权利和转让条件等内容。实际上，各国股权众筹小额公开发行豁免规则的趋同，恰恰说明，在投资者和融资者单一项目的风险，可控制在与市场流动性要求相符的程度之内时，并无限制融资者向不特定公众投资者公开发行证券的必要。[3]

综上，本书建议我国法律关于小额发行豁免的规定可采取授权模式，即授权

---

〔1〕《证券法修订草案（三次审议稿）》第 11 条第 1 款："公开发行证券，有下列情形之一的，可以豁免核准、注册：①通过国务院证券监督管理机构认可的互联网平台公开发行证券，募集资金数额和单一投资者认购的资金数额较小的；②通过证券公司公开发行证券，募集资金数额较小，发行人符合规定条件的。"

〔2〕 Thaya Brook Knight, Huiwen Leo, Adrian Ohmer："A Very Quiet Revolution: A Primer on Securities Crowdfunding and Title III of the JOBS Act", *2 Michigan Journal of Pri - vate Equity &Venture Capital Law*, 135 (2012). 第一层次（Tier 1）适用于 12 个月内发行总额不超过 2000 万美元的融资活动（其中，附属于证券发行人的证券持有者售卖额度不超过 600 万美元）；第二层次（Tier 2）适用于 12 个月内发行总额不超过 5000 万美元的融资活动（其中，附属于证券发行人的证券持有者售卖额度不超过 1500 万美元）。

〔3〕 参见杨东："互联网金融风险规制路径"，载《中国法学》2015 年第 3 期。

中国证监会制定包括融资金额上限在内的具体适用规则，在发行方满足特定发行时间及特定发行金额的前提下，可以豁免相关注册程序。考虑到现时人们对非法集资活动的担心，小额发行豁免制度在我国的实行可遵循先紧后松、逐步放宽的过程。

（二）股权众筹平台角度

1. 准确界定股权众筹平台性质。我国股权众筹平台的核心功能主要是帮助融资人和投资人进行信息匹配、帮助双方进行交流、促成交易，并收取居间费用，其本质很接近民法上的"居间人"。但股权众筹平台并非单纯居间人角色[1]：一是平台在股权众筹中身兼数职，并非只有一种功能；二是平台在股权众筹项目中为融资人和投资人提供信息匹配、促成融资，在这个过程中股权众筹平台掌握着更多的信息，理应承担更多的责任，而单纯的居间人角色以合同法为依据，无法承担起保护投资人的责任；三是股权众筹兴起后股权众筹投资人信息不对称，因地域较远调查成本增加，搭便车意愿增强。一旦投资失败，股权众筹投资人可能需要为自己的选择付出更"高昂"的代价，种种不利之下投资人可能会对股权众筹项目退缩，而平台审核看似增加了融资人的成本，但从整体来看通过平台进行审核减少了项目失败的可能性和投资风险，对投资人也是一种保护和鼓励，无疑更符合"成本—收益"考量。

世界各国对股权众筹平台的法律定位不一，有的认为其是中介交易场所，有的认为是集资门户。对股权众筹平台性质的不同认定，决定了所在国对平台监管的法律规范，比如在经纪市场法律法规健全的美国、意大利，股权众筹平台被认为是一类特殊集资门户，其集资行为就相应得到规范，同时明确集资门户不得提供投资建议、不得为平台上展示的证券进行劝诱性销售；而法国认定股权众筹平台是一类咨询机构，对其无具备一定数量注册资本的要求，也明确要求其不能从事平台推荐以外的其他金融活动。[2]

在我国，股权众筹平台实际上是一类具有身份多样性的互联网证券发行中介[3]，我国股权式众筹平台依托互联网技术，成为股权式众筹的重要参与方之一，可以考虑参考美国、意大利的立法，将股权众筹平台视为"特殊专门平台"服务于股权众筹项目，进而设定众筹平台的准入门槛并规定其承担一定的"看门人"

---

〔1〕　参见刘诗瑶："我国股权众筹平台定位与监管研究"，载《上海金融》2019 年第 8 期。

〔2〕　参见赖继："股权众筹平台适当性主体义务实证研究——以防范金融结构性风险及投资人保护为视角"，载《证券法律评论》，中国法制出版社 2019 年版，第 495 页。

〔3〕　参见汪振江："股权众筹的证券属性与风险监管"，载《甘肃社会科学》2017 年第 5 期。

义务。

2. 明确众筹平台准入门槛。相较于传统证券发行，股权式众筹降低了发行方的信息披露要求，但这绝对不是对投资者权利维护的放弃。在股权式众筹发行中，股权众筹平台扮演了至关重要的角色，包括为发行人提供服务、辅助证券监督管理机构对发行行为监管以及对投资者权利的保护等。

从本质上讲，股权式众筹天然具有公众性和集资性的特点，其发行行为本身就应该受到严格限制，但基于效率的考量，诸多义务便被附加于众筹平台身上，并对其提出诸多限定性要求，在这其中，首先需要严格设定股权众筹平台的准入门槛。在股权式众筹中，众筹平台是证券发行成功与否的重要环节，亦是投资者保护的重要保障。为保证众筹平台始终秉承客观、中立的立场，监管规则亟需限定股权式众筹平台的法律资格。

《众筹办法》最具意义的规定之一是将股权众筹平台与《证券法》所规定的证券公司[1]加以区分，承认股权众筹平台的独立地位。股权众筹的小额化决定了众筹平台不能也不应遵循《证券法》对证券公司的准入要求。同时《众筹办法》第7条规定了众筹平台的资格规定，作为股权众筹平台，应当为在中华人民共和国境内依法设立的公司或合伙企业、拥有不低于500万元人民币的净资产，同时具有与开展私募股权众筹融资相适应的专业人员，具有3年以上金融或者信息技术行业从业经历的高级管理人员不少于2人，合法的互联网平台技术设施及完善的业务管理制度。但需要注意的是，《众筹办法》对股权众筹平台的准入条件较为宽松，仅要求平台拥有500万元的净资产额以及一定的专业人员和技术设施，从规范平台质量的角度出发，专业人员和技术设施的具体标准在未来的立法实践中可以结合融资实践进一步细化。

3. 严格规定股权式众筹平台的法律义务。股权众筹平台的核心功能是促进投融资双方进行项目交流，进行信息匹配，促成交易。[2]间接监管下的股权众筹平台更是成为监管的重点。对此，《众筹办法》除了规定众筹平台的审核义务、必要的反欺诈义务、对投融资方的信息管理义务、投资者教育义务、隐私权保护义

---

〔1〕《证券法》第118条：设立证券公司，应当具备下列条件，并经国务院证券监督管理机构批准：①有符合法律、行政法规规定的公司章程；②主要股东及公司的实际控制人具有良好的财务状况和诚信记录，最近3年无重大违法违规记录；③有符合本法规定的公司注册资本；④董事、监事、高级管理人员、从业人员符合本法规定的条件；⑤有完善的风险管理与内部控制制度；⑥有合格的经营场所、业务设施和信息技术系统；⑦法律、行政法规和经国务院批准的国务院证券监督管理机构规定的其他条件。未经国务院证券监督管理机构批准，任何单位和个人不得以证券公司名义开展证券业务活动。

〔2〕参见刘诗瑶："我国股权众筹平台定位与监管研究"，载《上海金融》2019年第8期。

务之外，还列举了众筹平台的行为禁止义务：众筹平台不得为发行人的关联方、不得对众筹提供担保或股权代持、不得提供证券转让服务、不得从事其他证券业务、不得兼营 P2P 网贷或网络小额贷款业务等。禁止众筹平台提供证券转让服务虽然与公募的高流通性不符，但在股权众筹尚未形成成熟的二级流通渠道的开放初期，暂时的转售限制可以降低系统性风险。[1]

从众筹平台法律义务内容层面进行分类，股权众筹平台一般须履行三个层面的义务：其一，信息调查义务。众筹平台应对发行人的背景、经营状况及其董事、高级管理人员的品质与声誉进行审查，及时审查发行方信息披露中是否存在误导性陈述、重大遗漏等错误陈述行为。发行方提交的项目申请材料或商业计划书应当包含项目投资估算、融资风险、资金用途和使用计划等信息以及相应的证明文件，股权众筹平台应对这些信息进行严格的审查，同时由内部的专业团队对融资项目的合法、合理以及可行性进行分析。[2]其二，协助监管义务。众筹平台协助证券监督管理机构对股权式众筹行业进行监管，通过定期上报与信息备案的方式为证券监管部门及时收集、传递众筹行业的交易数据与动态。其三，投资人保护义务。众筹平台应及时向投资者传递发行人的有效信息，对投资者的风险承受能力、专业投资经验及收入情况进行测试，并对投资者进行风险提示和教育。另外，对股权众筹平台课以设计相关制度的义务以具体保护众筹过程中处在弱势一方的投资者合法权益。

4. 完善众筹平台对投资人保护的制度设计。为进一步实现股权众筹平台对投资人的有力保护，可以考虑增设与完善我国股权众筹平台对投资人保护的相关制度设计。从投资人保护的角度进一步扩充众筹平台的禁止义务、增设众筹平台对投资人教育和风险提示义务与再确认制度等，为众筹平台对投资人保护提供坚实的制度保障。

在股权式众筹平台的禁止义务中有以下两个与投资人保护相关的问题需要加以明确：一是应否禁止众筹平台与筹资人之间存在关联关系；二是应否禁止众筹平台对投资人提出直接咨询建议或劝诱购买等行为。

对上述两个问题我国现行立法及《众筹办法》并没有明确答案。本书认为，针对第一个问题，平台参与股权众筹项目固然能够增加平台的积极性，然而现有机制下平台与投资人利益并不能完全保证一致性，实践中很多众筹平台为了吸引

---

〔1〕 参见汪振江："股权众筹的证券属性与风险监管"，载《甘肃社会科学》2017 年第 5 期。
〔2〕 参见臧阿月："论股权众筹的证券法属性与规制"，载《广东石油化工学院学报》2018 年第 5 期。

更多投资人投资其平台项目，有可能与项目方相互勾结，制造虚假项目吸引投资人投资。同时由于平台较之普通投资人在项目中掌握更多信息，处于优势地位，可能与项目方勾结形成内幕交易。故应当禁止平台与筹资人之间存在关联关系。针对第二个问题，尽管美国《JOBS 法案》对集资门户进行了明确的禁止规定，[1] 但是基于搭便车的心理，投资人对股权众筹平台往往具有更大的信赖，一是众筹平台通过提供专业投资建议能提高一般投资者投资成功的可能性，客观上降低受欺诈的风险；二是对股权众筹平台而言，进行咨询建议意味着从股权众筹活动中获取额外收入，对股权众筹平台来说具有正向激励价值。因此，现阶段我国可以适度允许股权众筹平台开展投资建议业务作为任意性规范，允许股权众筹平台选择适用，但对平台劝诱购买的现象则应严格禁止，以防止众筹平台提供虚假建议损害投资人利益。

在具体投资人教育义务的规定上，美国《JOBS 法案》第 302 条（2）款规定众筹中介机构须履行合理告知投资者证券式众筹存在的风险并进行投资者教育；明确股权众筹平台应当在投资人开始投资项目之前确认投资者获得投资风险的教育资料并获得承诺。[2] 我国可以参考借鉴美国的相关立法规定，在股权众筹平台的行为义务中明确增设对投资人的教育义务，通过线上阅读或线下发送投资风险教育资料、同时辅之必要的风险能力测试来充分告知投资者投资风险，切实保护投资人的合法权益。

在对投资人的风险提示义务上，美国证券交易委员会（以下简称 SEC）《众筹条例》）给股权众筹平台设置了再确认规则。再确认规则即投资承诺时的再确认，平台应当在投资者进行投资承诺时再次通知交易细节，让投资者对信息进行二次确认。如果众筹要约条款发生了一般性变更，平台应当向已承诺的投资者重新发送通知，若投资者于 5 个工作日内没有重新确认，则视为该项投资承诺取消；若众筹要约条款发生了实质性的变更，则平台应当要求投资者重新履行投资确认的全部流程。[3] 本书认为，上述立法对我国股权众筹平台风险提示义务的完善提供了良好的制度借鉴，我国《众筹办法》第 8 条第 7 项规定股权众筹平台应当"持续开展众筹融资知识普及和风险教育活动，并与投资者签订投资风险揭示

---

〔1〕 参见殷华、周明勇："美国 JOBS 法案内容解析及对中国众筹融资法制的影响探析"，载《现代管理科学》2014 年第 10 期。

〔2〕 参见 Thaya Brook Knight, Huiwen Leo, Adrian Ohmer, "A Very Quiet Revolution: A Primer on Securities Crowdfunding and Title III of the JOBS Act", *2 Michigan Journal of Pri - vate Equity &Venture Capital Law*, 135 (2012).

〔3〕 参见曲君宇："我国股权众筹中的投资者权益保护"，载《西南金融》2018 年第 4 期。

书，确保投资者充分知悉投资风险”即体现了众筹平台的教育义务与风险提示义务，但需结合我国实践发展进一步充实完善相关细节。

5. 建立众筹平台统一的征信系统。信用体系的缺失以及由此带来的信用风险一直是制约我国互联网金融发展的一大瓶颈，而众筹平台如果始终处在信用体系缺失的环境背景下，势必难以确认投资者信息的真实性，不利于股权众筹的稳步发展；而我国央行征信系统并不对互联网企业开放，民间征信系统又较为孱弱，股权众筹平台无法实现与征信系统的信息交换和共享，进而增加了信息识别难度，最终陷入恶性循环。[1]

在互联网股权众筹融资的实践中，由于征信系统缺少相关政策与监管措施，领投人与融资者可能会互相串通，最终给跟投人带来严重的损失。因此，建立众筹平台统一的征信系统大有裨益。首先，股权众筹行业的规范化发展可考虑建立起类似于银行业的黑名单制度，以排除或警示那些有信用污点、证券欺诈前科或在一定时间内遭到过证券监管部门处罚的发行人、领投人。其次，我国股权众筹平台应有意识地将投资者的信用情况准确录入征信系统，作为重要的融资信息以备参考，这不仅有助于降低单个项目的投资风险，更加有利于整个融资市场秩序的稳定。最后，针对当前我国信用体系整体缺失的问题，股权众筹科研平台应与个人信用评级机构加强合作，利用第三方资源打造更有保障的众筹平台。[2]此外，行业内多家股权众筹平台应进行合作，联合建立外部独立的自律性组织，对融资方的资信情况进行统计，同时应联合有关政府部门，考虑将个人投融资信息纳入到个人或者公共的征信系统中，以增强征信体系的影响力与实际效果的发挥。

（三）投资者角度

2020 年 4 月 15 日，国务院金融稳定发展委员会召开第二十六次会议，专门研究了加强资本市场投资者保护问题。保护投资者合法权益是我国证券立法的核心价值之所在，我国未来股权式众筹的发展中亦需要侧重对投资者合法权益的有力保护。

---

〔1〕　参见万国华、王才伟："论我国股权众筹的证券法属性"，载《理论月刊》2016 年第 1 期。

〔2〕　参见汪振江："股权众筹的证券属性与风险监管"，载《甘肃社会科学》2017 年第 5 期。

1. 投资者适当性制度的完善。投资者适当性制度，[1]又称投资者适格制度，是指"金融机构所提供的产品和服务与投资者的财务状况、投资目标、风险承受能力、投资需求及知识和经验等的匹配度。"此项制度最早是作为美国券商的职业道德规范出现，后来逐渐发展成一项金融消费者保护制度。[2]投资者适当性制度的功能是多方面的，包括投资者利益保护、降低交易风险、加强有效监管，以及提升交易效率等，但核心功能应定位于投资者保护，这是基于金融产品销售中交易双方存在严重的信息不对称，且风险识别及承受能力方面有显著差异，为降低交易风险、保护投资者利益而创设的。[3]

《众筹办法》对投资者参与股权众筹设置了严格的标准：个人合格投资者投资单个融资项目的最低金额不得低于 100 万元人民币，且个人金融资产不得低于 300 万元人民币或最近 3 年个人年均收入不得低于 50 万元人民币。其本意是通过设置参与门槛筛选出具有一定风险承受能力的合格投资者进入市场，避免因盲目投资而造成无法承受的损失。然而该规定存在两大缺陷，一方面，其在一定程度上忽视了我国投资者的经济状况，对资产数额的设定过高；另一方面，其仅凭投资者的经济状况来认定其风险承受能力，而未考虑投资者的投资水平、风险偏好等其他因素，这样"一刀切"式的判断标准过于死板，不能充分贴合各类投资者的实际情况，违背了保护投资者权益的初衷，在一定程度上也剥夺了投资者的合法投资权。[4]

本书认为，我国投资者适当性制度构建既要借鉴欧美成熟资本市场的经验，

---

[1] 根据巴塞尔监管委员会协议，适当性要求是指，"金融机构在对零售客户建议购买某项金融产品时，都需要判断针对这一特定客户，此项金融产品是否适合或者恰当。"（See Basel Committee on Banking Supervision, Customer Suitability in the Retail Sale of Financial Products and Services, 30 Apr il 2008 -4-30, available at www. bis. org/publ/joint20 - htm）。国际清算银行（BIS）等《金融产品和服务零售领域的客户适当性》报告中，将适当性定义为"金融中介机构所提供的金融产品或服务与客户的财务状况、投资目标、风险承受水平财务需求、知识和经验之间的契合程度"，即投资者适当性的目标就是让金融机构"了解你的客户"，以便"将适当的产品卖给适当的投资者"（See：BIS, Customer Suitability in the Retail Sale of Financial Products and Services, April 2008, p. 4）。根据 2012 年国际证监会组织《关于销售复杂金融产品的适当性要求（征求意见稿）》中，"适当性"指中介机构在销售金融产品的过程中应当遵守的标准和规定，并据此评估所出售的产品是否符合客户的财务状况和需求。销售行为包括向客户提供投资建议、管理个人投资组合和推荐公开发行的证券，评估项目既包括客户的投资知识、投资经验、投资目标、风险承受力（包括资本损失的风险）、投资期限等，也包括客户定期追加投资、提供额外抵押，以及理解复杂金融产品的能力。

[2] 参见张付标、李攻："论证券投资者适当性的法律性质"，载《法学》2013 年第 10 期。

[3] 参见赵晓钧："中国资本市场投资者适当性规则的完善——兼论《证券法》中投资者适当性规则的构建"，载《证券市场导报》2012 年第 2 期。

[4] 参见曲君宇："我国股权众筹中的投资者权益保护"，载《西南金融》2018 年第 4 期。

亦要立足于我国资本市场特点、所处发展阶段、交易组织和投资者结构特点，以及证券商发展水平等现实情况加以考量。应当注意的是，投资者适当性规则的设立不代表限制投资者投资权利的实现，其基础在于依据投资者的投资经验、风险偏好及其承受能力等标准将投资者分为合格投资者和非合格投资者两种类型，对于合格投资者而言，可不限制其购买通过证券式众筹发行证券的最高限额；而对非合格投资者，可以依据其年度收入和净资产，来确定其年度投资最高限额、单个发行人的最高投资限额以及购买通过证券式众筹发行证券的最高限额等，以此实施分类投资分类管理。有学者建议在我国建立以年收入或净资产为基础，以投资损益记录为附加的复合分类标准。[1]

应要求我国股权众筹平台对投资者谨慎理性的行为管理承担主要的适当性义务，防止投资者不公平地承担与其承受能力不相符合的风险，同时避免中介平台片面强调"买者自负"理论，推卸其本应承担的义务，甚至以此为幌子欺诈投资者。当然，投资者适当性原则也不能走向另一个极端，"卖者有责"的"责"也有其合理的边界，[2]在融资中介已充分履行适当性义务的交易中，买方也需要对自己的投资决策负责，获取投资收益的同时承担投资后果。

投资者适当性制度构建是一项系统性工程，应包括投资者分类和产品分类，投资者、证券商的权利义务以及监管规则等不同层面法律规范的建设。[3]其中，投资者分类和产品分类是制度基础，目前我国证券业协会和上海证券交易所等自律性组织所提出的投资者分类规则尚不完善，不足以支撑整个投资者适当性制度架构。[4]本文建议在投资者分类标准完善方面，应借鉴他国既有经验并积极探索，综合考量投资者属性、财务状况、知识和经验、投资目的等多方面因素，设计出更加全面科学的投资者分类标准。如美国SEC于2015年12月发布的《"获准投资者"定义审查报告》中，就对各国关于经验投资者和获许投资者的判断标准进行了比较研究，提出了获许投资者认定的潜在标准以及路径，[5]很有参考价值。

---

〔1〕 参见杨东："互联网金融风险规制路径"，载《中国法学》2015年第3期。

〔2〕 参见陈岚等："证券公司客户适当性管理法律责任探悉——从理念变迁到责任重置"，载《证券法苑》2015年第1期。

〔3〕 参见张付标：《证券投资者适当性制度研究》，上海三联书店出版社2015年版，第188页。

〔4〕 参见陈晨："股权众筹投资者适当性制度研究"，载《上海金融》2016年第10期。

〔5〕 See Report on the Review of the Definition of "Accredited Investor", 2015 - 12 - 18, https：//www. sec. gov/corpfin/reportspubs/special - studies/reviewdefinition - of - accredited - investor - 12 - 18 - 2015. pdf.

2. 非合格投资者投资限额的限定。如上所述，投资者适当性规则的核心在于依据特定标准将投资者分为合格投资者和非合格投资者两种类型，对于非合格投资者，本书认为可以从投资者权益和稳定市场秩序的角度出发，对其投资限额进行必要限定。

就投资者的投资数额标准来看，国际上的立法可归纳为如下情形：一是限制单个投资者年度可能投资的众筹发行人的数量；二是限制单个投资者可能投资的单一众筹发行人的年度投资额；三是限制单个投资者可能投资的单一众筹发行人的总投资额；四是限制单个投资者可能投资的所有众筹发行人的年度投资额，不考虑其收入和净资产；五是基于投资者收入和净资产的考量，限制单个投资者可能投资的所有众筹发行人的年度投资额。就投资者的资格来看，美国《JOBS 法案》未对股权式众筹投资者作出任何资格限制性要求，但基于对投资者收入和净资产的考量，就限制单个投资者可能投资的所有众筹发行人的年度投资额，《JOBS 法案》做出了三种情形的具体规定：[1]一是年度收入或净资产低于 10 万美元的投资者，投资者通过证券式众筹进行投资的最大限额为 2000 美元或者其年度收入或净资产的 5%；二是年度收入或净资产超过 10 万美元的非认可投资者，投资者通过证券式众筹进行投资的最大限额为其年度收入或净资产的 10%，且最多不得超过 10 万美元；三是对于认许投资者而言，其通过股权式众筹进行的投资无任何限制。值得注意的是，为了避免投资风险，投资者须积极证明自己理解整个投资风险，以及可能承受的损失，并有义务回答其理解各种投资风险的提问。同时，一年内投资者不得转售其通过证券式众筹所投资的股票。[2]美国这种基于投资者收入和净资产来限制投资者投资数额的立法设计，在充分维护众筹投资者投资权利的同时也十分有助于对投资风险把握和投资者的权益保护，对我国股权式众筹投资者融资限额的制度设计具有借鉴意义。

英国对传统的投资者融资限额的规定进行了一定的创新，在沿用投资者分类方式的基础上，适当放宽了股权众筹的投资者准入，在专业投资者和自认经验投资者、高净值人群的基础上，新增一类基于投资限额的零售投资者，让更多的投资者参与股权众筹，即使他们的出资额只能占其资产总额的 10%。且在特定类型投资者的评价标准上较为灵活，在认定经验投资者时，采取了监管部门颁发执照和投资者自我认可相结合的方式，并避免将资产数额作为投资者类型和资质判断

---

[1] 参见汪振江："股权众筹的证券属性与风险监管"，载《甘肃社会科学》2017 年第 5 期。

[2] 参见殷华、周明勇："美国 JOBS 法案内容解析及对中国众筹轴资法制的影响探析"，载《现代管理科学》2014 年第 10 期。

的唯一标准，而通过任职经历或投融资经历来判断风险识别能力。[1]如此创新的规则符合当今互联网金融迅速发展的时代背景，对我国未来立法完善亦有一定的参考价值。

3. 恰当引入冷静期规则。我国现行法律规范并没有对"冷静期"（或称"反悔权"）作出具体定义，学界一般认为股权众筹中的"冷静期"是指投资者在与筹资人签订了投资协议后的一定时期内，有权无条件解除该投资协议，而不构成违约，亦不需要进行相关赔付。我国《众筹办法》没有关于投资人冷静期制度的规定，但是实践中不少股权众筹平台已开始规定"冷却期"条款，如百度百众平台就在其投资人规则中规定投资者在认购后有 72 小时的冷静期；京东东家、蚂蚁达客也在各自的协议中规定了冷静期条款。[2]

关于在我国股权众筹领域引入冷静期制度，我国理论界多持肯定立场，原因如下。首先，引入冷静期制度有利于防止投资者冲动投资。根据行为金融学理论，投资者的决策是非理性的，[3]投资者选择投资项目时，容易因心理冲动而作出非理性的投资决策。为了保护投资者，可给予其在一定时间内无条件解除合同的权利。[4]如此，设置冷静期制度可以防止投资者因冲动投资而带来的不利后果，更大程度地保护投资者。[5]同时需要考虑的是，我国股权众筹合格投资者的准入标准往往不高，投资者的从众、投机等非理性行为较为普遍，为提高投资者的风险识别能力，我国众筹市场可以借鉴冷静期制度最大限度地保护投资者的利益。其次，引入冷静期制度有利于保护投资者获取信息的权利。金融消费领域存在严重的信息不对称，而投资者又缺乏相关的专业知识和经验，使得其在金融消费领域处于劣势地位。[6]从传统消费领域和金融消费领域可以看出，基于买卖双方信息不对称而对契约自由原则进行的重要修正是冷静期制度的基础之一，它为消费者提供了一种缓冲型的制度保护。再次，设置冷静期制度在我国有先例可循。我国有突破传统消费者领域设置冷静期制度的先例，这为在股权众筹市场中设置冷静期提供了制度经验，实施起来也更具可操作性。另外，我国保险领域中

〔1〕　参见曲君宇："我国股权众筹中的投资者权益保护"，载《西南金融》2018 年第 4 期。

〔2〕　参见刘洋："私募股权众筹市场中投资者冷静期制度研究"，载《辽宁公安司法管理干部学院学报》2018 年第 5 期。

〔3〕　参见闫夏秋："股权众筹合格投资者制度立法理念矫正与法律进路"，载《现代经济探讨》2016 年第 4 期。

〔4〕　参见范文波："股权众筹法律供给及制度构建"，载《浙江金融》2016 年第 11 期。

〔5〕　参见马锦春："股权众筹的差异化监管研究"，载《金融理论探索》2016 年第 3 期。

〔6〕　参见胡伟："金融消费'冷静期'规则探究"，载《南阳师范学院学报（社会科学版）》2013 年第 7 期。

同样有关于犹豫期制度的相关规定。比如，原中国保监会 2000 年颁布的《关于规范人身保险经营行为有关问题的通知》（已失效）中就有"犹豫期"的规定，且规定了"犹豫期"的含义、天数、起算时间等；银保监会在 2019 年颁布的《健康保险管理办法》中也规定了类似的"合同犹豫期"。这些规范性文件虽然效力等级不高，但是其关于"犹豫期"的规定却可以给股权众筹市场引入冷静期制度带来启发和借鉴。[1]最后，设置冷静期有利于保护融资者利益。在股权众筹市场引入冷静期制度不仅有利于保护众筹投资者的利益，从长远来看还有利于融资者诚信形象的构建。赋予投资者一定权限的反悔权，很大程度上能使融资者失去利用信息不对称进行欺诈的动力，激励其诚信行事，如实披露信息，从而有利于构建良好的诚信企业形象。[2]

综上所述，有必要在我国股权众筹领域引入冷静期制度。关于冷静期制度的设计，本书认为，我国可以参考意大利对作为中立平台"门户经理"的义务规定：[3]对投资人规定一定冷静期，在股权式众筹募集完毕之前，当出现融资人信息披露方面重大更改等特殊情形时，投资人可在一定时间内撤回投资。在确定冷静期具体期间及起点日期时，应当结合我国股权众筹的实践特点以及从突出保护投资人的角度出发，设立相对灵活的事由与起点，如可以规定投资人在最终发售结束日前一日，自开始投资 3 日内都可以撤销投资；而项目涉及重大信息变更或信息可能导致重大误解时，可以允许 5 日内撤销投资。

4. 完善投资者的救济权利。对股权众筹投资者权利保护的重要体现之一在于，一旦投资者的合法权益因投资纠纷而受到侵害时，广大投资者是否享有行之有效的事后救济权利。美国《JOBS 法案》规定：融资人如果在股权众筹融资中以任何手段或方式对重大事实做出了不实陈述或者遗漏，而投资者对该不实陈述或漏报不知情，并且不能举证证明该融资人确实不知晓，以及在尽到合理注意义务后仍然不知晓的，应当负重大信息虚假和遗漏的法律责任。投资者可以对其提起诉讼，退回股份，以追回购买股份所支付的对价和相应利息（扣除持有该证券时所获得的任何收入），或者在不再持有证券的情况下诉请损害赔偿。[4]上述规定不仅明确了投资者具有救济权，而且还对救济权的权利内容、适用范围、适用程序等问题做了详细规定，可操作性很强，值得我国学习。

---

〔1〕　参见刘洋："私募股权众筹市场中投资者冷静期制度研究"，载《辽宁公安司法管理干部学院学报》2018 年第 5 期。

〔2〕　参见雷华顺："众筹融资信息披露问题探析"，载《开放导报》2015 年第 2 期。

〔3〕　参见刘诗瑶："我国股权众筹平台定位与监管研究"，载《上海金融》2019 年第 8 期。

〔4〕　参见刘诗瑶："我国股权众筹平台定位与监管研究"，载《上海金融》2019 年第 8 期。

我国《众筹办法》目前并无投资者救济权的相关制度设计，在未来的立法中可适当参考域外的先进立法经验，对投资者的救济权及适用程序加以明确。本书认为，首先，法律应当明确在特殊情况下投资者享有强制回购权。如果因平台或融资人对重大事实做出的不实陈述或者遗漏重要信息而遭受实际损失，可以对该行为的实施者提起诉讼，要求退回股份，并有权向实施者提出惩罚性赔偿，如果有其他第三方与实施者恶意串通的，应当承担连带责任。其次，由于投资者在股权众筹中处于相对弱势一方，在维权时往往很难提供有效证据。因此，在股权众筹纠纷中可以适当规定举证责任倒置制度，由平台和融资人承担主要的举证责任。最后，为了防止平台和融资人无力承担赔偿责任，可以考虑众筹平台和融资人在筹集的资金中按比例强制划拨出一部分组成股权众筹投资者保护基金，或要求平台和融资人在股权众筹时预先购买赔付保险。当确定赔偿责任后，由基金或保险公司先行赔付投资人，再向平台和融资人追偿，通过相对细致的制度设计来确保投资者救济权的顺利行使。[1]

5. 健全证券民事责任体系。作为对股权众筹中投资者救济权的体系保障，我国应不断健全完善证券民事责任追究机制、逐步建立起证券非诉救济渠道，从体系化的角度为我国股权众筹投资者搭建起有力的法律责任保护网，为其营造一个相对健康、稳定的投资环境。

当股权众筹市场上发生欺诈行为时，首先，融资方应当被追究民事责任，对给投资者造成的损害承担赔偿责任；若股权众筹平台对融资方具有隐瞒、欺诈性的资质条件和融资项目进行审查时未尽到合理注意义务，存在一定过失，则应根据责任与过失相当原则追究其相应的民事责任；而若出现融资方与股权众筹平台进行恶意串通实施欺诈行为，侵害投资者权益，则两者应被追究连带的民事责任；其次，"领投—跟投"模式中的职业领投人相较于众多普通跟投人，拥有更多的实质性股东权利和物质性投资回报，因此根据权利义务相统一原则，领投人理应承担更重的义务；最后，领投人在项目推动过程中起了信用背书作用，其价值在于使跟投人"基于对领投人的信任跟进投资，从而降低跟投人由于缺乏投资的专业知识与经验而带来的风险"，[2]此时若领投人不履行管理融资项目的谨慎、勤勉义务，甚至与融资方恶意串通，后果十分严重，故必须对其追究相应的民事责任。

---

〔1〕　参见曲君宇："我国股权众筹中的投资者权益保护"，载《西南金融》2018 年第 4 期。
〔2〕　参见杨东："股权众筹平台的运营模式及风险防范"，载《国家检察官学院学报》2014 年第 4 期。

逐步建立我国证券非诉救济渠道。由于相较于法院和仲裁，证监会具有专业性强、效率高的独特优势，本书认为，可以在证券民事纠纷救济渠道中引入一类替代性的、多元化的，包括调解、协商、谈判和斡旋等多种方式在内的 ADR 非诉机制，以期一旦发生证券纠纷，能够高效、专业地解决证券民事纠纷。[1]

此外，P2P 网络借贷是互联网环境下的金融创新产物，可以实现个体与个体之间的直接融资，在我国一度风靡。然而，在发展过程中，P2P 借贷也面临着多重风险问题，如：信用风险、流动性风险、行业风险以及法律风险等。相关机构认识到上述风险的存在，及时出台相关政策，对 P2P 平台进行了清退。2021 年 4 月 15 日，中国人民银行发文称：在营 P2P 网贷机构全部停业。[2]

---

〔1〕 参见臧阿月："论股权众筹的证券法属性与规制"，载《广东石油化工学院学报》2018 年第 5 期。

〔2〕 参见中国人民银行："打好防范化解重大金融风险攻坚战，切实维护金融安全"，载微信公众号"中国人民银行"，最后访问日期：2021 年 4 月 21 日。

第四部分
金融消费者保护中的风险防范

第一章　统合视角下金融消费者
保护中的风险防范

第一节　金融消费者保护之风险防范困境

一、金融消费者风险防范立法保护之困境

在涉及金融消费者保护方面，我国的法律体系主要包括《消费者权益保护法》《民法典》《中国人民银行法》《商业银行法》《银行业监督管理法》《保险法》《证券法》等法律，《储蓄管理条例》《外汇管理条例》等行政法规，以及中国人民银行、银保监会、证监会发布的大量行政规章和规章性文件。现有立法主要呈现出较为分散、效力等级低的特点。

（一）金融消费者的法律概念缺失

目前我国并没有在立法中明确给出"金融消费者"这一概念，学界对"金融消费者"的概念也存在分歧。有观点认为金融消费者应排除法人，指以生活消费为目的购买金融产品和服务的自然人；[1]有观点认为应该区分金融消费者和金融投资者的概念；[2]还有观点认为接受金融产品和服务的自然人、法人和其它组织都应纳入"金融消费者"概念中，[3]因为在特定情况下，受市场因素、财力、风险承受能力的影响，法人和其它组织也可能居于类似普通消费者的弱势地位，因此金融消费者应该是统一的概念，据此形成灵活的类型化概念界定和与之相适应的制度体系。"金融消费者"法律主体的缺失，使权益保护工作显得捉襟见肘。金融消费者的权利，诸如金融知情权、金融消费安全权、自主选择权、公平交易权、求偿权、监督权、结社权和受教育权等没有被系统地描述；针对金融产品和

---

〔1〕　参见刘迎霜："我国金融消费者权益保护路径探析——兼论对美国金融监管改革中金融消费者保护的借鉴"，载《现代法学》2011 年第 3 期。

〔2〕　参见邢会强："金融消费者的法律定义"，载《部门法专论》2014 年第 4 期。

〔3〕　参见杨东："论金融消费者概念界定"，中国人民大学科学研究基金（中央高校基本科研业务费专项资金资助）项目成果。

服务的特殊性，金融消费者应区别于一般消费者的权利，如信用权、有条件的撤销权等也没有被特别地规定。由于金融消费者概念的缺失，金融消费者对自己权利的认知处在比较混沌的状态，在一定程度上纵容了侵权行为的发生，这也正是当前金融消费者保护立法缺失带来的最直接的后果。

（二）对金融消费者风险防范保护的基本立法缺位

当前，我国对于消费者的保护主要集中在《消费者权益保护法》中，该法只是针对一般商品和服务消费过程中如何保护消费者权利的专门法律，其对消费者的定义过于狭窄，仅将"生活消费"纳入保护范围，"金融消费"由于消费对象的本质差别而有显著不同，难以适用。然而，"金融消费者"概念未被当前金融立法所采用，保护金融消费者利益作为金融监管目标未被正式写入法律之中。2003年，原中国银监会从中国人民银行分设出来后，确立了监管工作新的理念、"四个监管目标"和"六条良好监管标准"。[1]其监管目标和英国2000年《金融服务和市场法》规定的四大监管目标完全一致，不同之处仅在于，英国的监管目标写进了法律，原银监会的监管目标却没有完全写入《银行业监督管理法》。《银行业监督管理法》和《商业银行法》提到"保护存款人和其他客户的合法权益"，但它并没有强调处于相对弱势地位的消费者利益保护的特殊性和重要性。《银行业监督管理法》虽将"维护公众对银行业的信心"写入监管目标，且对银行业监管机构的职责作了系统规定，却没有明确"为消费者提供适当保护"，更没有一个条文涉及金融消费者保护。

随着保护金融消费者观念的逐渐深入，2006年正式施行的《商业银行金融创新指引》首次使用了"金融消费者"这样的表述，指出商业银行的金融创新应"满足金融消费者和投资者日益增长的需求""充分维护金融消费者和投资者利益"，反映出银行监管当局的监管理念转向。然而，当前我国缺少对金融消费者保护的概念、原则进行统一、细致规定的基本立法。针对我国金融法律法规在消费者权益保护方面的不足，我们应该进一步完善现有法律法规体系。从短期看，建议我国选择一般立法模式，利用《消费者权益保护法》的修订，扩大解释消费者的含义，或是在该法中对金融消费者保护进行专章规定，包括金融消费者的定义及其特殊权利、保护原则、保护机构的职责、纠纷解决途径等内容。条件成熟时，可采用专门立法模式，借鉴美、英、日等发达国家的经验，制定《金融消费者保护法》，并建立专门的保护机构。

---

〔1〕 参见刘明康："总结经验，与时俱进——开创银行业监管工作的新局面"，载《中国金融家》2003年第3期。

（三）保护金融消费者的法律法规效力层次较低

当前，我国保护金融消费者的法律法规，主要是金融宏观调控部门和监管机构的行政规章或其他规范性文件，总体呈现出法律效力层次较低、影响政府机构的执法效果，不利于保护金融消费者的现状。例如，当金融消费者与金融服务机构之间发生利益冲突时，如何进行调整，如何处理争议，由哪个机构负责处理，处理程序如何，怎样保证程序的公平公正等具体问题，现行法律包括《商业银行法》和《银行业监督管理法》都没有做出明确规定。在现有监管体制和行业自律体制都没有对金融消费者给予足够关注时，金融消费者的投诉往往直接诉诸司法途径或者一般性行业的消费者保护机制。这种做法无疑激化了金融机构与消费者之间的矛盾。此外，相关法律法规的协调性不够，有的下位法与上位法冲突，或者是同等效力的法律法规相互重叠交叉，造成了法律真空，使金融消费者无所适从。

对此，立法者面临的一大问题就是如何提高立法层级，以尽快制定和颁布有关专门的法律法规。立法者需除去现有立法中矛盾重复的规定，提高立法层级，完善有关金融消费者保护的民事责任的规定。对此有学者认为应加快制定《个人信息保密法》和《征信法》，明确个人信息特别是金融信息的收集和使用范围，加大对违法使用个人信息的惩罚力度，禁止个人金融信息被用于法律规定以外的其他目的；颁布《金融机构破产条例》或《金融机构市场退出条例》《存款保险法》或《存款保险条例》，明确对金融消费者财产权的保护和限制范围，实现对金融消费者合法权益的有效保护，防范金融机构的道德风险。[1] 同时，立法者还需要根据不同行业金融消费的特点，在部门规章中制定完善的消费者保护条款。然而现有规章虽填补了银行个人理财服务法律制度尤其是消费者知情权保护的空白，但存在的问题是：仅原则性地规定了银行应为一定的行为，对以什么方式作为，作为到什么程度等，都没有具体规定，导致在实践中操作性不强；并且仅对银行施加了一定的义务，对其违反义务产生的民事责任却语焉不详，侧重于追究银行的行政责任，在民事责任上，仅规定银行未按规定进行风险揭示和信息披露造成客户经济损失的，应按有关法律规定或者合同约定承担责任，这显然背离了保护金融消费者的初衷。

（四）金融消费者保护理念陈旧

基于金融消费者的弱势地位，在立法原则上应采取倾斜于金融消费者的保护

---

〔1〕 参见马洪雨、康耀坤："危机背景下金融消费者保护法律制度研究"，载《证券市场导报》2010 年第 2 期。

理念。现行法律，如《商业银行法》中"为了保护商业银行、存款人和其他客户的合法权益"，将商业银行和金融消费者的权益并列在一起，没有体现出对金融消费者的倾斜性保护，而且也没有明确规定营销人员销售金融产品时的说明义务和适合性销售义务。同时现行法律也对没有对金融机构的民事处罚措施予以规定。如《证券法》中，虽然规定了持续信息披露的内容，但是对披露内容真实性的核验没有具体规定，对金融消费者权益受到侵犯时金融机构应该承担的民事赔偿责任也没有详细描述。制度的空白缺失反应的是对于背后理念理解得不够深刻。因此，本书认为应在金融消费者保护的理论基础之上规定具体制度。在我国，金融消费者的概念和法律保护已开始进入人们的视野。今后，我国金融市场法制建设的核心内容，将是构建一个以金融消费者保护为中心、包括金融产品和服务的统合立法体系。综观世界各国的金融立法，在金融行业和金融商品从纵向规制向横向规制转变的过程中，出现了从原有的单一监管者的功能性监管模式向统合金融市场、资本市场相关法律到一部法律中的发展趋势，从而将传统的银行业、证券业、信托业、保险业等整合起来。例如，在日本 2006 年《金融商品交易法》中修改与整合了《投资顾问业法》《金融期货交易法》《证券交易法》等法律，扩展了"证券"的内涵，提出了"金融商品"的概念，以更好地规制金融市场中出现的各种商品和服务，填补法律在金融行业规制上的空白。日本已成功构建了横向的、全方位的行业规制框架，囊括了从销售、劝诱、资产管理到投资顾问等环节，将原有的纵向行业监管模式有效地转变为以投资者保护为核心的横向监管体制。有学者认为，保护金融消费者已经成为当前各国立法的潮流和趋势，将投资者保护提升到金融消费者保护的高度，这一基本思路已经反映在各国的金融监管与金融法制改革之中，把投资者作为弱势群体的金融消费者保护理念扩展了以前只关注投资者自我责任的理念。[1]

针对当前立法现状及困境，本书认为我国应紧跟国际立法趋势，对金融商品和金融服务统合立法，引入金融消费者保护的理念，以体现对金融消费者的倾斜保护和国家干预的原则。为了从根本上强化对金融消费者的保护，本书建议应制定系统完善的立法以保护金融消费者。

二、金融消费者保护机构的困境

目前对金融消费者具有保护职责的机构，主要是消费者协会和金融监管机

---

〔1〕 参见杨东："论金融服务统合法体系的构建——从投资者保护到金融消费者保护"，载《中国人民大学学报》2013 年第 3 期。

构。就消费者协会而言，鉴于工作人员专业技能、知识结构、认识能力等多方面限制以及金融消费难以纳入《消费者权益保护法》调整范围的限制，消费者协会对金融消费者的保护非常薄弱，基本处于"缺位"状态。

目前，我国的金融监管框架表现为"一委一行两会一局"，即国务院金融稳定发展委员会（一委）、中国人民银行（一行）、中国银行保险监督管理委员会、中国证券监督管理委员会（两会）和各地金融监管局。各机构虽在内部设立了金融消费者权益保护部门，针对各自领域的投诉、侵权事件进行处理，但是缺乏统一的监管保护机构。当前，我国专门保护金融消费者权益的组织机构建设刚刚起步。消费者协会更多的是对接受非金融性商品和服务的消费者进行保护，因金融商品和服务相对高的复杂性和专业性，以及受工作人员的专业技能、知识结构、认识能力等多方面的限制，消费者协会对金融消费者的保护往往力不从心。我国银行业在金融消费者保护方面采取了一系列的措施，在金融机构内部设立投诉机制方面较有作为。同时，对商业银行的投诉处理监督评估机制有比较详尽的规定，要求商业银行建立以服务客户为中心的监管体系，维护好、保护好金融服务消费者的合法权益，并要尽到及时告知等义务，从而保障金融服务消费者在金融市场中的合法权益，但在金融机构外部的投诉机制和纠纷解决机构的设置方面尚处于摸索阶段。

具体来说，在金融市场上，我们已习惯于从金融业不同领域的角度赋予客户相应身份：去银行办理存款时被称之为"存款人"、与保险公司签订保险合同时被称之为"保险相对人"，在证券交易所买卖股票等有价证券时被称之为"投资人"。但是，随着金融放松监管、业务交叉与创新，以及综合化经营趋势的发展，金融产品和服务的界限日益模糊，以机构作为监管区分的做法已经无法满足市场的要求，实践中极易导致相同性质、相同类型的金融商品，在不同的金融行业内适用的法律规范宽严不一的结果，银行理财产品的监管就是适例。[1]金融服务的商品化，使得存款人、保险相对人或投资人的身份区别越来越失去意义，客户选择一项金融服务也就是挑选商品，客户就是金融市场上的消费者。但我国所有的金融监管机构中至今没有专门负责消费者保护事务的部门，即便是监管机构内部，处理消费者投诉和解决纠纷的机制也相对缺失。消费者协会和各监管机构对金融消费者的指导和教育也都较为缺乏，使得金融消费者维权意识淡薄，这也助长了银行等金融机构对于消费者权益的侵害。

现阶段，我国现有的机构对金融消费者的保护存在体系尚不健全、保护力量

---

〔1〕　参见何颖："金融消费者刍议"，载《金融法苑》2008年第2期。

薄弱等问题。为构建一个统合协调、多层次的保护体系以实现对金融消费者利益的动态立体化保护，需要将政府性保护机构、自律性保护机构和第三方保护机构等整合为分层次、多元化而又统合协调的金融消费者保护体系。对于当前我国在保护机构上面对的困境就是如何对机构进行统合。对于保护机构的统合，本书总结为三大挑战：

（一）政府性保护机构的统合

为了推动金融改革更好地保护金融消费者的权益，使金融系统更加稳定，很多国家设立了专门的金融消费者保护机构。2000 年英国首次在《金融服务与市场法》中以法律条文的方式明确地将金融消费者保护列为金融监管的第一目标，赋予英国金融服务局以保护金融消费者的职责。2012 年《金融服务法案》出台后英国金融服务局虽然面临解体，但金融消费者保护机构即金融行为监管局得以设立。美国的改革借鉴了英国的金融监管模式，设立专门的监管机构对金融消费者进行保护。[1]2010 年 7 月，美国出台了《多德—弗兰克华尔街改革和消费者保护法》（*Dodd-Frank Wall Street Reform and Consumer Protection Act*），规定成立一个机构专门负责金融消费者保护，这个机构即消费者金融保护局，与消费者密切相关的金融产品与服务都受其监管。[2]防范金融消费者金融风险的发生也是该机构的重要职能之一，相对于简单地保护金融消费者的金融权益，其职能要求更高，其不仅要具备识别金融产品风险的专门金融知识，还要具备分析整个经济周期对金融风险演变影响的能力。政府性保护机构的统合有着重要的意义，美国金融监管改革法案指出，在金融服务领域致力于消费者保护机构的设立将对金融消费者保护理念的发展提供强大的动力，这样一个核心机构可以有效而迅速地协调其他机构的运作。虽然将来自不同机构的工作人员统合起来不简单，但可以肯定它会为消费者保护以及金融商品和服务的市场带来巨大的好处。

（二）自律性保护机构的统合

目前，我国各级消费者协会侧重于对普通消费者而非金融消费者和劳务消费者的保护。我国专门保护金融消费者权益的组织力量相当薄弱，再加上金融产品和金融服务相对于传统的商品具有高度复杂性和创新性，往往导致消费者协会在保护金融消费者权益时显得力不从心。关于行业自律，我国有必要借助政府外在

---

〔1〕 参见杨东："论金融服务统合法体系的构建——从投资者保护到金融消费者保护"，载《中国人民大学学报》2013 年第 3 期。

〔2〕 参见唐应茂："中国金融消费者保护的若干问题——从美国〈消费者金融保护法〉谈起"，载《金融发展评论》2012 年第 1 期。

力量的推动作用，强化行业内部自律，切实发挥行业协会督促金融业保护金融消费者的功能。[1]对此，有学者建议在加强各金融业协会协同作用来保护金融消费者的同时，也要积极地在各级消费者协会内设立由专门人员组成的金融消费者保护工作委员会，以切实强化消费者协会保护金融消费者的职能。[2]

（三）第三方保护组织的统合

目前，英国、澳大利亚、日本已成功地设立了金融申诉专员服务机构，杨东教授建议我国也可以借鉴其经验，设立类似的机构。英国、澳大利亚的金融申诉专员服务制度是一种独特的替代性的金融纠纷解决制度。由于金融申诉专员服务机构是独立于消费者和金融机构的第三方机构，因而其纠纷处理更具中立性、公平性等特点，同时该制度也已逐渐成为国际上多元化金融纠纷解决机制的核心制度。[3]近年来，亚洲各国家和地区也设立了类似的机构，如我国台湾地区 2012年 1 月依据"金融消费者保护法"设立了金融消费评议中心，新加坡设立了金融业争议调解中心，2012 年 6 月香港也设立了金融纠纷调解中心。[4]在后金融危机时代，统合型的金融纠纷解决机构的设立为雷曼迷你债券等类似案件的解决提供了专门途径，在保护金融消费者利益方面发挥了巨大作用。[5]如何将更中立、更公平的第三方保护机构更自然地引入我国，是值得学界、立法者探讨的话题。

总的来说，当前我国金融消费者保护机构呈现出以下几个问题：一是受社会职能分工、运行机制的影响，其投诉处理流程没有形成统一的模式，权益保护工作尚处在探索阶段，对金融机构的约束力、对投诉事件的裁决公信力没有明确规定，在金融消费者权益保护方面作用有限。二是各领域分立模式下的权益保护机构，不能适应金融商品和服务界限模糊化的趋势，容易出现投诉事件重复受理或无法受理的情况，各机构间的协调互动不足，不利于金融消费者权益保护形成合力。三是缺乏对金融权益保护部门监督的机制，权益保护部门是否认真履职，金融消费者的投诉是否得到及时有效解决，消费者对处理结果是否满意，权益保护

---

[1] 参见吴弘、徐振："金融消费者保护的法理探析"，载《东方法学》2009 年第 5 期。

[2] 参见杨东："论金融服务统合法体系的构建——从投资者保护到金融消费者保护"，载《中国人民大学学报》2013 年第 3 期。

[3] 参见杨东："论金融服务统合法体系的构建——从投资者保护到金融消费者保护"，载《中国人民大学学报》2013 年第 3 期。

[4] 参见王靖琳："金融消费者保护职能及我国金融监管制度的完善"，载《福建金融》2006 年第 3 期。

[5] 参见杨东："论金融服务统合法体系的构建——从投资者保护到金融消费者保护"，载《中国人民大学学报》2013 年第 3 期。

效果是否逐渐提升或处于一个良性区间，都需要综合的监督机构进行评价和监管。

三、金融消费者司法保护的困境

司法保护是金融消费者保护的最后救济手段。有效的投诉处理机制是保护金融消费者合法权益、树立消费者对金融市场信心的重要途径。目前，我国金融消费者投诉方式较为单一，主要是通过金融机构内部和监管部门投诉，没有形成多渠道、多维度、跟踪处理、相互制约的投诉处理机制；投诉方式可获得性不理想，一些金融消费者无从知晓维护自己权益的有效途径。

当前，我国司法实践存在若干亟须改进的问题，主要表现在诉讼周期长、诉讼费用高、举证难和执行难，这些问题都导致金融消费者通过司法途径得到救济尚有难度。究其原因，主要有以下几点：首先，司法程序复杂，时间成本较高；其次，因金融纠纷自身的相对复杂性和专业性，对金融审判庭的审判水平提出了较高的要求；再次，由于信息不对称等原因，金融消费者要搜集证据证明金融机构在信息披露或其他方面存在欺诈行为比较困难；最后，因很多金融产品具有跨国性的特点，如雷曼迷你债券的投资者遍布世界各地，管辖的确立、准据法的适用等都是很大的问题。因此，采取司法诉讼行动应该是金融产品受害者的最后选择。只有当金融消费者通过其他方式不能得到公平结果，相信采取法律行动而投入的金钱和时间是值得的并持有力证据时，才会采取司法诉讼措施。

近年来，我国出现了仲裁的解决模式，但并没有得到充分的发展。在 2007 年成立的上海金融仲裁院中，上海仲裁委员会作为专门针对金融商事纠纷的特设机构，发挥其在金融商事仲裁中的作用。但金融仲裁模式不适合以小额纠纷为主的金融消费纠纷的解决。

前述金融消费者立法的不足，更是放大了这些实践中的问题。加之对金融案件，法院在受理、审理或执行中有诸多顾虑，很难有效保护金融消费者权益。以证券市场投资者的相关民事诉讼为例，《证券法》规定了各类证券违法犯罪行为的法律责任，而涉及民事责任的条款却屈指可数。纠纷诉至法院，只能适用《民法典》关于诚实信用、公平交易的原则性规定作为判案依据，证券市场投资者很难索赔。针对部分市场退出金融机构所引发的金融消费者纠纷问题，最高人民法院甚至发出了"三暂缓""三中止"通知。目前，我国金融监管部门的主要监管工作集中在金融机构的风险性和合规性等方面，而在消费者保护方面力度不够，监管机构内部缺少保护消费者权益的相应机构。在行政投诉方面，金融消费者与金融机构之间的纠纷通过投诉与调解方面的诉讼解决。国务院颁布的《信访条例》和监管部门信访工作规定很难对相关投诉作出及时而明确的指导，不能从根本上解决投诉纠纷，导致金融消费者的投诉不能得到及时有效解决，产生重复投诉。对此，有学者提出质疑，认为证监会仅有一套非透明的信访制度，缺乏真正意义上的处理投诉、调查和纠纷的应对机制。原银监会则侧重于对银行业金融机构的规范性、风险性进行监管，而在对银行消费者权益的保护方面也存在明显不足，面对金融业混业发展的趋势，现阶段我国的金融监管体系在各自领域进行监管的分业监管模式，相互之间缺乏交流协作。[1]而如今各领域之间金融产品和服务的界限日益模糊，按机构分别保护的做法已经无法满足市场的要求。

本书认为当前金融行业统合的行政投诉处理机制有待完善，以处理消费者与金融机构的争议。行政投诉处理机制的缺乏使得一些潜在的消费者保护问题不能得到及时的发掘，规章政策也不能得到及时的补充完善，消费者的权益得不到全方位的保护。此外，金融行业协会可设立处理消费者投诉会员的专门机构，并制定相应的处理程序规则，为消费者投诉会员机构提供一个平台，以避免和减少金融消费者极端地将有关投诉诉诸司法途径。

当前我国监管法规存在漏洞，在建立消费者投诉解决的相应机制和构建监管机构内部消费者投诉处理机构上都有待完善。在职责规范方面，监管法规缺少对于监管机构应承受履行消费者教育职责的规范。

对于现有困境，我国还有较长的一段路去突破前进。目前司法保护困境主要集中于金融机构内部投诉机制、金融申诉专员制度、投诉监督办公室的缺失。对此，应结合借鉴英国、日本等国形成强制性和自律性机制相结合的金融服务统合法体系的经验，学者们认为，应着眼于金融服务立法体系、机构体制、多元化纠纷解决机制三位一体，建构动态灵活、有机立体的多元化和全方位的金融服务统合法体系。[2]本书认为，我国有必要从统合的角度整合现有的立法、司法、执法体制资源，提供横跨银行、保险、证券等金融市场的横向统合法制的保护，以加大对金融消费者的保护力度。

四、互联网金融消费者保护的困境

随着我国大数据的迅猛发展，金融消费得到了更多政策支持，金融消费者的

---

〔1〕　参见顾肖容、陈玲："试论金融消费者保护标准和程序的基本法律问题"，载《政治与法律》2012 年第 6 期。

〔2〕　参见杨东："论金融衍生品消费者保护的统合法规制——高盛'欺诈门'事件的启示"，载《比较法研究》2011 年第 5 期。

消费理念得到了提升，我国金融消费迎来了大爆发的时代。与此同时，也为互联网金融消费者保护带来了一些问题与挑战，具体包括消费信贷发展过快引发的宏观风险、互联网消费金融主体竞争激烈引发的市场乱象、个人征信体系发展不健全与数据孤岛、互联网消费金融的法律法规不健全、技术安全与消费者权益保护不力、场景消费金融发展不足、产品同质化严重等问题。因此，本书将从互联网金融消费者保护的角度阐述当前困境。

（一）消费发展过快

近年来，伴随着政策的鼓励支持、宏观经济的发展、消费观念的改变，短期消费贷款在住户部门债务中的比例不断提升。短期消费贷款的增长对于刺激消费需求、提升生活水平、支持经济发展起到了积极作用。现阶段，我国宏观经济步入从高速增长向高质量增长的"新常态"，消费逐渐取代投资，且消费信贷尤其是短期消费信贷的过快发展，产生了过度消费、铺张消费、透支消费等"恶习"，这对年轻人未来成长、经济可持续发展无疑起到了消极作用，这些潜在的现象极易引发宏观经济风险。

结合现有数据不难发现，我国短期消费贷款增速大幅高于中长期消费贷款增速，呈现出强弱对比的趋势，学者们认为其原因主要在于以下几点：①在市场整体环境处于利差较低的情况下，消费信贷利差更高，商业银行等消费金融机构有投放收益更高的消费信贷之动机。②互联网金融监管的趋严，促使部分消费贷款向传统银行体系进行回流，寻求相对安全的收益。③部分购房者利用消费贷等产品规避首付比的限制。④近年来房价持续上涨与居民可支配收入水平的矛盾，不断透支部分居民的消费能力。但消费理念的转变与升级，消费意愿又在不断增加，导致部分居民利用"信用消费"来维持消费水平。[1]

综上，结合我国消费贷款高速发展的现状，为从本质上实现对互联网金融消费者的保护，本书建议，我国应借鉴日本、韩国信用卡危机、美国次贷危机的前车之鉴，谨防消费贷款尤其是短期消费信贷的过快发展，诱发与产生宏观经济风险。

（二）主体竞争无序

目前，我国互联网消费金融行业无论是传统消费金融机构还是互联网机构都呈现出消费金融化的现象。这两大类消费金融机构都在积极发展互联网消费金融

---

〔1〕参见程雪军："我国互联网消费金融发展的主要问题、挑战与监管建议"，载《财会月刊》2019年第15期。

的业务。其中，银行业金融机构目前基于其资金优势、网点优势、风险控制等优势而占据市场主导地位。互联网消费金融公司，基于其良好的用户体验、便捷的贷款审批、纵深的消费场景、深度的金融科技应用等优势，实现了跨越式发展，但行业内也呈现出细分的"马太效应"[1]现象。

有学者对当前我国互联网金融的发展现状及趋势做出了概括，认为当前火爆的电商平台类消费金融公司拥有众多的用户、综合的消费场景、完善的风险控制，无论是我们熟知的蚂蚁金服的花呗借呗，还是京东金融的白条金条，都具有快速的发展态势。垂直分期平台类消费金融公司深耕细分消费场景，比如以乐信集团、趣店集团为主的校园分期购物平台迅速崛起，并分别于 2017 年在美股上市，但是更多的校园分期平台由于"校园贷"的严格监管，其发展遭遇了较大的波折。网络借贷平台类消费金融公司，在 2017 年 12 月《关于规范整顿"现金贷"业务的通知》监管趋严背景下，其发展受到严格的限制。[2]

（三）征信体系不畅

互联网消费金融是由诸多要素混合一体的生态系统。然而由于我国目前征信体系发展不健全，征信覆盖面不广，征信维度不足等问题。这些问题主要是由于制度和市场两个层面原因造成的。

1. 从制度层面分析，我国互联网消费金融征信体系的问题主要体现在：征信立法不健全。虽然目前我国征信行业进入了初步的有法可依的阶段，但相比较于西方发达国家的征信法律而言，我国在立法的质、量、面上都有较大的不足。其一，我国法律法规欠缺有效的数据共享与隐私保护条款；其二，地方出台的地方性征信法律法规和行业性规范在适用性与规范性方面存在偏失。②失信惩戒机制不够完善。有效的制度为市场经济奠定了基石，完善的失信惩戒机制有利于规范理性经济人的"逆向选择"与"道德风险"问题。但目前我国失信惩戒机制尽管存在，但并不完善；对一些失信行为尽管有所惩戒，但难以引以为戒，反而在制度上变相"激励"了人们的失信行为。对此，我国要加强失信惩戒机制的建设。

2. 从市场层面分析，我国互联网消费金融征信体系的问题主要体现在：征信市场基础薄弱，征信覆盖面不足。我国征信市场发展时间不长，与欧美成熟征信市场相比，市场基础较为薄弱。从征信市场供给来说，我国征信机构总体数量

---

〔1〕　马太效应（Matthew Effect）是指强者愈强、弱者愈弱的现象，广泛应用于社会心理学、教育、金融以及科学领域。

〔2〕　参见程雪军："我国互联网消费金融发展的主要问题、挑战与监管建议"，载《财会月刊（上）》2019 年第 15 期。

少、实力弱，在征信产品研发、技术、数据等方面存在着较大差距。但目前征信共享机制并未有效打通，数据开放程度低，信息的条块分割和部门垄断问题严重，许多信息分散在不同部门与公司，信息透明度较低，数据孤岛问题严重。总之，健全个人征信体系立法是保护互联网金融消费者的必要手段，以解决现阶段金融征信体系的薄弱，满足社会主义市场经济的高速发展。

（四）法律法规不健全

正如哈耶克所说，法律的构建不是为了某个已知的目的而创造，而是使依它行事的人更有效地去追求他们的目的而逐渐发展来的。当前，我国现有的消费者权益保护法律制度已经不能有效解决互联网的高速发展。首先，制度中缺少对互联网账户安全保障方面的规定以及互联网金融消费者保障制度。其次，缺少对于互联网经营者市场准入、运营和退出三个方面的保护监管制度，导致互联网金融业缺少准入门槛、不规范行为丛生、不正当竞争行为更是屡见不鲜，如滥用格式合同侵害消费者的合法权益或通过作出不负责任的承诺、隐瞒不利因素、夸大盈利前景欺骗消费者等。再次，当前法律缺少对于互联网格式合同的监管。本书认为法律法规应当规范互联网金融企业的经营行为，并对企业的合规性进行监督，使互联网金融企业能依据一定的规则公平竞争，从而确保互联网金融企业的服务品质和公平的市场环境。最后，本书认为传统的消费纠纷解决方式已经很难有效保护互联网金融消费者的权益，因而，必须针对网上金融消费的特点，建立与之相应的消费纠纷解决机制，才能实现互联网金融有序发展。其中，探索建立互联网金融消费纠纷在线解决机制可谓是一种较好的解决思路。互联网既可以是互联网金融企业构建的营销平台和服务渠道，也可以充当互联网金融消费者进行批评、监督和投诉的维权平台。在互联网背景下，消费者可以利用形式多样的自媒体渠道为自己维权，利用技术发展的成果，多角度、多渠道、多维度地实现权利的保护。

第二节　金融消费者保护之风险防范路径

一、实体路径之赋权性规范保护

《消费者权益保护法》第 28 条虽然将金融消费者纳入了保护范围，但是金融消费者的一些特殊属性并未与一般消费者加以区别。[1]金融交易不同于传统交易，具有复杂性、专业性，金融商品具有无形性、高风险性，这些特殊性致使金融机构较之金融消费者处于更有优势的地位，金融消费者也比一般消费者更易受到侵害。因此金融消费者作为消费者在金融领域的延伸，其不仅应当具有《消费者权益保护法》规定的消费者所享有的基本权利，还应当享有作为金融消费者的特殊权利。金融消费者权益主要包括财产安全权、知情权、自主选择权、公平交易权、依法求偿权、受教育权、受尊重权、信息安全权等。[2]其中，金融消费者的知情权、公平交易权、自主选择权、财产安全权、信息安全权和受教育权应当着重保护。

（一）知情权

金融产品作为特殊的标的，具有风险大、信息不对称等特征。金融消费者在购买金融产品时，相对于金融机构而言往往在信息上处于弱势地位，考虑到金融消费者对信息掌握的弱势性，以及在交易选择上对银行这一推介机构的依赖性等因素，银行作为第三方发行理财产品的代销方，应当负有与该理财产品发行方同等的风险告知和提示义务。金融机构违反信息披露义务，应当及时披露信息而不披露的，侵害了消费者的知情权，应当对消费者的损失承担赔偿责任。

1. 知情权之行使。金融领域中，金融机构较之金融消费者在金融信息的收集、获取、处理上具有天然的优势，金融商品本身的复杂性、专业性、不确定性也使得金融机构与金融消费者之间的信息不对称问题尤为突出。金融消费者在金融交易中往往只能通过金融机构提供的书面或口头信息才能知悉金融产品的构成、风险等情况，或者依据前期金融机构对金融产品的宣传而形成的经验知悉金融产品状况。因此，保护金融消费者的知情权至关重要。

金融消费者的知情权是指金融消费者在进行金融产品交易之前、之中及之后所享有的要求金融机构向其全面、准确、及时、透明地披露有关信息的权利。[3]根据该定义，金融消费者知情权的内容主要有以下几个方面：①金融消费者具有平等获得与其从事的金融活动相关的金融信息的权利，除法律另有规定外，不因消费者的身份、地位、性别、年龄等不同而有所区别，而是一律平等地享有获取

---

〔1〕　参见严书："论金融消费领域卖方机构适当性义务——兼评〈第九次全国法院民商事审判工作会议纪要〉第七十二条"，载《南方金融》2020年第3期。

〔2〕　《国务院办公厅关于加强金融消费者权益保护工作的指导意见》，国办发〔2015〕81号，2015年11月4日发布。

〔3〕　参见彭真明、殷鑫："论金融消费者知情权的法律保护"，载《法商研究》2011年第5期。

与其交易有关的信息的权利；②金融消费者获得的信息应当是全面而非片面的、准确而非虚假的、及时而非迟延的、透明而非模糊的，这也是金融机构信息披露义务的内容，可见，消费者的知情权需通过金融机构履行义务的方式实现。

由于金融机构与金融消费者之间在某些方面存在地位不平等的现实，出于公平的考量，法律给予金融消费者特定权利保护其利益，但是"权利并不是无限制的；权利本身即蕴含界限"[1]。金融消费者的权利同样存在权利的边界。法律在保护金融消费者权利的同时也需要保护金融机构的权利，例如金融消费者知情权的行使不应当侵犯金融机构的商业秘密权。限制金融消费者知情权的行使也是为了更好地维护金融市场的利益平衡，防止金融机构过度披露而影响金融消费者交易的积极性。总的来说，知情权行使可以区分两种情形，一种是金融产品的一般信息的获取，另一种是金融产品特殊信息的获取。对于金融产品的基础信息、公共信息，消费者均有权获得，金融机构不能隐藏这些信息，如果金融机构隐藏则构成对消费者知情权的侵犯，而对于涉及金融产品的特殊信息，则需要根据情形判断，例如购买同一产品的其他主体的信息，金融消费者无权获得，消费者要求金融机构披露这些信息的金融机构可以不提供，金融机构不提供的不构成对金融消费者权利的侵犯。

2. 知情权之救济——信息披露制度。传统消费中，生产者、销售者负有保证其所销售的产品质量合格的义务，否则就要承担相应的责任。同样地，在金融交易中，金融机构同样负有保证其金融消费者能够获得合格的金融产品的义务，而金融产品的质量合格就是其信息质量合格。在金融交易中，消费者往往需要将资金的使用权让渡给金融机构，金融机构在掌握了金融消费者的资金后进行具体使用，通常情况下金融消费者还需要缴纳一定的服务费用。根据权利与义务相对等的原则，金融机构在享有资金使用权和费用收取权的同时应当向消费者履行相应的信息披露义务。然而实践中多数的金融机构都未能履行足够的信息披露义务，往往在出现亏损时才向消费者告知，但是经常不告知具体的亏损原因，这严重侵犯了消费者的知情权。严重的信息不对称是金融消费者与金融机构之间产生冲突的主要原因，因此保护金融消费者知情权最为有力的方式就是使消费者与金融机构能够在信息上获得更为平等的地位。因此，为了使双方的权利义务达到均衡，法律应当赋予消费者获取相关信息的权利，也就是要求金融机构向消费者披露金融产品整个运营阶段的信息，包括事前、事中和事后，出现亏损时也应当及时告知消费者亏损原因。

---

〔1〕［德］迪特尔·施瓦布：《民法导论》，郑冲译，法律出版社 2006 年版，第 174 页。

（二）公平交易权

1. 公平交易权之行使。消费者保护法的应有之义，就是社会本位理念下的公平保护，通过对消费者弱势地位的填补，使其能够处于与经营者相同的交易地位，实现弱者正义，这是公平原则特别是实质公平原则在消费交易中的具体体现，更是契约正义发展的必然结论。[1]在金融领域，金融消费者与金融机构之间的不平等地位更为突出，此外，我国金融机构还具有一定的垄断性，在金融交易中，消费者的被动性较强，金融机构更容易借助其优势地位侵犯消费者的公平交易权，因此，公平就成了金融交易过程中必须重视的内容。可以说，金融消费者在接受金融服务时享有公平交易的权利是金融消费者权益的核心内容。[2]

根据我国《消费者权益保护法》第 10 条的规定，消费者的公平交易权是指消费者在与经营者进行交易时获得公平交易条件的权利。根据该条，消费者的公平交易权主要有两个方面的内容：一是消费者在交易活动中有权获得公平对待的权利，即消费者的交易条件应当合理，包括质量保障、价格合理、计量正确等公平交易条件；二是消费者有权拒绝经营者的强制交易行为。金融消费者的公平交易权与一般消费者的公平交易权从根本上是共通的，其内涵也同样体现为交易条件合理、交易过程诚实可信、交易结果达到预期等方面，但是由于金融领域的特殊性和金融产品的特殊性，金融消费者公平交易权的具体内容会更明显地体现金融商品的特点。除了上述内容外，金融消费者的公平交易权更体现为"平等对待不歧视、和平对待不强制、理性劝诱不忽悠"[3]，实现金融机构和金融消费者的共赢，而非通过损害金融消费者利益实现金融机构的一己之私，例如金融机构不得利用其垄断地位强迫金融消费者接受不合理的搭售商品行为或者利用格式条款加重金融消费者的义务、免除自身责任、转嫁金融服务风险等。另外，根据普惠金融发展的要求，金融消费者公平交易权利还应当包括潜在的金融消费者免受歧视获得基本金融服务的权利。[4]

2. 公平交易权之救济——格式条款的规制。格式条款是当事人为了重复使用而预先拟定，并在订立合同时未与对方协商的条款。[5]由于金融机构在金融交易中具有垄断地位，金融机构享有合同的制定权，消费者只能选择全部接受或者全

---

〔1〕　参见史学岗："金融消费者权利保护研究"，西南政法大学 2014 年博士学位论文。

〔2〕　参见胡文涛："普惠金融发展研究：以金融消费者保护为视角"，载《经济社会体重比较》2015 年第 1 期。

〔3〕　史学岗："金融消费者权利保护研究"，西南政法大学 2014 年博士学位论文。

〔4〕　参见史学岗："金融消费者权利保护研究"，西南政法大学 2014 年博士学位论文。

〔5〕　《民法典》第 496 条第 1 款。

部拒绝整个合同，而不能参与合同条款的制订过程，实践中，金融机构常常利用格式条款规避其责任义务，侵犯消费者公平交易权。因此，金融消费者公平交易权保护的主要内容就是格式条款的规制。

我国《民法典》第 496 条第 2 款规定了格式条款提供者的义务，根据该条的规定，金融机构采用格式条款订立合同的，应当遵循公平原则确定金融机构与金融消费者之间的权利和义务，并采取合理的方式提示消费者注意免除或者减轻其责任的条款，对该条款予以说明。由于金融交易具有复杂性、高风险性、不特定性，金融产品也具有无形性、持续性的特点，因此，金融机构针对格式条款的提请注意义务和说明义务应当强于一般消费活动中的提请注意义务和说明义务，另外，金融机构在进行说明时还应当以明示的方式向消费者解释说明格式条款的内容，并以消费者能够理解的方式进行。根据《民法典》第 497 条和第 498 条的规定，格式条款的制定和内容必须符合法律的规定，金融机构不得制定加重对方的责任或者剥夺对方的权利的合同条款，如果格式条款免除金融机构责任、加重消费者责任、排除消费者主要权利的，该条款无效。发生金融纠纷时，如果金融机构与金融消费者对格式条款的理解发生争议的，应当按照通常理解予以解释，对格式条款有两种以上解释的，应当作出不利于金融机构一方的解释。除了现有的法律规定，格式条款效力也可以通过诚实信用原则限制，通过平衡金融机构与金融消费者之间的利益，实现交易的公平公正，由于金融消费者处于较为弱势的一方，因此在解释合同条款时应当更注重保护消费者的权益。

（三）自主选择权

在金融消费中，金融消费者交易的对象主要是信息的组合。一方面，金融机构是其获取信息的主要途径。金融机构在提供信息时，受利益的驱使，容易利用其信息优势，对信息进行不实披露或选择性的披露，以诱导消费者购买；另一方面，金融消费者由于自身知识和经验水平的局限性，难以识别复杂而繁多的金融信息，而依赖于金融机构的判断。金融机构在处理信息时，受利益的驱使，容易利用其经验优势，对金融信息进行倾向性解释，以劝诱消费者购买。金融机构在信息的提供和处理中的不当行为，干扰了消费者自主选择权的行使，易使消费者做出错误的决策，并遭受财产损失，进而动摇消费者对金融市场的信心，影响金融市场的健康持续发展。但是如何认定金融机构的推介行为是否适当并不容易，在类似案件中金融机构的利益与金融消费者的利益之间如何取舍需要法院结合具体情形作出判断，如何保护金融消费者的自主选择权也需要立法和司法进一步完善。

1. 自主选择权之行使。金融消费者自主选择权，是指金融消费者在进行金融交易时自主选择、自行决定是否购买金融产品或接受金融服务，金融机构不得强买强卖，不得违背金融消费者意愿搭售产品和服务，不得附加其他不合理条件，不得采用引人误解的手段诱使金融消费者购买其他产品[1]。金融消费者的自主选择权是民法"意思自治原则"在金融领域的集中体现，其核心就是消费者能够按照自己的意志自由地选择金融产品。金融机构在金融领域，对于金融产品的信息具有一定的垄断优势，地位的不平等就有可能发生欺诈交易、强迫交易的情形，因此，法律应当赋予金融消费者自主选择权，使处于弱势地位的一方能够与金融机构之间具有相同的地位。具体来说，金融消费者的自主选择权主要有三个方面的含义：金融消费者可以自主选择金融机构；消费者可以自主选择自己满意的金融产品；在发生纠纷时，金融消费者还可以自主选择纠纷解决方式[2]。

法律保护金融消费者的自主选择权主要是通过规范金融机构的行为实现的，包括禁止金融机构的不当劝诱、虚假宣传等。然而，任何的自由都不是绝对的，消费者自主选择权同样也需要受到一定的限制。如果自主选择权的行使超过了法律的边界，使得消费者具有了更为强势的法律地位，可能会在一定程度上打击金融机构的交易热情，给金融市场造成影响。因此，消费者的自主选择权行使应当根据情形具体分析，金融机构适当的推荐、宣传、引导消费者的行为不应当被认定为是侵犯消费者权利的行为，但是如果金融机构超过了义务的内容，侵犯了消费者的合法利益，则应当承担相应的责任。

2. 自主选择权之救济。对消费者自主选择权的干预主要来自于金融机构，因此，对金融消费者自主选择权的保护也主要是通过规范金融机构的行为实现的。

（1）禁止不当劝诱。劝诱是金融机构销售金融产品和提供金融服务的常见推介方式，但是实践中金融机构的劝诱并非都是正当的。由于金融机构与金融消费者在信息上处于不平等地位，金融机构容易利用其优势，对金融信息进行倾向性解释，以劝诱消费者购买，导致消费者利益受损。金融机构的不当劝诱主要有以下几种表现形式：金融机构告知或说明的重要事项与事实不符；金融机构隐瞒不利信息；金融机构在进行劝诱时，对于商品或服务的收益以及风险等可能存在变动的事实提供判断，使消费者误以为金融机构的判断是准确不变的，例如金融机构"保本保息"的说明；在未得到消费者事先同意的情况下，金融机构多次通过

---

〔1〕《国务院办公厅关于加强金融消费者权益保护工作的指导意见》，国办发〔2015〕81号，2015年11月4日发布。

〔2〕参见史学岗："金融消费者权利保护研究"，西南政法大学2014年博士学位论文。

电话、网络等方式进行的劝诱行为；此外，金融机构在被拒绝后仍然向消费者进行劝诱，例如不让消费者离开金融交易场所，或者多次电话骚扰等也属于不当劝诱行为。

（2）禁止虚假宣传。金融机构在向消费者宣传金融产品时应当真实、客观，不得作不符合事实的虚假宣传，诱导消费者购买不适合消费者的金融产品。实践中，经营者出于营利和广告的目的对产品进行一定的夸大宣传无可厚非，但是金融产品毕竟不同于一般的消费品，其更为复杂和专业，消费者对于金融机构具有很强的依赖性。因此金融机构的宣传往往是消费者了解金融产品的主要途径，如果金融机构的宣传具有虚假性和误导性，很容易使消费者发生错误认识，从而损害其利益，所以金融机构在进行金融产品的宣传时应当遵循法律的要求，做到客观、真实，不得进行与事实不符的虚假宣传。

（3）冷静期制度。英国的1964年《租赁买卖法》规定："若买方是在'适当交易所在地'之外的任何地方签订了租赁买卖合同或分期付款合同，他都有权自收到正式合同的副本之日起4天内解除该合同"，这被认为是最早出现的"冷却期条款"的规定，其主要是针对上门兜售而设立的。[1]随着"冷却期条款"的演变，其逐渐在消费者领域占据了重要的地位，英国、日本、美国立法中都存在冷却期条款。[2]"冷静期"制度旨在给予消费者解除合同的权利，对信用授予者（企业或金融机构）产生一种威慑力，从而使其在参与消费信用交易的过程中不得不遵守诚信原则，为消费信用创造一个宽松、公平而又合理的交易环境。[3]我国保险和直销行业已经实行冷静期制度多年，电子商务领域也制定了相应的冷静期制度，足以说明该制度的优越性和合理性。[4]我国金融相关领域也有必要建立或完善冷静期制度，允许消费者在一定期间内解除合同，从而使权利义务回复到订立合同之前的状态，这不仅能够更好地保护消费者自主选择权，也能够促使金融机构更好地履行自己的义务。但是考虑到金融交易的快捷高效，也应当防止消费者滥用冷静期制度，因此可以通过设置次数或者规定期限的方式作出限制。

---

〔1〕 参见周显志、陈小龙："试论消费信用合同的'冷却期'制度"，载《法商研究》2002年第5期。

〔2〕 参见周显志、陈小龙："试论消费信用合同的'冷却期'制度"，载《法商研究》2002年第5期。

〔3〕 参见周显志、陈小龙："试论消费信用合同的'冷却期'制度"，载《法商研究》2002年第5期。

〔4〕 参见李勇坚："互联网金融视野下的金融消费者权益保护"，载《经济与管理研究》2016年第9期。

（四）财产安全权

1. 财产安全权之行使。《消费者权益保护法》第7条规定："消费者在购买、使用商品和接受服务时享有人身、财产安全不受损害的权利。消费者有权要求经营者提供的商品和服务，符合保障人身、财产安全的要求。"无论是一般的消费者还是金融消费者，均享有人身安全和财产安全受法律保护的权利，但是由于金融产品的特殊性，加之近年来网络技术的发展迅速，金融交易越来越多地体现为网上交易的形式，尤其是在 P2P 行业快速发展后，消费者参与金融交易的风险越来越高，除了传统的伪卡盗刷、第三人侵权等，金融消费者还面临着更多不确定的财产风险。因此，金融消费者财产安全的保护变得越来越重要。

金融消费者的财产安全权主要指金融消费者在购买金融产品和接受金融服务过程中保证其财产安全不受他人侵犯的权利。金融消费者的财产安全权主要是通过规范金融机构的安全保障义务来实现的，金融机构与金融消费者进行金融交易，金融机构负有保障消费者财产安全的法定义务。《国务院办公厅关于加强金融消费者权益保护工作的指导意见》中强调金融机构应当审慎经营，采取严格的内控措施和科学的技术监控手段，严格区分机构自身资产与客户资产，不得挪用、占用客户资金。[1]根据该指导文件，金融消费者的财产不受他人侵犯，金融机构应当积极采取严格的管控措施和科学的技术监控等手段保证金融消费者的财产安全，金融机构应就其采取了足够的措施防止金融消费者财产受损承担举证责任，金融机构不能证明其尽到足够的安全保障义务的，应当承担责任；金融机构应当严格区分自身资产与消费者的资产，不得挪用、占有，金融机构违反义务的应当承担责任。需要注意的是，虽然金融机构更容易发现风险和防控风险，但这并不代表金融机构就需要对所有的损失都承担责任，过度扩张消费者财产安全权的边界会加重金融机构的义务，影响金融市场的发展。因此法院在判断金融机构的责任时，应当根据具体情形判断，若金融机构已经尽到了足够的注意义务并采取了足够的安全措施，此时仍未能防止危险发生的，不应过分苛责金融机构。

2. 财产安全权之救济——资金托管制度。金融消费者的财产安全主要通过金融机构的义务来保障，而资金托管制度则是实现金融消费者权益保护的重要制度。资金托管制度，指在金融交易过程中，银行受交易双方的委托，保管交易资金及权益证明文件等，并根据约定条件办理资金支付，促使交易成立的业务。[2]

---

〔1〕《国务院办公厅关于加强金融消费者权益保护工作的指导意见》，国办发〔2015〕81号，2015年11月4日发布。

〔2〕参见李宇："商业银行发展交易资金托管业务研究"，载《现代金融》2013年第10期。

目前，资金托管业务主要由商业银行进行，银行可以通过与委托人签订合同的方式，履行为委托人资金进行安全保管、资金清算、监督资金使用和披露资金使用情况托管服务，以达到委托人资金专款专用、提高效率、防范风险、提升信用的目的。[1]商业银行提供的资金托管服务严格意义上需要达到投资者资金账户独立、托管人根据投资人指令将资金划付到指定借款人账户、到期将借款本金和收益回收到投资人账户的功能，以实现资金的独立性和完整性，保障资金专款专用。P2P 行业的迅速发展给金融行业带来了一定的冲击，实践中投资者由于平台跑路、资金链断裂导致权益受损的现象层出不穷，困扰着互联网金融行业的发展，而资金托管制度被认为是有效防止投资者权益受损的主要救济手段。目前我国涉及资金托管的法律规范较少，在规范金融行业层面仍存在一定的不足，因此我国有必要建立完善的资金托管制度。以 P2P 行业为例，P2P 银行资金托管并未有效实现，然而该行业的健康发展需要借助于监管完善、行业平台自律、信息披露清晰透明，从而使投资者能够明确知道资金去向，即由平台、第三方资金托管、银行托管双托管保障投资者资金安全。[2]

（五）信息安全权

近年来，随着公民个人信息商业价值的提高，非法收集、利用公民个人信息的情形时有发生，这也就对消费者信息安全权保护提出了更高的要求。金融机构应当在法律规定的范围内合理收集和使用消费者的个人信息，不得任意提供给他人，金融机构违反安全保障义务，侵犯消费者隐私权、信息权等权利的应当承担相应的责任。

1. 数据安全权之行使。在我国现有的法律法规和相关政策规章中，涉及金融消费者数据安全保护的主要有两个方面：一是个人隐私，另一个是个人信息。[3]可见，金融消费者的数据安全权主要包括金融隐私权和金融信息权。

传统法上的隐私权，指公民个人隐瞒纯属个人私事和秘密，未经其本人允许不得公开的权利。[4]传统隐私权更多涉及的是对于人格尊严的保护，内容上涉及未公开的个人敏感信息，强调对人格利益的保护。金融隐私与传统的隐私有所不同，更多指向的是财产信息，它是金融客户对与其信用或交易相关的信息所享有

---

〔1〕 "商业银行客户资金托管业务指引"，载 https：//www. china – cba. net/Index/showw/catid/130/id/11016，最后访问日期：2021 年 3 月 20 日。

〔2〕 参见辛颖："P2P 资金银行托管探索中"，载《法人》2015 年第 7 期。

〔3〕 参见李勇坚："互联网金融视野下的金融消费者权益保护"，载《经济与管理研究》2016 年第 9 期。

〔4〕 参见佟柔：《中国民法》，法律出版社 1990 年版，第 487 页。

的控制支配权，是一种兼具人格性和财产性且财产性日益突出的新型民事权利，包括客户自主支配上述信息的权利、自主决定是否允许第三人知悉并利用该信息的权利，以及当上述信息被不当泄露和被非法使用时，寻求司法救济的权利。[1]从这个角度来说，金融隐私与金融信息密切联系，有些国家将个人信息保护直接纳入隐私权保护的范围。但是严格来说，隐私权与信息权存在本质的区别，隐私权突出对人性尊严的保护，其实质是对敏感信息的保密；而信息权保护的价值取向不仅仅在于对信息本身的控制，更重视信息的流通和使用价值。[2]信息权是一种综合性的权利，从内容上看，金融信息权所涉及的范围已经远远突破金融隐私权，除了敏感信息外，还包括涉及消费者个人的全部金融信息。

　　大数据时代使个人信息具有了更高的商业价值，金融机构可以根据个人的信息，例如消费者的家庭住址、联系方式、信用卡交易记录、信用信息、投资偏好等勾画出具有消费者专属性的主观评价，尤其是其中有关金融消费者投资方面的信息，借助这些信息，金融机构可以精确了解金融消费者的投资需求，进行针对性的销售和宣传，实现产品和服务的升级更新。因此，大数据时代下的金融隐私权和金融信息权较之普通的隐私权和信息权更容易受到侵害，这也意味着法律需要给金融消费者提供更多的保护。但是需要注意的是，在大数据时代，强调金融消费者的权利保护固然重要，但是这绝不代表只重视金融消费者的信息安全，同时还要维护金融机构的信息开发和利用的权利。从信息开发和利用的角度来看，金融机构的行为无可厚非，但是从消费者保护的角度来看，金融机构的某些行为可能会对金融消费者的权益造成一定的损害，因此信息时代下如何平衡好金融机构的权利与消费者的权利十分重要，这也是信息开发与信息保护价值取舍的问题。从法的价值角度考量，金融信息保护与开发利用的冲突，其实质是公平与效率之间的矛盾：信息利用优位，虽实现了信息的流通价值，但人格利益及信息安全会受到减损；信息保护规则过严，虽实现了公平价值，但会大大限制信息的供给，抑制金融创新的动力，进一步加剧金融市场的信息不对称。[3]因此在信息保护与信息技术之间需要谋求更好的平衡，在允许金融机构利用信息开发信息价值的同时应当保证其不损害金融消费者的合法利益，在二者出现冲突时，法律应当侧重于保护消费者的利益。

　　2. 数据安全权之救济——个人信息权和隐私权保护制度。目前我国金融消费

---

　　[1]　参见谈李荣：《金融隐私权与信息披露的冲突与制衡》，中国金融出版社2004年版，第64页。

　　[2]　参见张继红："论我国金融消费者信息权保护的立法完善"，载《法学论坛》2016年第6期。

　　[3]　参见张继红："论我国金融消费者信息权保护的立法完善"，载《法学论坛》2016年第6期。

者个人隐私权和信息权保护的立法尚不完善，而传统的隐私权保护制度并不足以保护金融消费者的权利，因此我国有必要完善现有的法律制度中涉及隐私权和信息权保护的内容，从而更好地保护金融消费者的权利。

传统的隐私权和信息权保护制度更多的是着眼于对个人身份信息的保护，但是金融领域消费者的数据安全权受到侵害主要是在金融机构对金融消费者的金融信息进行二次利用过程中，而金融信息二次利用的法律规制难点主要在于用户隐私自主式管理困局，即个人在应对多变的隐私信息收集和利用时意识比较薄弱的情形。针对该情形，传统信息保护模式通常采取告知与同意保护方式，即金融机构与消费者订立交易合同时，金融机构予以提前告知并进行相应的说明，消费者予以同意而进入下一步。但是实践中消费者往往不会阅读或者不会仔细阅读就点击同意，即使有些消费者阅读了，也很有可能并没有完全理解其中隐含的数据风险。这种条件下金融消费者可能无意识地处分了自己的信息而被金融机构获得。因此，这就需要强化金融机构的义务来实现对金融消费者隐私权和信息权的保护。学界对于如何规制金融消费者和金融机构之间的信息法律关系存在不同的看法，有的主张金融机构只能在消费者授权使用的范围内使用，非经允许的不得收集和使用，有的则主张适用准"委托—代理"关系，将信息的部分权能委托给金融机构使得信息能够被开发利用。[1]本书赞成后一种观点，在平衡金融机构信息开发利用和金融消费者权利保护的基础上由消费者让渡部分权利，允许金融机构在合理限度内使用，从而实现利益的平衡。

在保护金融消费者数据安全权上更重要的是要强化金融机构的安全保障义务，以进一步增强金融消费者参与金融市场的信心和安全感。一方面，金融机构不得泄露消费者的隐私和信息，金融机构还应当加强技术安全防范，避免消费者隐私信息的泄露；另一方面，金融机构二次利用信息的应当获得消费者的授权，在合理限度内进行开发和利用。

（六）受教育权

1. 受教育权之行使。赋予金融消费者受教育权的主要原因在于金融消费者与金融机构之间实力差距悬殊。金融领域本身专业性较强，而我国的金融消费者大部分都是不具有金融知识的群体，金融机构和金融消费者在专业能力上差距较大，这也是金融消费者对金融机构依赖性较强，极易遭受损失的主要原因。建立在金融机构信息披露、金融消费者知情基础上的公平交易权使消费者事前获得充

---

[1] 参见张继红："论我国金融消费者信息权保护的立法完善"，载《法学论坛》2016年第6期。

分的信息，并在此基础上作出决定，但消费者能否理智作出判断，切实免遭不公平和欺诈对待，相当程度上取决于消费者本身的认知能力，而认知能力的获取与金融消费者的受教育权密切相关。因此，想要保护金融消费者的合法权益，仅仅要求金融机构是不够的，最根本的还是要保障消费者的受教育权。

金融教育给予消费者知识、技能和信心，一个受到良好金融知识教育的消费者能够理解金融机构披露的信息，评估金融服务或产品带来的风险和收益，从而作出明智决策。[1] 金融消费者受教育权的行使需要由国家通过法律法规和相关政策保障。

2. 受教育权之落实。加强金融知识教育，能够鼓励原本不愿使用金融产品的人接受金融服务和产品，同时，消费者金融教育又有助于提高消费者的金融认知能力，减轻其和金融机构之间的信息不对称，在国际金融危机爆发之后，国际组织和多国政府在发展普惠金融的同时，积极寻求加强金融消费者保护，并将金融教育提升至国家发展战略。[2]

一般来说，金融消费者教育分为知识教育、法规教育、理念教育、风险教育、维权教育、投资技巧教育和理财规划教育等内容。[3] 我们必须重视金融消费者教育，加强金融知识的普及，将受教育权落实到每一个消费者身上，这样才能从根本上保护消费者的权利。金融机构应当进一步强化金融消费者教育，积极组织或参与金融知识普及活动，开展广泛、持续的日常性金融消费者教育，帮助金融消费者提高对金融产品和服务的认知能力及自我保护能力，提升金融消费者金融素养和诚实守信意识。[4] 受教育权的落实还需要依靠法律法规的保障，国家应当从多个方面、多个角度保障消费者的受教育权，通过开展一系列有目的、有组织、有计划的社会活动向消费者传播金融知识和经验、培养消费者的理财技能、倡导理性金融消费观念、告知金融消费者权利义务及保护途径、提高金融消费者自身素质。

---

〔1〕 参见胡文涛："普惠金融发展研究：以金融消费者保护为视角"，载《经济社会体重比较》2015 年第 1 期。

〔2〕 参见胡文涛："普惠金融发展研究：以金融消费者保护为视角"，载《经济社会体制比较》2015 年第 1 期。

〔3〕 参见袁熙："良好的投资者教育是维护投资者权益的最佳方式"，载《中国金融》2010 年第 18 期。

〔4〕 参见《国务院办公厅关于加强金融消费者权益保护工作的指导意见》，国办发〔2015〕81 号，2015 年 11 月 4 日发布。

二、实体路径之义务性规范保护

金融消费者保护除了赋予金融消费者权利，规制金融机构的义务也十分关键。通过规范金融机构在金融交易活动中的义务能够更好地指导金融机构履行其义务，还能为纠纷解决提供一定的参考，根据金融机构履行义务的程度判断金融机构承担责任的范围大小。结合法律规定和司法实践，金融机构的主要义务包括以下几个方面：

（一）金融机构产品说明与风险提示义务

强化金融机构的产品说明义务与风险提示义务是保障金融消费者知情权的重要内容。近年来，金融机构侵犯消费者权益的情形日益增多，司法实践中金融机构不履行或者未适当履行说明义务与风险提示义务的案件占据了金融纠纷的较大比重。金融服务者说明义务在我国现行立法中主要体现在证券发行说明的风险提示义务以及保险人说明义务的规定中，但是这些规定并不能适应金融市场快速发展下消费者权益保护的需要，金融机构的许多不当行为并未由法律加以规制。因此，在目前我国的金融市场中，针对日益泛滥的金融机构的不当说明行为，有必要强化金融服务提供者的说明义务和风险提示义务，构建更能保护消费者知情权、自主选择权、公平交易权等权利的义务规则。

金融机构的产品说明义务和风险提示义务主要是指金融服务者在发行金融商品时，应当将商品的内容和投资的危险性等与金融消费者利益密切相关的信息，以金融消费者能够理解和接受的程度和方式向其进行充分的说明，以保证金融消费者在对所购买的金融商品有基本了解并具有对投资风险的认识和准备的基础上进行消费，避免发生因信息不全面所带来的非理性判断造成消费者权益受损的情形。[1]金融产品并不是同一的，而是具有复杂性和多元化的，不同的金融产品具有不同的功能，因此金融服务者的产品说明义务和风险提示义务也应当根据金融产品的功能来决定其说明的程度，例如投资类产品和保险类商品的说明义务应当有所不同。当然，金融机构的产品说明义务和风险提示义务也不应当绝对化和扩大化，否则可能影响金融消费者作出投资决策，降低投资积极性，也会打击到金融机构的销售热情，不利于金融市场的发展。

1. 产品说明义务。金融机构的产品说明义务主要在金融机构与金融消费者缔约时体现，说明的内容应当是与金融交易有关的重要事项，包括但不限于金融产

---

〔1〕 参见郭丹：《金融服务法研究——金融消费者保护的视角》，法律出版社 2010 年版，第 110 页。

品的名称、性质、内容、收益和亏损情况、风险、管理费用等。金融机构在对产品进行说明时，应当遵循客观、真实、全面的原则，禁止金融机构进行虚假说明、武断说明、误导说明以及遗漏说明。由于金融产品具有的专业性、高风险性等特点，金融机构在进行产品说明时，应当采取明示、主动的，消费者能够理解的方式履行说明义务。该说明义务应当以能够使一般的金融消费者理解为原则，同时金融机构还应当兼顾消费者的不同情况，只有金融消费者实际理解了与金融产品有关的重要事项，才能够认为金融机构已尽到说明义务。这里需要注意的是，如果消费者主动放弃知情权的，那么金融机构即可免除相应的说明义务。

2. 风险提示义务。金融产品具有较高的风险，相比于普通领域，金融机构应当履行更强的金融产品风险提示义务，然而实践中金融机构常常仅告知消费者该金融产品是保本的或者是有固定利息的，不告知或者不全面告知产品的亏损风险，导致消费者在未真实了解产品风险的情况下作出投资决策，造成重大损失。风险提示义务从根本上来说属于金融机构信息披露的内容，现行立法将风险提示作为金融机构的义务予以明确规定，其主要目的就是希望借助于金融机构对金融商品的风险提示，使消费者能够在了解风险性极高的金融产品的交易风险的前提下，真实自愿地做出缔约选择。同时，金融机构在风险揭示过程中，应当向金融消费者传递"收益与风险并存"的现代金融理念[1]。当前期货交易、外汇保证金等高风险的金融产品在金融市场占据了一席之地，这意味着金融机构的风险提示义务也在逐渐增强。以日本为例，2000年《金融商品销售法》中规定金融机构进行风险提示的要求为"发生本金亏损之虞"，而2006年日本《金融商品交易法》中对风险提示要求则修改为"可能发生超过当初本金亏损时"，此时金融机构应当向金融消费者提示该风险，并需要说明造成亏损的直接原因且要求说明义务达到使金融消费者充分理解的程度。[2]

一般认为，金融机构风险提示的内容主要包括：金融产品可能造成的本金损失以及本金可能损失的原因，该金融商品的利息、汇率变化或其他有价证券市场上行情的变动，金融产品发行人或销售人或其他人的业务、财产状况的变化，法律制度的变化，权利期间的限制或该限制的解除等相关内容。[3]不同金融产品的风险大小不同，因此金融机构产品说明与风险提示义务范围也不同，对于风险较高、功能较多的产品，大部分金融消费者缺乏足够的经验和知识进行合理的判

---

〔1〕　参见郭丹："金融服务者风险揭示义务的法律规制"，载《学术交流》2012年第1期。

〔2〕　参见彭真明、殷鑫："论金融消费者知情权的法律保护"，载《法商研究》2011年第5期。

〔3〕　参见彭真明、殷鑫："论金融消费者知情权的法律保护"，载《法商研究》2011年第5期。

断，这种情形下金融消费者对金融机构具有极高的依赖性，金融机构的说明义务和风险提示义务对消费者的决策起着决定性的作用，因此，金融机构应当负担较重的说明和提示义务。

3. 义务违反的责任承担。由于金融机构在信息上处于较为强势的一方，相比金融消费者的弱势地位，让金融机构证明其履行了足够的说明义务和风险提示义务更容易实现，因此在涉及消费者权益的案件中，金融机构承担着证明其已履行了产品说明义务和风险提示义务的责任，即举证责任倒置。在发生纠纷时，金融机构需要举证证明其已经履行了产品说明和风险提示义务，否则就要承担举证不能的法律后果。另外，由于不同金融产品的风险不同，金融消费者的认知也不同，金融机构承担的风险提示义务责任也不可能完全相同，这就要求金融机构履行义务的方式、程度等应当是恰当的，足以使消费者知晓和了解风险，即使金融机构履行了说明提示义务但是履行不适当的，金融机构也要承担相应的责任。

实践中一般以消费者的本金减损数额为消费者的损失，从而决定金融机构的赔偿额。在考虑金融机构的责任承担时，法院应当结合具体产品的特点，金融机构和金融消费者各自的过错综合判断，确定其责任大小。

（二）金融机构重要信息披露义务

1. 信息披露义务的法律价值。信息披露制度作为规制证券市场上市公司行为的一项制度，自产生以来，在规范证券市场健康运行、保护证券投资者利益方面发挥了重要的作用，是证券市场监管制度的基石。[1]在金融市场上，金融商品和服务都是由信息组成的，金融消费者做出的判断完全依赖于其所获得的信息。在金融机构与金融消费者拥有的信息严重失衡的背景下，必须通过法律手段对金融商品或服务的生产者、经营者及提供者课以信息披露义务，强制其在生产、销售金融商品或提供金融服务时公开必要的信息或进行充分的说明，从而保证信息的平衡，保护金融消费者的权利。我国信息披露制度主要规定在证券法中，可以说，在制度层面上，我国的信息披露制度已经具备了较为完整的体系，但不可忽视的是，由于金融机构与消费者之间在专业、经验、能力等方面的差距，消费者在获得信息上仍然处于弱势地位，因此我国的信息披露制度仍有进一步完善的必要。

2. 信息披露义务的具体要求。金融机构作为市场经营的主体，基于自身利益的考量，容易利用其信息优势，在金融产品或服务合同中进行有利于自己的安

---

〔1〕 参见郭丹：《金融服务法研究——金融消费者保护的视角》，法律出版社 2010 年版，第 108 页。

排，将风险转嫁给金融消费者。金融机构应承担更严格的信息披露义务，其信息披露应当符合全面、准确、及时、透明的要求，能够使金融消费者更容易获取、理解和使用信息，防止消费者权益受到损害。[1]

全面的信息披露体现在两个方面：信息披露在时间上应当具有持续性，在内容上具有完整性。时间上的持续性要求金融机构的信息披露应当贯穿金融产品交易的整个过程，包括合同订立之前、之中和之后，尤其是在订立合同之前，金融机构应当向消费者披露足以影响消费者交易与否的重要事项。内容上的完整性要求金融机构的披露不仅应当包括有利事项还应当包括不利事项、金融机构应当披露该理财产品的风险、告知消费者可能的亏损事项等。欧盟2004年制定的《金融工具市场指令》中对信息披露的内容做了详细规定，该指令强调对没有经验的投资者应给予特殊保护，要求金融机构进行全面的信息披露，包括投资前、中、后三个阶段。[2]合同订立之前，金融机构要向金融消费者说明其公司和所提供服务种类的情况，包括该机构的主营范围、提供给客户的服务、托管安排、利益冲突、投诉及投资者赔偿计划；此处还需说明所提供的金融产品和服务的属性、风险，并对投资计划、目标、风险程度、产品或交易类型及估价做出预测。在交易中，金融机构应向金融消费者提供书面报告，记载金融机构与金融消费者之间关于双方权利义务所达成的一致协议和其他金融机构向金融消费者所提供的服务，以及金融消费者需要向金融机构支付的相关费用。合同订立之后，金融机构应向金融消费者披露定期报告，其中包括投资组成计划、产品价格、运行状况、成本等。[3]

准确的信息披露要求是针对金融机构的欺诈、诱骗行为所提出的。实践中金融欺诈和诱导行为层出不求，导致金融消费者损失惨重，因此，强调信息披露的真实、客观至关重要。准确的信息披露要求金融机构在披露信息时应当客观，禁止金融机构作虚假性或者误导性的描述，禁止金融机构对消费者进行不当劝诱，致使消费者在不了解真实信息的情况下进行投资而遭受损失。

金融领域信息更新迅速，金融产品具有很强的时效性，这意味着金融机构进行信息披露应当及时、迅速，使消费者能够第一时间获取自己需要的信息，从而作出决策。金融机构信息披露的越快，金融消费者所能得到的有用信息就越多，

[1] 参见彭真明、殷鑫："论金融消费者知情权的法律保护"，载《法商研究》2011年第5期。
[2] 参见彭真明、殷鑫："论金融消费者知情权的法律保护"，载《法商研究》2011年第5期。
[3] 参见杜怡静："金融商品交易上关于说明义务之理论与实务上之运用——对连动债纷争之省思"，载《月旦民商法杂志》2009年第12期，转引自彭真明，殷鑫："论金融消费者知情权的法律保护"，载《法商研究》2011年第5期。

这不仅符合消费者的利益，也适用金融市场高效发展的特点。

信息披露透明，是指信息披露应当简单明晰，金融机构进行信息披露应当以消费者能够理解的方式进行。比如美国 2009 年《金融监管改革：新的基础》要求金融机构以透明、简洁、简单的方式向金融消费者履行说明义务，保障金融消费者清晰了解金融产品状况。[1]金融产品本身具有专业性和复杂性，因此金融机构在进行信息披露时应当避免使用大量专业词汇、术语，而是以简单明晰的语言向消费者说明，否则该信息披露没有实质意义。

3. 义务违反的责任承担。金融机构违反信息披露义务，应当承担相应的民事赔偿责任，一般认为赔偿数额为金融消费者的本金损失。金融产品种类繁多，不同金融产品所要求的信息披露方式、内容、程度自然也不可能完全相同，因此金融机构违反信息披露的情形呈现出多样性，立法自然不可能涵盖所有违反义务的情形。有鉴于此，有学者建议在我国立法中引入一般性反欺诈条款，要求金融机构对任何虚假的、有误导性的、遗漏的、不正当的信息披露都承担相应的民事责任。[2]一般反欺诈条款产生于美国证券法，指本着概括一切可能存在的不法行为的目的而对证券发行或交易中无法一一明文列举的欺诈性行为的规定，后经补充发展成为适用于资本市场证券交易中各种欺诈行为的规范。[3]一般性反欺诈条款作为概括性的兜底条款，在证券法领域发挥着重大的作用，将其引入整个金融领域，有利于规制金融机构的欺诈行为，促使金融机构更好地履行信息披露义务。

（三）金融机构的资金安全保障义务

从本质上来说，安全保障义务属于附随义务，经过法律的直接规定上升为金融机构的法定义务，其主要是指金融机构应当保障金融消费者的人身、财产安全。随着网上银行、第三方支付等交易平台的蓬勃发展，安全保障义务的范围从传统的金融机构的营业场所延伸到了网络平台上，而安全保障义务的内容更多地表现为资金的安全保障。实践中大量涉及安全保障义务的金融纠纷也基本上是有关消费者财产损失的，人身损害的纠纷十分少见。这些案件的发生一方面反映了网络技术的迅速发展，另一方面则说明金融机构的安全保障义务已不同于传统的侵权法所规定的安全保障义务，而金融机构不适当履行安全保障义务不仅导致消费者财产受损，产生大量金融纠纷，还降低了金融消费者对金融机构的信赖，减

---

〔1〕 参见彭真明、殷鑫："论金融消费者知情权的法律保护"，载《法商研究》2011 年第 5 期。

〔2〕 参见彭真明、殷鑫："论金融消费者知情权的法律保护"，载《法商研究》2011 年第 5 期。

〔3〕 参见郭丹：《金融服务法研究——金融消费者保护的视角》，法律出版社 2010 年版，第 122 页。

弱了投资热情。因此有必要强化金融机构的资金安全保障义务，从根本上保障消费者的合法权益。

1. 资金安全保障义务的内容。客户的资金安全是指金融机构有义务保障客户资金不受金融机构及第三方的侵害。上文已经提到，金融领域不同于普通领域，金融机构的安全保障义务也有所不同。总的来说，金融机构的安全保障义务主要有三个方面的内容：其一，金融机构应当在现有的技术条件下为金融消费者提供最大限度的安全保障。金融机构本身就承担安全保障的义务，而且其更具专业性，面临的资金风险更高，因此金融机构在技术措施、举证责任等方面应当承担更加严格的义务。其二，金融机构负有不断改进安保技术的职责。从近年来的金融案件就可以看出虽然金融机构采取了一定的安保措施，但是信息技术日新月异，第三人侵害金融消费者资金安全的手段层出不穷，金融机构必须不断提高和更新安保措施，才能真正有效防范风险，保护消费者权益。其三，金融机构应当建立和运行规范的日常巡查和应急处理机制，及时发现安保漏洞和处理突发事件。[1]除了事前的防范，事后的反应机制也十分重要，有时候金融机构采取了足够的事先防范措施但是可能也未能阻止第三人侵权，此时金融机构的应急处理也是安全保障义务的内容，因为如果金融机构能够迅速反应则可以大大减少消费者的损失。

2. 金融机构资金使用。金融机构对消费者资金进行管理、使用应当符合法律和行业组织的有关规定。金融机构应当妥善保管消费者的资金，对其履行充分的安全注意义务和勤勉义务，防止客户资金被冒领、挪用和盗走等。金融机构应当审慎经营，采取严格的内控措施和科学的技术监控手段，严格区分机构自身资产与客户资产，不得挪用、占用客户资金。[2]若金融消费者与金融机构之间就资金使用存在约定的，金融机构还应当在授权范围内合理使用资金，不得超过授权范围随意使用，金融机构超出授权范围使用资金的应当承担相应的责任。以证券业为例，监管部门应当逐步完善客户证券交易资金第三方存管制度，加强对交易资金各个环节的监管，重点监督清算数据的真实性和完整性，杜绝证券公司挪用或者占用客户交易结算资金的行为。银保监会曾发布过有关遏制保险中介机构挪用保险费的相关通知，其目的也是对金融机构乱使用客户资金进行规范。

---

〔1〕 参见辜明安、王彦："大数据时代金融机构的安全保障义务与金融数据的资源配置"，载《社会科学研究》2016年第3期。

〔2〕 参见《国务院办公厅关于加强金融消费者权益保护工作的指导意见》，国办发〔2015〕81号，2015年11月4日发布。

3. 义务违反的责任承担。法律规定金融机构需要承担安全保障义务，但是金融机构与金融消费者之间具体的责任承担问题实务中由法院根据具体的情形判断，属于司法裁量的范畴。《民法典》侵权责任编第 1198 条第 2 款规定第三人侵权的，经营者违反安全保障义务承担的是相应的补充责任。也就是说如果损失是由第三人原因发生的，第三人承担责任，金融机构未履行足够的安全保障义务的，金融机构承担补充赔偿责任，金融机构承担责任后可向第三人追偿。但是金融机构承担安全保障义务并非没有边界，如果金融消费者自身对损失的发生也有过错的，例如因疏忽将密码告知他人的，金融消费者应当承担相应的损失。实践中金融机构出于维护自身利益的目的常常将风险转嫁给消费者承担，有违公平原则。在金融机构与消费者之间，消费者本身就处于弱势地位，从保护消费者的角度来说，在责任分配时应当合理确定双方的责任。在保证资金安全上，监管部门应当加强对金融机构安全保障义务的监督，确保金融机构采取了符合规定的安全措施，在出现资金风险时其应对反应机制及时有效，否则可能需要承担行政责任。另外，对于金融机构违反法律规定挪用、侵占消费者资金的行为还有可能需要承担刑事责任。

（四）金融机构的适当性义务

1. 适当性原则的含义。适当性原则是金融产品零售过程中的一个基本原则，该原则要求金融机构建立起消费者分级动态管理制度，根据消费者的风险承受能力，向其推荐或销售适当的金融产品，避免消费者超过自身风险购买金融产品而遭受损失。我国适当性原则主要体现在金融监管部门的规章中，如 2005 年发布的《商业银行个人理财业务风险管理指引》（已失效）第 23 条、2005 年发布的《商业银行个人理财业务管理暂行办法》（已失效）第 37 条、2006 年发布的《商业银行金融创新指引》第 16 条，2008 年银监会办公厅发布的《关于进一步规范商业银行个人理财业务有关问题的通知》（已失效）第 2 条等均体现了适当性原则。[1]2015 年国务院在指导意见中提出建立金融消费者适当性制度，明确"金融机构应当对金融产品和服务的风险及专业复杂程度进行评估并实施分级动态管理，完善金融消费者风险偏好、风险认知和风险承受能力测评制度，将合适的金融产品和服务提供给适当的金融消费者"[2]。这说明适当性原则已成为金融消费者保护的一个基本原则。

---

〔1〕 参见史学岗："金融消费者权利保护研究"，西南政法大学 2014 年博士学位论文。

〔2〕 参见《国务院办公厅关于加强金融消费者权益保护工作的指导意见》，国办发〔2015〕81 号，2015 年 11 月 4 日发布。

2. 适当性义务的内容。《九民纪要》规定："适当性义务是指卖方机构在向金融消费者推介、销售银行理财产品、保险投资产品、信托理财产品、券商集合理财计划、杠杆基金份额、期权及其他场外衍生品等高风险等级金融产品，以及为金融消费者参与融资融券、新三板、创业板、科创板、期货等高风险等级投资活动提供服务的过程中，必须履行的了解客户、了解产品、将适当的产品（或者服务）销售（或者提供）给适合的金融消费者等义务。"[1]

卖方机构适当性义务起源于 20 世纪 30 年代的美国，而我国金融消费领域适当性义务的规制较晚。尽管各监管机构对金融机构的适当性义务都作出了不同程度的要求，但目前来看这些文件的内容过于简单，法律位阶较低，并未有效规制金融机构的行为。适当性义务在我国的发展主要经历了三个阶段：第一个阶段为适当性义务的源起阶段，此时我国对于适当性义务的探讨仅限于理论层面；第二个阶段为其演变阶段，随着银行业、保险业、证券业相关监管规则的落地，适当性义务逐渐被有关监管部门认可，2015 年第八次民事商事审判工作会议正式提出"卖方机构须遵守适当性义务"的要求；第三个阶段为适当性义务的深化阶段。2019 年 11 月最高人民法院发布的《九民纪要》扫除了卖方机构适当性义务在法院审判规则适用中的诸多障碍，同时也标志了适当性义务机制得以进一步完善。[2]

根据《九民纪要》的规定，金融机构承担适当性义务，有以下两个方面的目标要求：一是金融机构充分了解客户，卖方机构承担适当性义务的目的是确保金融消费者能够在充分了解相关金融产品、投资活动的性质及风险的基础上作出自主决定，并承受由此产生的收益和风险。在推介、销售高风险等级金融产品和提供高风险等级金融服务领域，适当性义务的履行是"卖者尽责"的主要内容，也是"买者自负"的前提和基础。二是金融机构需承担告知义务，人民法院应当根据产品、投资活动的风险和金融消费者的实际情况，综合理性人能够理解的客观标准和金融消费者能够理解的主观标准来确定卖方机构是否已经履行了告知说明义务。卖方机构简单地以金融消费者手写了诸如"本人明确知悉可能存在本金损失风险"等内容主张其已经履行了告知说明义务，不能提供其他相关证据的，人民法院对其抗辩理由不予支持。

---

〔1〕　参见最高人民法院关于印发《全国法院民商事审判工作会议纪要》的通知，法〔2019〕254 号，2019 年 11 月 8 日发布。

〔2〕　严书："论金融消费领域卖方机构适当性义务——兼评《第九次全国法院民商事审判工作会议纪要》第七十二条"，载《南方金融》2020 年第 3 期。

在确定卖方机构适当性义务的内容时，应当以合同法、证券法、证券投资基金法、信托法等法律规定的基本原则和国务院发布的规范性文件作为主要依据。相关部门在部门规章、规范性文件中对高风险等级金融产品的推介、销售，以及为金融消费者参与高风险等级投资活动提供服务作出的监管规定，与法律和国务院发布的规范性文件的规定不相抵触的，可以参照适用。[1]

3. 义务违反的责任承担。根据《九民纪要》的规定，金融产品发行人、销售者未尽适当性义务，导致金融消费者在购买金融产品过程中遭受损失的，金融消费者既可以请求金融产品的发行人承担赔偿责任，也可以请求金融产品的销售者承担赔偿责任，还可以根据《民法典》的规定，请求金融产品的发行人、销售者共同承担连带赔偿责任。发行人、销售者请求人民法院明确各自的责任份额的，人民法院可以在判决发行人、销售者对金融消费者承担连带赔偿责任的同时，明确发行人、销售者在实际承担了赔偿责任后，有权向责任方追偿其应当承担的赔偿份额。金融服务提供者未尽适当性义务，导致金融消费者在接受金融服务后参与高风险等级投资活动遭受损失的，金融消费者可以请求金融服务提供者承担赔偿责任。

在案件审理过程中，金融消费者应当对购买产品（或者接受服务）、遭受的损失等事实承担举证责任。卖方机构对其是否履行了适当性义务承担举证责任。卖方机构不能提供其已经建立了金融产品（或者服务）的风险评估及相应管理制度、对金融消费者的风险认知、风险偏好和风险承受能力进行了测试、向金融消费者告知产品（或者服务）的收益和主要风险因素等相关证据的，应当承担举证不能的法律后果。

卖方机构未尽适当性义务导致金融消费者损失的，应当赔偿金融消费者所受的实际损失。实际损失为损失的本金和利息，利息按照中国人民银行发布的同期同类存款基准利率计算。但因金融消费者故意提供虚假信息、拒绝听取卖方机构的建议等自身原因导致其购买产品或者接受服务不适当，卖方机构请求免除相应责任的，人民法院依法予以支持，但金融消费者能够证明该虚假信息的出具系卖方机构误导的除外。卖方机构能够举证证明根据金融消费者的既往投资经验、受教育程度等事实，适当性义务的违反并未影响金融消费者作出自主决定的，对其关于应当由金融消费者自负投资风险的抗辩理由，人民法院依法予以支持。

---

〔1〕　参见最高人民法院关于印发《全国法院民商事审判工作会议纪要》的通知，法〔2019〕254号，2019年11月8日发布。

三、程序路径之保护协调机制

（一）国外金融消费者保护立法模式

2008 年爆发的金融危机使得许多国家的金融监管制度中存在的问题暴露出来，各国纷纷开始了新一轮的金融监管改革，其中重建或完善各自的金融消费者保护制度占据了相当重要的内容。多数国家的金融消费者保护逐渐呈现专门化趋势，即由一个专门机构负责金融消费者保护的立法与执法工作，且该机构具有一定的独立性和权威性。

1. 美国金融监管的改革模式。美国的监管模式经历了由"双重多头"向"统一多元"的监管方向转变的过程。由于美国存在联邦和州两级政府，而美联储、货币监理署等各部门又负责监管各自领域范围内的金融业务，因此早期美国金融监管体系呈现出双重多头的格局。[1]2004 年美国财政部金融管理局发布行政规定确立了联邦法优先适用的规则，但是联邦法优先于各州法优先适用导致联邦政府仅仅关注金融机构的安全性和健全性，却忽略了金融消费者的保护，而各州的法律又落后于联邦法适用，导致联邦和各州均严重忽视了金融领域的消费者保护。

2010 年 7 月 21 日，美国总统奥巴马签署了《多德—弗兰克华尔街改革和消费者保护法》（*Dodd-Frank Wall Street Reform and Consumer Protection Act*），该法对美国的金融监管体系进行了全面重塑，被认为是 1929 年"大萧条"以来最广泛、最严厉的金融监管变动。[2]《多德—弗兰克华尔街改革与消费者保护法》设立了金融稳定监管委员会、消费者金融保护局、联邦保险办公室等部门加强金融消费者保护的力度。该法案第 10 章"消费者金融保护局"中规定，美国联邦储备系统内设立消费者金融保护局（Consumer Financial Protection Bureau），将原本由美联储、联邦存款保险公司和美国货币监理署对消费品进行监管的权力移交给消费者金融保护局，由消费者金融保护局负责根据联邦消费者金融法对出售或提供消费者金融产品或服务的行为进行监督。该法案还赋予了金融消费者保护局立法、执法等权力，金融消费者保护局有权管理、执行并以其他方式实施联邦消费者保护法，消费者金融保护局享有独立的规则制定权，能够自主制定相关的消费者保

---

〔1〕　参见马建威："金融消费者法律保护：以金融监管体制改革为背景"，载《政法论坛》2013 年第 6 期。

〔2〕　参见张路：《从金融危机审视华尔街改革与消费者保护法》，法律出版社 2011 年版，第 27 页。

护规则。[1]有学者指出"法案的核心内容就是在现有的金融系统中设立独立的消费者金融保护局，通过强化其对金融机构的监管权力、推进金融消费者教育、进行金融消费者保护监测和研究等途径加强保护金融消费者的合法权益。"[2]

2. 英国监管体制的双峰模式。英国在金融消费者保护模式上经历了从单一监管到双峰监管的过程。2000 年《金融服务与市场法》对英国长期实行的金融市场自律监管模式进行了重大改革，根据该法设立的金融服务局（Financial Services Authority）代替原证券与投资委员会，负责英国金融稳定和消费者权利保护，从而确立了金融服务局综合监管的单一监管机构地位。此外，根据该法成立了金融申诉专员服务公司，提供涵盖全部金融业的投诉处理服务，该申诉公司为有限责任公司，向金融行为监管局负责。但 2008 年金融危机对英国金融体系的巨大冲击暴露了单一监管模式带来的种种弊端，人们开始反思这种大一统的监管模式中存在的问题，市场普遍认为审慎监管与金融消费者保护在理念与方法上都存在矛盾，很难由一个机构兼任，监管机构常常忽视对普通金融消费者权利的保护，金融监管改革成为众人的关注点。

2012 年 12 月颁布的《金融服务法案》正式将 FSA 的监管职能拆分，由三个机构分别承担，其中英格兰银行框架内的金融政策委员会（Financial Policy Committee，FPC）和审慎监管局（Prudential Regulation Authority，PRA）将分别负责宏观审慎监管和微观审慎监管，而金融行为监管局（Financial Conduct Authority，FCA）负责监管所有金融服务行为。FCA 具有较大的独立性，直接对财政部和议会负责，FCA 继承了此前 FSA 的微观金融消费者保护职能，其核心目标是金融市场稳定、维护金融消费者权利、规范资本市场运行，其主要职能就是通过保护消费者和促进竞争，维护和增强对金融服务及市场的信心。同时，英国政府通过加强微观制度建设，如 FOS（Financial Ombudsman Service）制度，进一步完善了金融监管体系对金融消费者的保护。[3]FOS 解决机制，经过其他发达国家或发展中国家的推广实践，被认为是较为成功的金融消费者法律保护方式，其最重要的核心内容是强制报备原则、无条件受理原则和限时纠纷解决原则，通过金融机构内

---

[1] 参见樊纪伟："我国金融消费者权益保护的困境和路径选择"，载《证券市场导报》2014 年第 5 期。

[2] 李慈强："论金融消费者保护视野下金融纠纷调解机制的构建"，载《法学论坛》2016 年第 3 期。

[3] 参见马建威："金融消费者法律保护：以金融监管体制改革为背景"，载《政法论坛》2013 年第 6 期。

部纠纷处理机制与原 FSA 之间的良好衔接制度，使金融消费纠纷得到妥善处理。[1]

3. 日本金融改革的统合模式。日本在金融消费者保护上的改革主要是通过推进金融改革与完善金融消费者法律保护并重实现的，呈现出一种统合化的趋势，这可以为我国的立法提供借鉴。1996 年，日本桥本内阁正式启动日本版"大爆炸"式金融改革计划，开始进行金融体系改革。2000 年日本制定了《金融商品销售法》，该法以保护金融领域的消费者为目的，明确规定了金融服务业者的说明义务和适合性劝诱规则，并规定违反说明义务和适合性原则的金融服务业者对金融消费者承担民事赔偿责任。2006 年日本修改《证券交易法》并将其更名为《金融商品交易法》，详细规定了信息披露制度、对不公正交易的规制和对投资劝诱的规制，强化了对金融机构虚假陈述和不公正交易行为的刑事制裁，提高了对消费者权利的保护力度。2013 年 6 月，日本再次修改《金融商品交易法》，此次修改进一步强化了对金融机构某些不当行为的处罚力度。[2]日本通过颁布和修改法律，以及功能化监管的方式，在实现有效监管的同时，扫除了金融创新的法律障碍，其以保护投资者为目的的横向金融法的制度设计，较好地协调了金融创新和金融监管的关系。

美国、英国、日本等国家均通过立法形式对金融消费者保护进行明确规定，这些国家的金融立法改革中均体现出一种专门化的趋势，并且金融监管也从分业监管逐步向混业监管转向。2020 年实施的《证券法》虽没有投资者保护专章，我国目前尚无国家层面的金融消费者保护的专门立法，但金融消费者这一群体已逐步纳入金融监管部门的政策保护范围，如 2015 年国务院办公厅发布《国务院办公厅关于加强金融消费者权益保护工作的指导意见》，2019 年最高人民法院发布《九民纪要》，其第五部分专门规定了关于金融消费者权益保护纠纷案件的审理的有关内容。近年来，关于深化金融监管体制改革的讨论和尝试一直都在进行，我国也在借鉴国外经验的基础上采取了符合我国国情的中国模式。但在金融消费者保护上，我国"一行两会"仍然采取的是分别建立各自的金融消费者保护机构的模式，这种模式已经暴露出一些问题，未来我国的消费者保护立法的模式应当在借鉴国外成功经验的基础上，立足于我国国情，逐步构建适应中国特色的

---

〔1〕 参见马建威："金融消费者法律保护：以金融监管体制改革为背景"，载《政法论坛》2013 年第 6 期。

〔2〕 参见樊纪伟："我国金融消费者权益保护的困境和路径选择"，载《证券市场导报》2014 年第 5 期。

金融立法保护路径。

（二）我国金融消费者保护立法模式选择

我国的金融监管体制是由我国金融行业分业经营的现状决定的。在 2003 年十届全国人大一次会议召开之前，我国金融监管职责由中国人民银行、证监会、原保监会三个机构共同承担。2003 年，根据全国人民代表大会批准的国务院改革方案，新设原中国银行业监督管理委员会接受原中国人民银行承担的银行监管职能，自此"一行三会"共同构成了我国的金融监管体制。2017 年 11 月，我国设立国务院金融稳定发展委员会作为"一行三会"之上更高层次的协调机构。2018 年 3 月 17 日，第十三届全国人民代表大会第一次会议通过《国务院机构改革方案》，合并银监会和保监会，设立中国银行保险监督管理委员会，同时由中国人民银行承担其审慎监管职责。至此，"一行三会"的金融监管格局不复存在，"一委一行两会"的格局逐渐成形。我国上述的金融监管改革对于强化金融监管，强化人民银行宏观审慎管理，防范系统性风险，推动金融行业创新发展具有十分重要的意义，但是也应当看到，当前分业监管模式对于金融消费者保护仍然是不足的。

国务院金融稳定发展委员会的设立对于增强金融监管协调权威性有效性、强化金融监管统一性穿透性具有积极作用。但是国内外经验表明，分业、碎片化的监管体制下，仅有顶层协调，缺乏宏观审慎管理与系统性金融风险防范的统筹把总，风险防控依然无力无效。近年来我国金融行业乱象丛生，风险高发就是我国分业监管模式与混业监管趋势之间的矛盾导致的，而现有的金融监管尚未发挥足够的协调能力，在宏观审慎政策上仍然是缺乏的。分业监管模式下，我国金融消费者的保护也沿袭了分业监管的模式，"一行两会"分别设定各自的金融消费者保护机构。但是随着金融市场混业经营的趋势越来越明显，分业经营模式已经难以适应当下综合经营的需要，分散于不同金融行业的保护机构在实际操作中一直没有很好地解决如何避免部门利益影响和跨部门协调工作的问题。在出现跨类别金融纠纷时，各部门之间缺乏协作机制，互相推诿，导致消费者救济无门，而金融消费者保护不足将会严重影响金融市场功能的发挥，不利于金融市场的长远健康发展。

1. 建立专门保护机构。传统的金融监管更强调保持金融机构的运营稳健，忽视了对金融消费者的保护，产生了许多问题。金融领域存在一定的技术门槛，而一般的消费者保护协会是围绕非金融消费展开的，其在金融领域并不擅长。2008 年金融危机后，金融消费者保护在世界范围内具有专门化的趋势。专门保护机构对金融消费者的保护更为直接，其能够对金融机构进行必要的监管，还可以在专业知识和投资心理等方面对金融消费者进行教育，维护公众的信心，并减少金融消费者的非理性决策行为，进而有助于促进金融市场稳定和风险防范。[1]当下，我国金融市场发展迅速，原有的一行两会的监管格局已不足以适应混业经营的需要，消费者保护协会在保护金融消费者上存在不足，我国有必要建立一个专门的金融消费者保护机构。建立专门的金融消费者保护机构并非简单地将原有的各金融机构合并，而是既包括如何与现有机构协调实现统一，又包括如何保持其独立性的问题，需要考虑多方因素。

（1）监管权需要整合。原来的监管权过于分散，导致在出现某些跨领域问题时会出现监管空白的情形，不利于消费者维护自身权利，因此，消费者保护机构首先需要做的就是将原先分散的监管权整合。银监会与保监会合并一方面也说明我国监管的整合趋势，接下来可以考虑将证监会并入，设立金融监管委员会，在此之下再设立审慎监管局、市场和行为管理局。审慎监管局负责金融市场的进入、退出和日常监管，这样原来分散的监管权得到了整合，降低了部门间的协调成本，也减少了监管空白继而降低监管套利的可能性；市场和行为管理局负责信息披露、内幕交易、市场操纵等市场和行为的管理。[2]

（2）设立金融消费者保护局。可以将分散于各处的有关职能部门整合到一起，统一设立金融消费者保护局，归于金融监管委员会之下，负责金融消费者的保护和教育事宜。金融消费者保护局可以制定行业规范，评估金融产品和服务提供者的经营行为、处理投诉的行为，为金融消费者提供咨询和教育服务。金融消费者在权益受到侵害时可选择与金融机构协商，在无法得到及时有效的权利救济时可选择向金融消费者保护局请求救济。

（3）建立金融消费者保护机构需要完善权力清单制度。通过制定规范性文件，将金融消费者保护机构的职能、工作流程、监管范围等详细列明，保证金融消费者保护机构依法履行职能，同时也将其置于公众的监督之下，保证权力不被滥用，提高金融消费者保护机构的办事效率，促进公平公正。

鉴于当前我国金融消费者保护在制度层面上仍存在诸多不足，较多的学者主张我国应当设立一个专门的金融消费者保护机构。[3]但我国正处于金融监管改革

---

〔1〕　参见杨东："论金融法的重构"，载《清华法学》2013 年第 4 期。

〔2〕　参见国务院发展研究中心"我国金融监管架构重构研究"课题组："我国金融监管框架改革的初步设想"，载《发展研究》2016 年第 6 期。

〔3〕　参见杨东："论金融法的重构"，载《清华法学》2013 年第 4 期。

的过渡阶段，现有的条件不足以进行大刀阔斧的改革，考虑到我国金融市场的情形，我国的金融改革应当循序渐进地进行。因此，在未来的几年内，可以考虑整合现有的不同行业的金融消费者保护机构，逐步打破分业监管的壁垒，通过建立临时的工作协调机制加强各部门的沟通协调。在工作协调上，还可以搭建信息共享平台，使各职能部门之间能够实现信息共享，从而解决跨领域金融纠纷的问题。最重要的是，在过渡时期内各职能部门之间应当不断磨合、协调工作，最终形成一套完整的工作规范，从而在设立金融消费者保护局后能够实现工作的衔接和协调。

2. 发挥社会组织作用。除了建立专门的消费者保护机构外，我国的消费者保护还应当注重发挥现有的社会组织的作用，尤其是行业协会的作用。社会组织比起个人的消费者，其实力和能力都要高出许多，且具有一定的专业性。消费者在面对强大的金融机构时其力量明显处于不利地位，而通过发挥社会组织的力量，在与金融机构对抗时其力量差距不至于过于悬殊。需要注意的是，在消费者保护上，需要协调好社会组织与消费者保护机构的关系，推动形成更加完备的消费者保护体系。

四、程序路径之争议解决机制

金融纠纷，又称金融争议，是在金融交易过程中产生的各类民事纠纷。[1]由于实践中往往是处于弱势地位的金融消费者向金融机构提出请求，因此本文将金融争议限定在发生在金融消费者与金融机构之间的有关金融商品和服务的争议。金融消费者纠纷解决机制是否健全和发挥实效是检验一个国家金融安全和稳定与否的重要指标。[2]21 世纪以来，许多发达国家或者地区都在建立各自的金融消费纠纷解决机制，在金融纠纷处理方式上表现出多元化的倾向。在争议处理机构上，各国采取了不同的方式，但大部分由专门机构来负责，例如美国设立了金融消费者保护局，英国设立了金融申诉专员服务机构，等等。虽然我国也存在消费者保护协会，但是实践中面对专业性、复杂性更强的金融纠纷，消费者保护协会在解决金融争议上发挥的作用很少。由于我国仍然采取的是分业监管模式，"一行两会"各自成立了内部的消费者保护机构，在涉及跨领域的金融产品或者服务时，不可避免地会发生监管空白或者监管矛盾，导致争议不能及时有效的解决。

---

〔1〕 参见王婷婷："金融消费纠纷投诉处理机制研究"，载《湖北社会科学》2013 年第 2 期。

〔2〕 参见刘思芹、陈威："金融消费纠纷多元化解决机制的层次体系"，载《财会月刊》2018 年第 24 期。

上述原因使得我国金融纠纷的解决途径过度集中于法院诉讼，但是面对诉讼周期长、成本高的特点，消费者往往表现出消极的态度。未来金融产品和服务的专业性和复杂性会越来越高，对于跨领域的金融产品和金融服务的监管也会更加困难，而处于弱势地位的消费者的权益保护以及纠纷解决都将会面临巨大的挑战。因此，为了高效、妥善地处理金融消费纠纷，更好的保护金融消费者权益，我国应当构建更加多元的争议解决机制，为消费者提供更多的程序选择，这也是金融消费者保护领域的重要问题之一。

纠纷多元化解决机制，是指由各种性质、功能、程序和形式不同的纠纷解决机制共同构成的整体系统。[1]多元化的纠纷解决机制不仅要求纠纷解决方式具有多元化，还应当注重协调机制内各种解决方式之间的适用。具体到金融领域，有学者将纠纷处理机制概括为以下几个层次：首先，金融投诉与质询的回应机制，这是处理金融消费纠纷首要的、必经的程序，这里的投诉机制既包括金融机构内部的投诉机制，还包括专门的金融申诉专员机制；其次，独立的第三方争议处理机制，包括调解、仲裁；最后，是维护消费者权益的最后一道防线——诉讼。[2]可以看出，我国的多元化纠纷解决机制与西方国家的 ADR 有所不同，是一种适应我国法治与社会可持续发展的需求、兼顾诉讼与非诉讼均衡发展的理念与实践。[3]

（一）建全投诉与质询回应机制

投诉是消费者保护自身权益最直接的方式，在发生金融纠纷时，消费者往往都是先向相关部门进行投诉，对处理结果不满意时则再向上级的监管部门投诉，二者之间存在一个递进的关系。[4]但是实践中，金融机构和金融监管部门在处理投诉上都存在一定的缺陷，由于金融机构出于市场竞争和维护自身形象的考量，一般都会有内部的投诉部门从而让纠纷在内部解决，但是这种内部的投诉机制实际上形同虚设，金融机构接受投诉后往往态度敷衍，严重拖延，并不能为消费者提供切实有效的解决方案，另外，让金融机构处理对自己的投诉存在不公平的嫌疑。

目前我国监管机构内部处理消费者投诉和解决纠纷的机制也存在不足。一方

---

〔1〕　参见吴弘："金融纠纷非讼解决机制的借鉴与更新——金融消费者保护的视角"，载《东方法学》2015 年第 4 期。

〔2〕　参见温树英、渠智慧："关于金融纠纷解决机制的完善"，载《理论探索》2014 年第 4 期。

〔3〕　参见范愉："多元化纠纷解决机制的国际化发展趋势"，载《人民法院报》2016 年第 7 期。

〔4〕　参见陈文君：《金融消费者保护监管研究》，上海财经大学出版社 2011 年版，第 144 页。

面，金融监管机构与金融机构之间往往存在着某种千丝万缕的联系，消费者对于监管机构能否做到处理的中立性往往是怀疑态度，而且现在的投诉解决过程缺乏透明度与参与度，消费者处于被动的地位，并不能真正地参与到纠纷的解决中，基于这些考量消费者对于投诉的信赖程度较低；另一方面，金融商品和服务越来越复杂，金融消费者可能无法分辨在出现纠纷后应当向哪一个具体的监管部门进行投诉，而不同部门的侧重点不同，导致处理结果也可能有所不同。基于上述原因，我国有必要构建统一的金融消费纠纷投诉处理机制，并制定切合实际需要的金融纠纷投诉处理程序，完善现有的投诉与质询的处理机制，保障金融消费纠纷快速、有效解决。

1. 整合投诉处理主体。从实践来看，金融机构内部的投诉处理机制是解决金融纠纷的第一道防线。如果纠纷能够在金融机构内部得到解决，对维护金融机构的外部形象，增强消费者的信赖，稳定金融市场都十分有利。因此，我国有必要加强金融机构内部的投诉处理机制，这也是实现金融消费者权益保护的第一步。金融机构应当设立内部的投诉处理部门，通过设置电话投诉热线、信箱、网上投诉系统等多种途径为消费者提供投诉渠道，在收到消费者的投诉后应当及时作出回应，针对消费者投诉的内容进行相应的调查，在合理期限内给出回复。金融机构不设置投诉部门或者故意拖延处理的，应当承担相应的行政责任。

分业监管模式下，我国的投诉处理也是由不同的监管机构分别负责，但是随着混业监管的趋势越来越明显，加之我国未来金融监管部门逐渐合并成立统一的金融监管委员会，投诉处理机制也应当从多头投诉逐渐向统一专门改变。英国可以说是金融纠纷专门化的先驱，在 2000 年《金融服务与市场法》颁布实施时，英国就整合了原来分散的申诉处理部门，成立了统一的金融申诉专员服务机构，专门负责金融消费者的投诉，该制度被认为是兼具非正式程序与正式程序的金融消费者投诉处理机制，具有专门、独立、快捷、低成本的特点。[1]构建我国投诉与质询的回应机制首先要明确投诉处理主体的责任，除了完善现有的金融机构的投诉处理机制外，还可以在新设的金融消费者保护机构内部设立统一的处理投诉的机构，负责处理金融消费者的投诉事宜。

从国外实践来看，FOS 机制兼具调解和仲裁的优势，是一种高效的纠纷解决机制，有学者主张该机制可为我国金融纠纷处理机制完善提供借鉴意义。[2]金融

---

〔1〕 参见王婷婷："金融消费纠纷投诉处理机制研究"，载《湖北社会科学》2013 年第 2 期。

〔2〕 参见李勇坚："互联网金融视野下的金融消费者权益保护"，载《经济与管理研究》2016 年第 9 期。

督查服务制度在世界范围内得到了广泛的应用，在消解金融机构与金融消费者的矛盾、促进纠纷解决上具有十分显著的优势，是金融消费者纠纷非诉讼解决方式的最佳选择。[1]金融督查服务机构是独立的争议解决机构，受金融监管部门的监督，我国可以借鉴国外的制度在统一消费者监管部门成立金融监管委员会后设立金融督查服务机构，由其根据法律的规定公平、独立、快速地解决纠纷。

2. 完善投诉处理程序。在发生纠纷时，金融消费者应当首先向金融机构进行投诉，金融机构在收到投诉后应当及时作出回复。目前不同金融机构作出回复的时间没有统一的规定，立法可直接规定最长期限，也可以交由监管部门或者法院判断金融机构的回复是否及时。如果金融消费者没有在合理期限内得到回复或者金融消费者对得到的回复不满意，其可以向我国所建立的金融申诉专员服务机构投诉。投诉处理部门在受到消费者的投诉后首先要审查该投诉是否满足受理条件，即投诉主体是否适格，是否符合管辖范围，是否满足投诉期限的规定等，如果满足了这些条件即正式受理投诉。在构建投诉机制时，还可以考虑在投诉处理程序中加入调解，因为如果双方能够通过调解解决纠纷，既降低了纠纷解决的成本，也更符合双方的利益。在调解不成的情况下，案件进入正式的处理环节，投诉处理部门需要对纠纷进行适当的调查，金融机构和金融消费者在调查阶段可以向金融申诉专员服务机构表达意见，投诉处理机构在听取双方意见的基础上作出评估，并给出理由。若双方均无异议，则投诉视为解决。若任何一方有异议则进入裁定程序，该裁定属于最终的裁定，并且具有单方强制性，只要消费者接受该结果、没有异议则投诉程序终结，该裁定对双方都具有约束力，但是消费者有异议的，该裁定结果对双方都不具有约束力，消费者可以向法院提起诉讼。

3. 明确投诉结果效力。投诉机制作为一种纠纷解决机制，除了解决纠纷时的高效、便捷、成本低廉，更多的也体现在对消费者权益的保护十分突出，这可以在处理结果的效力上看出来。FOS制度强调一种单方的约束力和强制力，即金融消费者可以选择接受投诉处理的结果，也可以选择不接受而向法院提起诉讼，金融消费者不接受的则处理结果对于双方都没有约束力，但是如果金融消费者接受该处理结果，金融机构则必须接受，该结果对双方都具有约束力，这体现了对消费者的倾斜性保护。事实上，处理结果的单方约束性对于保护消费者权益、解决纠纷十分重要，因为如果金融机构对处理结果可以任意拒绝，容易陷入纠纷僵局，消费者只能通过诉讼进行救济，这其实违背了投诉作为非诉讼处理机制的意义，我国在建立相应制度时也应当考虑到这一点。

---

〔1〕　参见曲一帆：“金融消费者保护法律制度比较研究”，中国政法大学2011年博士学位论文。

（二）强化调解与仲裁解决机制

调解和仲裁都是第三方解决机制，都需要由独立的、中立的第三方在当事人之间进行周旋，二者也都是非诉纠纷解决方式的主要内容。就我国金融领域而言，在金融调解方面，各金融行业协会都分别设立了各自的纠纷调解中心，处理金融消费者与金融机构之间的纠纷；而在金融仲裁方面，近年来我国多个省市也相继建立了专门的金融仲裁院，制定专门的金融争议仲裁规则，处理仲裁事宜。这些机构的设立虽然有助于解决金融纠纷中的专业性问题，但是在保护消费者权益方面仍然存在缺陷。[1]具体来说，首先，调解和仲裁本身都是独立的第三方，但是行业协会下设的金融纠纷调解中心在独立性和中立性上却存在一定的疑问，其能否不受行业协会的影响独立进行处理是难确定的。其次，调解需要双方当事人都同意的情况下才能适用，这赋予了金融机构可以拒绝的权利，若金融机构拒绝进行调解，消费者就只能诉诸诉讼。另外，无论是现有的调解还是仲裁机制，在具体的设计方面都缺乏对金融消费者的倾斜保护，导致消费者权益不能得到很好的实现，因此有必要对我国金融争议的调解和仲裁解决机制进行进一步的强化。

1. 强化金融调解机制。金融消费纠纷的第三方调解机制是现代调解制度在金融领域的延伸，而现代调解制度属于"契约型调解"，[2]在性质上属于合意型纠纷解决方式。目前世界范围内金融纠纷中所存在的调解类型主要包括以下几种：①行业型调解，即金融机构行业协会或者联合会所设立的调解机制；②行政型调解，即行政部门负责的调解，典型的是韩国金融监督院内设的金融纠纷调解委员会；③还有一种就是综合型调解，即政府部门和金融机构或者金融行业协会合作设置的调解机制，我国香港地区和台湾地区采取的就是该种调解机制。[3]目前我国的主要调解方式有消费者保护协会调解和行业协会调解，但是二者面对金融领域的纠纷时往往显得力不从心。[4]2014年上海成立了第一家金融消费者纠纷调解中心，目前广东、黑龙江等省（市）也已成立了调解中心，调解中心的成立为我国的金融纠纷解决提供了更好的路径。金融纠纷调解机制具有其他解决方式所没

---

〔1〕 参见温树英、渠智慧："关于金融纠纷解决机制的完善"，载《理论探索》2014年第4期。

〔2〕 参见刘思芹、陈威："金融消费纠纷多元化解决机制的层次体系"，载《财会月刊》2018年第24期。

〔3〕 参见刘思芹、陈威："金融消费纠纷多元化解决机制的层次体系"，载《财会月刊》2018年第24期。

〔4〕 参见李慈强："论金融消费者保护视野下金融纠纷调解机制的构建"，载《法学论坛》2016年第3期。

有的独特优势，是对其他解决方式的有益补充，我们应当结合金融纠纷的特征和保护金融消费者的目的构建金融领域的调解机制，以更好地发挥其作用。

(1) 构建金融纠纷调解机制应当以简捷、低廉和高效作为原则。第三方非诉讼纠纷解决机制的最主要特点就是简捷、低廉和高效，这也是构建多元化纠纷解决方式的原则。在构建金融调解纠纷机制时，应当注重保持调解的独立性、透明性、方便性。

(2) 借鉴"调解 +"模式。单一的纠纷解决方式往往存在弊端，近年来各国在应对金融纠纷上探索出了更多的混合型纠纷解决方式，其中"调解 +"模式就是一种创新型的解决方式，例如"调解 + 裁决"或者"调解 + 评议"等。[1]调解 + 裁决的模式其实与上文所提到的 FOS 机制相类似，在调解阶段，当事人可以充分表达自己的意见，相关机构在此基础上进行调解，如果调解不成的就进入裁决程序，由调解员直接作出裁决。FOS 机制就是一种典型的"调解 + 裁决"的模式，其不仅解决了单一调解模式所具有的弊端，同时还弥补了调解和仲裁中对消费者倾斜性保护不足的缺陷。但是该种模式由于对消费者存在过度倾斜，裁决对金融机构具有单方强制力，一定程度上剥夺了金融机构的诉权，招致了较多的批判。"调解 + 评议"模式相比于"调解 + 裁决"要和缓一些。该模式下评议结果一方面需要金融机构同意而对其具有单方的约束力，另外还需要经过法院的认可而具有与司法判决相同的法律效力。我国在构建金融调解机制时可以借鉴"调解 +"的模式。

(3) 制定统一的《金融纠纷调解条例》。虽然目前我国各行业都颁布了自己的调解管理办法或者是调解规则，[2]但是这些规范性文件层级较低，内容也多是原则性的规定，在指导调解时难免存在不足，影响到调解的适用。因此，我国可制定统一的《金融纠纷调解条例》，对金融调解的程序、受理范围、处理原则等内容作出具体和统一的规定，构建金融纠纷调解的程序。

2. 完善金融仲裁制度。仲裁在金融领域的适用十分广泛，由于其具有自治性、民间性和准司法性的特点，仲裁介入金融纠纷具有便捷性、专业性、灵活性，被学者认为是处理金融纠纷的最好方式。[3]尤其是在我国各省市相继建立了

---

〔1〕 参见刘思芹、陈威："金融消费纠纷多元化解决机制的层次体系"，载《财会月刊》2018 年第 24 期。

〔2〕 参见李慈强："论金融消费者保护视野下金融纠纷调解机制的构建"，载《法学论坛》2016 年第 3 期。

〔3〕 参见白映福、毛玉光：《金融争议多元化解决机制理论与实务》，法律出版社 2011 年版，第 15 页。

金融仲裁机构后，金融仲裁更是成为金融纠纷处理的重要手段之一，但是随着金融仲裁的发展，仲裁在金融纠纷解决上存在的问题也逐渐显现。仲裁适用于平等主体之间的财产权益纠纷，然而金融机构与金融消费者的纠纷之中双方是否具有平等的地位是存疑的。金融消费者在专业能力、信息地位、财产实力、谈判地位上明显劣于金融机构，很难认为二者是具有平等地位，而金融仲裁出于中立的要求也无法对消费者进行倾斜性的保护。另外，金融仲裁的适用需要以事先约定金融仲裁条款为前提，而有些金融机构为防止金融仲裁的不利后果可能会避免在协议中规定仲裁条款，即使规定了仲裁条款，也可能表现为格式条款，金融消费者往往没有选择权。可见，我国有必要对现有的金融仲裁制度作出调整，使其在保证中立、独立的情况下，为消费者提供救济途径。

（1）推广金融纠纷的仲裁理念。根据《中华人民共和国仲裁法》及最高人民法院有关司法解释的规定，仲裁机构受理仲裁案件的前提条件是当事人双方在纠纷发生前或纠纷发生后有将纠纷提交仲裁机构裁决的书面协议或合同约定的仲裁条款，否则，仲裁机构不能受理。可见只有在当事人双方都自愿的情形下仲裁才有适用的余地。因此，有必要使消费者和金融机构树立仲裁的理念，从而在发生纠纷时能够寻求仲裁的帮助。

（2）优化金融仲裁的规则。目前我国尚未形成系统化的金融仲裁规则，长远看并不利于金融的稳定发展。国外在金融仲裁规则上存在许多先进的制度，这可以为我国提供借鉴。

（3）降低金融仲裁的费用。对于那些小额、多发的金融纠纷，如果仲裁费用过高很容易使消费者面对救济犹豫不决，最后考虑到成本而放弃。因此，适当降低金融仲裁的费用可以降低消费者的负担。我国也可以考虑将仲裁费用转移到金融机构身上，由金融机构承担仲裁费用。

（4）简化金融仲裁的程序，提高仲裁效率。对于那些金额较小的仲裁，我国可以借鉴英国的快速仲裁制度和我国的小额诉讼程序，适当简化金融仲裁的程序，采取更为灵活的裁决方式，避免不必要的延迟和花费，降低当事人解决纠纷的成本，节约司法资源。

第三方非诉纠纷解决机制在金融领域都发挥着不可忽视的重要作用，相比于金融机构的内部解决，第三方的介入更有利于确保处理结果的公平公正，保护消费者的权益，而相比于司法诉讼也具有更大的自治性，且成本低、时间短，当事人更愿意选择非诉纠纷解决的方式。有学者强调第三方非诉纠纷解决机制对于消费者来说就是一种"增权"，增加了低成本、简便解决纠纷的途径，而对于金融机构来说则是增加了一个约束，增加了金融机构解决纠纷的成本，还迫使金融机构更加重视金融交易中对于消费者权利的尊重和保护。[1]

（三）畅通司法诉讼渠道

司法诉讼是解决纠纷最常见和最后一道屏障。近年来，随着金融业的不断发展，金融法院受理的金融案件也呈现出数量多、类型多、涉案金额多的趋势，为了回应金融纠纷的不断增加，提高金融审判的质量，2008 年上海浦东新区成立了国内第一个专门审理和处理金融纠纷案件的金融审判庭。2018 年 4 月 27 日我国十三届全国人大常委会第二次会议表决通过了《关于设立上海金融法院的决定》，全国首家金融法院在上海设立。[2]金融法院的成立反映了诉讼这一方式在金融纠纷解决中的主导作用，但是不可忽视的是我国司法诉讼制度在解决金融纠纷上仍然存在许多的不足。首先，金融交易活动十分重视名誉、信誉，但是诉讼采取的是公开审理原则，如果金融机构频繁涉诉，极易降低公众对金融机构的信赖，不利于其经营。尤其是金融消费纠纷案件在涉及众多消费者的情况下很容易得到社会的广泛关注，此时如果纠纷不能得到很好的处理，很可能对金融机构的企业名誉造成过重的损害，甚至影响金融行业的稳定。其次，司法诉讼的成本较高，相比于其他的纠纷解决方式，诉讼的灵活性低、时间长、程序较为复杂，对于标的额较小的纠纷来说，消费者即使最终胜诉，其付出的成本也很有可能高过获得的赔偿，这种情况下消费者往往不愿意借助诉讼救济其权利。另外，虽然我国目前成立了专门的金融审判庭或者金融法院，但是我国的司法资源面对众多的金融纠纷处理时仍然是严重不足的。金融的专业性和复杂性对法官的专业性也提出了更高的要求，但是我国大部分的法官都不是金融专家，导致较多的金融纠纷案件可能得不到法院的审理。[3]因此，我国仍然需要继续完善金融案件的司法诉讼制度，畅通司法诉讼的渠道，为消费者提供更多更优的诉讼选择，真正使司法诉讼成为消费者权益保护的最后一道防线。我国畅通司法渠道应当从以下几个方面进行：

1. 构建集团诉讼机制。目前实践中消费者主要采取的诉讼方式为单独诉讼和共同诉讼，但是由于金融机构具有天然的诉讼规模上的优势，分散、小额的投资者承受着诉讼上的不经济性，往往出于成本的考虑放弃诉讼，致使投资者的权利

---

〔1〕　参见陈文君：《金融消费者保护监管研究》，上海财经大学出版社 2011 年版，第 11 页，转引自刘思芹、陈威："金融消费纠纷多元化解决机制的层次体系"，载《财会月刊》2018 年第 24 期。

〔2〕　参见刘思芹、陈威："金融消费纠纷多元化解决机制的层次体系"，载《财会月刊》2018 年第 24 期。

〔3〕　参见李慈强："论金融消费者保护视野下金融纠纷调解机制的构建"，载《法学论坛》2016 年第 3 期。

得不到相应的保护，金融监督目的也无法实现，金融机构却可以继续侵害消费者的权利，长此以往将损害金融市场的稳定发展。基于此，我国有必要完善群体诉讼机制。目前解决金融消费者纠纷的群体诉讼模式主要有：团体诉讼模式、集团诉讼模式以及代表人诉讼模式。

集团诉讼以美国、英国为代表，所谓集团诉讼，是指只要有一个原告或少数投资者代表全体原告起诉，其他投资者只要不明确放弃诉讼请求，即有权获得胜诉后的赔偿金，其律师费往往是从胜诉后的赔偿金中支付，原告就不用为高昂的诉讼成本而犯愁，这就有助于投资者及时组织起来，分享规模优势之利益。[1]在集团诉讼的情形下，当事人可以将大量的诉讼请求聚合成为一个单一的诉讼请求，使得消费者与金融机构之间的诉讼规模相同，并且其他消费者都可以分享该诉讼的利益，消费者不必出于成本的考量而放弃其权利。其次，由于任何一个投资者都可以提起足以让金融机构破产的集团诉讼，这对金融机构形成了有效的监督，迫使金融机构不得不遵守法律法规，规范其在金融交易中的行为，以避免遭遇集团诉讼，有利于形成良好的金融环境。此外，集团诉讼使分散的小额投资者不再需要用"脚投票"的形式来无奈地发泄不满，投资者也成了制约上市公司进行证券欺诈的重要力量，一定程度上还可以弥补政府监管的不足。[2]集团诉讼的判决可以直接适用于所有参与集团诉讼的成员，与人数确定的代表人诉讼相比，集团诉讼能够更好地提升诉讼效率和改善司法经济，因为其允许司法机关同时处理相同或者相似的诉讼案件。[3]

2020年3月施行的我国新修订的《证券法》在投资者保护一章中新增了代表人诉讼制度，以往的《证券法》并没有直接规定代表人诉讼制度，可以说此次新增是证券法在投资者保护上的重大突破。我国现行《民事诉讼法》对于人数不确定的代表人诉讼规定的是加入制，美国集团诉讼制度则属于退出制，即不以人数确定作为起诉条件，往往根据共同的法律或者事实问题作为标准拟定"集团"范围，而没有明确表示退出集团的，则认定为参与诉讼。[4]我国《证券法》借鉴了

〔1〕　参见朱羿锟、陈楚钟："集团诉讼与系统性偏袒之矫正——证券市场虚假陈述侵权案的博弈分析"，载《暨南学报》2005年第3期。
〔2〕　参见朱羿锟、陈楚钟："投资者权益保护与群体诉讼模式选择"，载《河北法学》2007年第4期。
〔3〕　参见章武生："论群体性纠纷的解决机制——美国集团诉讼的分析与借鉴"，载《中国法学》2007年第3期。
〔4〕　参见易楚钧、吴学斌："我国证券纠纷代表人诉讼制度的滥觞与完善"，载《南方金融》2020年第6期。

美国集团诉讼的选择退出制,《证券法》第 95 条第 3 款即规定了"默示加入、明示退出"的代表人诉讼方式。根据新《证券法》以及上海金融法院颁布的《代表人诉讼规定》的规定,我国目前的代表人诉讼模式共有三种——人数确定的普通代表人诉讼、人数不确定的"加入制"普通代表人诉讼以及人数不确定的"退出制"特别代表人诉讼。[1]人数确定的代表人诉讼与加入制代表人诉讼的主要区别在于前者起诉时人数确定,诉讼标的是相同的或者是同一的,而后者起诉时人数不确定,诉讼标的是同一类的。对于加入制代表人诉讼,权利人需要在规定期限内向法院登记才能加入诉讼,这是与美国集团诉讼最大的不同。新增加的"退出制"代表人诉讼与美国集团诉讼类似,当事人明确表示退出的则不参加诉讼,但是二者并不完全相同,《证券法》规定的特别代表人诉讼的主体是投资者保护机构,也就是代表人是"投资者保护机构",而美国集团诉讼一般以律师为主。

虽然《证券法》对代表人诉讼制度做了进一步规定,但是我国代表人诉讼制度仍需要进一步完善,例如代表人诉讼模式存在的代表人选任和监督的难题尚未能很好地解决。另外,团体诉讼中团体不能提起损害赔偿之诉,只能由金融消费者视团体诉讼结果另行提起,并且团体诉讼权利需要赋予某个机构行使,而不依赖受害人的自我维权,容易导致团体诉讼出现官僚性和缺乏激励性的结果,相较于此,集团诉讼具有相对优势。[2]我国有必要充分借鉴集团诉讼的优势,在现有制度的基础上构建更为完善的代表人诉讼制度,或者更为直接的是,构建我国的金融消费者集团诉讼机制,以期及时有效地解决金融消费者群体纠纷。但要注意的是,虽然集团诉讼存在上述的优势,但也要注意集团诉讼所存在的问题,其中最为常见的就是胜诉酬金的控制问题。律师的胜诉酬金过高,可能会导致集团诉讼的滥用,受害人无法得到真正的救济;但是律师酬金过低又不利于集团诉讼价值和功能的发挥,因此必须在这两点之间找到一个平衡点,这里可以通过规定酬金范围的方式进行控制,具体如何确定需要借助于国内外经验和当地具体情形确定。[3]

2. 完善小额诉讼程序。2012 年《中华人民共和国民事诉讼法》修改以简易程序特别条款的方式新增了小额诉讼程序,2015 年《最高人民法院关于适用

---

〔1〕　参见易楚钧、吴学斌:"我国证券纠纷代表人诉讼制度的滥觞与完善",载《南方金融》2020 年第 6 期。

〔2〕　参见朱羿锟、陈楚钟:"投资者权益保护与群体诉讼模式选择",载《河北法学》2007 年第 4 期。

〔3〕　参见章武生:"论群体性纠纷的解决机制——美国集团诉讼的分析与借鉴",载《中国法学》2007 年第 3 期。

〈中华人民共和国民事诉讼法〉的解释》又对小额诉讼程序做了细化。我国设立小额诉讼程序的主要目的有两个方面：一方面，小额诉讼程序的存在有利于案件的繁简分流，快速解决当事人的纠纷，整合司法资源，实现资源的优化配置。另一方面，普通民事程序时间成本和费用成本要高很多，对于标的额较小的民事案件，当事人容易放弃诉权，而小额诉讼程序的建立为那些标的额小且事实不那么复杂的案件当事人提供了一种更好的选择，当事人可以通过小额诉讼程序快速解决纠纷，获得救济。我国金融消费领域也存在较多标的额小、事实清楚简单的纠纷，如果用普通一审程序消费者很可能就放弃了诉权，而小额诉讼程序恰恰给这些纠纷提供了合适的诉讼程序。但是实践表明，小额诉讼程序在我国并没有得到很好的适用，不仅适用比例偏低，且区域间在适用时差异很大。有学者总结道：小额诉讼程序的适用已遭遇到程序的运行者（基层法院）、程序的利用者（当事人）和程序运行的监督者（二审法院）的冷遇。[1]因此，我国有必要针对现有制度的不足，提出解决对策，完善小额诉讼程序在金融纠纷领域的适用。

（1）实现小额诉讼的独立性。目前我国民事诉讼的小额程序是规定在简易程序中的，二者是一种包含关系，这和其他国家的并列关系有所不同。将小额诉讼程序放置于简易程序之下，并且较多的适用简易程序的规则，可能会模糊小额诉讼程序的可辨识性和社会知晓性，这并不符合我国建立小额诉讼程序的初衷。我国应当对小额诉讼程序作出独立的规定，增加其特有规则。将小额诉讼独立也会促使法院和法官纠正原来的小额诉讼不重要的观念，在实践中增加小额诉讼程序的适用，积累更多的办案经验，有利于实现消费者权利的救济。

（2）给予当事人一定的程序选择权。程序选择权是指立法者在最大程度地尊重案件当事人意思自治的基础上，在进行诉讼的过程中，给予其一种可以依照自己的意志决定采用不同的审判程序来解决纠纷的诉讼权利。[2]目前我国小额诉讼程序符合条件直接适用，从这个角度来说立法者并没有尊重当事人的程序选择权。考虑到我国设立小额诉讼程序的目的和对当事人程序选择权的尊重，我国应当给予当事人一定的程序选择权。

（3）构建针对性的监督和考评机制。现行法律对于小额诉讼程序的规定过于宽泛，司法实践中不可避免地存在基层法官滥用裁量权，损害消费者利益的情形。基于此有必要建立针对性的监督和考评机制，对小额程序适用过程进行监督，尤其是对基层法官的职权行使进行监督制约，推动小额诉讼程序在司法实践

---

〔1〕 参见刘加良："小额诉讼程序适用的改进逻辑"，载《法学论坛》2020 年第 1 期。

〔2〕 参见刘卓越："论我国小额诉讼制度的缺陷及完善"，载《哈尔滨学院学报》2020 年第 1 期。

中公平合理适用。此外，还可以建立法官考评机制，促使基层法官能够合法合理地行使职权，提高法官的职业素养。

3. 合理分配举证责任。传统的辩论主义原则约束下，消费者想要主张权利就需要对事实和证据的提出负责，即消费者承担证明的义务，对方当事人并不承担协助的义务，法院也处于中立消极的地位。现代民事诉讼协同主义模式对当事人的诉讼协助义务提出了不同的要求，在金融消费者纠纷这类案件中，本不负证明责任的对方当事人即金融机构需要承担"事案解明义务"，包括真实陈述、相关证据资料的提出义务等。[1]诉讼构造上的变革一定程度上可以修正消费者和金融机构之间的不平等，促进审判更加公平。

虽然《消费者权益保护法》第23条新增的第3款确定了举证责任倒置的原则，但是该条并未将金融纠纷纳入其中，在处理有关金融产品和服务所产生的争议时，仍然需要按照"谁主张，谁举证"的原则划分举证责任，这对于金融消费者的保护显然是不足的。金融消费者的信息劣势和地位弱势众所周知，而我国金融监管仍然不够完善和全面，让金融消费者承担举证责任使得消费者维护自身权益更加困难，这既不现实，也不合理。实际上，基于金融领域的特殊性，在该领域更应当适用举证责任倒置的规则，将举证责任转嫁给处于强势地位的金融机构承担，这不仅可以平衡金融机构与金融消费者在地位上的不平等，降低消费者的维权成本，更好地保护消费者的权益，还可以对金融机构起到一定的监督和震慑作用，使其严格规范自己的行为。

金融纠纷解决机制是一个具有层次的体系，在这个过程中要充分发挥各层次的优势，做好不同解决方式之间的协调，才能更好地保护消费者的利益，得到更多消费者的认可。国外采取的FOS制度和诉讼有效衔接机制的做法得到了我国制度设计者的认可，我国也开始在探索金融纠纷的诉讼与非诉衔接过渡的方法。[2]通过不断探索国外较为成熟的制度，加上实践经验的积累，我国可以逐步形成一个从金融机构的内部投诉到监管部门投诉，再到金融调解和仲裁，最后到金融诉讼的一个递进且可转换的系统，为消费者权利保护提供完善的程序路径。

---

〔1〕 参见包冰锋："现代诉讼构造下的案件事实解明义务研究"，载《南通大学学报（社会科学版）》2015年第2期。

〔2〕 参见吴愁："我国金融消费纠纷解决机制研究"，重庆大学2015年硕士学位论文。

第二章 分业经营下金融消费者保护中的风险防范

第一节 银行业消费者保护中的风险防范

一、银行消费者风险防范保护工作重点

银行是重要的信用中介，但高负债经营伴随着高风险，且风险具有很强的外部性。银行的经营活动对其他经济主体的收益影响比其他金融机构更加突出，而银行没有承担相应的成本。我国银行业消费者保护存在立法不足、银行业机构缺乏相应的自律机制、监管部门的监管目标和措施缺位以及银行消费者自身的金融法律知识、风险防范和维权意识薄弱的问题。[1]在具体的银行消费者保护工作中，不当销售行为和不当收费行为成为规制的重点。

（一）不当销售行为之防范规制

1. 不当推介行为。针对金融领域信息不对称加剧的现象，法律规定对金融消费者的推介行为应当符合消费者的风险承受能力。[2]实践中银行为了追求利润，发生大量的不当推介行为。

银行推介行为的正当性需要结合消费者自身风险识别能力来判断，消费者长期从事高于或相当于同类风险的投资可以作为银行的抗辩事由。商业银行适当性义务的范围在不断扩张，适当性义务的争议焦点集中于适当性的判断和民事责任的承担。

有学者认为，适当性义务的规制需要将推介人的违规行为确定为职务行为，构建违反适当性义务的民事责任机制，以缔约过失责任为主要的责任承担方式，

---

〔1〕 参见张松："对于银行消费者权益保护工作的思考"，载《商业经济》2014 年第 1 期。

〔2〕 《商业银行理财业务监督管理办法》第 26 条第 1 款："商业银行销售理财产品，应当加强投资者适当性管理，向投资者充分披露信息和揭示风险，不得宣传或承诺保本保收益，不得误导投资者购买与其风险承受能力不相匹配的理财产品。"

侵权责任为兜底责任。[1]

2. 违规销售行为。由于银行的内控机制尚不健全，实践中经常发生银行业金融机构从业人员的违规销售行为。在从业人员违规销售案件中，职务行为的认定对于责任承担具有重要作用。

金融领域信息不对称与消费者欠缺专业知识等因素的叠加，使得消费者在购买投资性金融产品时，往往主要依赖于金融机构从业人员的推介和说明。从业人员违规销售中表见代理的认定涉及金融消费者损失的责任分配，[2]金融消费者自身的注意义务对于投资损失的分担也具有重要意义。基于银行实质上的强势主体地位，其已经进行风险提示但未采取措施防止损失扩大的情形仍应当认定为存在过失。

3. 保本收益承诺。商业银行开展的理财业务为非保本理财，资管新规也旨在打破刚性兑付。[3]但从实际情况来看，委托理财合同仍存在保本收益承诺的情形。

根据《九民纪要》中关于金融消费者权益保护纠纷案件的审理意见，"卖者尽责、买者自负"的原则是处理此类案件的基本原则。[4]银行业消费者从事高风险活动时，对自身可能面临的风险亦应承担一定的责任。但消费者自负责任的前提是对其所购买的金融产品的性质和风险有充分的了解和认知，金融产品销售者的欺诈行为侵害了消费者的知情权，应当承担相应的赔偿责任。

（二）不当收费行为之规制

1. 格式条款效力争议。我国《民法典》第 496 条第 1 款规定："格式条款是当事人为了重复使用而预先拟定，并在订立合同时未与对方协商的条款。"格式条款一定程度上限制了合同自由缔约，因此法律对于格式条款的内容和提供格式条款一方的义务做出了特别规定。[5]随着银行业务的专业化，大量使用的格式条款效力也产生了争议。

---

〔1〕　参见钱玉文、吴炯："论商业银行适当性义务的性质及适用"，载《湖南社会科学》2019 年第 4 期。

〔2〕　参见杜君王、松张蕾："商事纠纷中表见代理的认定规则和责任承担"，载《人民司法》2013 年第 24 期。

〔3〕　参见郭金良："资产管理业务中受托管理人义务的界定与法律构造"，载《政法论丛》2019 年第 2 期。

〔4〕　参见李萌、李峣："信托受托人信义义务及我国立法现状分析"，载《河北科技大学学报（社会科学版）》2013 年第 3 期。

〔5〕　参见解亘："格式条款内容规制的规范体系"，载《法学研究》2013 年第 2 期。

银行格式借款合同在合同签订和履行过程中推动了双方的融资进程，但格式借款合同也存在许多问题。在合同具体条款含义不清的情形下，司法机关应当依照《民法典》的规定作出解释，保护处于弱势方的借款人之利益。[1]

2. 银行服务复利计算。中国人民银行制定货币政策，有权规定银行利率区间。我国曾经实行严格的利率控制，但随着银行市场化改革，中国人民银行放宽了对于银行利率的限制。[2]《国务院办公厅关于加强金融消费者权益保护工作的指导意见》中明确指出要保障金融消费者知情权。信用社为控制其金融风险，约束债务人按时还本付息，在国家金融贷款政策范围内，有权通过合同设定复利，但其内容应当具体明确。在银行市场化改革过程中，我国法律规范放宽了严格的监管标准，但关系到消费者利益的利率等事项必须在合同中明确约定，以避免银行业金融机构的不当收费行为。[3]

二、银行消费者风险防范保护的制度选择

(一) 银行消费者风险防范保护的总体建议

1. 加强自律机制建设。我国银行消费者保护过度依赖政府监管，而政府监管职能的交叉引发制度套利行为。银行业金融机构应当加强自律机制，完善内部控制，充分保护银行消费者的合法权益。银行业协会发布的《中国银行业公平对待消费者自律公约》第 2 条规定："本公用所称'公平对待消费者'是指会员单位为保障和维护消费者合法权益，充分履行和兑现其对消费者的服务契约和书面承诺的行为。"具体而言，公平对待消费者的主要规则包括冷静期规则、格式合同条款的规制、强制性搭售等行为的禁止、金融产品或服务的适当性要求。[4]加强行业协会自律职能的发挥，有利于构建银行业消费者教育保障体制。[5]

在地方性银行的自律组织中，上海市银行同业公会和广东银行同业公会具有相对完善的机构和自治规范。上海市银行同业公会创立于 1918 年，截至 2019 年

〔1〕 参见丁彦飞、赵宗："金融机构使用格式借款合同的风险防范"，载《产业与科技论坛》2020 年第 13 期。

〔2〕 参见纪晓洁："利率市场化对我国商业银行的影响及应对研究"，载《金融经济》2019 年第 16 期。

〔3〕 参见董安生、朴淑京："金融商品的不当销售行为与金融消费者保护"，载《理论界》2012 年第 9 期。

〔4〕 参见温树英：《国际金融监管改革中的消费者保护法律问题研究》，中国人民大学出版社 2019 年版，第 90 页。

〔5〕 参见张松："对于银行消费者权益保护工作的思考"，载《商业经济》2014 年第 1 期。

12 月 1 日，共有会员单位 232 家，在金融消费者保护方面发挥了重要的作用。[1] 上海市银行同业公会 2016 年通过的章程明确了会员的自律职责和公会的组织机构。在金融知识普及方面，上海市银行同业公会编订《上海银行业消费者知识读本》，发布《上海银行业金融知识辅导志愿讲师公约》，要求讲师面向银行业消费者开展各种公益性金融知识普及宣传活动。广东银行同业公会则设立银行业消费者权益保护专业委员会，明确其职责为组织制定行规行约、对会员单位消费者保护情况进行监督检查、依法处理银行业消费者的再投诉、对损害消费者的行为进行披露等内容。[2]

2. 畅通权利行使渠道。银行消费者权益保护需要构建多元化的权利行使渠道。美国 2010 年《多德—弗兰克华尔街改革和消费者保护法》专门设立个人消费者金融保护署。[3] 有学者认为我国也应当制定专门的《银行消费者权益保护条例》，在规范性文件中细化银行存款保险制度、银监会监督管理职责和消费者纠纷处理程序。[4] 国务院办公厅发布的《国务院办公厅关于加强金融消费者权益保护工作的指导意见》和中国人民银行发布的《中国人民银行金融消费者权益保护实施办法》，均体现出了我国对于金融消费者权益专项规定的探索。

目前我国银行消费者合法权益保护的法律规范尚不健全，学者认为应当确立银行消费者权益法律保护的基本原则以指引银行的具体工作，通过《反垄断法》直接保护侵害消费者利益的行为，设置更加专业的消费者投诉机制。[5] 我国银行消费者权益保护严重依赖于司法机构，维权的时间成本较高。为了解决银行消费者"维权难"这一问题，银保监会不断出台细化规则。2019 年 12 月，银保监会发布了《银行保险违法行为举报处理办法》，细化了银行违法行为的举报程序和处理规则，但对于举报案例的公开还存在限制，[6] 同时也缺乏与其他程序的衔

---

〔1〕　参见上海市银行同业公会网站，http：//www. shbanking. cn/Index. aspx，最后访问日期：2021 年 4 月 21 日。

〔2〕　参见广东银行同业公会网站，http：//www. gdbag. com/index. shtml，最后访问日期：2021 年 4 月 21 日。

〔3〕　参见邹昆仑、沈丽："《多德 - 弗兰克华尔街改革和消费者保护法》的解读"，载《武汉金融》2012 年第 5 期。

〔4〕　参见朱绵茂、彭静："论我国银行消费者权益保护法律制度的完善"，载《浙江金融》2012 年第 7 期。

〔5〕　参见马思萍、方倩："论我国银行消费者权益保护法律制度的完善"，载《金融与经济》2011 年第 11 期。

〔6〕　《银行保险违法行为举报处理办法》第 18 条："对有重大社会影响的银行保险违法行为举报典型案例，银行保险监督管理机构可以向社会公布，但涉及国家秘密、商业秘密和个人隐私的除外。"

接。2020 年 1 月银保监会发布了《银行业保险业消费投诉处理管理办法》，规范银行业保险业的消费投诉处理工作。《银行业保险业消费投诉处理管理办法》明确了银行消费者投诉的组织管理、处理程序和工作制度，界定了重大及群体性消费投诉行为。[1]《银行业保险业消费投诉处理管理办法》提出要建立"投诉转办服务渠道"，但未明确具体的制度内容。学者提出了引入第三方参与监管的建议，通过引入社会中介机构参与银行监管，加强监管当局与内审、外审三者之间的合作。[2] 为了培育第三方参与监管的能力，我国应及时完善相关的法律和法规，加强社会审计机构的建设和管理，鼓励、支持社会审计中介机构的建立和发展。

3. 完善风险管理体系。银行发展侧重安全与稳定，对银行消费者保护也应当以审慎性原则为导向。信用风险管理是银行内部控制的核心，2012 年发布的《商业银行资本管理办法（试行）》要求国内商业银行 2013 年按照该办法进行监管资本和资本充足率计算，逐步落实对于银行风险管理与资本管理的各项监管要求。[3] 银行资本充足率代表银行资本能够抵御风险的能力，即当资本的风险实际发生时，由此产生的损失能够得到弥补。银行资本充足意味着商业银行现存的资本量至少要满足总量达标且结构合理的要求。[4] 学者认为提升我国银行业资本质量要从多方面构建完善的资本体系，通过建立逆周期资本监管框架、扩大银行的资本补充渠道、建立合理的杠杆率评判标准和高质量的银行数据体系，实现商业银行资本的全流程管理。[5] 银行资本管理要协调效益性和安全性之间的矛盾，确保安全性优先。

银行内部控制体系建设是风险管理的重要内容。[6] 学者从银行机构和业务完善的角度论述银行内部控制体系完善的要求。由于我国商业银行内部控制体系尚不完善，需要针对商业银行经营管理的每个环节、每项业务和每个岗位建立内部控制的具体措施，通过奖惩机制调动员工积极性，使其行为符合内部控制机制的

---

〔1〕《银行业保险业消费投诉处理管理办法》第 29 条："银行保险机构应当依照国家有关规定制定重大消费投诉处理应急预算，做好重大消费投诉的预防、报告和应急处理工作。重大消费投诉包括以下情形：①因重大自然灾害、安全事故、公共卫生事件等引发的消费投诉；②20 名以上投诉人采取面谈方式提出共同消费投诉的群体性投诉；③中国银保监会及其派出机构认定的其他重大消费投诉。"

〔2〕 参见秦会忠："引入社会中介机构参与银行监管"，载《中国金融》2003 年第 19 期。

〔3〕 参见叶征：《银行信用风险计量实战》，中国人民大学出版社 2019 年版，第 14 页。

〔4〕 参见李志辉：《中国银行业风险控制和资本充足性管制研究》，中国金融出版社 2007 年版，第 23 页。

〔5〕 参见蔡秋华："巴塞尔协议Ⅲ对中国银行业的影响及对策"，载《福建金融》2014 年第 2 期。

〔6〕 参见吴新亚："商业银行强化内部控制之要点"，载《现代金融》2014 年第 1 期。

要求，此外还需要构建专业、独立的内部审理体系，监督内部控制的执行情况。[1]

银行内部控制体系的目标是防范风险，因此应当注重与外部监管要求的衔接，通过完善信息反馈制度，实现风险信息共享。[2]银行内部组织机构权责明确也是防范风险的重要内容，通过组织机构各司其职和相互监督，风险的识别和评估体系将会更加完善。

（二）银行消费者风险防范保护的具体业务

1. 完善基础业务。完善存款保险制度。银行以存款为基本的资金来源，存款人利益保护对于商业银行的发展也具有重要意义。商业银行有多种存款类型，我国规定了存款有息的基本原则，并且存款人在银行破产清算中具有有利的受偿顺序。为了增强银行消费者的投资信心，使缺乏金融知识的存款人不至于加入银行挤兑，我国也颁布了《存款保险条例》，强制性要求银行业金融机构投保。"存款保险是国家以立法形式为公共存款提供的明确法律保障，当吸收存款的金融机构经营出现问题时，依照规定使用存款保险基金保护存款人的利益，并采取必要措施维护存款保险基金安全的一项基础性金融制度安排。"[3]目前存款保险制度模式分为付款箱、损失最小化和风险最小化三种，我国2015年颁布的《存款保险条例》采用了风险最小化模式。[4]学者通过比较研究，认为我国应当完善多层次的存款保险法律体系，以"偿付责任"为原则实质性确定存款保险的覆盖范围。[5]通过建立专门的存款保险机构，定期对投保的银行业金融机构进行信用评级，由统一费率向差别费率转变，实现存款人利益的公平保护。[6]我国存款保险基金来自于银行等金融机构的投保，未来应当探寻存款保险基金更加广泛的融资机制和投资模式。

审慎处理贷款业务。贷款业务是银行重要的利润来源，但盲目扩大贷款业务会影响银行的资金流动性，最终影响银行消费者的合法权益。我国逐步放宽对银

---

[1]　参见唐士奇：《现代商业银行经营管理原理与实务》，中国人民大学出版社2020年版，第294页。

[2]　参见吕耀明："中国商业银行创新与发展"，厦门大学2002年博士学位论文。

[3]　中国人民银行金融稳定分析小组：《中国金融稳定报告2015》，中国金融出版社2015年版，第130页。

[4]　参见朴英爱、张帆："中日韩存款保险制度的比较分析"，载《社会科学战线》2020年第2期。

[5]　参见张圆圆："国际存款保险制度比较研究"，载《华北金融》2018年第8期。

[6]　参见叶林祺："关于构建存款保险制度的思考"，载《财税金融》2018年第3期。

行贷款的限制，对不同类型的贷款业务颁布法律规范进行具体指导。学者认为，制定贷款政策应考量的因素应当包括：国家货币政策和财政政策、银行的资本充足率及负债结构、宏观经济状况与经济周期的变化、风险的防范与控制、地区经济环境等。[1]对于可能出现的问题贷款要建立预警机制，借款人已经或可能存在还款困难情形的贷款，要根据事前设置的风险控制指标和风险预警信号发出贷款风险预警，从银行收入中计提呆账准备金。[2]

2. 规范理财业务。在计划经济条块分割的背景下，我国金融立法借鉴美国的《格拉斯—斯蒂格尔法案》，采用分业监管体例。[3]商业银行理财业务是资产管理行业的起源，其基础的法律关系是委托合同。我国理财业务发展迅速，根据银行业理财登记托管中心发布的《中国银行业理财市场报告（2019年上半年）》，2019年上半年中国银行业理财产品以公募为主、理财子公司改革取得积极进展，2018年12月以来，银保监会已经批准12家银行业金融机构设立理财子公司。[4]银行理财产品主要分为债券类人民币理财计划、信托类人民币理财计划、结构性理财产品和代客境外理财产品。2018年9月28日银保监会颁布的理财新规，作为资管新规的配套实施细则予以适用。理财新规从加强投资者适当性管理、加强产品销售的合规管理、强化信息披露、防范"虚假理财"和"飞单"四个方面加强投资者保护，推动理财业务规范转型。[5]《商业银行理财子公司管理办法》要求商业银行应当通过具有独立法人地位的子公司开展理财业务，进一步督促理财子公司建立投资者保护机制，配备专人专岗妥善处理投资者的投诉。

中国影子银行的发展高度依赖商业银行，通过银行理财业务等途径获得资金，我国需要加强对影子银行的监管，规范资产管理框架，强化穿透式监管规则。[6]"银行中心化"是中国式影子银行的主要特征，其在利润驱动和规避监管

---

〔1〕 参见彭建刚："基于系统性金融风险防范的银行业监管制度改革的战略思考"，载《财经理论与实践》2011年第1期。

〔2〕 参见毕毅、庄毓敏："基于供应链金融的中小企业融资"，载《中国金融》2010年第14期。

〔3〕 参见沈伟、李术平："迈向统一监管的资管新规：逻辑、工具和边界"，载《财经法学》2019年第5期。

〔4〕 参见中文互联网数据资讯网，http：//www.199it.com/archives/951326.html，最后访问日期：2021年4月21日。

〔5〕 参见唐士奇：《现代商业银行经营管理原理与实务》，中国人民大学出版社2020年版，第154~156页。

〔6〕 参见张美丽、陈希敏："影子银行发展运作机制、潜在风险及监管改革——基于中美对比视角"，载《福建论坛·人文社会科学版》2020年第3期。

的动力下迅速发展。[1]针对影子银行机构信息披露不足的问题，监管机构要完善信息披露责任体系，确立有效披露原则，完善实体性内容和程序性内容的披露要求，使信息披露达到可比性、可读性、适当性标准。[2]通过强制信息披露和建立共享机制，可以解决金融市场中信息不对称的问题，防止监管套利和过度投机行为。我国金融领域的立法目的主要是维护金融安全和效益，具体而言，金融行为需要防范系统风险以及促进金融市场效率。

3. 发展电子业务。根据《中国金融稳定报告（2014）》，互联网金融是"借助于互联网技术和移动通信技术实现资金融通、支付和信息中介功能的新兴金融模式"。互联网技术和传统金融行业的融合孕育出了互联网金融。关于互联网金融对于商业银行的影响，学者有不同的观点。David 认为随着互联网银行业务的发展，银行产品创新更加便捷，由此互联网技术对于商业银行的发展将产生积极影响。[3]与之相反，有的学者认为互联网金融具有强大的资金融通功能，能够吸引大量的社会分散资金并且实现客户信息高效收集功能，由此对银行存款、理财业务产生冲击。[4]有学者通过实证分析，认为互联网金融会对不同类型银行产生不同的影响，由此商业银行需要加强与互联网金融的合作，适度授予存款人议价权，创新理财产品机制。[5]随着我国电子商务的迅速发展，第三方支付机构日益多元化和扩大化。2018 年央行提出修改《支付机构客户备付金存管办法》和实施"断直连"，把对央行集中存管备付金、第三方支付机构和商业银行关系的研究推向了新的阶段。[6]央行接管第三方支付机构备付金有利于提高商业银行盈利能力和议价能力，充分发挥商业银行的支付保障功能，创造安全稳定的融资、贷款渠道。[7]

互联网金融颠覆的是商业银行的传统运行方式，但并没有改变金融的本质。

---

〔1〕 参见王喆等："中国影子银行体系的演进历程、潜在风险与发展方向"，载《社会科学文献》2017 年第 10 期。

〔2〕 参见刘玲玲："中国影子银行的风险及监管"，载《北方经贸》2019 年第 9 期。

〔3〕 参见 David C，Amy Y. *A guide to the internet revolution in banking*，*Information System Management*，2000，2（17），pp. 47 – 53.

〔4〕 参见何启志、彭明生："基于互联网金融的网贷利率特征研究"，载《金融研究》2016 年第 10 期。

〔5〕 参见顾海峰、闫君："互联网金融与商业银行盈利：冲击抑或助推——基于盈利能力与盈利结构的双重视角"，载《当代经济科学》2019 年第 4 期。

〔6〕 参见叶军、吴朝平："断直连背景下支付产业的发展与监管"，载《海南金融》2019 年第 1 期。

〔7〕 参见赵与晴："中国人民银行接管第三方支付机构备付金对商业银行的影响"，载《中国商论》2020 年第 9 期。

凭借互联网技术，银行作为信用、支付媒介的功能将进一步强化，互联网金融与商业银行可以优势互补、相辅相成。根据《商业银行法》第 12 条第 1 款第 5 项，设立商业银行，应当"有符合要求的营业场所、安全防范措施和与业务有关的其他设施。"金融领域已经进入线上线下深入融合阶段，但即使是互联网银行也不可能完全属于虚拟形态。国家十部委发布《关于促进互联网金融健康发展的指导意见》，通过互联网行业管理、客户资金第三方存管制度、信息披露、风险提示和合格投资者制度、研究制定互联网金融消费者教育规划来规范互联网金融市场秩序。正如学者所言，制度是由参与者之间互动形成的，组织、协调、约束、塑造参与者之间互动模式的规则系统，以此降低互动的不确定性。[1]提高消费者参与的积极性，对于构建稳定的银行消费者保护机制至关重要。根据巴塞尔银行监管委员会在《电子银行和电子货币活动风险管理》中的分类，网络银行的法律风险可以分为：适用法律的不确定或不明确的法律规定、洗钱、向客户披露信息不充分、未能保护客户隐私、与网站链接点出现问题、认证机构风险一级跨国经营带来的风险。[2]因此需要建立网络银行的市场准入和退出机制、界定网络银行与客户之间的新型法律关系（中间业务）、构筑完善的网络银行法律调控体系。[3]网上银行业务风险具有非行业性和外生性两大特点，风险控制需要从加强系统安全性、完善内部控制体系、加强外包服务管理、制定应急计划等方面入手，完善事前、事中和事后防御机制，增强客户操作风险防范、对客户进行管理等方面来综合完善。[4]

第二节　信托业消费者保护中的风险防范

一、信托消费者风险防范保护的工作重点

（一）受托人义务范围界定

受托人履职情况是信托消费者权利保护的重要内容。我国《信托法》未规定

---

〔1〕　Geoffrey Martin Hodgson, *Thorbjoern Knudsen*, *Agreeing on Generalised Darwinism*: *A Response to Pavel Pelikan*, 22 (1) Journal of Evolutionary Economics, 9 – 18 (2012).

〔2〕　参见天津市互联网金融协会：《互联网金融业务管理与服务指南》，中国金融出版社 2018 年版，第 378 页。

〔3〕　参见王花毅等：《金融风险管理与经济可持续发展研究》，吉林人民出版社 2019 年版，第 74 ~81 页。

〔4〕　参见孙祥和：《电子商务法律实务》，中华人民大学出版社 2019 年版，第 67 页。

商事信托的具体内容，因此实践中产生了信托机构勤勉履职义务范围认定的难题。根据我国《信托法》的规定，信托行为是要式法律行为，需要采用书面形式。在司法实践中，法院对于当事人信托争议应当首先判定信托合同的效力，依有效的信托合同认定受托人的约定义务。由于受托人和受益人处于实质上的信息不对等地位，法院除了信托约定的内容外，还需要审查受托人的行为是否符合受益人利益最大化的原则。[1]

（二）新型信托业务权责界定

1. 伞形信托。信托业务具有灵活性，极容易向各个金融领域扩张。实践中对于新型信托中当事人的权利义务关系也充满争议。

伞形信托是特殊的结构化信托，允许多个次级受益人和优先受益人的存在。伞形信托作为一种场外配资手段，对其建立规范的监管体系至关重要。[2]伞形信托作为我国分业监管模式下的金融创新，最大的特点在于子账户分仓交易，由此具有身份信息隐蔽、成立便捷的优势。现阶段伞形信托面临涉嫌构成非法利用他人账户、非法经营证券经纪业务、非法经营杠杆融资业务的法律风险，对此应当坚持"平衡性监管"原则，确保市场行为的透明。[3]

2. 资产收益权信托。对于资产收益权信托和其他法律关系混合的案件，法院需要坚持实质审查原则，以双方的实际关系认定权利义务。有学者认为收益权信托属于避法行为，司法机关应当探求当事人的真意表示，将案件的法律关系定性为"名为收益权信托，实为信托贷款"。[4]资产收益权信托在委托人和信托公司之间涉及多重法律关系，法院审理案件时应当根据信托目的进行综合考察。[5]信托关系中受托人应当为受益人的最大利益行事，对于受托人请求追究受益人违约责任的情形，需要分析信托以外的法律关系。

（三）信托财产范围界定

信托以受益人利益最大化为原则，受益人享有信托财产的收益权。信托财产是信托法律关系的核心，其独立性表现为非继承性、破产财产的排除、禁止强制

---

〔1〕 参见姜雪莲："信托受托人的忠实义务"，载《中外法学》2016年第1期。

〔2〕 参见孙天驰："伞形信托的原罪与救赎"，载《法律与新金融》2016年第2期。

〔3〕 参见蔡奕："伞形信托业务模式及监管对策分析"，载《财经法学》2015年第6期。

〔4〕 参见陈敦、张航："特定资产收益权信托纠纷的司法认定—安信信托与昆山纯高案评析"，载《东南学术》2017年第4期。

〔5〕 参见缪因知："资产收益权信托之法律定性的三维度"，载《南京大学法律评论》2019年第2期。

执行、禁止抵销和混同的排除。[1]我国《信托法》仅有 5 条内容规定信托财产，无法有效应对实践中对于信托财产范围的争议。

信托财产是信托法律关系的基础，信托当事人之间的财产关系依托信托财产确定而确立。信托财产范围的确定应当遵循信托文件规定和信托财产同一性原则，[2]信托财产在受托人管理处分下发生的扩张和变形，在确定范围时应当遵循同一性原则。[3]信托文件对信托财产范围的约定体现了私法自由原则，司法实践中信托文件是信托财产范围认定的第一顺位规则。

二、信托消费者风险防范保护制度选择

(一) 细化信托法律规则

我国《信托法》颁布之初未能清晰界定信托财产的归属，实践中影响了当事人的具体权益。学者认为，我国信托业还没有完成从粗放到集约经营的转变，而在这一过程中，信托业发展却缺乏相关配套规范，信托公司的运作存在法律空白，较为典型地体现为信托业缺乏政策支持和政府引导，市场规模无法与其他三个行业相比较。[4]我国信托法律法规主要是"一法三规"，即《信托法》《信托公司管理办法》《信托公司集合资金信托计划管理办法》和《信托公司净资本管理办法》。目前需要从法律上明确界定委托人、受托人和受益人之间的经济利益关系，明确具体业务的操作细节，约束经营者的不正当行为。随着资产管理业务的发展，我国《信托法》需要明确营业信托的定义和内涵、受托机构专营或兼营信托业务的资质条件、行为规范和监管安排，同时要增加信托受益权的等级要求，明确信托当事人之间的权利义务关系。[5]

信托关系以信托合同为基础，但关于信托合同的法律性质尚未形成一致意见。信托合同的性质是大陆法系国家理论的特有问题，大陆法系的民法体系将合同划分为诺成合同和要物合同。由于诺成合同和要物合同涉及合同产生法律拘束力的具体时间，因此关于信托合同的性质争议实质上是信托合同是否自订立时起

---

〔1〕 参见林锦静："信托财产若干法律问题刍析"，载《湖北经济学院学报（人文社会科学版）》2020 年第 2 期。

〔2〕 参见陈果："商事信托法律构造研究"，载《财经理论与实践》2013 年第 2 期。

〔3〕 参见董慧凝："信托财产范围的确定"，载《广东社会科学》2012 年第 5 期。

〔4〕 参见张丽俊："我国信托业发展存在的主要问题及对策"，载《现代营销（经营版）》2019 年第 1 期。

〔5〕 参见赖秀福："信托业正处在大有可为时代——访全国人大代表、中国银保监会信托监管部主任赖秀福"，载《中国金融家》2019 年第 3 期。

即具有法律约束力的争议。有学者认为，应当明确信托合同成立与信托设立的区别，信托合同宜规定为诺成合同，而信托设立须以财产转移为要件；同时采用法律行为区分原则，对于不动产和适用不动产物权变动规则的财产，信托财产的登记为信托设立的要件，信托合同的效力不受登记与否的影响。[1]在尊重意思自治的基础上，信托业需要完善信托合格投资者制度建设。《信托公司集合资金信托计划管理办法》第6条列举了"能够识别、判断和承担信托计划相应风险的人"，但没有规定合格投资者的主观标准和合格机构投资者的范围。[2]简单列举性规定不能满足信托业发展的需要。合格投资者制度的完善能够明确信托公司的甄别义务，进而在违反审核义务时承担相应民事责任。[3]

（二）健全内部管理机制

我国信托机构长期凭借其"牌照优势"而发展通道业务，甚至实质上从事银行业务。面对监管环境的变化，信托业需要摆脱过度依赖牌照优势的发展路径，重构业务体系；要按照资管新规及配套细则的要求，做好通道业务、资产池业务的清理工作，强化合规管理；伴随着刚性兑付被打破，信托公司需要进一步增强风险管理能力，充分履行受托人职责，审慎管理和运用信托财产；加强人才队伍建设，提升专业能力，回归"受人之托，代人理财"的业务本源。[4]资管新规要求信托公司根据投资者的不同风险偏好对信托受益权进行分层配置，按照配置的优先与劣后顺序开展不同的集合资金信托业务。[5]资管新规意味着强监管时代的到来。信托公司应当健全内部管理体系，服务于实体经济。

随着互联网信托的发展，中间平台的资金和流动性状况缺乏监管，资金的使用权属于互联网信托公司，存在较高的道德风险和监管风险。互联网信托服务理念起源于传统信托服务，投资人基于对互联网金融平台线下征信服务的信任，对通过平台审核的借款项目进行出资，在一定期限内获得收益回报。实践中互联网信托平台只针对中小微企业提供投融资服务，有投资门槛低、期限短的特点，其分配和调整相对灵活。[6]2014年原银监会发布了《信托公司监管评级与分类监

<hr />

〔1〕　参见北京大学法学院：《法律门启——北京大学120周年校庆法学研究文萃之二》，北京大学出版社2018年版，第380页。

〔2〕　参见李海涛、靳芳芳："中小企业集合信托绩效评价研究"，载《武汉金融》2014年第5期。

〔3〕　参见徐彦广："我国信托合格投资者法律制度研究"，吉林大学2019年硕士学位论文。

〔4〕　参见杜强："强监管环境下信托业面临的挑战与应对策略"，载《新金融》2019年第9期。

〔5〕　参见吴晓灵："完善法律体系确保大资管市场健康发展"，载《清华金融评论》2018年第4期。

〔6〕　参见李鸿昌、范实秋：《互联网金融实务》，南京大学出版社2017年版，第129页。

管指引》，确立了信托公司治理水平的评价政策，但目前尚未出台具体的风险评级指标。《关于促进互联网金融健康发展的指导意见》明确互联网金融监管应当遵循"依法监管、适度监管、分类监管、协同监管、创新监管"的原则。由于信息不对称，互联网信托平台的经营者可能通过虚假债权等手段损害投资者的权益，对于投资后管理的缺位也可能增加借款人违约风险。学者认为，为了应对互联网信托带来的挑战，应当加强信托风险管理，通过简易全面的风险管控体系、健全动态风险监测机制和强化风险管理的预警机制，做到全方位风险预警和防范。[1]

（三）明确免责条款效力

受托人行为的约束是促使信托目的实现的技术手段。正如学者所言"为使受托人能够切实履行其基本义务，在制度的设计上有必要将其基本义务加以具体化，从而使受托人的行为有一定的约束机制。"[2]传统商业信托以管理和处分个人财产为目的，受托人忠实义务的内容更多由合同约定。英美法系中的信托工具性更强，我国在制度引进之初就把信托作为一个金融行业来发展和监管，信托公司的主要业务为类银行业务、股权投资信托业务、家族信托业务和公益信托业务。类银行业务（固定收益类产品）是信托公司最核心的业务，包括信贷业务和特定收益权信托。信托本身具有私募的性质，因此信托是私募股权投资的最佳工具。[3]随着消费信托的发展，实践中信托消费者逐渐不受集合资金信托合格投资者门槛的限制。客户认购消费信托后，可以在有保障的前提下，获取高性价比的消费权益。[4]消费信托存在规避合格投资者限制和禁止刚性兑付的监管规范。由于信托监管注重事后监管，对于信托关系中受托人尽责方面的具体监管措施仍存在不足之处。业务集中度监管不足，针对大部分信托公司债券融资业务的集中度缺乏明确约束。[5]

随着实践的发展，受托人免责条款充满争议。美国《信托法重述》（第三册）第96条规定，就信托（文件）中免除受托人违反信托的法律责任条款而言，如

---

〔1〕 参见庞小凤、马涛："我国互联网信托发展及其业务思考"，载《现代经济探讨》2016 年第 7 期。

〔2〕 参见陈向聪：《信托法律制度研究》，中国检察出版社 2007 年版，第 201 页。

〔3〕 参见马荣伟："我国信托业发展定位的思考和建议"，载《中国发展观察》2018 年第 15 期。

〔4〕 参见旷涵潇："法律规避视角下消费信托的产生与合规性研究"，载《金融法苑》2018 年第 1 期。

〔5〕 参见袁吉伟："信托业监管：十年演进与未来发展"，载《金融博览（财富）》2017 年第 8 期。

其不涉及受托人滥用信托关系或信任关系情形，具有可实施的法律效力，除非该条款尝试免除受托人的责任属于如下类型：违反信托的行为给予恶意或对所承担的信义义务、信托条款或目的，或受益人的利益漠不关心，或者涉及基于违反信托所得利润的赔偿。[1]英国 1986 年《金融服务法》第八十四节规定，基于授权的商业信托文件中的任何条款，如果其内容具有免除管理者或受托人基于未行使合理注意义务的法律责任效果，则相关内容无效。[2]学者认为，免责条款不能免除受托人基于欺诈和恶意行为而承担的法律责任，对于免责条款是否可以豁免基于疏忽而违反法律义务的行为，域外国家持认可豁免任何程度的疏忽、认可豁免一般疏忽行为和以职业注意标准为衡量三种立法态度。[3]

（四）完善信息披露制度

《信托法》第 20 条规定："委托人有权了解其信托财产的管理运用、处分及收支情况，并有权要求受托人作出说明。委托人有权查阅、抄录或者复制与其信托财产有关的信托账目以及处理信托事务的其他文件。"受益人享有与委托人相同的知情权，受托人履行信息披露义务是保障信托消费者知情权的前提条件。随着中国信托市场的发展，信托产品的种类不断增加，财产管理的方式也不断创新。

信托财产的独立性使得信托制度具有破产隔离的功能，因此相比其他的金融产品具有更高的安全性。虽然各国对于信托消费者保护的立法模式和内容各不相同，信息披露制度却存在共通之处。规定信托机构信息披露义务的目的是消除或者减轻信托产品提供者与消费者之间的信息不对称，确保信托消费者的知情权和选择权得以行使，并且能够在金融交易中受到公平对待。我国监管机构和行业协会履行信托消费者教育的职责，但随着信托业务的专业化，消费者不能仅依靠自身的知识获取大部分的金融信息。正如学者所言，强制性信息披露这种规制形式能够为那些购买产品或者服务受不充分信息影响的消费者带来直接的福利。[4]信托的本质是管理权、处分权和受益权的分离，即"享有信托财产所有权者不享有信托利益，享有信托利益者不享有信托财产所有权"[5]。因此通过强制性的信息披露，受益人能够实现对于受托人的监督。

---

〔1〕 参见朱圆："论信托免责条款的法律效力"，载《法学》2019 年第 9 期。

〔2〕 参见庄毓敏、陈峰："英国金融消费者保护制度"，载《中国金融》2015 年第 3 期。

〔3〕 参见顾功耘：《金融稳定发展的法治保障》，北京大学出版社 2019 年版，第 413 页。

〔4〕 参见［英］安东尼·奥格斯：《法律形式与经济学理论》，骆梅英译，中国人民大学出版社 2008 年版，第 121 页。

〔5〕 周小明：《信托制度比较研究》，法律出版社 1996 年版，第 12 页。

完善信息披露制度的要求包括明确信息披露制度的内容、形式和时间。就信托机构信息披露的内容而言，过多的信息与不足的信息同样不利，因为过多的信息可能导致消费者困惑，从而忽视应当关注的内容。我国专门规定信息披露的部门规章都仅规定最低限度的披露标准，金融机构可以在此基础上披露更多的内容。[1]但就保护信托消费者权益而言，应当明确信托机构披露的内容不超过与产品或服务相关的关键内容，以便消费者能够在不同的产品和服务之间进行比较。就信息披露的形式而言，《信托投资公司信息披露管理暂行办法》没有做出专门规定。实践中信托机构信息披露的方式主要为向监管机构报送书面文件。学者认为，为了便于消费者理解，信息披露的形式应当多样化，包括书面、口头和电子形式，同时书面文件中应当以特别的字符标注关键信息。[2]学者的这一观点提供了信托机构提示、说明义务具体履行内容的操作标准，对我国信托消费者准确理解信息披露内容具有重要意义。信息披露首先应当满足及时性的要求，对于产品和服务的相关信息还应当进行持续性披露。[3]除了证券市场外，信息披露在我国投资理财市场还没有得到足够的重视。针对我国信息披露违规行为责任体系不完善，仅规定行政责任的情形，应当强化法律责任约束。

第三节　保险业消费者保护中的风险防范

一、保险消费者风险防范保护工作重点

（一）提升保险理赔服务质量

目前我国保险公司理赔服务主要存在以下方面的问题：其一，我国保险公司简单地将服务理解为理赔和出单，无法在"大服务"的体系和理念下有效整合服务资源；其二，赔款周期较长。具体表现在理赔服务全流程（从客户出险报案到领取赔款的全过程）平均周期长达 20 天；其三，核损金额分歧。客户对赔款金额的满意度决定了对理赔结果的满意度，客户与公司产生的意见分歧主要体现在

---

〔1〕　参见刘光祥：《大资管与信托实战之法》，中国法制出版社 2018 年版，第 131 页。

〔2〕　参见温树英：《国际金融监管改革中的消费者保护法律问题研究》，中国人民大学出版社 2019 年版，第 58~59 页。

〔3〕　参见黄日栋："山东信托因信息披露不到位或将再次面临处罚"，载《人民法治》2019 年第 24 期。

修理工时、配件价格、医疗费用等方面。[1]导致理赔服务质量不高的原因主要在于以下几方面：其一，保险商品的特殊属性决定了客户对保险理赔的高期望。从客户的角度来说，在保险期内发生保险事故时，客户才可以感受到保险作用的发挥，否则客户只能感觉成本的支出。由于保险功能具有不确定与延后的特点，导致客户在发生事故后，将理赔服务的质量与心中极高的期望进行对比，容易产生理赔服务质量不高的印象。其二，社会诚信的缺失导致理赔服务无法以快速便捷的方式展开。由于当前社会诚信度普遍偏低，尤其是近年来各类欺诈事件频繁发生，导致保险公司在理赔过程中采取更加严谨审慎的态度，一定程度上影响了理赔效率。其三，服务人员的整体素质有待提高。由于保险极强的专业性，导致对理赔人员的素质要求较高，理赔人员除了需要具备充足的专业知识，还应具有其他相关领域的知识储备，具有一定的协调能力。其四，理赔流程的标准设定有待改进。由于保险公司在理赔程序设定过程中，较少从客户角度出发，导致理赔流程主要满足了公司业务规范和行政流程的要求，却没有考虑客户对于理赔流程便捷快速办理的需求。因此在理赔过程中，经常有客户无法理解保险公司的繁琐理赔手续和较长理赔时间等情况的发生。[2]

　　从保险公司的角度，其理赔应当尽量标准化、流程化，避免同类案件理赔不同的情况，[3]保险合同在所有签订者之间应该是平等的，是为了保证客户的合法权益。如果厚此薄彼必然造成一部分人的利益被过度保障，而另一部分人的利益却得不到保障。[4]为了快速准确定损，保险公司要建立科学合理的理赔测算机制，提升理赔运行效率与运行质量。其次，尽量缩减理赔期间，达到预先制定的理赔标准时，尽快将钱款发放至客户，完成理赔；为了尽快理赔，在发生保险事故时，保险公司需尽快完成理赔前任务，包括查勘、定损等。再次，要重视保险人员整体素质的提升，定期进行培训工作：一是加强对理赔人员业务技能、沟通技巧、标准话术、礼仪等方面的培训力度，制定培训计划，形成多层次的培训体系；二是组织开展理赔服务主题竞赛，形成"比学赶帮超"的氛围，促使保险从业人员自觉自发提升服务技能，推动公司整体服务的提升；三是完善从业人员资

〔1〕　参见黄椿："创新保险公司理赔服务质量评价指标的研究"，载《中国保险学会．中国保险学会首届学术年会论文集》2009年。
〔2〕　参见张海英："保险理赔服务质量评价指标研究"，载《渤海大学学报（自然科学版）》2014年第2期。
〔3〕　参见纪崴、张晓莹："提升保险理赔服务质量"，载《中国金融》2012年第11期。
〔4〕　参见何秋洁、何太碧、王意东："机动车辆保险理赔服务质量评价体系构建与实证研究"，载《西南民族大学学报（人文社科版）》2019年第8期。

格认证内外部体系，将资格认证与晋升通道相联结，同时制定理赔人员的惩戒和退出机制，[1] 以此转变保险人员在消费者心中"只售不管"的偏见。再次，保险公司应建立公开监督机制，拓宽公众监督渠道，对客户及公众的投诉进行有效处理，明确服务提升的方向、提高保险公司自律能力。最后，监管机构应引导各家保险公司转变发展观念，从抢占市场份额转变为以提升服务质量为导向，提高保险公司的持续经营能力，促进保险行业的良性发展。

（二）规制不当保险销售行为

我国的经济发展水平还处于市场经济初级阶段，市场的道德标准尚未健全，这直接造成了市场诚信缺失的问题，尤其保险行业更是存在各种不诚信的销售行为。实际上，在这种大环境下，每个行业都有着缺失诚信的情况，只不过保险行业是市场经济发展到一定阶段后的产物，是以销售保险合同为主要经营业务的服务行业，对市场经济中的道德标准要求更高。所以保险行业会把社会诚信缺失的问题放大倍数，这就显得保险行业的生存环境十分险恶，保险行业形象更容易被扭曲。[2]

此外，由于保险商品的无形性、保险合同的格式合同性质、保险业务的推销销售模式等引发信息不对称进而导致对消费者权益的侵害。[3] 保险纠纷中，保险消费者处于劣势地位，保险人在缔约过程中居于优势地位，其具有专业素养的从业人员，对法律法规等相关规定比较熟悉，在实务中能够自觉有意识地针对保险合同的缔结保留基本的证据。而大量的保险消费者是分散的个体，其在权益保护问题上往往处于劣势地位。[4] 双方签订的保险合同也是由保险人单方制定，专业性强的保险公司及其中介机构利用信息的优势力量，在缔约过程中，为证明自身已履行说明义务，使自身利益最大化，往往事先准备好符合法律规定的文件要求消费者签署，而保险消费者对自己签署文件的法律效果缺乏正确认识。[5] 即使意识到保护自身权益，保险消费者也难以留存关键性证据保障自身权益。在"甲保

---

〔1〕 参见朱秋艳："财产保险公司云南分公司车险理赔服务质量提升研究"，云南大学 2014 年硕士学位论文。

〔2〕 参见薛雨萌："保险销售行为可回溯对重塑保险业形象的作用"，载《中国集体经济》2018 年第 25 期。

〔3〕 参见孙天琦：《金融业行为监管与消费者保护研究》，中国金融出版社 2017 年版，第 508 ~ 510 页。

〔4〕 参见白彦、张怡超：《保险消费者权利保护研究》，中国法制出版社 2016 年版，第 41 页。

〔5〕 参见温世扬、范庆荣：" '保险消费者' 概念辨析"，载《现代法学》2017 年第 2 期。

险公司、乙保险经纪公司与丙公司财产保险合同纠纷上诉案"中,[1] 法院认为保险经纪公司作为专业的保险经纪公司,有义务了解投保人的需要并为其选择适当的险别,同时应当将所知道的有关保险合同的情况和信息,尤其是免责条款如实告知投保人。乙保险经纪公司既未向丙公司了解标的货物的运输方式,为其选择能够适用该运输方式的货物险种,也未在投保后将大保单提供给丙公司,将大保单中载明的运输工具要求和免责情形如实告知丙公司,以便丙公司调整运输方式,因此乙保险经纪公司未尽到勤勉义务,应当承担赔偿责任。保险公司、保险经纪公司作为专业公司,具有信息优势,虽然上述案例确立了勤勉义务,但在具体的诉讼过程中,若当事人无法拿出确实的证据,权益便无法受到保护。因此,可回溯管理制度便是督促保险公司履行勤勉义务的重要内容,同时也是保护保险消费者的有力武器。对于上述因缺乏证据的欺骗性销售所造成的投诉,监管部门很难核查,难以得出结果。销售阶段保险消费者存在被误导情形的证明是困难的,一般来说,保险产品要在购买后的较长时间才能实现,索赔或者消费者获得保险理财产品收益,一般也都需要一段时间。除非消费者在销售阶段或产品存续期间获得了充分和适当的信息并加以理解,不然往往会在售后出现因销售误导、不当建议或产品限制等无法实现消费者预期的情况。[2]

为了有效治理销售欺骗误导行为,改善保险业经营环境,中国保险监督管理委员会颁布了《保险销售行为可回溯管理暂行办法》。该办法要求保险人以及相关中介机构对于销售环节进行现场录音录像,保存在销售环节中至关重要的真实信息,那么销售行为便可进行回放,做到明确相应责任,维护消费者的合法权益。该制度为相关的监管部门提供了有效的投诉调查依据,以对销售欺骗行为进行有效打击,使得消费者的合法权益得到有效保障,最终将真正维护权益的措施落到实处。[3]同时可以大幅度提升处理保险纠纷的效率。在日常的监管中,经常会因销售欺骗误导行为产生纠纷,保险销售行为可回溯管理制度的实施,可以提高处理保险纠纷案件的效率,提升消费者权益保护工作的能力。在签订保险合同之后,若发生纠纷、投诉等问题,通过调取和观看信息采集数据库中的录音录像

---

〔1〕　相关案例参见 2017 年度上海法院金融商事审判十大典型案例之三:甲保险公司、乙保险经纪公司与丙公司财产保险公司纠纷上诉案。

〔2〕　参见宋卉:"论可回溯管理制度对保险消费者权益的促进",载《重庆社会科学》2017 年第12 期。

〔3〕　参见"中国保监会有关部门负责人就《保险销售行为可回溯管理暂行办法》答记者问",载中国银行保险监督管理委员会网站,http://www.cbirc.gov.cn/cn/view/pages/ItemDetail.html? docId = 333525&itemId = 917&generaltype = 0,最后访问日期:2021 年 4 月 20 日。

等证据，可以迅速查明事实，增加了消费者权益受到侵犯时的保护渠道。

同时对于保险公司来说，该制度也是督促其提升服务质量和服务水平的关键因素，直接改善销售误导等问题。保险行为监管是对保险人说明义务的有效补充，[1]，督促保险销售人员履行说明等先合同义务，从而达到对消费者权益的保护。《保险销售行为可回溯管理暂行办法》第 7 条明确规定了缔约流程，除解释及说明义务外还包括保险销售从业人员出示投保提示书、产品条款和免除保险人责任条款的书面说明等书面交付义务。标准化流程及书面交付义务的要求，通过规范销售行为，统一销售流程，管理销售过程，进一步规范保险业者的业务行为，强化保障保险消费者缔约阶段的知情权，使得保险消费者可以做出符合意愿的选择，减少后续纠纷的同时也保障了消费者的意思自治。

实施可回溯管理制度，要做到：

1. 明确保险人为主要实施机构。可回溯管理是针对保险人的管理，因此应当着重强化保险公司责任。从实践层面说，销售误导多出现在代理机构，销售误导的多发也与当前我国的从业人员结构存在较大关联。保险公司应按照制度的要求承担起治理销售误导的主体治理责任。

2. 确保销售人员按照制度规定的程序进行销售。可回溯管理制度的关键就在于落实，保险销售行为中"关键环节"具体而言就是一套特定渠道销售人员、针对特定销售人群、在销售特定产品时所应依据的流程与标准。《保险销售行为可回溯管理暂行办法》第 7 条明确说明了需要纳入可回溯管理的销售"关键环节"的内容，涵盖将购买的产品属于保险产品名称、保险期间、承保公司名称、缴费期间、缴费方式、业务员身份信息、缴费金额、犹豫期后退保损失风险等告知投保人。对于新型的人身保险产品，应依照要求将保单存在的利益不确定性告知投保人。此外，对于健康保险产品，应将等待期、指定医疗机构、续保条款等信息告知投保人。通过明确销售过程要求及说明内容具体要求，流程化、制度化、具体化，科学化管理，使得消费者更清楚地了解产品特性，知晓自己对于该产品享有的权利以及应承担的风险。

3. 确保可回溯管理信息收集的合法性和有效性。可回溯管理制度通过录音录像获得证据材料，是对销售涉及的关键环节的固化。该制度旨在为事后的投诉处理、纠纷调解、法律诉讼过程中能够更快速地对事实进行查明提供证据基础，从而实现消费者保护工作效率的提升。信息收集的程序合法性及有效性是实现保险消费者权益保障的前提。保障信息采集方式合法，符合要求，同时应按要求由特

---

〔1〕 参见曹兴权：《保险缔约信息义务制度研究》，中国检察出版社 2004 年版，第 152 页。

定主体妥善保存，避免侵犯当事人隐私权。在纠纷发生后，应确保调取销售材料的程序及主体合法，切实保障消费者权益的实现。[1]

二、保险消费者风险防范保护制度选择

（一）合理设定保险条款

1. 保险条款设定：内容监管与信息监管。格式条款的出现深刻地改变了私法世界的原有面貌。自由选择和双方合意的契约自由之应有内涵时常面临缺失的尴尬，以程序正义实现实质公平的契约自由之目标凸显实现不能之虞。对此，传统契约法的显失公平、重大误解等救济措施力有未逮，各国遂开始以信息规制或内容控制的方法应对。前者侧重于从程序控制的角度消弭格式条款相对方之间的信息不对称，直接对条款制定方课加信息提供义务。[2]若其未能善尽义务，则格式条款不纳入合同。后者则直接控制格式条款的内容，即通过司法审查事后确认诉争格式条款无效。[3]但两者并非绝对排斥，多数国家均兼采两种路径，只是侧重点有所不同。[4]

保险人提供保险条款，以及对条款的说明被立法视为投保人获取决策信息的主要途径。为此，立法特别要求保险人对免除其责任的条款进行提示和主动解释（即明确说明），以便于投保人准确了解保险责任范围，避免分散特定风险的缔约目的挫败。然而，除标示为"责任免除"部分的条款，以及《最高人民法院关于适用〈中华人民共和国保险法〉若干问题的解释（二）》扩充人说明范围的免赔额（率）、比例赔付条款外，保险人还能通过其他手段修改承保范围。如责任分摊与责任竞合、赔偿处理方法等。但是，除上述条款外，保险给付办法与争议处理等准权利义务条款，以及保费缴纳、风险维持等权利义务条款直接决定保险人在事故发生后是否承担以及承担多大的责任，对当事人的影响不亚于免责条款。保险条款冗长复杂，极富技术性，即便保险人愿意善尽说明义务，欲使投保人完全理解条款也是不现实的。投保人通常更关注近期的现实利益（如保费等），而非远期不确定风险。况且，接收和处理信息也需要付出时间、精力等成本。美国学者就发现，"在购买保险产品时，投保人并不渴望代理人向自己全面深入地解

---

[1]　宋卉："保险监管可回溯管理制度研究"，吉林大学2018年博士学位论文。

[2]　参见邢会强："信息不对称的法律规制—民商法与经济法的视角"，《法制与社会发展》2013年第2期。

[3]　合同解释规则也在一定程度上发挥了规制作用。参见韩世远：《合同法总论》，法律出版社2004年版，第845页。

[4]　参见解亘："格式条款内容规制的规范体系"，《法学研究》2013年第2期。

释承保范围"。甚至"保险买方不会阅读，或期待他们阅读（保险条款）"[1]。因而至少在保险领域，立法与司法应从现阶段以信息规制为主的路径转向以内容控制为主的方式。在保险条款设定、承保及保险费率等内容方面，也应当进行控制与监管。

内容控制规范以保障给付均衡，兼顾满足投保人合理期待为核心价值追求。应将内容控制聚焦于任意性规范中的非核心给付条款，特别是涉及远期不确定风险的条款。对内容控制的范式，宜采取抽象表述与具体类型列举相结合的方法，构建具有开放性的多层次判断标准，以促进法院在无碍于保险营业维持的基础上，更有效地保护投保人合法权益。[2]

2. 承保。《保险法》第 13 条规定，投保人提出保险要求，经保险人同意承保，保险合同成立。依法成立的保险合同，自成立时生效。根据该规定，保险合同与《合同法》（已失效）规定一致，其成立分为要约和承诺两个阶段，要约和承诺均为意思表示。除保险合同条款另有约定外，保费缴纳与否并非保险合同成立的要件，从另一个角度讲，收取保费行为不是保险公司承保的承诺。

对此，《最高人民法院关于适用〈中华人民共和国保险法〉若干问题的解释（二）》第 4 条作出具体规定，分情形进行了细化。保险公司收取了保险费，尚未作出是否承保的意思表示，发生保险事故，被保险人或者受益人请求保险人按照保险合同承担赔偿或者给付保险金责任，符合承保条件的，人民法院应予支持；不符合承保条件的，保险人不承担保险责任，但应当退还已经收取的保险费。保险人主张不符合承保条件的，应承担举证责任。我国《民法典》第 483 条规定："承诺生效时合同成立，但是法律另有规定或者当事人另有约定的除外。"因此，要正确理解"保险人同意承保"，实质上即是要正确理解"承诺生效"。对于承诺及承诺生效，《民法典》第 479 条规定："承诺是受要约人同意要约的意思表示。"第 480 条规定："承诺应当以通知的方式作出；但是，根据交易习惯或者要约表明可以通过行为作出承诺的除外。"第 484 条规定："以通知方式作出的承诺，生效的时间适用本法第 137 条的规定。承诺不需要通知的，根据交易习惯或者要约的要求作出承诺的行为时生效。"我国《民法典》第 490 条第 1 款规定："当事人采用合同书形式订立合同的，自当事人均签名、盖章或者按指印时合同成立……"保险合同是否属于本条规定的"当事人采用合同书形式订立合同"的情形

---

〔1〕 Jeffery E. Thomas，"AnInterdisciplinaryCritiqueof Reasonable Expectations Doctrine"，5 Connecticut Insurance Law Journal，pp. 295 - 309（1998 - 1999）.

〔2〕 参见马宁："保险格式条款内容控制的规范体系"，载《中外法学》2015 年第 5 期。

呢? 本书认为，保险合同属于不要式的合同，这是学界早有的定论，因此，保险合同的成立不应适用《民法典》第 490 条的规定，而应以《民法典》第 483 条为依据。

具体到保险合同的订立上，"保险人同意承保"首先要有同意承保的意思表示，同时这一意思表示需到达投保人，保险合同即成立。承保一个新业务要经过承保准备、业务审核、录单、核保、收付费处理、打印保单、单证归档、送单等诸多环节。若从保护保险消费者的角度来考虑，较早成立保险合同，更有利于在此期间发生保险事故后的理赔，但保险公司毕竟是以营利为目的的企业，要衡量二者之间的利益，做出公平的判断。

3. 保险费率厘定。保险费率，是应缴纳保险费与保险金额的比率，也是保险公司承担约定保险责任向投保人收取费用的标准以及投保人为转移风险、取得保险公司对约定保险事故承担赔付责任支付的主要对价。从国际经验来看，保险费率监管通常是相关国家或地区对保险业监管的核心内容之一。从相关保险市场发达国家或地区的实践来看，围绕保险费率的厘定，主要存在如下几种方式：①监管机关统一制定费率；②严格的事先审批；③先报批，一定时间内不否决即可自动使用；④条件审批制，即如果费率的变化是因为已经发生的损失的增减，则备案即可；如果费率的变化涉及费率的分类，则需要事先核准；⑤浮动费率，在监管部门批准的浮动范围内，保险公司可自主增减费率，超出部分需批准；⑥即报即用；⑦先使用，再上报；⑧完全自由的费率。[1]

我国的保险业务于 1979 年开始恢复，随着改革的深入，保险市场发展迅猛，保险费率竞争日益激烈，而保险费率监管制度经历一个从无到有、从宽松到严格的演进过程。从 1979 年至 1985 年间，我国只有中国人民保险公司（即中国人保）一家市场主体，保险产品的条款与费率结构简单、不存在保险费率的竞争与监管问题。国家层面对保险费率的监管始于 1985 年的《保险企业管理暂行条例》（已失效），该条例规定：国家保险管理机关是中国人民银行，其职责之一是审定基本保险条款和保险费率。[2]据此，我国确立了由央行审定保险费率的制度。这种费率严格监管制度进一步体现在 1995 年《保险法》中，该法第 106 条规定，"商业保险的主要险种的基本保险条款和保险费率，由金融监督管理部门制订。保险公司拟订的其他险种的保险条款和保险费率，应当报金融监督管理部门备

---

〔1〕 参见任自力："中国保险费率监管制度的改革与思考"，载《政法论丛》2019 年第 2 期。
〔2〕 根据这一规定，基本保险条款和保险费率由保险公司自己制定，但要报经中国人民银行审批之后才可执行。

案"。1998 年后，原中国保监会通过部门规章等方式进一步加强对保险费率的监管，出台了《保险公司管理规定》《财产保险条款费率管理暂行办法》等规章，规定"未经中国保监会批准，任何保险机构不得变更主要险种的基本条款和费率"。

在保险行业初期，保险费率的严格监管有利于稳定保险行业、减少保险公司间的过度价格战、避免混乱。但随着市场经济的健全，国内外保险市场的逐步融合，严格费率监管制度的缺陷也日益暴露出来：政府制定的费率难以适应市场的快速变化，抑制了保险公司创新能力的提升及产品创新的积极性，使得保险产品高度同质化，保险公司不得不寻求其他不正当手段拓展市场，不利于保险消费者利益的保护。

从保险消费者保护的角度思考，过于宽松的保险费率监管，对于保险行业的发展不利，容易造成恶性竞争，影响保险公司的赔付能力，进而损害保险消费者的利益；过于严格的保险费率监管，有利于稳定保险行业，但是不利于激发保险业的活力，对于保险消费者而言可能失去了获取更为优惠服务的可能。因此，保险费率厘定应采科学有效机制，平衡二者利益，保护保险行业与消费者。

（二）完善理赔程序机制

理赔是保险人履行合同义务的一个关键环节，影响着保险人的声誉和保险经济补偿职能的发挥，更直接关系着被保险人的切身利益。[1]保险法律体系的理赔规则应始终围绕着完善理赔来建构。

核定被认为是"保险人的内部流程，具体如何规范与操作，由保险人自行决定"[2]，同时在理赔程序上，保险人在核定理赔过程中具有优势地位和主导地位。为了防止保险人不理赔或拖延理赔，立法者规定了保险人须遵守核定的法定期限及违反理赔核定义务的后果等内容。此即保险人的理赔核定义务，且"独立于保险人在保险合同上应遵守的其他义务"[3]。保险人的理赔核定已为我国学者所认同——为充分保护保险金请求权人的权益，保险法对保险人的保险核定行为作出了程序性的规定。因此，核定保险事故不仅是保险人的合同义务，更是法定

---

〔1〕 参见阎新建、刘守建：《中国保险法律与实务》，中信出版社 1996 年版，第 78 页；孙积禄：《保险法论》，中国法制出版社 1997 年版，第 113 页；王雨静：《保险法基础与实务》，中国政法大学出版社 2014 年版，第 97 页。

〔2〕 李志强：《最高人民法院保险法司法解释精释精解》，中国法制出版社 2016 年版，第 144 页。

〔3〕 Guy O. Kornblum, John C. Ferry & Karen K. Lee, *Environmental Claimst and Bad Faith: Contract Obligations That Mature into Extra - Contractual Lawsuits*, 52 OHIO ST. L. J. , 1991, pp. 1245, 1267.

义务。[1]

《保险法》中，违反理赔程序和期限的法律后果分为民事责任和行政责任两种。民事责任规定在第 23 条第 2 款，保险人未及时履行前款规定的及时核定、及时赔付的义务，除支付保险金外，应当赔偿被保险人或受益人因此受到的损失。行政责任方面，第 116 条第 5 项将"拒不依法履行保险合同约定的赔偿或给付保险金义务"列为保险业务活动中的禁止行为，第 13 项规定了兜底条款"违反法律、行政法规和国务院保险监督管理机构规定的其他行为"，在第 162 条设置了行政处罚。[2]

保险理赔是保险人的义务，应以此义务为核心构建理赔体系。针对不同的保险合同，应当适用不同的理赔条款，以满足保险消费者的不同需求，同时，保险理赔程序的规范化，是解决理赔难的关键，是保护保险消费者理赔权利的重要保障。现有法律规定的理赔程序无法满足实践需求，急需将其进一步细化，适应保险产品不断创新的现状。

（三）防范保险欺诈行为

随着保险业的发展，保险欺诈行为的发生呈现上升趋势。保险欺诈扰乱了正常的保险经营活动，严重侵害了保险人和广大保险消费者的合法权益，阻碍了中国保险业的健康发展。保险欺诈看似损害的是保险人的利益，实质上损害的是全体保险消费者的利益。保险费很大程度上取决于赔付率，赔付越多，必然造成保险费率提高。因此，防范保险欺诈仍是保护保险消费者的重要举措之一。

保险欺诈的防范是一项系统工程，需要有关方面共同努力，形成共识，多部门多举措配合。首先可以从以下几个方面来应对：①完善法律规定，依据法律利器打击保险欺诈行为。进一步完善刑法规定，加大刑事打击力度。我国刑法对保险诈骗的打击力度较弱，一定程度上助长了意图诈骗行为发生。同时保险欺诈的民事法律责任也较小，故建议修改《保险法》的规定，加重骗赔者的民事赔偿责任。根据我国《保险法》第 27 条之规定，虽然有"投保人、被保险人或者受益人有前三款规定行为之一，致使保险人支付保险金或者支出费用的，应当退回或者赔偿"的规定，但是"支出费用"指的是什么，界定不清晰，法律规定得不明确，导致该条在实践中的适用缺失。因此建议进一步完善《保险法》第 27 条的规定，明确由保险诈骗者赔偿保险公司的调查费用，以弥补保险公司的损失，保护广大客户的利益。②加强相关法律、法规的宣传力度。保险公司应在客户中以

---

〔1〕　参见贾林青：《〈保险法〉判案新解》，中国人民大学出版社 2011 年版，第 170~171 页。

〔2〕　参见姚琴："新《保险法》对理赔程序与时限的法律规制研究"，载《中国保险》2013 年第 2 期。

灵活、多样的形式开展普法教育，有针对性地开展《保险法》和《刑法》中涉及保险诈骗罪的教育，使消费者明白保险诈骗行为属于违法犯罪行为，情节严重的将受到法律的制裁。③强化公司内部管理，提高风险防范能力。查勘定损是理赔的关键环节，近年来受人员配置、交通状况等因素影响，加上对交警部门过分依赖，第一现场查勘到达率和现场查勘质量一直不尽人意，这就给保险欺诈者在空间和时间上留有机会。第一现场查勘是防范保险欺诈最为重要和有效的途径，对损失较大、出险时间临近保险期限、出险原因表述过于离奇、事故当事人过于熟悉保险程序，以及其他风险等级较高、疑点较多的案件，通过及时严密的第一现场查勘，可以在第一时间进行有效的风险识别并推进案件调查进程。④加强同业合作，建立反欺诈信息平台。由于保险行业同业间长期缺乏有效的沟通与联系，信息的不对称给骗赔者带来了可乘之机。真实的客户投保信息、事故的处理过程、伤亡人员的个人资料、赔案的最终处理结论等，都是打击保险欺诈行为可以利用的重要资源。但目前是，保险欺诈行为分散在多个主体之中，各主体单打独斗，且多以防范客户流失为主要目的，并不对欺诈行为过多地追究法律责任，部分不法分子正是利用各保险公司间竞争大于合作的关系，屡屡在不同保险公司之间实施保险欺诈行为。面对这种情况各保险公司之间应建立信息交换网络，实现全行业客户信息和保险理赔案资料的共享，建立黑名单制度，将实施保险欺诈者在行业内甚至社会范围内公布，防止其继续进行欺诈，并在社会上形成一种反保险欺诈的威慑力。⑤强化部门间合作，形成打击欺诈行为的工作合力。针对保险欺诈案件逐渐增多的现状，保险行业应加强与社会相关职能部门的积极联系与配合，如与立法机关加强联系，提出涉及保险欺诈制裁的立法和法律修改建议；与检察院、法院加强联系，规范当地法律环境，提高对保险欺诈危害的关注力度；与公安、刑侦部门加强联系，积极开展打击保险欺诈的日常合作和专项行动；与保险监管、保险行业协会加强联系，建立完善同业间的反欺诈调查组织、受理社会公众对保险欺诈的举报等；与社会媒体加强联系，通报各类保险欺诈案件查处情况，加强对公众的守法教育和警示；与交管部门、车辆管理部门和医疗机构加强联系，实现车辆信息、事故信息、人员伤亡信息以及保险理赔信息共享，切断不法分子造假通道。[1]

互联网自诞生以来，不断推动着社会、经济、文化等各个方面的变革和发展，互联网与保险行业的融合及渗透拓展了传统保险边界，在保险科技和经营管

---

[1] 参见王蕾、陈杰："浅析保险欺诈行为表现及应对措施"，载《保险理论与实践——宁夏保险研究课题优秀成果汇编（2017－2018）》2019年，第153～165页。

理模式上实现了跨越式的创新与发展，但是互联网保险平台性、便捷性、虚拟性、"碎片化""轻资产"等固有特征使其面临比传统保险更大的欺诈风险。据每日经济新闻报道，在传统保险公司中，恶意退保、套保、骗赔的比例占5%，而在互联网保险公司和互联网平台上其比例高达30%~40%。保险欺诈不仅给互联网保险带来经济上的损失，而且如果保险欺诈行为不能得到有效抑制，就会降低善意保险客户的投保意向，弱化保险产品功能的发挥，给保险公司乃至整个社会带来不良影响。因此，如何在互联网背景下，解决保险科技发展和保险欺诈的矛盾，对于互联网保险健康稳定发展有着较强的现实意义。

在互联网的背景下，保险反欺诈策略应从以下方面逐步完善：

1. 完善核保流程，强化客户身份识别在对互联网保险业务进行核保时，应尽量严格规范和细化流程，基于大数据样本，利用 AI 的 OCR 文本处理识别技术进行人脸识别。对客户身份进行识别时，核保系统应与公安部门身份证联网核查系统进行无缝对接，当发现客户姓名与身份信息不匹配时，给予信息不匹配提示，并询问该客户是否继续投保，如果投保，默认身份证信息中的名字为受益人，并且在后续的理赔中不能进行身份更改。对于保险金额较高的保险产品，应采取人工核保方式，要求投保人提供详细资料，或自购第三方商业数据库、身份证鉴别仪进行身份识别。对可能实施套保行为的客户进行严格的投保意向侦查，以辨别其真实目的，在投保层面降低套保发生的概率。

2. 完善保险条款，防止逆向选择。对于互联网保险产品，可以采取保单延时生效方式，即与客户做出特别约定，在客户投保时不确认保单生效，约定投保后第三天、第五天或第七天后保单才生效，这样可以有效避免逆选择的发生。

3. 加强客户信用评估和信息共享，降低应收保费。保险公司应通过社会信用评价机构、中国人民银行、芝麻信用等第三方数据提供者以及第三方合作伙伴采集客户的信息，运用大数据技术分析客户资料，对客户进行风险评分及分类，利用客户风险等级划分结果分类管理客户，进行有效的持续识别，并合理调整客户风险等级。

4. 完善理赔流程，建立理赔信息社会共享机制。在互联网保险理赔过程中，对于小额的赔款应积极与其他网络平台进行沟通，对于大额的赔款要求客户提交纸质理赔资料。革新定损理赔管理，利用物联网、AI 及图像识别等新技术，实现保险智能化定损、数字化核赔、自动化处理、高效化理赔。同时，保险公司可以共同构建一个保户信用积分信息共享机制，定期编制骗赔行为人黑名单，对黑名单人员的投保进行加费或拒保。其次，保险行业协会应建立统一的理赔信息共享平台，并与保险公司理赔系统对接，保险公司通过系统输入客户信息，就可以识别客户是否在多家保险公司获取赔款，从而防止一案多赔的发生。另外，在全国范围内，可以建立由保险行业协会组织，各家保险公司、中介公司参与的全国性的反欺诈组织，系统收集保险赔款欺诈案例，建立保险赔款欺诈案例库，从而增强欺诈手法识别能力。银保监会和各地银保监局内部可以设置反欺诈部门或反欺诈办公室，配备专业人员专门负责互联网保险赔款欺诈案件，通过技术手段排查互联网保险赔款欺诈漏洞。[1]

第四节　证券业消费者保护中的风险防范

一、证券消费者风险防范保护工作重点

自 2016 年债券违约常态化以来，投资者保护问题日益突出，投资者保护建设分指数相应波动上行。从信用评级质量看，以国际常用的评价评级质量的指标——基尼系数作为统计量进行观察，结果显示，对发债企业评级质量的度量指标随着三次违约高峰的出现而有所波动，中债市场隐含评级作为中债估值的中间输出指标，其波动幅度更小，与国际评级机构发布的相关数据水平比较接近。从信息披露质量看，2017 年和 2018 年信用债发行人信息披露质量下滑，2019 年虽有所改善，但整体质量仍值得关注。在发行人公布年报或半年报后，发布信息更正公告占比最高达 10%，且其中近八成更正的公告内容为财务数据，在信息披露违规处罚中财务数据错误占比达 30%，影响信用风险判断。从公司类债券中投资者保护条款的应用看，2017 年后该条款应用水平有显著提升，但仍偏低。公司类债券发行中的投资者保护条款一般包括事先约束条款和交叉违约条款，其设置比例从 2017 年的 2% 升至 2019 年的 20%，其中在新发行的银行间信用类债券中，有投资者保护条款的占比约为 30%，交易所市场这一比例不足 5%，值得高度关注。[2]

（一）行政处罚力度较低

民事责任系向受损害投资人承担的损害赔偿责任，而行政责任是行政机关对虚假陈述行为人依法作出的行政处罚，本质上系虚假陈述行为人对国家承担的责任。

---

〔1〕参见侯旭华、谢冬青："互联网背景下的保险欺诈与反欺诈探讨"，载《会计之友》2020 年第 1 期。

〔2〕参见牛玉锐："中国债券市场质量观察"，载《债券》2020 年第 2 期。

2006 年，证监会成立了行政处罚委员会，行政处罚委员会的职责包括审理稽查部门移交的案件，主持听证以及制定证券期货违法违规认定规则，拟订行政处罚和市场禁入意见，行政处罚委员会的设立借鉴了国外"行政法官"制度，是落实"审查分离"的制度设计。[1] 自 2013 年 7 月起，证监会授予所有派出机构自当年 10 月起行使行政处罚权。

证券违法成本低是困扰中国资本市场的"顽疾"之一，长期受到市场诟病。纵观新证券法，法律责任一章是所有章节中条文最多的。从行政处罚力度上看，针对欺诈发行，新《证券法》规定，尚未发行证券的，要给予发行人 200 万元以上 2000 万元以下的罚款，已经发行证券的，要处非法所募资金金额 10% 以上 1 倍以下的罚款。另外，新《证券法》针对虚假陈述、内幕交易、操纵市场等违法行为，都大幅度提高了行政处罚力度。通知要求，加强行政执法与刑事司法衔接，强化信息共享和线索通报，提高案件移送查处效率。公安机关要加大对证券违法犯罪行为的打击力度，形成有效震慑。[2] 上海市锦天城律师事务所合伙人任远表示，新证券法大幅提高了对证券违法行为的处罚力度，相信能够有效起到震慑作用。"值得注意的是，针对证券违法行为的惩处以往主要侧重于行政处罚，而刚刚生效的新证券法对证券违法民事赔偿责任进行了完善。"任远说，这也在切实保护投资者的同时，进一步提高了违法者的违法成本。

（二）刑事追责责任过轻

《刑法》中关涉证券虚假陈述的罪名有：第 160 条第 1 款的欺诈发行证券罪，第 182 条的操纵证券、期货市场罪，第 161 条的违规披露、不披露重要信息罪，第 181 条第 1 款的编造并传播证券期货交易虚假信息罪，第 2 款的诱骗投资者买卖证券、期货合约罪，第 229 条的提供虚假证明文件罪等罪名。证券类经济犯罪具有的隐秘性，让检察院难以取证证实犯罪人的犯罪行为。大量中小投资者利益受到侵害，犯罪范围广而影响大，但难以认定成为此类案件的症结之所在。

（三）民事责任存在不足

证券虚假陈述诉讼案件被侵权人人数众多，这些投资者情况各异，覆盖从买入 100 股的小投资者到投资额可能达到上千万的大投资者。虽然在证券虚假陈述案件中，我国规定了对投资者有利的举证责任倒置原则，而且我国的规定比美国的规定更有利于投资者。但是，在我国的证券虚假陈述案件中，符合条件投资者

---

〔1〕　参见鲍颖焱："中国证券监管权配置、运行及监督问题研究"，华东政法大学 2019 年博士学位论文。

〔2〕　参见刘慧、潘清："中国资本市场进入新证券法时代"，载《中国信息报》，2020 年第 5 期。

起诉的比例不超过 5%。许多中小投资者在权益受损后不会诉诸法律途径解决，得利的主体反而是大投资者。一方面，这是因为我国证券市场投资者的素质普遍不高，而且证券市场以散户为主。2016 年中国证券市场专业机构投资者的比重为 16.3%，个人投资者市值占比 40%。同期美国专业机构投资者占比超过 40%，散户持股比例低于 30%。另一方面，由于诉讼成本太高，中小投资者难以承担。假定一个小投资者虚假陈述实施日之后买入股票，虚假陈述基准日后全部卖出，买入均价 10 元，卖出均价 4 元，基准价 5 元，买入股票数量 200 股，税费 30 元，那么投资者一共亏损 1030 元。面对巨大的时间和金钱成本，中小投资者往往对于索赔诉讼望而却步。不只是投资者，在现行的诉讼方式下，法官也有很多抱怨。证券虚假陈述民事案件尽管起诉率不足 5%，但是起诉的绝对人数依旧还是很多。共同诉讼和单独诉讼案件数量众多，投资者常常需要排队立案。法官们不得不写许多份判决书，相同的案件事实重复认定，极大地浪费了司法资源。[1] 2019 年修订的《证券法》在疏通纠纷解决机制方面起到了重大的作用。首先，界定了证券纠纷的民事诉讼主体，不再局限于被侵权人，而以机构作为民事诉讼的主体，体现出立法者对于违法者采取的惩治决心，明确证券市场投资者立法目的，维护证券交易市场良性发展。[2] 其次，在上述的案例中，最高法院不支持检察院主张的原因之一就是损失确定时的程序出现瑕疵。故而被侵权者的利益损失能够并且可以用金钱进行衡量，在确定利益损失是由于证券交易市场的某种违法行为造成的之后，需要切实明确利益赔偿计算方法和计算范围，为人民法院对此违法行为造成的民事赔偿及应履行民事责任作出合理的评价，从而作出正确有效的法院判决。最后，民事诉讼所要求的"谁主张，谁举证"的举证责任分配，对于中小投资者极为不利，若以专业机构为支撑，将更好地进行举证。

证券市场侵权行为造成的民事诉讼，原告被告双方在证券市场中地位相差过大，对一般性过错方实行过错责任的归责原则和举证规则，会严重损害中小投资者利益。2019 年《证券法》对举证责任进行了重新规定，对于普通投资者适用举证责任倒置的规则方式。

二、证券消费者风险防范保护制度选择

投资者和证券公司是证券市场的两大主体，投资者作为证券市场的两大主体

---

〔1〕 参见侯志英："证券法中侵权行为及民事责任制度完善"，载《宿州教育学院学报》2019 年第 2 期；陈亚楠："我国证券信息披露民事责任制度研究"，新疆大学 2019 年硕士学位论文。

〔2〕 参见易楚钧、吴学斌："我国证券纠纷代表人诉讼制度的滥觞与完善"，载《南方金融》2020 年第 6 期；黑梦琦："我国证券虚假陈述民事赔偿问题研究"，中国地质大学 2020 年硕士学位论文。

之一，持续影响着证券投资市场的规模和效率。而这些占有庞大基数的中小投资者专业知识技能欠缺，抗风险能力差，使得我国证券投资者保护问题突出，必须予以重视。对证券投资者保护程度越高，越能创造更大的企业价值，并最终以分配股利的形式反哺于投资者，提高股权的流动性，使股权更加分散，吸引更多的投资，从而实现投资者与企业的双赢。不健全的投资者保护制度，往往会使投资者在经济动荡时对证券市场缺乏信心。从时代背景来看，互联网金融的浪潮下，金融创新不断涌现，金融消费纠纷不断增多，大多数以散户形式存在的普通投资者，在众多的金融产品面前不知如何选择，日渐增多的证券投资纠纷也对证券投资者权益保护提出了新的挑战。在互联网背景下，如果我国的证券投资者保护制度不能适应时代的需要，大量证券投资者的合法权益得不到保障，无疑会极大地打击投资者们的投资信心和投资热情，最终对整个证券市场乃至整个金融市场造成极大的冲击。[1]

（一）完善私募信息披露制度

私募基金是当前世界上最为活跃的投资形式之一，我国的私募基金行业起步虽晚，但近些年来呈现极速发展的态势，私募基金行业的迅速发展冲击了我国的私募基金监管制度，为我国证券业监管提出了新的课题。

私募股权基金是私募基金中最为活跃的一种。长期以来，私募股权基金以其非公开性与高收益性吸引了更多的投资人，也是私募基金行业中最为混乱的部分，私募股权基金的监管与合规问题一直是私募基金监管的核心。在私募股权基金面临的诸多问题中，私募股权基金的信息披露问题处于重要位置，不仅本身具有较为丰富的意义与内容，同时联系着私募基金募投管退全过程的其他各项制度，具有举足轻重的作用。[2]

私募基金信息披露主要是指私募基金的相关当事人进行基金的筹集与运作过程中，应该严格按照相关法律法规的规定时限进行信息的披露，披露的对象主要是特定的投资者。在相关规定中明确要求：每个季度至少进行一次信息披露，单只规模在 5000 万元以上的还必须每月进行一次信息披露，同时还应该披露基金运作的半年报、年报等信息。[3]

---

〔1〕 参见谭美玲："证券投资者权益保护法律制度研究——基于比较法的制度完善"，载《河北金融》2018 年第 2 期。

〔2〕 参见陈冠男："私募股权基金信息披露制度法律问题研究"，华东政法大学 2019 年硕士学位论文。

〔3〕 参见吕海宁："私募股权基金法律制度研究"，大连海事大学 2013 年博士学位论文。

我国于 2013 年 6 月 1 日实施了《证券投资基金法》（2012 年版），这也是最早要求私募基金信息披露制度的规定。该项规定首次将非公募基金纳入了调整范畴，并制定了相关的监管制度，以此来规范私募基金行业的运作、发展。与此相适应，证监会颁布了《私募投资基金监督管理暂行办法》、基金业协会颁布了《私募投资基金信息披露管理办法》、中国证券投资基金业协会颁布了《私募投资基金信息披露内容与格式指引 1 号》《私募投资基金信息披露内容与格式指引 2 号》等规范，构成我国私募信息披露的规范体系。但是在实践操作中，制度各部分运行的实际效果有限，私募股权基金的信息披露制度形同虚设，信息披露相关的违法情况高发，危害到私募基金投资人的具体权益，同时威胁到私募基金行业的健康发展。

信息披露应当以投资者为导向，由此推导出投资者为导向信息披露需要包含价值相关性、逻辑整体性和可理解性的特征，就当时我国的状况看，应当确立投资者导向的信息披露理念和原则，构建投资者导向的信息披露制度，同时完善相关配套规则。[1]对于我国当时的信息披露法律制度，可以从对监管者进行监管、加大违法处罚力度和完善民事赔偿法律体系三个方面进行完善，[2]当前的金融市场信息披露过度扩张，导致信息超载，影响了信息披露的实际效果，同时投资者和市场的非理性也使信息披露的效果减损，因此，信息披露制度需要进一步完善，具体而言，信息披露的内容应当简明化、通俗化、标准化，表达上多应用摘要和图表，同时要求信息的刺激反应相容，完善评级机制，加强金融消费者教育。[3]我国私募信息披露存在对相同投资者信息披露要求不统一，信息披露缺乏差异化，禁止内容规定不全面的主要问题，据此立法应当以反欺诈为核心对投资者倾斜保护，建立私募区分信息披露制度，强制信息披露与自愿信息披露并举，完善信息披露体系。[4]。

（二）健全投资者适当性制度

投资者适当性是指"将合适的证券产品销售给合适的投资者"，是随着资本

---

〔1〕 参见程茂军、徐璐："投资者导向信息披露制度的法理与逻辑"，载《证券市场导报》2015 年第 11 期。

〔2〕 参见王从容、李宁："法学视角下的证券市场信息披露制度若干问题的分析"，载《金融研究》2009 年第 3 期。

〔3〕 参见邢会强："金融法上信息披露制度的缺陷及其改革——行为经济学视角的反思"，载《证券市场导报》2018 年第 3 期。

〔4〕 参见梁清华："论我国私募信息披露制度的完善"，载《中国法学》2014 年第 5 期。

市场创新发展而逐步产生的，[1]即证券经营机构根据自身评估标准，在与投资者进行销售行为过程中，对投资者的投资能力是否与销售的产品相匹配的合理判断。[2]同时，适当性也是一项投资者保护制度，通过明确证券公司与投资者的权利义务、全面落实主体责任，协调双方在证券销售和推荐领域的关系，降低各方利益冲突可能带来的不良影响。[3]适当性还是一种监管标准，通过相关监管制度、法规、准则的建立，平衡投资者、证券公司及监管机构三方的关系，实现对投资者的分类保护，达到促进资本市场健康发展的目的。[4]

投资者适当性应当作为法律原则纳入法律。如前所述，境外多数国家和地区都将投资者适当性内容纳入法律之中，将其以法律原则的形式进行规定。一方面，相比于其他发达国家，我国证券市场的发展程度还尚不成熟，难以与之比肩；另一方面，不论从立法程序还是立法内容来说，制定一部专门性法律都是一大挑战。立法要经历提案、审议、表决通过等多个程序与步骤，况且，金融、证券方面立法需要大量拥有专业知识的人进行研究、讨论。即便如此，法律的滞后性决定了其难以应对不断出现的新兴金融证券市场。[5]

在《证券法》修改之前，我国并未将投资者适当性纳入《证券法》之中，更不必说将其上升为法律原则，仅从行政法规、部门规章、自律规范等层面进行规定，况且行政法规制定较早，距今已十年有余，适用最多的为自律规范。自律规范并不具备法律约束力。2019 年修改《证券法》，第 89 条第 1 款规定："根据财产状况、金融资产状况、投资知识和经验、专业能力等因素，投资者可以分为普通投资者和专业投资者……"

2019 年《证券法》区分了普通投资者与专业投资者可谓是一大进步，但我国投资者适当性规则体系总体呈现"散、乱、软"的特点，实践中也存在两大痛

---

〔1〕　参见曾洋："投资者适当性制度：解读、比较与评析"，载《南京大学学报（哲学人文科学社会科学版）》2012 年第 2 期。

〔2〕　2008 年，国际证监会组织（International Organization of Securities Commissions，简称 IOSCO）、国际保险监管协会（International Association of Insurance Supervisors，简称 IAIS）、国际清算银行（Bank for International Settlements，简称 BIS）共同发布《金融产品和服务零售领域的客户适当性报告》，对投资者适当性进行定义。资料来源：IOSCO, Customer Suitability in the Retail Sale of Financial Products and Services, April, 2008, at 4, electronic copy available at：http：//www. iosco. org/library/pubdocs/pdf/IOSCOPD268. pdf.

〔3〕　参见李东方、冯睿："投资者适当性管理制度的经济和法律分析"，载《财经法学》2018 第 4 期。

〔4〕　参见张付标、李玫："论证券投资者适当性的法律性质"，载《法学》2013 年第 10 期。

〔5〕　参见杨军、刘嘉瑶："证券投资者适当性制度比较与启示——兼评我国《证券期货投资者适当性管理办法》"，载《金融理论与实践》2019 年第 10 期。

点：一是投资者分类保护与现实脱节。自引进投资者适当性管理制度以来，我国对于投资者的分类始终只有普通投资者与专业投资者两类。但在实践中，有些投资者情况特殊，很难根据投资经验、财产状况或风险承受能力将其界定为普通投资者或是专业投资者，相应地，对于这种投资者的适当性管理标准就很难准确地按照专业投资者或是普通投资者标准进行判断，由此引发投资者适当性管理混乱、经营机构不知其适当性义务标准等问题。二是投资者权利救济难以实现。我国的证券仲裁和调解机制还不成熟，也并未设立任何事前保护机制，投资者自身自我保护意识也比较薄弱。新《证券法》中虽然增加了证券纠纷调解制度和投资者保护机构支持起诉制度，对投资者适当性管理的纠纷解决机制进行了原则性规定。但这种规定仅仅是方向性的，可操作性不强，若不加以细化，在权利救济实践中仍无法给投资者带来实质性的保护。[1]针对上述两个问题，仍需要从法律法规方面进一步细化，确保落实投资者适当性制度，切实保护投资者利益。

（三）设定投资者保护基金

1. 定义。对于证券投资者保护基金的定义，美国、加拿大和澳大利亚未予明确，其他国家和地区分别从不同角度进行定义。第一种从赔付角度进行定义。英国 2000 年《金融服务和市场法》第 231 条第 1 项规定，投资者赔偿计划是指主管机关依法设立的，在投资者对证券公司的请求权无法满足或出现无法满足的可能性时，向投资者进行赔付的安排。爱尔兰则规定，投资者赔偿计划是投资公司不能向其客户履行义务时，赔付投资者特定损失的计划。香港地区《证券及期货条例》第 235 条规定，联交所赔偿基金指根据已废除的《证券条例》第 X 部设立的赔偿基金。第二种从资本角度进行定义。我国台湾地区"证券投资人及期货交易人保护法"第 6 条将证券投资者保护基金界定为：本法所称保护基金，指依本法捐助、捐赠及提拨，而由保护机构保管运用的资产及其收益。第三种从法律地位角度进行定义。德国 1998 年《存款保护和投资者赔偿法案》第 6 条第 1 项规定，赔偿计划是由特定金融机构在德国复兴信贷银行设立的、不具有法人资格的联邦特殊基金。第四种从标准统一角度进行定义。欧盟《投资者赔偿计划指引》前言第 4 段规定，投资者赔偿计划是在投资公司不能向其客户履行义务时，为统一中小投资者受到的最低限度保护标准而设立的计划。[2]

学者们有的从赔付角度进行定义，认为证券投资者保护基金，是在证券公司等义务人破产后，运用市场手段对证券投资者建立的特别赔付机制，以有效保护

---

〔1〕 井漫："投资者适当性制度构建：国际经验与本土选择"，载《西南金融》2020 年第 4 期。
〔2〕 杨光："我国证券投资者保护基金的界定及立法模式"，载《证券法律评论》2018 年第 0 期。

证券投资者的利益。还有的从资本角度进行定义，认为证券投资者保护基金，是指依法强制或者按照自愿方式设立，通过证券商交付一定款项等方法筹集资金，在证券商因风险需要处置危机或市场退出时，用于投资者权益保护的专门基金。《证券投资者保护基金管理办法》（以下简称《办法》）第 2 条第 1 款将保护基金制度界定为：证券投资者保护基金是指按照本办法筹集形成的、在防范和处置证券公司风险中用于保护证券投资者利益的资金。采用从资本角度进行定义的方式。[1]

2. 立法宗旨。2005 年 6 月成立的中国证券投资者保护基金有限公司是我国的证券投资者保护基金，其性质为国有独资公司。由国务院出资，一次性拨付 63 亿元。中国证监会为配合基金运营颁布《办法》[2]。《办法》第 1 条规定："为建立防范和处置证券公司风险的长效机制，维护社会经济秩序和社会公共利益，保护证券投资者的合法权益，促进证券市场有序、健康发展，制定本办法。"将保护投资者的权益，作为基金运作的宗旨之一。

作为国家金融安全网的重要组成部分和资本市场重要基础设施，投保基金公司坚决贯彻落实党中央、国务院部署，在证监会的领导下，在财政部、人民银行的指导支持下，以保护投资者合法权益为中心，一手抓证券市场风险防范，一手抓投资者教育保护，扎实构建五大业务体系。[3]

证券投资者保护基金制度是证券投资者救济制度的重大突破，改变了原本由政府承担个人债务的困境。《办法》第 19 条规定："基金的用途为：①证券公司被撤销、被关闭、破产或被证监会实施行政接管、托管经营等强制性监管措施时，按照国家有关政策规定对债权人予以偿付；②国务院批准的其他用途。"可见其具有明显的行政性，证券投资者保护基金公司也仅在证券公司面临破产、倒闭等危机时对于投资者代为偿付，职能单一，并未成为真正意义上的投资者保护机构。[4]

3. 基金性质。

（1）证券投资者保护基金是典型的经济法律关系主体。经济法律关系主体不仅参与民事流转关系，还参与经济管理、经济协作等具有组织财产因素相互结合

---

〔1〕 参见杨光："我国证券投资者保护基金的界定及立法模式"，载《证券法律评论》2018 年第 00 期。

〔2〕 参见岑雅衍："我国债券市场投资者保护的法律制度及完善"，载《公司法律评论》2009 年第 9 期。

〔3〕 参见陈希琳："践行为民宗旨，维护投资者合法权益——访中国证券投资者保护基金有限责任公司总经理巩海滨"，载《经济》2019 第 9 期。

〔4〕 参见鲍晓宇："投服中心参与中小投资者利益保护的案例分析"，载《时代金融》2020 年第 5 期。

的经济法律关系，因此其中一部分内容交由公法人制度、经济法具体法人制度加以完善。证券投资者保护基金是政府干预市场的手段之一，具有较强政策性、经济性、行政干预性和综合性，纯私法意义上的民事法律关系主体制度难以全面涵盖其内容，需要在此基础上加入经济管理、行政主导等因素，体现公与私的统一，因此具有典型的经济法律关系主体制度特征。

（2）证券投资者保护基金是财团法人。证券投资者保护基金是以公益事业为目的、由不同主体出资形成的财产集合，以财产为基础，而非以人为基础。证券投资者保护基金的设立遵循特许制，并只有通过立法机关颁布法案的形式才能终止。同时，证券投资者保护基金虽然在其主要出资人（证券公司）破产时对其投资者进行赔付，但这并非基于出资人的社员权，出资人出资后便与保护基金脱离关系。所以，证券投资者保护基金是财团法人制度。

（3）证券投资者保护基金是非营利性法人。证券投资者保护基金的出资人为国家、银行或者证券公司。出资人设立证券投资者保护基金，并非为了营利，而是发扬"我为人人、人人为我"的精神，设置一种互保制度，减少资本市场中的风险及不确定性可能对自身造成的冲击。

（4）证券投资者保护基金是特殊的代为清偿制度。投资者与证券公司签订委托合同通过其进行投资，构成债权债务关系。投资者的债权具有请求力、执行力、私力实现、处分和保持力五种权能，证券公司破产或者陷入财务困境时，投资者的资金和股票可能遭受损失，债权的请求力、保持力和处分权能无从实现，其债权受到侵害，发生损害赔偿法律关系。针对此损害赔偿法律关系，法律特设证券投资者保护基金代替证券公司（债务人）向投资者（债权人）履行债务，以实现投资者债权。但是对证券投资者保护基金规定了特殊的赔付范围、赔付程序、赔付限额以及赔付后的代位权，同时也可以采用代物清偿的方式进行清偿，因此与一般的代为清偿制度并不完全一致，是特殊的代为清偿制度。

（5）证券投资者保护基金是会员制公司。会员制公司是指公司出资者以会员身份进入公司，公司资本不分份额，不向出资者分红。在证券投资者保护基金中，这种"资格"是证券公司缴费的动力所在。只有当证券投资者保护基金终止时，才会分配剩余资产，台湾地区甚至规定证券投资者保护基金终止后剩余财产归主管机关所有。

（6）证券投资者保护基金是不是国有独资公司需要看资产负债表中的记载。公司的成立需要注册资本，证券投资者保护基金的出资人包括国家、银行和证券公司等。如果只有国家的财政拨款记载于资产负债表中的"实收资本"（或股本）项下，则证券投资者保护基金为国有独资公司，比如我国和澳大利亚。

（7）证券投资者保护基金是不是信托机构？一些国家和地区（比如美国、英国和我国香港地区）将证券投资者保护基金认为是信托机构。但根据我国《信托法》关于信托定义的规定，证券投资者保护基金并不符合这一定义。其一，证券公司向保护基金缴费可能并非"基于对受托人的信任"，而是一种被强制的行为。其二，证券投资者保护基金有权自行决定赔付与否以及如何赔付，此时没有体现所谓的"委托人的意愿"。[1]

（四）完善证券民事赔偿制度

完善虚假陈述、内幕交易和操纵市场民事赔偿制度，完善细化归责原则、因果关系、证明责任分配、损害计算方法等规则。在适当时间建立侵权行为人主动补偿投资者制度。

在配套制度供给方面也不容忽视，2019 年《证券法》完善了投资者保护的大致方向，但仍然需要更为细致的规则予以落实。其一，完善虚假陈述、内幕交易和操纵市场民事赔偿制度，让受损者敢于、有能力提起诉讼维护自己的权益，或通过其他具有强制力的非诉解决方式，让损失得以弥补。其二，完善细化归责原则、因果关系、证明责任分配。2019 年《证券法》的进步之一便是区分了普通投资者与专业投资者的适用不同的归责原则，让处于弱势地位的投资者获得了胜诉的可能。其三，在认定行为人失当行为的同时，要确立损害计算方法等规则，避免出现案例中因无法确定损失数额或程序不当而让行为人逃避法律追究的情况。证券投资损失因为有市场因素的介入，若没有一套完整的损害计算方法予以支撑，会使得行为人的行为掩盖在市场风险的遮羞布下，难以发现。同时，为弥补受损害者的损失，达到填补损失的目的，恰当的损害计算方法也是必不可少的。其四，在适当时间建立侵权行为人主动补偿投资者制度。无论哪种纠纷解决机制，最终要达到填补损失的目的，都需要行为人退赔的行为，若是在纠纷解决的过程中，行为人主动补偿投资者的补偿，对于行为人来说对企业形象有益，对于受损者也得到了弥补，可谓一举两得。

---

[1] 参见杨光："我国证券投资者保护基金的界定及立法模式"，载《证券法律评论》2018 年第 0 期。